QUANDO OS FATOS MUDAM

A marca FSC® é a garantia de que a madeira utilizada na fabricação do papel deste livro provém de florestas que foram gerenciadas de maneira ambientalmente correta, socialmente justa e economicamente viável, além de outras fontes de origem controlada.

TONY JUDT

QUANDO OS FATOS MUDAM

Ensaios 1995-2010

Tradução
Claudio Figueiredo

Seleção e introdução
Jenifer Homans

Grafia atualizada segundo o Acordo Ortográfico da Língua Portuguesa de 1990, que entrou em vigor no Brasil em 2009.

Título original
When the Facts Change

Capa
Joana Figueiredo

Imagem de capa
Bridgeman Images/ Keystone Brasil. © ROTELLA MIMMO, Domenico/ AUTVIS, Brasil, 2016.

Preparação
Otacílio Nunes

Índice remissivo
Probo Poletti

Revisão
Ana Maria Barbosa
Márcia Moura

Dados Internacionais de Catalogação na Publicação (CIP)
(Câmara Brasileira do Livro, SP, Brasil)

Judt, Tony
Quando os fatos mudam : ensaios 1995-2010 / Tony Judt ; tradução Claudio Figueiredo. – 1ª ed. – Rio de Janeiro : Editora Objetiva, 2016.

Título original: *When the Facts Change.*
ISBN 978-85-470-0003-5

1. Ensaios 2. História – Aspectos políticos 3. História – Aspectos sociais 4. História – Filosofia 5. Historiografia 6. Historiadores I. Título.

16-00391 CDD-901

Índice para catálogo sistemático:
1. História : Filosofia 901

[2016]
Todos os direitos desta edição reservados à
EDITORA SCHWARCZ S.A.
Rua Cosme Velho, 103
22241-090 — Rio de Janeiro — RJ
Telefone: (21) 2199-7824
Fax: (21) 2199-7825
www.objetiva.com.br

Para Joe

Quando os fatos mudam, eu mudo de opinião.
E o senhor, o que faz?
Citação atribuída habitualmente a John Maynard Keynes

Outros homens farão história... Tudo o que posso dizer é que existem pragas e existem vítimas – e devemos fazer o possível para nos recusar a ficar do lado da praga.
Albert Camus, *A peste*

Sumário

Parte Três

O Onze de Setembro e a Nova Ordem Mundial

Parte Quatro

O modo como vivemos agora

Parte Cinco

A longo prazo, todos estaremos mortos

Introdução: de boa-fé

Jennifer Homans

PARA MIM, A ÚNICA MANEIRA DE ESCREVER ESTA INTRODUÇÃO É procurar separar o homem das ideias. De outro modo, acabo sendo atraída de volta ao homem a quem amei e com quem fui casada de 1993 até a sua morte, em 2010, em vez de seguir em frente, rumo às suas ideias. Ao ler estes ensaios, espero que vocês também centrem seu foco nas ideias, porque são boas e foram escritas de boa-fé. "De boa-fé" talvez tenha sido a expressão favorita de Tony, seu padrão de excelência a ser perseguido, e ele procurava fazer jus a ele em tudo o que escrevia. O que ele entendia por isso — estou convencida — era escrever de modo a evitar todo tipo de calculismo e manipulação, fosse intelectual ou de qualquer outra natureza. Uma ponderação, feita em termos limpos, claros e honestos.

Este é um livro a respeito da nossa era. O arco assume um sentido descendente: das alturas da esperança e das possibilidades abertas pelas revoluções de 1989 para a confusão, a devastação e a perda representadas pelo Onze de Setembro, pela Guerra do Iraque, pelo aprofundamento da crise no Oriente Médio e — como via Tony — pela decadência que a república americana impunha a si mesma. À medida que os fatos foram mudando e os acontecimentos se desenrolando, Tony se descobriu progressiva e dolorosamente remando contra a corrente, lutando com toda a força do seu intelecto para desviar — por menos que fosse — o barco das ideias numa direção diferente. Essa história termina de forma abrupta, com sua morte prematura.

Para mim, este também é um livro muito pessoal, já que "a nossa era" foi também "a minha era" com Tony: os primeiros ensaios datam dos anos do início de nosso casamento e do nascimento de nosso filho, Daniel, e avançam pelo tempo em que vivemos juntos em Viena, Paris, Nova York, passando pelo nascimento de Nicholas e pelo amadurecimento de nossa família. Nossa vida em comum teve início, não por acaso, com a queda do comunismo, em 1989: eu era estudante da graduação na New York University, onde Tony lecionava. No verão de 1991, viajei através da Europa Central e, ao voltar, estava disposta a aprender mais sobre ela. Fui aconselhada a desenvolver um estudo paralelo com Tony Judt.

Foi o que fiz, e assim começamos nosso romance, debruçados sobre livros e ocupados em conversas a respeito de política europeia, guerra, revolução, justiça, arte. Os procedimentos não eram os de um namoro convencional: nossa segunda aula teve lugar num restaurante, durante um jantar. Tony pôs os livros de lado, pediu vinho e me contou sobre o tempo em que viveu em Praga, na época do comunismo, e depois sobre 1989, caminhando ao longo de praças e ruas cobertas de neve, noite adentro, logo depois da Revolução de Veludo, visivelmente espantado com a guinada descrita pelos fatos históricos — e com os sentimentos que já percebíamos surgir entre nós dois. Assistíamos a filmes, íamos a exposições, comíamos pratos chineses e até cozinhávamos (mal). Finalmente — um momento-chave na corte que vinha me fazendo — ele me convidou para uma viagem à Europa: Paris, Viena, Budapeste, um trajeto arrepiante, de carro, pela Passagem de Simplon, nos Alpes suíços, em meio a uma tempestade (eu dirigi — ele estava com dor de cabeça). Pegamos trens, e eu o vi debruçar-se sobre as relações de horários, checando partidas e chegadas com o prazer experimentado por uma criança numa loja de doces: Zermatt, Brig, Florença, Veneza.

Foi um grande romance, e um romance europeu, parte de um romance mais abrangente com a Europa, que definiu a vida de Tony e a obra de sua vida. Às vezes acho até que ele se via como um europeu. Mas não o era, na verdade. Claro, ele falava francês, alemão, italiano, hebraico, checo e um pouco de espanhol, mas nunca se sentiu "em casa" em nenhum desses lugares. Era mais como alguém da Europa *Central*, mas também não era exatamente isso — não fazia parte exatamente dessa história, exceto por seu compromisso profissional e pelas raízes familiares (de judeus russos, poloneses, romenos e lituanos). Era também muito inglês, por hábito e pela sua educação (podia transitar com facilidade entre o sotaque popular *cockney* de sua infância e o estilo Oxford-Cambridge de sua prosa), mas na verdade também não era isso — era judeu demais, centro-europeu demais. Não que se julgasse distante de nenhum desses lugares, embora em alguns casos se sentisse assim; isso se devia mais ao fato de estar ligado a pedaços de todos eles, sendo esse o motivo pelo qual não conseguia se separar de nenhum deles.

Então, talvez não seja surpresa que, apesar de fixados em Nova York, tenhamos passado grande parte de nossa vida juntos fazendo planos para morar — ou morando — em algum outro lugar. Tínhamos experiência de sobra em fazer as malas e muitas vezes costumávamos brincar que acabaríamos escrevendo juntos um livro que teria como título algo como "Em casa na Europa: Tudo o que você sempre quis saber sobre escolas e compra de imóveis". O melhor presente que dei a Tony foi — de longe — uma assinatura do guia de horários de trens *Thomas Cooks Railway Timetable*.

Foi só depois de 2001 que ele realmente sossegou num lugar. Isso se deu em parte devido à sua doença: naquele ano ele foi diagnosticado com um caso sério de câncer, tendo sido submetido a uma cirurgia, a radiações e a outras terapias exaustivas. Em parte isso se deu também por causa do ataque ao World Trade Center. Para ele, tornou-se cada vez mais difícil viajar, e o horror proporcionado pelo acontecimento em si, combinado à sua doença, levou a que se sentisse atraído pelo lar; queria ficar aqui, comigo e com os meninos. Não importam quais tenham sido as razões, nos anos que se seguiram, lentamente ele se tornou cada vez mais, ainda que não por completo, americano — ironicamente, no exato momento em que tinha encontrado os motivos mais fortes para mostrar-se crítico em relação às posições políticas do país. Ele adquiriu a cidadania americana: "Vamos, façam as perguntas para mim", pedia às crianças nas semanas que antecederam o teste, e elas alegremente o conduziam, passo a passo, pouco importando que ele tivesse dado aulas sobre política americana durante anos em Oxford. Por volta de 2003, percebi uma mudança na sua maneira de pensar e escrever, passando do "eles" para o "nós": "O modo como *nós* vivemos hoje".

Esses foram também os anos do Instituto Remarque, fundado por Tony em 1995 e por ele dirigido até a sua morte. O instituto foi construído segundo os mesmos dois eixos que animavam seus escritos: unir a Europa e a América, história e política contemporâneas. Na mesma época Tony estava escrevendo *Pós-guerra* (2005), um empreendimento monumental, que diariamente punha à prova sua força e sua disciplina, tanto física como intelectual, especialmente levando em conta o fato de que ele se recuperava de um câncer. Lembro muito bem da sua exaustão e da sua determinação quando insistia em escrever também os ensaios que compõem este livro, mesmo enquanto estava (como dizia) "nas minas de carvão", trabalhando num extenso livro sobre a Europa. Eu me preocupava, temendo que Tony estivesse exigindo demais de si mesmo, porém, ao refletir hoje, compreendo que se tratava de algo que ele não podia evitar. À medida que se via imerso no seu livro *Pós-guerra*, ele estava ouvindo os canários das minas* de nossa própria época: estes ensaios, que nos exortam — e especialmente a "nós" americanos — a olhar para trás, para o século XX, enquanto avançamos rumo ao século XXI, foram um dos resultados desse esforço.

Portanto, esta é uma coletânea de ensaios, mas também uma coletânea de obsessões. As obsessões de Tony. Estão todas aqui: Europa e América, Israel e Oriente Médio, justiça, a esfera pública, o Estado, as relações internacionais, memória e esquecimento, e acima de tudo a história. O alerta lançado por ele, e que reaparece nestas páginas, de que estávamos presenciando uma "era econômica" entrar em colapso para dar lugar a uma "era do

* Alusão aos canários que, até meados do século XX, eram mantidos nas minas de carvão inglesas como cobaias para alertar os mineiros contra infiltração de gases tóxicos. (N. T.)

medo"* e entrando numa "era de insegurança"** era um indício de quão deprimido e preocupado ele se sentia devido ao rumo que a política estava tomando. Suas expectativas a esse respeito eram grandes e ele era um observador perspicaz. Vocês encontrarão nestes ensaios tanto o realista que tudo observa de olhos bem abertos — que acreditava em fatos, acontecimentos, dados — quanto o idealista que tinha como objetivo nada menos do que uma vida bem vivida; não apenas para ele, mas para a sociedade.

Dispus estes ensaios em ordem cronológica, assim como temática, porque cronologia era uma das maiores obsessões de Tony. Ele era, afinal de contas, um historiador, e nutria pouca paciência em relação a modas pós-modernistas de fragmentação textual ou rupturas narrativas, em especial no que diz respeito à escrita da história. Não estava realmente interessado na ideia de que não existe uma única verdade (não se tratava de algo óbvio?) ou na desconstrução deste ou daquele texto. O trabalho realmente importante, ele acreditava, não consistia em dizer *o que não era*, mas sim *o que era* — contar uma história convincente e escrita com clareza a partir dos indícios disponíveis, e fazer isso sempre atento ao que era certo e justo. Cronologia não era apenas uma mera convenção profissional ou literária; era um pré-requisito — e até mesmo, em se tratando de história, uma responsabilidade moral.

Uma palavra a respeito dos fatos: jamais encontrei alguém que demonstrasse um compromisso maior para com os fatos do que Tony, algo que seus filhos aprenderam desde o começo: é a Daniel (hoje com dezenove anos) que devemos o título deste livro, que vem de uma citação (provavelmente apócrifa) de Keynes, e que era um dos mantras favoritos de Tony: "Quando os fatos mudam, eu mudo de opinião — e o senhor, o que faz?". Muito cedo aprendi isso a respeito de Tony, numa dessas situações domésticas que lançam tanta luz sobre um homem. Assim que nos casamos, compramos uma casa em Princeton, Nova Jersey (ideia dele) — mas era um lar mais na teoria do que na prática. Teoricamente, Tony queria morar ali, mas na prática estávamos vivendo em Nova York, ou viajando pela Europa, ou a caminho de outro lugar qualquer. Acabei convencida de que deveríamos

* Capítulo XXIII: "Inovação como demolição".

** Capítulo XXIV: "O que está vivo e o que está morto na social-democracia?".

vender a casa — ela estava minando nossa situação financeira e — francamente — eu tinha pavor de um dia vir a morar ali. Disso resultou uma longa e dolorosa discussão sobre o que fazer com a casa, que acabou se transformando num debate e finalmente num impasse silencioso e raivoso a respeito do significado emocional, histórico e geográfico de casas e de um lar, e sobre por que aquela em particular era ou não apropriada para nós.

Discutir com Tony representava um verdadeiro desafio porque ele era um mestre dos zigue-zagues dialéticos e podia virar qualquer argumento seu contra você. No fim, elaborei uma lista na qual relacionei os fatos — um recurso estratégico desesperado da minha parte: finanças, horários dos trens para fazer as conexões, preços de passagens, total de horas gastas na Penn Station, os consertos necessários. Ele examinou a lista atentamente e concordou na mesma hora em vender a casa. Sem arrependimentos, remorsos ou recriminações, sem necessidade de discussões adicionais. Já se encontrava ocupado com o próximo passo a ser dado. Para mim essa era uma qualidade espantosa e admirável. Ela lhe proporcionava uma espécie de clareza de pensamento — ele não estava amarrado às suas ideias nem, como descobri mais tarde, ao que escrevia. Quando os fatos mudavam — quando era apresentado um argumento melhor, mais convincente —, ele realmente mudava de opinião e seguia em frente.

Ele era animado por uma grande convicção íntima. Essa não era uma qualidade existencial, tratava-se de algo conquistado a duras penas: ele havia lido, ingerido, absorvido, memorizado mais fatos e tomado conhecimento de mais "coisas de verdade", como gostava de dizer, do que qualquer outra pessoa que já conheci. Por esse motivo, ele não gostava de eventos sociais ou festas, era de certo modo um tímido, preferindo ficar em casa, lendo — podia extrair mais de livros, ele dizia, do que do "blá-blá-blá" dispersivo das "classes tagarelantes". Havia algo de quase mecânico no modo como ele evocava as coisas de que se lembrava e chegava às suas posições com rapidez e de forma decidida, examinando determinado problema com a ajuda de seu extraordinário arsenal de conhecimentos e de sua mente penetrantemente analítica. Não é que confiasse cegamente em si mesmo — como todos nós, ele tinha suas lacunas emocionais e momentos em que a razão e o bom senso o abandonavam, mas isso se dava mais na sua vida, não nos seus escritos. No que dizia respeito às ideias, não hesitava;

dispunha de uma capacidade de domínio puramente intelectual e de um dom para evocar ideias e argumentos sem maiores complicações.

Era um ótimo escritor porque se mostrava sempre em absoluta sintonia com suas palavras, trabalhando como um artesão, até alcançar a essência mesma delas. Dispunha de um sistema para escrever, e os ensaios reunidos neste livro foram todos compostos de acordo com o mesmo método, inclusive aqueles escritos entre 2008 e 2010, quando estava doente e se encontrava tetraplégico. Primeiramente lia tudo o que pudesse a respeito de um tema, fazendo anotações extensas, à mão, em folhas amarelas pautadas. Em seguida vinha o esboço geral, em cores diferentes e dividido em A, B, C, D, com subcategorias detalhadas: A1 i, A1 ii, A2 iii etc. (mais folhas amarelas pautadas). Depois ficava sentado horas a fio, como um monge, na sala de jantar, determinando cada frase em suas anotações, cada fato, data, argumento ou ideia, para colocá-los no plano geral. Em seguida — e este era o fator decisivo, o segredo — ele transcrevia novamente *todas* as suas anotações originais seguindo a ordem do plano que havia traçado. Na altura em que se sentava para escrever o ensaio, já tinha copiado, recopiado e memorizado a maior parte do que precisava saber. Então, a portas fechadas, vinham as jornadas de oito horas seguidas escrevendo até que o texto estivesse concluído (com pequenas interrupções para sanduíches de queijo e cafés expressos bem fortes). E finalmente — o "acabamento".

Quando ficou doente, nada disso mudou, o processo ficou apenas mais difícil. Alguma outra pessoa tinha de assumir o papel das suas mãos, virando as páginas dos livros, reunindo os materiais, pesquisando na internet e digitando. À medida que o seu corpo foi parando de funcionar, ele teve de ensinar de novo a si mesmo como pensar e escrever — a mais íntima das ações — com alguma outra pessoa, um tributo à flexibilidade da sua mente extraordinária. Trabalhava com um assistente, mas tinha de fazer a maior parte do trabalho de memória, na sua própria mente, em geral à noite, compondo, organizando, catalogando, reescrevendo suas anotações mentais de acordo com seu plano geral — A, B, C, D — para ser digitadas na manhã seguinte por mim, pelos nossos filhos, por uma enfermeira ou por seu assistente.

Acredito que isso não fosse apenas um método, mas um mapa da sua mente. A lógica, a paciência, a concentração intensa e a cuidadosa construção do argumento, a atenção rigorosa em relação aos fatos e aos detalhes, a confiança nas suas convicções — ao contrário da maioria dos escritores, raramente ele se desviava do plano original que traçara. A dificuldade surgia quando esbarrava em coisas dentro de si mesmo que ele não tivesse realmente percebido ou sabido: não os fatos "na realidade", mas os fatos "dentro de nós mesmos" — as coisas que simplesmente estavam ali, como se fossem a mobília na sua mente. A mais óbvia delas tinha a ver com o fato de ele ser judeu.

Para Tony, ser judeu era uma precondição — a peça mais antiga de mobília que havia por ali. Era a única identidade que ele possuía que não implicava nenhuma ambiguidade. Ele não era religioso, nunca ia a sinagogas, não praticava nenhuma cerimônia em casa; gostava de citar Isaac Deutscher (cujos livros lhe tinham sido dados pelo pai, Joe, quando ainda garoto) sobre os "judeus não judeus". Se falava sobre a condição de judeu, era a respeito do passado: os jantares de sexta-feira quando criança com seus avós que falavam ídiche no East End, em Londres; o humanismo laico (bastante judeu) de seu pai ("Não acredito em raças; acredito na humanidade") e a renúncia decidida de sua mãe — ela ficava de pé na sala de casa quando a rainha da Inglaterra aparecia na TV e não queria que os netos *dela* fossem circuncidados por temer que "os tempos difíceis" voltassem; ou de seu avô Enoch, o proverbial judeu errante, que mantinha sempre as malas prontas e que, ao longo da vida, passou o maior tempo possível na estrada.

Outro fato: o chapéu. Há alguns anos estávamos a caminho do bar mitzvah da filha de um grande amigo dele numa sinagoga do Upper East Side, em Nova York. A bordo de um táxi, estávamos atrasados e já tínhamos quase chegado quando Tony literalmente entrou em pânico: ele tinha esquecido seu chapéu. Aquilo era realmente importante?, perguntei, pois já estávamos bem atrasados e ele perderia parte da cerimônia se precisasse voltar. Não poderia ir sem o chapéu? Não, na verdade, de modo algum, e fiquei um pouco espantada com a ansiedade exaltada e inexplicável que parecia ter tomado conta dele. Voltou para apanhar o chapéu, que vinha a ser um item adequado, mas antiquado, e que eu não me lembrava de tê-lo visto usar antes. Ao entrar na sinagoga para se juntar a mim, ficou espantado ao ver que era o único ali vestido de maneira diferente: todos os outros estavam usando black tie. Ficou indignado e um pouco ofendido, porém acima de tudo confuso — e claramente deslocado. Que espécie de judeus eram aqueles?

O próprio Tony havia passado pelo seu bar mitzvah ("cumprimos nosso dever", seu pai mais tarde explicou), e, tendo sido um exaltado (e depois desiludido) sionista na juventude, ele falava bem hebraico e tinha trabalhado como tradutor durante a guerra de 1967. Quando nossos filhos eram garotos, concordamos que deveriam ter pelo menos algum tipo de educação religiosa. Minha formação estava associada ao protestantismo, mas antes de mais nada ao ateísmo, de modo que logo descartamos a ideia de uma escola religiosa que oferecesse aulas aos domingos e encontramos, em vez disso, Itay — um estudante judeu pós-graduando do Seminário Teológico Judeu, que vinha ao nosso apartamento em Washington Square uma vez por semana para dar aulas de hebraico, história bíblica, cultura. Não houve — por decisão de Tony — nenhum bar mitzvah. No meu modo de ver, a mensagem era clara: dentro dos limites da educação decididamente americana recebida por eles, Tony queria que soubessem os ondes e os porquês a respeito do chapéu. Depois, seria algo que ficaria a critério deles. Quando, mais tarde, eles insistiram que na verdade não se sentiam de modo algum judeus, as conversas logo se desviaram para o Holocausto. Nicholas concluiu sem hesitar: não preciso ser judeu para compreender quão triste e trágico foi isso. Tony ficou surpreso com a ambivalência demonstrada por eles, mas não contrariado; afinal de contas, não tinham o mesmo passado que ele.

E *o que dizer* do Holocausto? Um amigo que conhecia bem Tony observou certa vez que ele jamais escreveu sobre o Holocausto, que tinha concentrado seus estudos no século XIX e no início do XX para, em seguida, saltar para a era do pós-guerra. Isso é verdade — mas, e é um tremendo *mas* —, a guerra e seus campos de morte foram um elemento central em *Pós-guerra*, e em grande parte de sua obra posterior, mesmo que não fossem seu tema: o epílogo de *Pós-guerra* tem como título "Da casa dos mortos".

Além disso, assim que o livro foi publicado, agradeci a Tony por tê-lo dedicado a mim, mas lhe disse que sabia que no fundo também tinha sido dedicado a mais alguém: a Toni. Ele chorou — e não era um homem de chorar facilmente nem com frequência. Toni era sua xará e prima de seu pai, e morrera em Auschwitz. Ela era o fantasma do livro e uma espécie de presença sombria o tempo todo na mente de Tony. Seria talvez um sentimento de culpa? Não exatamente a culpa que acomete os sobreviventes — ele tinha nascido em 1948 —, mas um tipo de buraco negro na sua mente, acabei me convencendo, encerrando um peso, algo incompreensível, como o mal ou o demônio, onde jazem esse momento da história e esse aspecto da sua condição de judeu. Era algo obscuro e emocional, mas o que parecia claro para mim era que a tragédia de Toni era uma responsabilidade na vida de Tony, estando associada de alguma forma à ideia de boa-fé.

O que nos leva a Israel. Numa série de artigos que teve início em 2002, Tony apresentou suas posições e se esforçou para apontar soluções pragmáticas. Os ensaios aqui reunidos dão uma ideia, espero, de como e por que ele se aventurou por essas águas turbulentas. Depois que "Israel: a alternativa" foi publicado, em 2003, vieram à luz ameaças truculentas e, na imprensa, insultos doentios e ataques pessoais que, lamentavelmente, demonstraram a impossibilidade de uma discussão aberta a respeito do assunto, pelo menos na América. Esse e os ensaios que se seguiram falam por si mesmos. Posso apenas registrar que a raiva suscitada por suas posições e o tom crescentemente intransigente e racista da própria política em Israel o deixaram profundamente abalado.

Depois do artigo sobre os assentamentos no *New York Times*, de junho de 2009, um colega escreveu para Tony: o que fazer? Ele queria responder, mas na época estava doente e lutando para superar as complicações físicas provocadas por uma doença que progredia rapidamente. Mesmo assim decidiu abordar a questão, animado por uma determinação firme ainda que melancólica, e escreveu uma resposta vibrante e ambiciosa — com ajuda de um assistente que datilografou incansavelmente horas a fio por vários dias, muitas vezes sem um momento para comer ou beber, à medida que Tony ditava e revisava o texto, animado por um sentido de urgência. Escolheu como título "O que fazer?". Trabalhei mais um pouco com ele nessa obra e a discutimos demoradamente; não achei que estivesse à altura de seus trabalhos anteriores e lhe disse isso. Frustrado por suas limitações físicas e incapaz de aperfeiçoar seu argumento a um ponto que o satisfizesse, ele mostrou-se desanimado e deixou subitamente o trabalho de lado.

Quando leio o artigo de novo agora, as razões para que isso tenha acontecido não estão inteiramente claras para mim. As ideias, ainda que imperfeitas em certos momentos, e apenas em certos momentos, permanecem fortes. Por que ele voltou atrás, e estaria eu errada em publicá-lo agora? Não tenho como saber o que ele teria feito, mas ofereço-o aqui por ver nesse ensaio — talvez precisamente *porque* tem algo de inacabado — um exemplo de verdadeira coragem intelectual. Ele exibe a característica resistência, típica de Tony, a dogmas, a posições extremadas, a posições inarredáveis; sua disposição para retomar o fio da meada política onde quer que os acontecimentos o tivessem enrolado (observe-se o retorno à solução dos dois Estados) e tentar, com toda a imaginação que conseguisse reunir, convocar a história, a moralidade, o pragmatismo — "a realidade dos fatos" — para lidar com problemas aparentemente insolúveis. Numa situação impossível, tanto no plano pessoal como no político, ele tinha como objetivo uma avaliação clara e honesta.

Naquele mesmo ano, dois de seus grandes esteios intelectuais vieram a morrer: Amos Elon e Leszek Kołakowski. Ele escreveu sobre os dois, ao mesmo tempo que planejava e tinha de encarar a sua própria morte, que sabia ser iminente. "A longo prazo, todos estaremos mortos", ele gostava de observar com ironia: Keynes de novo. Tony na realidade não tinha heróis, mas tinha, sim, como que fantasmas, pessoas mortas que tinha conhecido ou a quem nunca conhecera, exceto em livros, que estavam à sua volta o tempo todo. Acabei por conhecê-los muito bem. Keynes era um deles. Alguns dos outros (havia muitos deles) eram Isaiah Berlin, Raymond Aron, A. J. P. Taylor, Bernard Williams (um amigo, mas mesmo assim), Alexander Pope, Philip Larkin, Jean Renoir e Vittorio De Sica. Havia também, é claro, Karl Marx, e — é claro, duplamente — os irmãos Marx, que apareciam em repetidas sessões com Orson Welles em *O terceiro homem*. Os dois que mantinha mais próximos e que talvez mais admirasse eram Albert Camus, de quem tinha uma foto em sua mesa, e George Orwell, que, pelo menos era a impressão que eu tinha, estava por toda parte. Esses eram alguns dos ombros nos quais se apoiava, e os homens no nível dos quais ele procurava se manter, de boa-fé.

Em seu último mês de vida, ele se voltou para outro tema urgente, dando início a um ensaio intitulado "A vida após a morte". Começa com "Nunca acreditei em Deus", uma formulação interessante para um homem do Iluminismo, pois era isso que ele realmente era, já que deixa a questão para sempre sutilmente em aberto. Os fatos, afinal, podem mudar quando estivermos mortos. Nesse meio-tempo ele começou a construir uma discussão sobre legado, memoriais e o que podemos deixar para trás, o que vinha a ser o único tipo de vida após a morte sobre o qual sabia alguma coisa. O que podia deixar depois dele, é claro, eram suas memórias e seus escritos. Ele nunca terminou o ensaio — ele se interrompe a meio caminho, entre anotações e pensamentos dispersos. Um deles diz:

> Não podemos escrever tendo em vista o impacto ou a reação que provocaremos. Desse modo distorcemos esses últimos e corroemos a integridade da própria escrita. Nesse sentido, é como mirar na Lua — devemos partir do princípio de que ela não estará no mesmo lugar no momento em que o foguete chegar lá. É melhor saber por que você está enviando aquilo para lá em primeiro lugar e se preocupar menos em prever se a aterrissagem será segura. [...]
>
> Também não podemos antecipar o contexto, nem os motivos dos leitores situados em futuros não determinados. Então, tudo o que podemos fazer é escrever o que achamos que devemos escrever, seja lá o que isso queira dizer. Uma obrigação de um tipo muito diferente.

PARTE UM

1989: A NOSSA ERA

CAPÍTULO I

Encosta abaixo até o final

Entre os historiadores do mundo de língua inglesa pode ser percebida claramente uma "geração Hobsbawm". Ela consiste em homens e mulheres que começaram a se ocupar do estudo do passado em algum momento da "longa década de 1960", entre, digamos, 1959 e 1975, e cujo interesse pelo passado recente foi marcado de forma indelével pelos escritos de Eric Hobsbawm, por mais que eles agora discordem de muitas de suas conclusões. Naqueles anos ele publicou uma obra cujo conjunto, realmente notável, exerceu grande influência: *Rebeldes primitivos*, publicado originalmente em 1959, apresentou aos jovens estudantes urbanos um mundo do protesto rural na Europa e em outros continentes, agora muito mais familiar para nós, em grande medida graças ao trabalho de estudiosos cujas imaginações receberam sua primeira centelha do pequeno livro de Hobsbawm. *Labouring Men, Industry and Empire* [Trabalhadores, indústria e império] e *Capitão Swing* (com George Rude) transformaram substancialmente a história econômica da Grã-Bretanha e a história do movimento sindical britânico; trouxeram de volta à atenção dos círculos acadêmicos uma tradição quase esquecida da historiografia britânica de esquerda, revigorando a pesquisa sobre as condições e experiências dos próprios artesãos e trabalhadores, acrescentando, contudo, a essa preocupação engajada um nível inédito de sofisticação técnica e um conhecimento raro pela sua abrangência.

Se as conclusões e interpretações desses livros hoje nos parecem convencionais, isso ocorre porque é difícil lembrar agora a aparência que esses temas exibiam antes que Hobsbawm os tivesse transformado num domínio seu. Não há críticas revisionistas maliciosas nem correções ditadas por modismos que possam minimizar o impacto perene exercido pelo corpo de sua obra.

Contudo, a marca mais duradoura de Hobsbawm em nossa consciência histórica se deu por meio de sua grande trilogia sobre "o longo século XIX", de 1789 a 1914, cujo primeiro volume, *A era das revoluções, 1789-1848*, foi publicado em 1962. É difícil avaliar a influência exercida por esse livro precisamente por ele ter se tornado uma parte tão indelével do sentido que damos àquele período, de modo que todas as obras posteriores ou o incorporam inconscientemente ou se contrapõem a ele. Seu plano geral, interpretando aquela época de turbulência social como um produto da emergência e ascensão da burguesia do Noroeste da Europa, acabou por se tornar a interpretação "convencional", agora exposta a constantes críticas e revisões. Foi seguido, em 1975, por *A era do capital, 1848-1875*, um magistral estudo dos anos intermediários do século XIX que recorria a um material de abrangência notável e a uma visão penetrante. Esse livro continua a ser, no meu entender, a melhor obra de Hobsbawm, conjugando as muitas transformações da fase intermediária do período vitoriano e as enquadrando numa narrativa histórica unificada e ainda assim eficaz. Em *A era dos impérios, 1875-1914*, publicado doze anos depois, predominava um ar inconfundivelmente elegíaco, como se o mais importante historiador do século passado estivesse de certo modo pesaroso por ver o período chegar ao fim nas suas mãos. A impressão geral é a de uma era de mudanças multiformes, na qual um alto preço foi pago pela acumulação de riquezas e de conhecimento; mas uma era, no entanto, repleta de promessas e de visões otimistas de futuros radiosos e em constante progresso. O século XIX, como nos lembra Hobsbawm em seu mais recente livro, "era o meu período"; como Marx, ele se mostra em sua melhor forma ao dissecar os padrões ocultos desse período, e não deixava margem a dúvidas a propósito da admiração e do respeito que nutria por suas espantosas realizações.

Não deixa de ser uma surpresa, portanto, que Hobsbawm tenha decidido acrescentar à série um quarto volume sobre o "breve século XX".* Como ele admite no prefácio, "durante a maior parte de minha carreira evitei me dedicar ao período posterior a 1914". Ele oferece os motivos habituais para essa aversão: existe uma proximidade excessiva da nossa parte em face dos acontecimentos para que com eles estabeleçamos uma relação desapaixonada (no caso de Hobsbawm, nascido em 1917, ele teve oportunidade de vivenciar a maior parte deles); há também o fato de que ainda não se encontra à nossa disposição um exaustivo conjunto de material interpretativo e de que ainda é cedo demais para dizermos qual o seu significado.

No entanto, é óbvio que existe outro motivo, que o próprio Hobsbawm não renegaria: o século XX terminou com o aparente colapso das instituições e dos ideais, políticos e sociais, com os quais ele esteve comprometido na maior parte de sua vida. É difícil não ver esse desfecho como uma história sombria e melancólica, a de um equívoco e de um desastre. A exemplo de outros integrantes de uma notável geração de historiadores comunistas ou ex-comunistas (Christopher Hill, Rodney Hilton, E. P. Thompson), Hobsbawm voltou sua atenção profissional para um passado revolucionário e radical, e não porque a linha do partido tornava absolutamente impossível escrever abertamente sobre o presente do qual estava próximo. Para um comunista de longa data, que vinha a ser também um estudioso sério, a história de nosso século apresenta certa variedade de obstáculos quase insuperáveis para os que se propõem a interpretá-lo, como demonstra involuntariamente seu último trabalho.

Entretanto, Hobsbawm escreveu o que é, em muitos sentidos, uma obra extraordinária. Seu argumento é explícito e se encontra diretamente refletido em sua estrutura tripartite. A primeira parte, "A era da catástrofe", abrange o período que vai da eclosão da Primeira Guerra à derrota de Hitler. A segunda, "A era de ouro", consiste num relato da impressionante

---

* *A era dos extremos: O breve século XX, 1914-1991* (Companhia das Letras, 1995).

e inédita era de crescimento econômico e de transformações sociais que teve início por volta de 1950 e terminou em meados dos anos 1970, provocando "O desmoronamento", título escolhido por Hobsbawm para a terceira e última parte de seu livro, a respeito da história das duas últimas décadas. Cada parte é dominada por um tema diferente, que serve de pano de fundo para os detalhes de sua história. Para as décadas que se seguiram ao assassinato ocorrido em Sarajevo, o autor descreve um mundo tropeçando por quarenta anos "numa calamidade atrás da outra", uma era de infelicidade e horrores, uma época em que milhões de refugiados vagaram indefesos pelo subcontinente europeu e no qual as leis da guerra, definidas à custa de tanto esforço ao longo dos séculos anteriores, foram completamente abandonadas. (Dos cerca de 5,5 milhões de russos feitos prisioneiros durante a Segunda Guerra, aproximadamente 3,3 milhões morreram. Uma estatística entre muitas, que teriam sido completamente inconcebíveis para uma geração anterior.)

A respeito da "Era de ouro" que se seguiu à Segunda Guerra, Hobsbawm observa que foi o momento no qual, para 80% da humanidade, a Idade Média finalmente chegou ao fim, uma época de drásticas mudanças sociais e de desajustes não só na Europa, mas também no mundo colonial sobre o qual a Europa agora afrouxava seu controle. Porém o sucesso explosivo do capitalismo ocidental do pós-guerra, gerando crescimento econômico numa velocidade inédita enquanto distribuía seus benefícios entre um número cada vez maior de pessoas, trazia em seu bojo as sementes de sua própria corrupção e dissolução. Não é por outro motivo que Eric Hobsbawm adquiriu uma reputação baseada na sofisticação e na sutileza das interpretações marxistas que fazia a partir de seu material.

As expectativas e instituições postas em movimento pela experiência proporcionada pela rápida expansão e inovação nos legaram um mundo com poucos marcos reconhecíveis ou práticas herdadas; um mundo que peca por falta de continuidade e solidariedade entre gerações e através das diferentes ocupações. Para mencionar apenas um exemplo, a democratização de conhecimentos e recursos (armas inclusive) e sua concentração em mãos privadas, livres de qualquer tipo de controle, ameaçam minar as próprias instituições do mundo capitalista que as tinham produzido em primeiro lugar. Sem práticas compartilhadas, culturas comuns, aspirações coletivas, o mundo em que vivemos "perdeu o seu rumo e desliza em direção à instabilidade e à crise".

Em síntese, a história do século XX escrita por Hobsbawm é a história do declínio de uma civilização, a história de um mundo que desenvolveu ao seu grau máximo o potencial de ordem material e cultural oferecido pelo século XIX e ao mesmo tempo traiu as promessas nele contidas. Em períodos de guerra, alguns Estados retrocederam ao uso de armas químicas contra populações desarmadas (as suas próprias populações, no caso do Iraque); têm aumentado também as iniquidades sociais e ambientais geradas pelas forças descontroladas do mercado, enquanto qualquer sentido de interesses e legados compartilhados vem minguando rapidamente. Na política, "o declínio dos partidos de massa organizados, baseados nas classes ou em ideologias, ou em ambas, eliminou o mais importante mecanismo para transformar homens e mulheres em cidadãos politicamente ativos". Em termos culturais, tudo agora é "pós" alguma coisa:

> pós-industrial, pós-imperial, pós-moderno, pós-estruturalista, pós-marxista, pós-Gutenberg ou seja lá o que for. Como funerais, esses prefixos extraem da morte o seu reconhecimento oficial sem deixar implícito nenhum tipo de consenso ou mesmo de certeza a respeito da natureza da vida após a morte.

Paira sobre grande parte do relato de Hobsbawm certo tom de constante lamentação, sugestiva de um desastre iminente.

No entanto, isso não chega a desmerecer suas qualidades. Como tudo o mais que Hobsbawm escreveu, "a era dos extremos" é analisada numa prosa clara e simples, completamente livre de qualquer jargão, pretensão ou formulações pomposas. Argumentos importantes são apresentados em frases curtas, cortantes e muitas vezes espirituosas: o impacto político exercido pela Primeira Guerra é sintetizado na observação de que "nenhum dos antigos governos foi deixado de pé entre as fronteiras da França e o mar do Japão"; somos lembrados da baixa conta em que Hitler tinha as democracias — "a única democracia que ele levava a sério era a britânica, a qual considerava — com razão — não inteiramente democrática". A opinião pouco lisonjeira que o próprio Hobsbawm nutre a respeito da nova esquerda dos anos 1960 é tornada explícita:

> No momento mesmo em que esperançosos jovens esquerdistas citavam a estratégia de Mao Tsé-tung para fazer triunfar a revolução pela mobilização de incontáveis milhões de habitantes da zona rural contra os encastelados bastiões do status quo, esses mesmos milhões abandonavam suas aldeias e se mudavam para as cidades.[1]

As referências aos milhões de camponeses são um lembrete de que, mesmo Eric Hobsbawm sendo um eurocêntrico confesso, sua visão tem uma notável abrangência.[2] Em particular seu conhecimento a respeito da América Latina, obtido por experiência direta e impregnado de simpatia, torna mais rico seu relato sobre o impacto mundial exercido pela Grande Depressão, da mesma forma que é sugestiva e original sua comparação entre o Solidariedade, na Polônia, e o Partido dos Trabalhadores, no Brasil, ambos movimentos de alcance nacional com origem sindical, surgidos nos anos 1980 em oposição a regimes repressivos. É claro que seu ímpeto de leitor onívoro é voltado mais para o sul do que para o Oriente, com consequências negativas a ser discutidas a seguir; mas ele aparentemente manteve sua familiaridade com a literatura a respeito dos esquerdistas do Peru e dos bandidos napolitanos (e com os próprios homens em si), o que lhe é útil ao discutir as transformações sociais e econômicas em sociedades atrasadas. E ele pode com a mesma desenvoltura apresentar dados recolhidos na *Enciclopédia sobre comida e produção de alimentos*, de 1982 (um artigo sobre "Produtos formatados, fabricados e reestruturados a partir de carne") para reforçar um argumento a propósito do consumismo.

Esse livro também serve para nos lembrar que Eric Hobsbawm é, por formação e inclinação, um historiador econômico, e, nessa condição, um historiador analítico. Ele se mostra em sua melhor forma ao discutir a Grande Depressão, ou a natureza e as consequências do boom ocorrido no pós-guerra, evitando na maioria das vezes narrativas militares ou políticas.

Suas descrições dos absurdos econômicos do mundo soviético ("uma colônia produtora de energia para economias industriais mais avançadas — ou seja, na prática, os seus próprios satélites ocidentais") ou da doutrina econômica socialista como "um sistema industrial bastante arcaico baseado em ferro e fumaça" são claramente superiores às análises políticas que traça das mesmas sociedades.

De modo parecido, ele se mostra mais à vontade ao tratar do fascismo como um produto da crise econômica mundial do que na sua bastante sumária discussão sobre as fontes políticas do movimento. Seu relato do dramático colapso dos regimes comunistas em 1989 beira o determinismo econômico; não se pode negar que a crise da dívida e os erros de política econômica foram fatores importantes na queda do comunismo — longe disso; mas, ao discutir essas questões, Hobsbawm se encontra claramente em território com o qual está familiarizado e onde ele prefere se manter. No entanto, isso empresta uma força considerável ao seu relato sobre os acontecimentos no Ocidente desde a guinada ocorrida em 1974. Ele oferece uma análise clara e convincente dos dilemas de longo prazo enfrentados pela economia internacional. Igualmente lúcida é sua descrição da crise vivida pelas economias nacionais baseadas no Estado de bem-estar, desencadeada quando os líderes nacionais procuraram se esquivar do custo político de frear a economia aumentando os impostos cobrados de uma população trabalhadora cada vez menor com o objetivo de subsidiar as vítimas de suas políticas.

Apesar da ênfase dedicada às tendências econômicas de longo prazo e aos padrões abrangentes de alcance secular (uma característica de todos os escritos de Hobsbawm), *A era dos extremos* é também seu livro mais pessoal; na verdade, o tom oscila entre um ponto de vista interpretativo bastante formal e um comentário de uma proximidade quase íntima. Ele diz ter estudado o século XX "vendo e ouvindo", e acreditamos nele.[3] A inflação após a Primeira Guerra Mundial é captada pela imagem de seu avô austríaco sacando as economias de sua aposentadoria e se descobrindo com dinheiro bastante apenas para tomar uma bebida no seu café favorito, enquanto a aversão estética do próprio Hobsbawm pela degradação urbana dos anos 1960 é contraposta a memórias de infância dos "grandes monumentos arquitetônicos da burguesia liberal" de Viena. Quando escreve que a queda dos impérios coloniais não parecia iminente em 1939, isso se baseia numa lembrança pessoal; ele e outros numa escola para jovens comunistas egressos da Grã-Bretanha e das colônias na época não esperavam que isso acontecesse.

Para indícios de mudanças sociais em Palermo, desemprego em São Paulo ou os riscos da introdução do capitalismo na China, ele pode recorrer a conversas com bandidos sicilianos, sindicalistas brasileiros e burocratas comunistas chineses (não é por outro motivo que em seu verbete no *Who's Who* ele menciona como passatempo "viajar"). Na condição de membro do King's College, em Cambridge, ele conheceu Alan Turing, o infeliz inventor do computador, enquanto seus vínculos com o comunismo lhe permitem recorrer ao testemunho particular do prefeito (comunista) de Bolonha em relação às condições favoráveis para o surgimento de uma economia agroindustrial na região da Emilia-Romagna.[4]

No relato da experiência pessoal de Hobsbawm ao longo do século prevalece um tom direto e uma franqueza desconcertantes.[5] Ele inclui a si mesmo nas "multidões atentas e passivas" que escutavam as divagações de Castro por horas a fio. Ele nos lembra que a "tradição da esquerda" preferiu não reconhecer o apoio com que o fascismo, uma vez chegado ao poder, pôde contar da parte de trabalhadores antes socialistas e comunistas; e ele relata o choque ingênuo experimentado por um organizador comunista (de Londres) ao descobrir a relativa prosperidade dos trabalhadores de Coventry: "Você está se dando conta de que os camaradas de lá têm *carros*?".

Ele próprio algumas vezes se equivocou e nos diz isso, e em mais de uma ocasião expressa sua admiração pelos jornalistas profissionais que viam coisas que ele, um estudioso marxista, não percebia. A profecia feita quarenta anos antes por um correspondente em Pequim do *Times*, de Londres, de que, quando chegasse o século XXI, o comunismo teria desaparecido por toda parte, exceto na China, onde seria transformado numa ideologia nacional, na época chocou Hobsbawm, como ele admite; mas hoje parece plenamente plausível. Conforme o livro vai chegando ao fim, ao ruminar sobre os dilemas de nossa própria época, ele admite que também

Marx estava enganado: a humanidade *nem sempre* "só se propõe os problemas que pode resolver".

Se as virtudes desse livro decorrem da sua qualidade de obra pessoal e engajada, o mesmo ocorre com relação aos seus defeitos — ou mais exatamente seu defeito, pois na realidade este é apenas um só, ainda que assuma muitas formas. Como essa é uma história da vida do próprio Hobsbawm — uma vida dedicada desde a juventude, como recentemente lembrou numa emissão de rádio da BBC, a uma única causa —, é compreensível que ele esteja inclinado a ver as linhas gerais e os principais conflitos dessa era do modo como os via quando estavam acontecendo. Em especial as categorias direita/esquerda, fascista/comunista, progressista e reacionário, parecem firmemente fixadas, e de um modo muito semelhante àquele como se apresentaram pela primeira vez diante de Hobsbawm nos anos 1930. Assim, ele se mostra pronto a reconhecer os trágicos erros da estratégia comunista, ou a curiosa semelhança entre as preferências estéticas dos líderes fascistas e comunistas, e mesmo o horror absoluto que representa o comunismo como sistema. Mas não lhe ocorre nem por um momento reconsiderar as polaridades convencionais da época e tratar fascismo e comunismo como mais do que aliados apenas casuais e paradoxais.

A mim isso soa como uma oportunidade perdida. Para Hobsbawm, a Guerra Civil Espanhola e as alianças e lealdades que ela ajudou a forjar permanecem "a única causa política que, retrospectivamente, parece tão pura e atraente quanto parecia em 1936". Porém, exatamente por essa razão, a Guerra Civil Espanhola e, de um modo mais geral, as divisões circunstanciais dos anos 1930 são hoje um obstáculo a uma revisão mais radical das ilusões por ela suscitadas.

Dessa forma Hobsbawm não apenas deixa de discutir o uso que Stálin fez do conflito na Espanha, promovendo ajustes de contas de natureza local e internacional sob o pretexto de dar apoio à guerra antifascista; ele também deixa de considerar o modo pelo qual toda a experiência da "unidade antifascista" ajudou a forjar uma nova imagem para o comunismo internacional depois dos desastres militares, econômicos e estratégicos de suas duas primeiras décadas. Se quisermos compreender o século XX, essa reformatação radical do comunismo (repetida em escala menor em 1943) precisa ser avaliada. Em vez disso, o padrão do pensamento e da prática comunistas é descrito aqui, em grande medida, da maneira como era entendido e apresentado na época, inclusive na linguagem e nas categorias usadas, de modo que o fenômeno do bolchevismo não merece nenhuma atenção crítica analítica, a não ser nos seus próprios termos limitados.

Hobsbawm se mostra, portanto, bastante explícito ao tratar a revolução bolchevique e o subsequente regime comunista como "um programa para transformar países atrasados em avançados", uma linha de raciocínio bastante difundida no passado entre "revisionistas" e outros críticos simpáticos da esquerda em suas tentativas de explicar por que a revolução de Lênin havia se transformado na autocracia de Stálin. Mas não considera se teria sido também, e acima de tudo, o primeiro e maior dos golpes de Estado do "Terceiro Mundo" que ele também descreve em outro trecho, nos quais modernizadores revolucionários capturam a capital do país e impõem à força seu poder sobre uma sociedade arcaica. A distinção pode não parecer importante, porém é crucial. Ao excluir a revolução bolchevique da categoria de mero "golpe" e ao seguir insistindo que se tratava de uma revolução tornada possível pelas "massas", Hobsbawm preserva a qualidade sui generis da experiência comunista, e portanto se apega a uma interpretação do nosso século que parece cada vez mais inadequada agora, quando já deixamos para trás aquela experiência.

De modo semelhante, o tratamento concedido por Hobsbawm ao fascismo é uma oportunidade perdida para considerar em que medida a guerra de Hitler chegara a ser, na prática, uma grande revolução europeia, transformando a Europa Central e Oriental e preparando o terreno para os regimes "socialistas" dos anos do pós-guerra que se ergueram sobre as bases das mudanças radicais promovidas por Hitler — notadamente a destruição da inteligência e da classe média urbana da região, primeiro pelo assassinato dos judeus e depois como resultado da expulsão dos alemães das terras eslavas que tinham sido liberadas. Como Hobsbawm está interessado em minimizar quaisquer qualidades "revolucionárias" do fascismo, o tratamento que ele concede à Segunda Guerra Mundial é, portanto, incomumente convencional, desprezando a ironia de uma situação na qual Hitler preparou o caminho para Stálin. Também isso me parece uma consequência do ato de continuar a ver o mundo do modo como ele parecia então, quando, tanto ideológica quanto militarmente, fascismo e comunismo se encontravam em total conflito, e Stálin representava "a ala esquerda" das forças vitoriosas do Iluminismo.

As consequências dessa abordagem, contudo, são mais do que óbvias no modo como Hobsbawm discute a Europa Oriental — ou, mais exatamente, em sua não discussão do tema; o "socialismo real" nos territórios entre a Alemanha e a Rússia merece apenas seis páginas num livro de quase seiscentas, com os infames processos encenados dos anos 1950 ganhando menos de um parágrafo. Na sua visão medianamente revisionista das origens da Guerra Fria, Hobsbawm sugere que só depois de os americanos terem pressionado, com sucesso, para que os comunistas fossem excluídos dos gabinetes dos governos na França e na Itália (o que se deu em maio de 1947), e ameaçado intervir se as eleições italianas de 1948 "dessem errado", é que "a URSS seguiu o mesmo curso, eliminando os não comunistas das suas 'democracias populares' multipartidárias, reclassificadas a partir daí como 'ditaduras do proletariado'". Até então, em suas palavras, "onde Moscou controlava seus regimes associados e movimentos comunistas, estes se mostravam especificamente comprometidos a *não* construir Estados que tivessem a URSS como modelo, mas sim economias mistas sob democracias parlamentares multipartidárias...".

A atribuição precisa da culpa pela Guerra Fria pode ser um tema sujeito a debate, porém o ritmo e o propósito da estratégia comunista *no interior* da Europa Oriental não abrigavam com certeza nenhuma ambiguidade. Seja o que for que Stálin e seus seguidores tivessem em mente em 1945 para os regimes "amigos" da região, com certeza não eram "democracias multipartidárias" em nenhum sentido inteligível da palavra. A construção de "regimes-réplicas geograficamente contíguos" (como o cientista político Kenneth Jowitt os classificou) estava em curso muito antes das eleições italianas de abril de 1948. Os exemplos mais óbvios são a Romênia (onde Andrei Vyshinski chegou em fevereiro de 1945 para decretar quem poderia ou não fazer parte do governo de "coalizão") e a Bulgária (onde Nikola Petkov, líder do Partido Agrário, foi preso em junho de 1947 e executado três meses depois, após um desonroso julgamento encenado).

Na Checoslováquia e na Hungria a situação era mais confusa, pelo menos até 1947, ainda que no caso da Hungria a intimidação comunista do popular Partido dos Pequenos Proprietários o tivesse obrigado a retirar seus representantes do Parlamento em 1946. Mesmo na Checoslováquia, onde os comunistas locais contavam com forte apoio popular e tinham obtido 38% dos votos nas eleições de 1946, sua sustentação eleitoral estava caindo rapidamente durante o ano de 1947. Reagindo a isso, os comunistas lançaram mão de sua influência na polícia e no Ministério do Interior para difamar e desacreditar seus oponentes (em particular os partidos Democrático Eslovaco e Nacional Socialista Checo) e, em fevereiro de 1948 — dois meses antes das eleições italianas daquele ano —, eles tomaram o poder por meio de um golpe de Estado.[6]

Na Polônia não havia ilusões quanto a uma "democracia multipartidária". No gabinete do pós-guerra de 1945, catorze dos 22 membros tinham integrado o Comitê Nacional de Libertação dos comunistas (o Comitê "Lublin"), designado em julho de 1944 pelas forças soviéticas para administrar a Polônia libertada. Os resultados de um referendo de julho de 1946, após uma campanha violenta na qual o governo havia assediado e intimidado ativistas não comunistas, foram cinicamente fraudados, da mesma forma que as eleições gerais de janeiro de 1947: porta-vozes do Partido Camponês foram mantidos sem acesso às emissoras de rádio e milhares de seus apoiadores, presos; suas listas eleitorais foram impugnadas e acusações de espionagem foram feitas no Parlamento e em outros fóruns num esforço para desacreditar sua liderança. Mesmo assim, foi preciso enfiar cédulas nas urnas para evitar uma derrota comunista. O resultado gerou protestos internacionais, mas em vão. Em outubro de 1947, Stanisław Mikołajczyk, o chefe do Partido Camponês, temendo por sua vida, fugiu do país. Neste caso, como em outros lugares, essas táticas resultaram no início de 1949 no que se tornou efetivamente um Estado de um só partido, com partidos não comunistas autorizados apenas na condição de aliados ou vassalos obedientes, seus líderes no exílio, na prisão ou mortos. Sugerir que esse processo foi instituído apenas como uma consequência direta da intervenção americana nos negócios internos dos seus aliados ocidentais, e não antes disso, está simplesmente errado.

Que um historiador tão meticuloso como Hobsbawm seja capaz de cometer um erro tão óbvio não pode se dever, como ele diria, a um acidente. A dificuldade parece residir no fato de que, como Marx, ele não está muito interessado nessas pequenas nações. Referir-se aos anos 1950-74 como uma "era de ouro" não pode deixar de soar como uma ironia para alguém de, digamos, Praga. E é preciso um grau incomum de insensibilidade para escrever o seguinte: "O que aconteceu com Varsóvia em 1944 foi a punição pelos levantes prematuros ocorridos na cidade: eles só tinham uma bala na sua arma, ainda que fosse grande". Como uma afirmativa a respeito de revoltas urbanas isso, é claro, está correto em linhas gerais, mas como um relato do que aconteceu na Polônia, quando o Exército Vermelho esperou que os nazistas destruíssem a resistência polonesa antes de cruzar o Vístula, é falsamente ingênuo em termos históricos, para dizer o mínimo.

No entanto, a exemplo de outro historiador britânico de esquerda, Hobsbawm parece ver algo ligeiramente irritante "nas terras do meio".[7] De que outro modo julgar sua justificativa do modelo bolchevique como a única alternativa em 1917 "à desintegração que seria o destino de outros impérios arcaicos derrotados, notadamente a Áustria-Hungria e a Turquia. Ao contrário desses, a Revolução Bolchevique preservou a maior parte da unidade do território multinacional do antigo Estado czarista por pelo menos mais 74 anos". Que essa não é uma observação casual fica claro mais adiante no livro, quando ele descreve a desintegração da União Soviética como tendo deixado "um vazio internacional entre Trieste e Vladivostok" pela primeira vez desde meados do século XIX.

Para os habitantes desse "vazio", a história do século XX apresenta uma aparência bastante diferente. Contudo eles são necessariamente "nacionalistas", e nacionalismo (como religião) é um assunto bastante negligenciado nesse livro. Mesmo de um ponto de vista estritamente analítico isso parece ser um erro; seja lá o que pensemos a respeito de sentimento nacional (e Hobsbawm lhe dedica muito pouca simpatia, aqui como em outros livros seus), seu lugar na história do nosso tempo certamente merece mais do que observações em tom de reprovação a respeito do "egoísmo coletivo" de eslovenos, croatas, checos e outros da sua espécie. A autodeterminação nacional pode ser uma reação tola e "emocional" a problemas que ela não pode resolver, segundo a formulação de Hobsbawm; porém dizer isso significa deixar de perceber algo fundamental sobre os nossos tempos. Sem uma compreensão adequada de todos os tipos de fé — tanto seculares como religiosas —, o historiador do século XX se vê tolhido por uma séria desvantagem, uma limitação que ele mesmo se impôs.[8]

O problema da fé nos leva de volta aos anos 1930 e à relação do próprio Hobsbawm com o seu material. Ainda que escreva sem nenhuma ilusão a propósito da antiga União Soviética, ele se mostra relutante em admitir que ela não tinha aspectos que a redimissem (inclusive o de desempenhar o papel de manter ou impor a estabilidade no mapa da Europa). Ele insiste, então, que ela tinha pelo menos a virtude de legar ao Ocidente a ideia do planejamento econômico, salvando assim, ironicamente, o capitalismo ao simultaneamente ameaçar sua existência e municiá-lo com os meios para a sua sobrevivência. Mas não era a Gosplan que estava por trás do entusiasmo pelo planejamento demonstrado pelos jovens esquerdistas dos anos 1930 e que culminou nas economias mistas do pós-guerra da Europa Ocidental.[9] O fato que Hobsbawm deixa de mencionar é que muitos dos planejadores do pós-guerra extraíram suas ideias não de Moscou, mas de Roma (ou, no caso francês, de Vichy): era muitas vezes o planejamento fascista, não o comunista, que atraía os tecnocratas que assumiram o comando nos anos 1940. A admiração pelos planos quinquenais soviéticos, por outro lado, era mais amplamente disseminada entre intelectuais — os fabianos, André Gide e outros, inclusive os estudantes de esquerda da geração de Hobsbawm. Também aqui a história do nosso tempo acaba sendo uma vítima fácil da memória privada.

O desejo de encontrar pelo menos algum significado residual em todo o experimento comunista parece, afinal, estar por trás da baixa qualidade das ponderações de Hobsbawm a propósito do terror stalinista. No resumo que faz da argumentação em favor da industrialização forçada ele se apoia numa analogia com a economia de guerra:

> Como numa economia de guerra [...] metas de produção podem, e na verdade muitas vezes precisam, ser fixadas sem considerar o custo e a relação custo-eficiência, o teste decisivo consistindo em saber se as metas podem ou não ser alcançadas e quando. Como em todos os esforços do tipo vida ou morte, o método mais eficaz de atingir metas e cumprir prazos é dar ordens urgentes, e essas acabam por produzir esforços que exigem força total.

Ao que seria possível retrucar que não havia nenhuma guerra em curso e que, de qualquer forma, a "vida" em jogo era a do regime bolchevique, enquanto a "morte" era a de milhões de seres humanos. No que diz respeito à perda dessas vidas humanas, Hobsbawm afirma, com razão, que "não há justificativa" para aquilo; mas isso nos faz ansiar por uma descrição mais completa e, tanto histórica como humanamente, mais sensível a respeito de toda essa tragédia. Eis aqui, contrapondo-se a isso, o comentário eloquente do próprio Hobsbawm sobre as apologias otimistas e bem-intencionadas feitas no século XIX à Lei dos Pobres, de 1834:

> Ouso dizer que os reformadores que se bateram pela Lei dos Pobres acreditavam honestamente que os miseráveis se viam moralmente aprimorados pela separação entre esposas e maridos nas oficinas de trabalho [...]. No que dizia respeito às vítimas dessas visões, os resultados eram tão ruins — talvez até piores — quanto se tivessem sido produzidos por crueldade deliberada: a degradação inumana, impessoal, dura do espírito de homens e mulheres e a destruição de sua dignidade. Talvez isso fosse historicamente inevitável e até necessário. Mas a vítima sofria — o sofrimento não é um privilégio das pessoas bem informadas. E qualquer historiador incapaz de avaliar isso não merece ser lido.[10]

O fato de que a União Soviética dava a entender que defendia uma causa justa, na realidade a única causa válida, é o que minimizava seus crimes para muitos na geração de Hobsbawm. Outros poderiam dizer que isso só os tornou ainda mais graves.[11] Em qualquer caso, o fim do comunismo foi uma fonte de grande felicidade para muitos milhões de pessoas, mesmo que essa felicidade tenha sido diluída pelas dificuldades que se seguiram, e põe em dúvida a conclusão de Eric Hobsbawm de que "o velho século não acabou bem". Ficamos tentados a perguntar: "Para quem?". O tom sombrio, quase apocalíptico da parte final do livro obscurece o fato de que os anos 1980 também foram uma década de libertação para muitos, e não apenas na Europa Oriental. É certamente verdade, como diz Hobsbawm em mais de uma ocasião, que ninguém mais parece ter soluções a oferecer para os problemas do mundo, que estamos avançando tateando, às cegas, em meio a um fog global, que vivemos em um mundo onde "o passado [...] perdeu seu papel, no qual os velhos mapas e cartas que guiaram os seres humanos [...] não representam mais a paisagem pela qual nos movemos". Mas está longe de ser evidente que as soluções em grande escala, plenas de autoconfiança, do tipo das que perdemos, tivessem trazido algum dia algo de bom — feitas as contas, fizeram muito mais mal do que bem.

Em 1968 eu era integrante de uma plateia atenta e cheia de admiração à qual Eric Hobsbawm estava se dirigindo a respeito, se bem me lembro, dos limites do radicalismo estudantil. Recordo-me muito bem da sua conclusão, já que contrastava tanto com o estado de espírito daqueles dias. Às vezes, ele nos lembrou, a questão não é mudar o mundo, mas interpretá-lo. Porém para interpretar o mundo também é preciso ter certa empatia com os modos pelos quais ele mudou. Seu mais recente livro é um relato desafiador, muitas vezes brilhante, sempre sóbrio e inteligente do mundo que agora herdamos. Se não está à altura das melhores entre suas obras, vale a pena lembrar que o padrão de excelência por ele estabelecido é bastante alto.

Contudo, há duas ou três mudanças cruciais que tiveram lugar no mundo — a morte do comunismo, por exemplo, ou a relacionada perda de fé na história e nas funções terapêuticas do Estado a respeito da qual o autor nem sempre se mostra satisfeito. Isso é uma pena, já que forma e às vezes deforma seu relato de maneiras que podem diminuir seu impacto sobre aqueles que mais precisam lê-lo e aprender com ele. E senti falta, em sua versão do século XX, do olhar impiedosamente crítico que fez dele um guia tão indispensável para o século XIX. Numa notável *apologia pro vita sua*, Eric Hobsbawm nos chama a atenção para o fato de que os historiadores são "os que têm o dever profissional de lembrar seus concidadãos daquilo que eles desejam esquecer". Essa é uma obrigação árdua e impiedosa.

Este ensaio foi publicado originalmente no *New York Review of Books*, em maio de 1995, como uma resenha de *A era dos extremos: O breve século XX, 1914-1991*, de Eric Hobsbawm.

NOTAS

1 Por mais que fosse um herói aos olhos de muitos dos estudantes radicais dos anos 1960, Eric Hobsbawm jamais fez concessões aos modismos da esquerda da época. Em suas palavras, "Ninguém com qualquer mínima experiência a respeito das limitações da vida real, ou seja, nenhum verdadeiro adulto, poderia ter escrito os autoconfiantes porém patentemente absurdos slogans dos dias de maio de 1968 em Paris ou do 'outono quente' de 1969 na Itália". Nesse aspecto ele lembra vagamente Albert Soboul, o grande historiador (comunista) dos sans-culottes. Muitos jovens *gauchistes* que admiravam sua obra supunham, antes de conhecê-lo pessoalmente, que deveria compartilhar do mesmo figurino informal e do mesmo estilo social igualitário de seus alunos. Ninguém jamais cometia esse mesmo erro duas vezes.

2 Qualquer história do mundo no século XX é necessariamente uma história em grande medida das coisas que os europeus e os norte-americanos fizeram a si mesmos e a outros, e de como os não europeus reagiram a elas e foram por elas (geralmente de modo desfavorável) afetados. Pois isso, afinal, é o que houve de errado no século XX, visto a partir de uma perspectiva do "Terceiro Mundo", e censurar Hobsbawm, como têm feito alguns de seus críticos, por compreender esse fato e escrever em consonância com ele, me parece uma incoerência.

3 Considerando as vantagens oferecidas por essas fontes de primeira mão, e em vista do amplo conjunto de material disponível, parece realmente uma pena que Hobsbawm não tenha recorrido mais às memórias e experiências registradas de outros viajantes que cruzaram esse século.

4 Consultado por uma das maiores empresas da Europa sobre se Bolonha estaria interessada em ser escolhida como sede de uma grande fábrica, o prefeito educadamente rejeitou a oportunidade. Como explicou a Hobsbawm, a economia de composição variada da sua região estava se saindo muito bem, e não precisava que fossem introduzidos no seu meio os problemas industriais típicos de cidades maiores, como Milão ou Turim.

5 Ainda que sem nenhuma referência à sua própria trajetória profissional, na qual pagou um alto preço por sua filiação política, pelo menos nos primeiros anos.

6 Nas memórias de ex-comunistas húngaros e checos, assim como nas de seus oponentes, fica claro que, a partir do momento em que os alemães foram expulsos, os comunistas locais pretenderam derrotar e desacreditar seus adversários políticos internos: seja fraudando votações, por meio de intimidação política e legal, seja recorrendo à sua proteção pelos soviéticos. Esse aspecto não deveria ser obscurecido pelo fato de eles contarem também com uma autêntica, embora em rápido declínio, reserva de apoio popular. Ver, por exemplo, Eugen Loebl, *My Mind on Trial* (Nova York: Harcourt Brace Jovanovich, 1976); Béla Szász, *Volunteers for the Gallows: Anatomy of a Show-Trial* (Nova York: Norton, 1971); Josephine Langer, *Une saison à Bratislava* (Paris: Seuil, 1979); Stephen Kertesz, *Between Russia and the West: Hungary and the Illusions of Peacemaking, 1945-1947* (South Bend, IN: University of Notre Dame, 1986). Os nacional-socialistas checos nada tinham a ver com seus homônimos alemães, exceto na medida em que a origem de ambos remontava indiretamente às divisões étnicas no interior do movimento sindical no fim do século XIX na Boêmia.

7 Escrevendo em 1941, G. D. H. Cole acreditava que os indefensáveis Estados soberanos da Europa Oriental não tinham futuro algum e que seria melhor se uma União Soviética vitoriosa no pós-guerra simplesmente absorvesse a Polônia, a Hungria e os Bálcãs. G. D. H. Cole, *Europe, Russia and the Future*, citado em Serban Voinea, "Satéllisation et libération", *Revue Socialiste* (março de 1957), p. 226.

8 Entre as fés seculares deveriam ser incluídos os mitos ideológicos que mobilizaram os intelectuais do nosso século, sem os quais muitos dos piores aspectos do "declínio rumo à barbárie" não podem ser adequadamente explicados. Sobre esses Hobsbawm tem curiosamente pouco a dizer.

9 Nem eram essas tão universalmente "planejadas" como Hobsbawm às vezes dá a entender. Houve muitas variações em torno do tema planejamento depois de 1945, indo da nacionalização sem planejamento (Grã-Bretanha) ao planejamento seletivo com alguma nacionalização (França) e a estratégias economicamente coordenadas sem planejamento formal, nem nacionalização (Alemanha Ocidental). Ainda que ele dê a Maynard Keynes o crédito devido por ter

solapado a credibilidade da teoria econômica do laissez-faire não intervencionista, a relação entre economia keynesiana, planejamento social em tempo de guerra e a prática econômica do pós-guerra não é muito discutida nesse livro.

10 E. J. Hobsbawm, "History and the 'Dark Satanic Mills'", in *Labouring Men: Studies in the History of Labour* (Nova York: Basic Books, 1964), p. 118. A mesma interpretação fria e distante também se mantém na abordagem que Hobsbawm faz do terror fascista e contrasta com sua poderosa imagem do nosso século como uma era de crimes e de desatinos. O que parece estar faltando é um número maior de descrições de experiências diretas, para contrabalançar o efeito de distanciamento produzido pelas análises mais gerais.

11 Compare-se a isso as reflexões do escritor polonês Alexander Wat: "A perda de liberdade, a tirania, os maltratos, a fome teriam sido mais fáceis de suportar não fosse pela compulsão de chamá-las de liberdade, justiça, o bem do povo". Alexander Wat, *My Century: The Odissey of a Polish Intellectual* (Berkeley: University of California Press, 1990), p. 173.

CAPÍTULO II

Europa: A magnífica ilusão

I

A COMUNIDADE EUROPEIA FOI FUNDADA HÁ QUASE QUARENTA ANOS com o objetivo expresso de promover a união "cada vez mais estreita" entre os seus integrantes. É uma realização notável, ainda que não tanto quanto sugerem seus defensores. São poucos os que, em princípio, se opõem aos seus objetivos, e as vantagens práticas que proporciona aos seus membros, como o comércio livre de restrições, são óbvias. É esse o motivo, afinal de contas, pelo qual quase todos desejam aderir a ela. No momento seus Estados-membros estão empenhados em negociações para construir uma moeda única e mecanismos para a tomada de decisões em comum e ação coletiva, sem deixar, simultaneamente, de acenar para os países da antiga Europa comunista com a promessa de sua filiação num futuro próximo.

São bem pequenas, na realidade, as chances de a União Europeia cumprir suas promessas de uma unidade cada vez mais estreita, mantendo-se aberta à adesão de novos membros nos mesmos termos até então adotados. Em primeiro lugar, as circunstâncias históricas peculiares que marcaram o período entre 1945 e 1989 não podem ser reproduzidas. De fato, o efeito desintegrador dos acontecimentos de 1989 foi, no mínimo, tão forte no Ocidente como no Leste. A essência do entendimento franco-germânico em torno do qual foi construída a Europa Ocidental do pós-guerra reside num arranjo mutuamente conveniente: os alemães contariam com os recursos econômicos, enquanto os franceses conservariam a iniciativa política. Nos primeiros anos do pós-guerra, é claro, os alemães ainda não tinham alcançado sua atual prosperidade e o predomínio da França estava fundamentado em bases reais. Porém, a partir de meados dos anos 1950, isso já não era mais verdade; a partir de então, a hegemonia francesa sobre os assuntos europeus repousava sobre uma arma nuclear que o país não podia empregar, sobre um exército que não podia ser usado no próprio continente, e sobre uma postura no cenário político internacional decorrente, em grande medida, do sentimento de magnanimidade pragmática da parte das três potências vitoriosas ao fim da guerra.

Esse curioso interlúdio chega agora ao fim. Um fato econômico pode ilustrar isso. Em 1990, um mapa da influência econômica francesa mostra que esta se limita à "Europa dos Nove" — ou seja, os seis países originais (Alemanha, França, Itália e os países do Benelux) — mais Grã-Bretanha, Irlanda e Dinamarca. Em relação a esses países, a França era um importador e exportador de bens e serviços de peso bastante significativo. Porém a Alemanha, em contraste, já abrangia no seu raio de influência econômica não apenas a atual "Europa dos Quinze", mas também a maior parte do continente, ao sul e a leste. O significado disso está claro. A França se tornou uma potência regional, confinada a uma parte da Europa Ocidental. A Alemanha, mesmo antes da reunificação, já era mais uma vez a grande potência da Europa.

O impacto provocado pelo ano de 1989 também colocou novas dificuldades diante dos alemães. Pois assim como a fraqueza e o declínio do prestígio internacional despertam memórias difíceis para a França, o mesmo acontece com a Alemanha em relação a um excesso ostensivo de poder. Os políticos alemães, de Adenauer a Helmut Kohl, têm insistido em minimizar a força da Alemanha, delegando à França a oportunidade de tomar iniciativas políticas e enfatizando a modéstia de suas aspirações, que se limitam a uma Alemanha estável numa Europa próspera. Acabaram, dessa forma, sendo vítimas de sua própria retórica, legando à Europa do pós-1989 um Estado robusto mas sem nenhum senso de propósito nacional.

Por esse motivo, o projeto nacional adotado pela Alemanha apresenta hoje uma agenda um pouco sobrecarregada. Além do problema econômico e político representado pela absorção dos antigos *Länder* orientais, os alemães precisam lidar com o paradoxo decorrente de sua *Ostpolitik* do período pré-unificação: o fato de que muitos políticos alemães, em especial de esquerda, sentiam-se confortáveis com as coisas do jeito como se encontravam e ficariam razoavelmente satisfeitos se o muro tivesse sua existência prolongada por mais algum tempo. Os alemães também precisam levar em conta constrangimentos a respeito de suas próprias capacidades — agora que podem liderar e efetivamente lideram a Europa, para onde deveriam levá-la? E de qual Europa eles são os líderes naturais — a "Europa" voltada para o Ocidente, forjada pelos franceses, ou aquela Europa tradicional dos interesses alemães, na qual a Alemanha não está assentada na extremidade leste do continente, mas exatamente no seu centro?

Uma Alemanha plantada no coração da Europa desperta ecos e lembranças que muitos povos, talvez os próprios alemães mais do que ninguém, têm procurado deixar de lado desde 1949. Porém não é muito convincente a imagem de uma Alemanha dando decididamente as costas às perturbadoras lembranças do Leste, apegada fervorosamente aos seus aliados ocidentais do pós-guerra, como se apenas eles estivessem colocados entre a nação e seus demônios.

As circunstâncias econômicas básicas da Europa também mudaram. Para a geração que se seguiu ao anúncio da Comunidade Europeia do Carvão e do Aço, em 1950, a Europa Ocidental viveu uma combinação sem precedentes de intenso crescimento e de quase pleno emprego. Daí nasceu a crença, refletida em uma série de previsões econômicas otimistas por parte da Organização para a Cooperação e Desenvolvimento Econômico (OCDE), de que o ciclo de crises que marcara a Europa durante o meio século anterior havia sido interrompido para sempre. A grande crise do petróleo de 1974 deveria ter posto um fim em ilusões como essa. Em 1950, a Europa Ocidental dependia do petróleo para apenas 8,5% de suas necessidades em termos de energia; o restante, em sua maior parte, era atendido pelo carvão, o combustível fóssil local e de baixo custo da Europa. Em 1970, o petróleo respondia por 60% do consumo de energia da Europa. O aumento que quadruplicou o preço do petróleo pôs fim, portanto, a um quarto de século de energia barata, elevando de forma abrupta e definitiva o custo na manufatura, no transporte e nas atividades do dia a dia. Na República Federal da Alemanha, o PNB na verdade caiu 0,5% em 1974 e, novamente, 1,6% em 1975, lapsos sem precedentes no *Wirtschaftswunder*, e que se confirmaram em 1981 e 1982, quando a economia da Alemanha Ocidental declinou de novo em 0,2% e 1%, respectivamente. Na Itália, o PNB caiu (3,7%) em 1976, pela primeira vez desde o fim da guerra. Nem a economia da Alemanha nem a de qualquer outro país da Europa Ocidental nunca mais foram as mesmas.

O efeito disso sobre a própria Comunidade Europeia (mais tarde União) foi cruel. Uma importante característica da comunidade fora sua capacidade de atender com igual sucesso as necessidades específicas dos países que a integram, necessidades decorrentes das experiências e memórias do entreguerras que diferiam bastante entre si. Os belgas (como os britânicos) temiam acima de tudo o desemprego; os franceses procuravam, sobretudo, evitar a estagnação malthusiana das décadas anteriores; os alemães viviam assombrados pelo terror de uma moeda instável, inflacionada. Depois de 1974, a economia da Europa — emperrada — ameaçava todos eles com desemprego crescente, baixo crescimento e preços em forte elevação. Ocorreu então um imprevisto retorno a infortúnios que já tinham sido deixados para trás. Longe de ser capaz de oferecer as vantagens de seu milagre econômico a uma comunidade cada vez mais ampla de beneficiários, a "Europa" não pode mais nem mesmo estar segura de poder proporcionar esses benefícios a si mesma. Os acontecimentos de 1989 fizeram com que esse problema viesse à luz do dia, porém a origem da incapacidade da União para atacar a questão pode ser situada quinze anos antes.

A memória do desemprego do período entre as duas guerras mundiais varia de país para país. Nunca foi um grande flagelo na França, girando em torno de 3,3% ao ano durante os anos 1930. Porém na Grã-Bretanha, onde 7,5% da força de trabalho já estava desempregada durante os anos 1920, a média anual de 11,5% nos anos 1930 era algo que políticos e economistas de todo o espectro político juraram que jamais se repetiria. Na Bélgica e na Alemanha, onde a taxa de desemprego era de quase 9%, vigoravam sentimentos semelhantes. Era, portanto, uma das glórias exibidas pela economia da Europa Ocidental do pós-guerra o fato de ela conseguir um nível de quase pleno emprego durante a maior parte dos anos 1950 e 1960. Na década de 1960 a média anual de desemprego na Europa Ocidental foi de apenas 1,6%. Na década seguinte subiu para 4,2%. No fim dos anos 1980 havia dobrado novamente, com o desemprego na Comunidade Europeia em índices anuais médios de 9,2%; em 1993 esse número havia subido para 11%.

Nesses números deprimentes era possível distinguir padrões na verdade ainda mais perturbadores. Em 1993, o desemprego registrado entre homens e mulheres com menos de 25 anos estava acima de 20% em seis países da União Europeia (Espanha, Irlanda, França, Itália, Bélgica e Grécia). Os que se encontravam desempregados já havia muito tempo respondiam por mais de um terço do total dos que estavam sem trabalho nesses países, assim como também no Reino Unido, na Holanda e na antiga Alemanha Ocidental. O impacto redistributivo da inflação ocorrida nos anos 1980 piora o efeito dessas cifras, aumentando a distância que separa os que têm trabalho dos desempregados. Mais ainda: os períodos de melhora na economia não produziam mais o efeito, como ocorria durante a época de expansão depois dos anos 1950, de absorver a mão de obra excedente, evitando uma piora do quadro. Quem hoje se lembra das fantasias dos anos 1960, quando se acreditava candidamente que os problemas de produção tinham sido resolvidos e que tudo o que restava fazer era redistribuir os benefícios?

A combinação de rápido crescimento urbano com a estagnação econômica que se seguiu fez com que a Europa Ocidental se visse diante não apenas de uma nova ameaça de insegurança econômica, algo desconhecido para a maior parte dos europeus desde o fim dos anos 1940, como também de maior ruptura social e risco físico do que em qualquer outra época desde os primeiros tempos da Revolução Industrial. Na Europa Ocidental de hoje é possível ver cidades satélites ermas, subúrbios em decadência e guetos urbanos desprovidos de qualquer sentimento de esperança. Mesmo as grandes capitais — Londres, Paris, Roma — não são tão limpas e seguras, nem tão esperançosas quanto eram há apenas trinta anos. Elas e dezenas de cidades provinciais, de Lyon a Lübeck, vêm desenvolvendo camadas urbanas marginalizadas. Se esse fato não teve até agora consequências sociais e políticas mais explosivas, o crédito por isso deve ser dado aos sistemas de proteção social adotados pelos europeus ocidentais depois de 1945.

A crise do Estado de bem-estar social é, assim, o terceiro motivo pelo qual a União Europeia não pode ter a esperança de projetar suas realizações e promessas num futuro indefinido. A população da Europa Ocidental está envelhecendo. Desde meados dos anos 1960 a tendência geral tem sido ter menos filhos por família, a ponto de em alguns países, particularmente Itália e Espanha, a população não conseguir sequer se manter no nível anterior. Na Espanha, a taxa de natalidade por mil habitantes em 1993 era de apenas 1,1, um recorde histórico negativo. Os europeus precisam agora sustentar uma grande e crescente população de pessoas mais velhas sobre os ombros de uma população jovem cada vez menor, em grande parte desempregada. Um generoso sistema de proteção social, projetado para economias em expansão nas quais um grande número de pessoas jovens e empregadas sustentava as necessidades sociais de uma relativamente pequena população de idosos e doentes, se encontra agora sob enorme pressão.

Nas regiões Norte e Oeste da Europa, a população com 65 anos ou mais cresceu entre 12% e 17% (dependendo do país) desde meados dos anos 1960. Além disso, mesmo aqueles com menos de 65 não podem mais ser incluídos automaticamente no lado "produtivo" da equação nacional: na Alemanha Ocidental, a porcentagem de homens com idade entre sessenta e 64 anos que dispunham de emprego assalariado caiu de 72% para 44% nas duas décadas seguintes a 1960; na Holanda, os números eram respectivamente de 81% e 58%. No momento, os subempregados de mais idade são apenas um fardo dispendioso. Mas assim que os *baby boomers* começarem a se aposentar (por volta de 2010), a presença de uma grande massa de idosos frustrada, entediada, improdutiva e, em última análise, pouco saudável poderá vir a se tornar o foco de uma grande crise social.

Está claro para a maior parte dos políticos europeus que os custos da manutenção do Estado de bem-estar social na forma que assumiu no pós-guerra não podem ser sustentados indefinidamente. A dificuldade reside em saber a quem desagradar primeiro — o número cada vez menor de contribuintes ou o número crescente de seus beneficiários involuntários. Ambos os setores podem votar. Até o momento, por uma combinação de hábito e boas intenções, o maior número possível de benefícios sociais tem sido conservado. Nos últimos anos, contudo, outro fato no debate sobre o "bem-estar social" tem ameaçado distorcer o discernimento político nacional para além de qualquer proporção com a sua real dimensão. Trata-se do assim chamado "problema da imigração".

Em consequência da imigração originária de suas antigas colônias e dos países da periferia mediterrânica, atraída pela perspectiva de empregos numa economia que absorvia sofregamente mão de obra para alimentar seu rápido crescimento, a Europa Ocidental no começo dos anos 1960 teve de lidar com um excesso de imigrantes em relação a emigrantes pela primeira vez nesse século. Em 1973, momento que marcou o auge da "presença estrangeira" na Europa Ocidental, as nações da Comunidade Econômica Europeia juntamente com a Áustria, a Suíça, a Noruega e a Suécia abrigavam cerca de 7,5 milhões de trabalhadores estrangeiros, dos quais cerca de 5 milhões se encontravam na França e na Alemanha, compreendendo 10% da força de trabalho dos dois países. A despeito de uma forte queda nesses números desde então, já que os governos restringiram a imigração tanto por motivos econômicos como por razões políticas, a presença dos "imigrantes" continua sendo significativa. De acordo com dados de 1990, 6,1% da população alemã, 6,4% da população francesa, 4,3% da população holandesa e 3,3% da população britânica são compostos por estrangeiros. Esses números não incluem imigrantes naturalizados, ou filhos de estrangeiros nascidos nesses países, ainda que em alguns deles — especialmente na Alemanha — estes continuem a ser considerados estrangeiros, não dispondo de plenos direitos de cidadania.

Nos últimos anos esses imigrantes e seus filhos tornaram-se objeto de ressentimento e de medo por parte da população "nativa", sentimentos insuflados e explorados tanto por políticos extremistas como por aqueles que integram os partidos convencionais. Até que ponto esse processo chegou é algo que pode ser constatado na França. Em maio de 1989, 28% dos partidários gaullistas de Jacques Chirac se declararam de acordo "em termos gerais" com as ideias a propósito dos imigrantes expressas no programa da Frente Nacional, de Jean-Marie Le Pen. Em 1991 esse número era de 50%. E se os eleitores comunistas e socialistas se mostravam menos simpáticos, isso ocorria apenas porque um número significativo deles já tinha transferido sua lealdade para Le Pen: nas eleições presidenciais de 1995, ele conquistou 30% dos votos da classe trabalhadora empregada, enquanto o candidato socialista Lionel Jospin obteve apenas 21%.

Assim, no fim dos anos 1980, uma minoria significativa dos eleitores ligados aos partidos tradicionais nada via de vergonhoso em expressar sua concordância com políticas que vinte anos antes teriam sido consideradas inaceitavelmente próximas do fascismo (entre as propostas incluídas na lista de "Cinquenta medidas a ser tomadas a respeito da imigração", anunciada por Le Pen em novembro de 1991, estava a cassação de naturalizações previamente concedidas, um ato de injustiça retroativa praticado pela última vez na França sob o governo de Philippe Pétain). Na Áustria, o Partido da Liberdade, de extrema direita, liderado por Jörg Haider, obteve 22% dos votos nas eleições nacionais de dezembro de 1995. Também na Alemanha crescentes restrições aos trabalhadores vindos de fora e a outros possíveis imigrantes têm sido impostas "em benefício deles próprios".

As controvérsias políticas em torno da imigração não vão se amainar tão cedo, pois as migrações trans e intercontinentais se tornaram novamente uma característica da sociedade europeia, e os medos e preconceitos locais garantirão que elas continuem a ser vistas como desintegradoras e passíveis de exploração política. Os preconceitos nas décadas anteriores contra imigrantes poloneses, portugueses e italianos terminaram dando lugar ao silêncio, enquanto seus filhos, que não podiam ser distinguidos por religião, língua ou cor, acabaram por se diluir na paisagem social. Essas vantagens de invisibilidade cultural e física não estão à disposição de seus sucessores da Turquia, África, Índia ou Antilhas. Existe na Europa uma tradição muito pequena em termos de assimilação efetiva — ou, alternativamente, de "multiculturalismo" — quando se trata de comunidades realmente "estrangeiras". Imigrantes e seus filhos acabarão por se somar às fileiras dos "perdedores" na competição pelos reduzidos recursos da Europa Ocidental.

Até agora, os "perdedores" na história da Europa do pós-guerra têm sido sustentados pelos caros e complexos sistemas de ajuda regional que a União Europeia estabeleceu no interior dos países e também entre eles. Esses chegam a constituir uma forma de socorro institucionalizado — corrigindo constantemente as deformações induzidas pelo mercado, que concentraram a renda e as oportunidades no centro da região rica do Noroeste do continente, sem fazer o bastante para alterar as causas dessa disparidade. O Sul da Europa, as periferias (Irlanda, Portugal, Grécia), as camadas marginalizadas e os "imigrantes" constituem, portanto, uma comunidade dos prejudicados para os quais a União Europeia é, por um lado, a única fonte de ajuda — pois, sem o auxílio de Bruxelas, grande parte da Europa Ocidental, de comunidades ligadas a minas decadentes a aldeias de produtores rurais deficitários, estaria em situação ainda pior do que a atual — e, por outro lado, fonte também de inveja e ressentimento. Pois onde há perdedores, há também vencedores.

Para ver a "Europa" funcionando em virtude dos vencedores, basta passar alguns dias no triângulo formado pelas cidades de Saarbrücken (Alemanha), Metz (França) e Luxemburgo. Aqui cidadãos prósperos de três países viajam livremente através de fronteiras praticamente inexistentes. Pessoas, empregos, mercadorias e lazer se deslocam com facilidade, para lá e para cá, entre idiomas e Estados, aparentemente indiferentes às tensões históricas e inimizades que marcaram precisamente essa região num passado bastante recente. As crianças locais continuam a crescer na França, na Alemanha ou em Luxemburgo, e aprendem as histórias de seus países de acordo com os ritos de instrução nacionais, mas o que aprendem não corresponde mais rigorosamente ao que veem. E, afinal de contas, é melhor que seja assim. A lógica natural da união do Saarland com a Lorena foi alcançada não sob os auspícios do alto-comando alemão ou de um exército francês de ocupação, mas pela vontade benevolente da Comissão Europeia. *C'est magnifique, mais ce n'est pas l'Europe*. Ou, para sermos justos, é realmente a "Europa", mas sob um ângulo muito particular. Pois no que exatamente consiste *essa* Europa, falando em termos geográficos? A comissão e seu corpo de funcionários estão estabelecidos em Bruxelas. O Parlamento e suas comissões se reúnem em Estrasburgo e Luxemburgo. A Corte Europeia fica em Haia. Decisões cruciais relativas aos próximos passos da unificação são tomadas em Maastricht, enquanto um acordo para coordenar regulamentos para as fronteiras e o controle de estrangeiros pela polícia foi assinado na cidade de Schengen, em Luxemburgo. Todas as seis cidades, facilmente acessíveis entre si, estão dispostas ao longo de uma linha transversal, do mar do Norte até os Alpes, que formava o cerne e a principal linha de comunicações da monarquia carolíngia do século IX. Aqui, poderíamos dizer, jaz o coração (e, acrescentariam alguns, a alma) da União Europeia dos dias de hoje. Porém a localização atávica (e politicamente calculada) dessas modernas capitais da "Europa" deveria servir como um lembrete e uma advertência de que aquilo que é verdadeiro na Europa de hoje pode não ser muito novo, e o que é proclamado como novo talvez não seja inteiramente verdadeiro.

Há outra característica curiosa da Europa de hoje. Seus vencedores, aqueles povos e lugares que se saíram bem na União e associam sua prosperidade com uma identidade enfaticamente europeia, são descritos mais apropriadamente não pela referência a Estados-nação, mas a regiões. As grandes histórias de sucesso da Europa contemporânea são Baden-Württemberg, no Sudoeste da Alemanha; a região de Rhône-Alpes, na França; a Lombardia e a Catalunha. Três dessas "super-regiões" (nenhuma delas contendo a capital nacional de seu país) estão agrupadas ao redor da Suíça, como se desejassem poder de algum modo, escalando montanha acima, encontrar uma saída para as restrições impostas por sua associação com regiões mais pobres na Itália, na Alemanha e na França e, por proximidade e afinidade, elas mesmas se tornarem pequenas e prósperas repúblicas alpinas. Chamam a atenção sua prosperidade e seu poder econômico, bastante desproporcionais. A região de Rhône-Alpes, juntamente com a Grande Paris, responde por quase um terço do produto interno bruto da França. A Catalunha, em 1993, era responsável por 19% do PIB da Espanha, 23% das exportações espanholas e um quarto de todo investimento estrangeiro; sua renda per capita era 20% mais alta do que a média da Espanha como um todo.

As regiões prósperas da Europa Ocidental descobriram um forte interesse em forjar uma associação entre si, diretamente ou por meio de instituições da Europa. E, pela natureza das coisas, é um interesse que as coloca numa posição cada vez mais desconfortável em relação ao Estado-nação mais antigo do qual ainda fazem parte. Isso não é uma nova fonte de desacordo. Na Itália, o ressentimento dos habitantes do Norte em ter de compartilhar o país com o Sul "parasitário" é um tema tão antigo quanto o próprio Estado. O separatismo nacional flamengo na Bélgica, que floresceu sob os nazistas e, justamente por essa razão, tornou-se mais discreto no pós-guerra, nos últimos tempos se beneficiou com a decadência econômica da região industrial da Valônia; nós, flamengos, afirma o argumento adotado hoje, reivindicamos não apenas igualdade linguística e uma administração separada, mas nossa própria identidade (não belga) — e nosso próprio Estado.

A reivindicação comum dos separatistas, na Espanha, na Itália e na Bélgica, mas também na Eslováquia e na República Checa, antes do "divórcio de veludo", é a seguinte: "nós" — os que trabalhamos duro, que pagamos os impostos, os mais bem-educados, que linguística e/ou culturalmente pertencemos ao "Norte" — somos "europeus"; enquanto "eles" — as populações rurais, atrasadas, preguiçosas, o "Sul" subsidiado (mediterrânico) — não o são na mesma medida. O imperativo lógico de uma identidade "europeia" que se distingue de vizinhos indesejáveis com os quais compartilha um Estado é procurar um centro alternativo de autoridade, escolhendo "Bruxelas" em lugar de Roma ou Madri. O apelo exercido pela "União Europeia" nessas circunstâncias é o de um desenvolvimento moderno cosmopolita em contraposição a restrições nacionais "artificiais" e antiquadas.

Isso por sua vez pode justificar a atração especial que a "Europa" exerce junto à jovem intelectualidade dessas regiões. No passado, a União Soviética seduzia muitos intelectuais ocidentais como uma combinação promissora de ambição filosófica e poder administrativo, e a "Europa" detém algo desse mesmo fascínio. Para seus admiradores, a "União" é a última herdeira do despotismo esclarecido do século XVIII. Pois o que vem a ser Bruxelas, afinal, se não uma tentativa renovada de alcançar o ideal de uma administração eficiente e universal, despida de particularismos e movida pela razão e pelo império da lei, que os monarcas reformistas — Catarina, a Grande; Frederico, o Grande; Maria Teresa e José II — se esforçaram para instalar em suas terras prestes a desmoronar? É a própria racionalidade encarnada pelo ideal da União Europeia que exige uma classe profissional educada, a qual, tanto no Leste como no Oeste, vê em "Bruxelas" uma fuga de práticas preconceituosas e da mentalidade atrasada do interior — de modo bem semelhante àquele com que advogados, comerciantes e escritores recorriam a realezas modernizadoras, passando por cima de Dietas e Parlamentos reacionários.

Há, porém, um preço a ser pago por tudo isso. Se a "Europa" representa os vencedores, quem poderá falar em nome dos perdedores — o "Sul", os pobres, aqueles linguística, educacional ou culturalmente menos favorecidos, marginalizados ou desprezados europeus, que não vivem nos triângulos dourados ao longo de fronteiras já desaparecidas? O risco que existe é o de restar para *esses* europeus apenas "a nação", ou mais precisamente, o nacionalismo; não o separatismo nacional dos catalães ou o empreendedorismo dos lombardos, mas a preservação do Estado do século XIX como um bastião contra a mudança. Por essa razão, e pelo fato de uma união cada vez mais estreita entre as nações da Europa ser, na prática, improvável, seria talvez imprudente insistir nisso. Ao argumentar em favor de uma avaliação mais modesta das perspectivas da Europa, não desejo sugerir que exista algo *inerentemente* superior nas instituições nacionais em relação às supranacionais. Mas devemos reconhecer a realidade das nações e dos Estados, e perceber o risco de que, quando negligenciados, eles se tornem um recurso eleitoral para os nacionalistas.

II

Deve a União Europeia acolher os países da Europa Oriental? Na antiga Alemanha Oriental uma crença otimista em que a prosperidade econômica viria a unir novamente o país antes dividido, varrendo as lembranças tristes

— uma tentativa, em síntese, de reproduzir o "milagre econômico" da República Federal e os benefícios que o acompanharam —, fracassou, não tanto pela presença dessas memórias como pela ausência de qualquer transformação econômica comparável àquela experimentada pela Alemanha Ocidental no início dos anos 1950. A mesma dificuldade se aplicaria a qualquer tentativa de absorver na União Europeia os países do Leste.

Levando-se em conta apenas o aspecto econômico, uma expansão como essa representaria um fardo oneroso e impopular. No orçamento da União Europeia de 1992, apenas quatro países estavam na posição de contribuintes, ou seja, davam mais do que recebiam: Alemanha, Grã-Bretanha, França e Holanda (em ordem descendente de contribuição per capita). Os beneficiários, na mesma ordem per capita, eram Luxemburgo, Irlanda, Grécia, Bélgica, Portugal, Dinamarca, Espanha e Itália. É verdade que os que chegaram em seguida — Suécia, Finlândia e Áustria — são todos potenciais contribuintes doadores, porém suas economias são pequenas, e a parte que caberá a cada um deles não será muito grande. Inversamente, *todos* os possíveis futuros membros da União (com exceção da Suíça) se encaixam, sem nenhuma ambiguidade, na categoria de beneficiários. Foi estimado (por um estudo de 1994 realizado pela Fundação Bertelsmann) que os quatro países do chamado "Grupo Visegrad" — Polônia, República Checa, Eslováquia e Hungria — iriam custar sozinhos à União Europeia 20 bilhões de marcos alemães por ano em pagamentos diretos. Fica claro que exigiria da União muito dinheiro — mais do que ela pode bancar atualmente — acolher futuros membros como esses *nos mesmos termos que os atuais integrantes.*

Pelos motivos que sugeri, a União Europeia não poderia realisticamente prometer, mesmo aos seus membros atuais, um futuro tão seguro e tão próspero quanto o seu passado. Subterfúgios como "o núcleo da união", "procedimento acelerado", "geometria variável" ou "parceria pela paz" são todos expedientes para adiar ou evitar a escolha impossível: de um lado, dizer não aos recém-chegados ou, de outro, expandir a União nos mesmos termos adotados até então. Do ponto de vista econômico, absorver num futuro próximo os países que estão a leste em quaisquer termos que fossem aceitáveis equivaleria a um dispendioso ato de caridade. Contudo, a despeito disso, não atenderia talvez aos próprios interesses da Europa Ocidental fazer o sacrifício (supondo sempre que ela tivesse condições de arcar com isso)?

Deixemos de lado a questão da afinidade cultural — ou seja, saber se a Europa Ocidental ficaria privada de uma parte essencial de si mesma se permanecesse separada da Europa Central ou da Europa Oriental. O interesse básico e evidente reside hoje em se proteger contra as ameaças demográfica e econômica que a espreitam a partir do leste e do sul. Quanto a ameaças de um tipo mais convencional, é um pressuposto tácito assumido por todos que planejam a defesa da Europa que a Rússia permanece sendo a única ameaça militar significativa ao resto do continente. Que os grandes Estados da Europa Ocidental e Central continuam a manter o interesse que sempre tiveram em conservar "Estados tampões" separando-os da Rússia, isso está claro. Porém, se esses desempenham melhor seu papel geoestratégico dentro ou fora de uma União formal, isso continua uma questão em aberto.

Em qualquer caso, o debate europeu ocidental permanece agora focado nos mecanismos internos da própria União Europeia. Os empreendimentos coletivos europeus deveriam ser decididos por unanimidade (como acontece hoje) ou pelo voto da maioria? E, caso seja adotada essa última opção, como deveriam ser construídas as maiorias e quão vinculantes deveriam ser suas decisões? Helmut Kohl, o falecido François Mitterrand e os conselheiros políticos destes preferiam a introdução de um sistema de voto por maioria para eliminar o risco de um impasse que surgiria de qualquer tentativa de atender às necessidades e exigências de um número tão grande de Estados-membros. Os britânicos, com apoio de alguns dos Estados-membros menores, se dizem favoráveis à retenção do direito de veto (o mesmo veto do qual Charles de Gaulle lançou mão para manter os britânicos fora da UE em janeiro de 1963!) justamente para evitar que sejam tomadas decisões contra os seus interesses — e, na verdade, para evitar que sejam tomadas decisões demais de qualquer tipo que seja. Não é por acaso que esses conflitos têm atraído tanta atenção. Na "Europa dos Quinze" será praticamente impossível encontrar sólidas maiorias, muito menos unanimidade, para decisões que exijam escolhas difíceis.

Isso será verdade no que diz respeito em particular às questões associadas à defesa e à política externa, áreas nas quais a União Europeia tem permanecido inativa até agora. A opção pela aquiescência militar não está mais aberta para a Europa; não se pode mais contar com o envolvimento dos Estados Unidos nos assuntos europeus sempre que seus serviços sejam requisitados. A União Europeia fracassou completamente em unir seus membros no apoio a qualquer política ou ação comuns em assuntos militares ou diplomáticos. E o que se revelou difícil para quinze membros estaria fora de questão para um número ainda maior. Se a União Europeia e suas antecessoras apresentaram no passado uma semelhança com as Nações Unidas — a opção por tomar decisões unânimes em áreas de interesse comum e concordar em discordar, ou simplesmente não tomar decisão alguma, a propósito de temas difíceis ou controvertidos —, ela agora começará a se parecer com a Liga das Nações, com seus membros simplesmente preferindo se colocar à parte a acatar decisões das quais discordam. Os danos políticos e morais que podem ser provocados quando um único membro impõe uma indecisão unânime ao conjunto — vide a recusa grega em reconhecer a Macedônia, ou a insistência da Itália em que a Eslovênia seja excluída de um possível ingresso na União Europeia até que disputas legais entre os dois países, antigas, porém triviais, venham a ser resolvidas — não seriam nada comparados à recusa pela Grã-Bretanha ou pela França, por exemplo, de aceitar uma política externa ou uma maioria composta pela Alemanha e por países menores que lhe dessem apoio.

Que seria, então, do interesse geral da Europa Ocidental em proporcionar estabilidade, em oferecer garantias a países como Hungria ou Eslováquia contra os próprios demônios internos destes? Esse é, na realidade, o argumento mais forte que os habitantes da Europa Central podem oferecer em prol de sua candidatura à admissão na União Europeia — proteja-nos de nós mesmos, contra as consequências internas de uma fracassada "transição pós-comunista" — e é particularmente persuasivo para os seus vizinhos imediatos do lado ocidental, principalmente a Alemanha. É, contudo, um argumento que se baseia exclusivamente na prudência, motivo pelo qual a UE tem procurado responder a ele com a oferta de uma associação parcial, filiação provisória e propostas semelhantes, e levanta a possibilidade de um problema futuro num momento em que o Ocidente está preocupado com dificuldades reais e imediatas. Mesmo que receios em relação à estabilidade da Europa Oriental façam com que valha a pena pagar o preço de abrir a porta europeia, isso só acontecerá ao custo de uma expressiva diluição do significado e das práticas da união. E o braço protetor da "Europa" certamente não se estenderá além do antigo centro do domínio dos Habsburgo (República Checa, Hungria, Eslováquia, Eslovênia e Polônia), tornando-o uma espécie de euro-subúrbio melancólico, além do qual a Europa "bizantina" (da Letônia à Bulgária) será deixada à própria sorte, sendo próxima demais da Rússia e dos interesses russos para que o Ocidente ponha de lado a prudência e opte por uma demonstração agressiva, promovendo a absorção e o engajamento.

Enquanto isso, a Europa será dominada pela Alemanha. Desde 1990, uma Alemanha unida vem buscando parceiros em sua estratégia de expansão rumo à Europa Central. Se for capaz de agir em consonância com seus sócios do grupo europeu "mais adiantado", Bonn não transmitirá a impressão óbvia de estar querendo se apressar demais. Desse modo, investimentos na Europa Oriental feitos por firmas alemãs recorrendo a subsidiárias ou empresas "de fachada" austríacas, por exemplo, despertam menos suscetibilidades do que se viessem diretamente da República Federal. Da mesma forma que a política externa alemã ocidental de antes de 1989 poderia ser caracterizada como um ato de triplo malabarismo, sem agradar nem desagradar aos Estados Unidos, Moscou ou Paris, a política germânica pós-unificação tem procurado seguir a lógica do poder da Alemanha, e de seu lugar histórico na Europa Central e Oriental, sem alarmar seus aliados da Europa Ocidental nem despertar os próprios medos alemães de uma rediviva ambição nacional.

A dificuldade, como notaram alguns observadores alemães, reside no fato de que o seu país, a despeito de suas melhores intenções, não pode deixar de desestabilizar a Europa. A Europa que Adenauer e seus contemporâneos ajudaram a fazer, e isso por sua vez permitiu que a República Federal forjasse sua identidade pós-Hitler, está posta agora em questão, já que o arranjo acertado no pós-guerra se esgotou. As analogias históricas mais dramáticas são enganadoras — uma aliança *de fato* entre a Alemanha e a Áustria no interior da UE não vem a ser uma *Anschluss* de 1938, e um renascimento do expansionismo alemão, muito menos um militarismo, não é provável, pelo menos não no nosso horizonte de futuro. Porém continua sendo verdade, como ocorre desde 1871, que uma Alemanha poderosa no meio da Europa, animada por interesses próprios, é uma presença inquietante para seus vizinhos.

No entanto, uma Europa dominada pela Alemanha, em flagrante contraste com o passado, pode ser caracterizada acima de tudo pela falta de disposição para intervir ativamente nos assuntos internacionais. Se essa postura será mantida, isso é outra questão — o legado do nazismo não pode continuar a pesar indefinidamente sobre a consciência pública alemã, e deverá chegar o momento em que os políticos alemães e seus eleitores se sentirão menos inibidos em se comportar como qualquer outra potência: mandar soldados para o exterior, usar a força ou a ameaça de força para atingir seus objetivos nacionais e assim por diante. Porém nesse meio-tempo, a principal dificuldade suscitada aos seus membros por uma Europa dominada pela Alemanha é uma espécie de inércia, obrigando a comunidade europeia a restringir suas intervenções coletivas internacionais a questões não contenciosas de natureza ambiental ou humanitária.

Essa é a primeira lição a ser extraída da tragédia iugoslava, demonstrando a fragilidade das iniciativas europeias, a compulsão para evitar qualquer tipo de envolvimento e a ausência de interesse estratégico coletivo consensual que vá além da manutenção do status quo. A guerra travada na Iugoslávia desde 1991 é também um lembrete oportuno de que os alemães não são o único povo para o qual a hegemonia alemã na Europa não é bem-vinda. Um dos argumentos mais fortes utilizados pela propaganda sérvia, primeiramente contra a independência da Eslovênia e da Croácia, e em seguida contra a interferência "externa" na Bósnia, tem sido a afirmação de que a Alemanha e a Áustria têm buscado a restauração de uma *Mitteleuropa* "germano-católica" e que todo o esforço para desmantelar a Iugoslávia é uma espécie de conspiração habsburgo-teutônica. O receio de fornecer munição a esse argumento fez com que o Estado mais poderoso da Europa evitasse intervir ativamente na guerra antes que quatro anos se passassem, e mesmo então a decisão de enviar um pequeno contingente militar alemão — estritamente limitado a tarefas que excluíam qualquer combate — só foi tomada depois de enfrentar forte oposição da parte de círculos intelectuais e políticos na Alemanha.

Isso não significa que o comportamento da França ou da Grã-Bretanha tenha sido exemplar. Mas os franceses e britânicos foram forçados a fazer *algo*, por mais inadequado e mesmo traiçoeiro que fosse — daí o envio de uma pequena "Força de Reação Rápida" a Sarajevo em 1995, depois que já tinha ficado constrangedoramente claro quão ineficaz a presença da ONU tinha se tornado.* Porém o simples fato de essa força ser um contingente franco-britânico e de não atuar sob nenhum tipo de égide "europeia" confirmava outra lição oferecida pelos acontecimentos nos Bálcãs, a de que o edifício "europeu" se encontra fundamentalmente vazio, obcecado de modo egoísta com rigor fiscal e vantagens comerciais. Da mesma forma que não existe uma comunidade internacional efetiva, também não existe, em relação às questões em jogo, nenhuma comunidade europeia. Existem apenas potências, grandes e não tão grandes; e, pelo menos até o momento, uma Europa liderada pela Alemanha não está entre elas.

O modo como a França e a Grã-Bretanha farão uso da limitada iniciativa internacional que isso lhes confere vai depender de que lição, se é que alguma foi aprendida, que seus governos decidirão extrair das humilhações da sua aventura bósnia. No entanto, quarenta anos depois do vexame anglo-francês em Suez, eles estão prestes a redescobrir os encantos e os sacrifícios de uma relativa autonomia diplomática. Os Estados Unidos não estão mais olhando por cima do ombro, e a "Europa" não é mais um refúgio onde alguém acredite que possa se esconder. Os anos 1945-89 começam a ser vistos cada vez mais como um interlúdio. À medida que formos nos distanciando da Segunda Guerra Mundial, parecerão menos urgentes os motivos pelos quais era tão importante construir algo diferente. É por isso que precisamos lembrar a nós mesmos não apenas os ganhos reais obtidos, mas também o fato de que a Comunidade Europeia que ajudou a realizá-los era um meio, não um fim.

---

* Não passou despercebido na Bósnia, contudo, que o principal objetivo dessa força era proteger as tropas estrangeiras (especialmente francesas e britânicas) que operavam sob a autoridade da ONU.

Pois se olharmos para a União Europeia como uma solução milagrosa, entoando "Europa" como um mantra e fazendo tremular a bandeira da "Europa" diante de nacionalistas heréticos recalcitrantes, podemos acordar um belo dia e descobrir que, longe de ajudar a resolver os problemas do nosso continente, o mito da "Europa" tornou-se um obstáculo para que possamos reconhecê-los. Descobriremos que se transformou em pouco mais do que o modo politicamente correto de disfarçar dificuldades locais, como se o mero ato de invocar a promessa de uma Europa unida nos eximisse de resolver problemas e crises no presente. É claro que existe certa vantagem conveniente em falar da Europa como se ela já existisse em algum sentido mais forte, coletivo. Mas há coisas que ela não pode fazer, alguns problemas com os quais não pode lidar. "Europa" é mais do que um conceito geográfico, mas menos do que uma resposta.

Este ensaio foi publicado pela primeira vez no *New York Review of Books* em julho de 1996.

CAPÍTULO III

Crimes e contravenções

Estamos diante de um divisor de águas na história (e na historiografia) da Europa. Cinquenta anos depois da Segunda Guerra Mundial, encontram-se abaladas algumas suposições há muito tidas como sólidas a respeito do bem e do mal naquela guerra e de suas consequências. Quase uma década após a queda do comunismo, as noções convencionais mantidas pelo Ocidente a respeito do lugar de Lênin na história desse século estão sendo submetidas a uma séria revisão. O fim dos impérios europeus e a ressurreição da Europa Oriental tornaram irremediavelmente datada a maioria das histórias gerais do velho continente. O momento tornou-se apropriado para a adoção de uma nova perspectiva, para um relato genuinamente inovador sobre como a Europa chegou à sua atual condição.

Uma olhada na nova e ambiciosa história do continente escrita por Norman Davies, desde suas origens geológicas até 1992, parece prometer exatamente um livro como esse.* Com certeza foi acolhido com entusiasmo no seu país de origem. Saudado por sua abrangência, sua forma e sua

* Norman Davies, *Europe: A History* (Nova York: Oxford University Press, 1996).

verve, *Europe: A History* tornou-se um best-seller na Grã-Bretanha, onde também foi selecionado como "Livro do Ano" por diferentes historiadores, jornalistas e editores. E se trata certamente de uma façanha respeitável cobrir 3 mil anos de história europeia em apenas 1400 páginas e fazê-lo num estilo consistentemente legível. O livro de Davies exibe indícios de que se baseou em amplas leituras e num autêntico entusiasmo pelo seu tema. Na condição de historiador especializado na Polônia, ele promete conceder uma atenção maior à metade oriental da Europa e anuncia seu livro como um empreendimento singular precisamente por esse motivo. Outra característica que distingue a obra são as trezentas "cápsulas" espalhadas ao longo do texto, com extensão aproximada de uma página cada uma: elas apresentam um breve, idiossincrático e facilmente digestivo relato a propósito de uma pessoa, de um lugar ou de um acontecimento; e algumas delas, como aqueles sobre "Musike" ou "St. Gotthard", são cativantes e informativas. E há também vários anexos com a habitual série de diagramas, genealogias e mapas.

No entanto, *Europe: A History* não se mostra à altura da ambição grandiosa do autor. Não é de modo algum um bom livro de história; e não é provável que venha a se tornar uma obra de referência para os leitores que queiram compreender o passado da Europa. Isso não se deve a seus defeitos menores, ainda que estes existam em grande número: Davies é dono de um estilo rebuscado, próprio para a autopromoção, que depois de certo tempo começa a soar irritante; ele pode ser descaradamente egocêntrico (chegando até a se comparar a Gibbon); parece saber pouco a respeito da história da arte e das ideias (é melhor em relação à música), e menos ainda sobre desenvolvimento econômico; e, apesar de uma longa introdução na qual dá vazão ao seu desdém por absolutamente todas as histórias e historiadores que o precederam devido a suas perspectivas distorcidas, ele peca pela falta de qualquer visão própria que lhe sirva de fio condutor. Há outros motivos menores para irritação: os títulos de seus capítulos e cápsulas são muitas vezes obscuros, tanto do ponto de vista linguístico quanto como referências, concebidos mais para exibir a erudição do próprio autor do que para esclarecer seus leitores, enquanto as cápsulas em si (que ocupam até um quarto do texto) acabam por atravancar o fluxo da narrativa, com a qual às vezes mantêm uma relação um tanto frouxa; todos os mapas políticos da Europa se encontram, sem motivo algum, numa inclinação de noventa graus, de modo que Portugal aparece em cima enquanto Varsóvia se encontra sempre bem no epicentro (a ideologia por trás da cartografia logo fica evidente); e o livro conta com um índice onomástico inadequado e notas mal organizadas.

É claro que a maioria das histórias gerais mais ambiciosas costuma exibir falhas comparáveis a essas. Os delitos importantes cometidos no livro de Davies são muito mais graves. A obra não atende aos requisitos que se esperam de uma história sinóptica responsável; e, em relação a um aspecto mais sério, trata-se de um livro verdadeiramente deplorável.

Para começar, Davies não consegue citar corretamente os fatos. Não quero com isso dizer que erre alguns nomes e datas. Quero dizer que seu livro está repleto de incorreções constrangedoras e notórias, do tipo que seus próprios professores teriam no passado classificado de "pérolas" do repertório de erros crassos de seus alunos. No livro de Davies, Henrique VIII da Inglaterra e o rei Francisco I da França mantêm um famoso encontro na data errada, numa época em que um deles nem era rei; os reinados de todos os Tudor britânicos — com exceção de um — estão datados erradamente; as revoltas holandesas eclodem em várias datas, uma delas correta (mesma fatalidade que vitima a Guerra da Crimeia três séculos mais tarde); e Pascal é descrito como um "interno" em Port Royal. No século XIX, entre outras curiosidades, o Segundo Império na França tem início quatro anos antes; os mártires de Tolpuddle, na Grã-Bretanha, se mudam para outro lugar do país, e a Aliança Dual Franco-Russa, de 1894, tem sua data e seu nome alterados.

Quanto ao século XX, que toma um quinto do livro: os regimes fascistas na Itália e na Espanha começam na data errada, e na Espanha o pobre Largo Caballero, o bem-intencionado socialista espanhol, se torna o líder do Partido Comunista; Franz von Papen obtém o apoio dos deputados nazistas no Reischtag (não obteve); o general Von Schleicher se torna membro do Reichstag (não era); os alemães ocupam a zona de Vichy em 1943, um ano depois; o número de colaboradores da época da guerra punidos na França e na Bélgica por ocasião da Libertação é exagerado em muitos milhares; Maurice Schumann tem a grafia de seu nome mudada, torna-se o irmão de Robert Schuman, com o qual não tinha parentesco algum (esse último era 35 anos mais velho e teve seu nome e o de seu "Plano" grafados erradamente no índice onomástico), e ambos recebem equivocadamente o crédito pela fundação de um importante partido francês no pós-guerra; o Tratado de não Proliferação Nuclear teve sua data transferida de 1968 para 1963, enquanto Espanha e Portugal aderem à Comunidade Europeia três anos antes; o Império Britânico na África tem o início de seu declínio associado à independência da Nigéria em 1951, enquanto o primeiro Estado a ganhar a independência foi Gana, em 1957, com a Nigéria se libertando apenas três anos depois; o famoso dito espirituoso de François Mauriac sobre gostar tanto da Alemanha que preferia ter duas delas é atribuído a um ministro francês não identificado; e o Muro de Berlim vem abaixo quase uma semana mais tarde.

Esses são apenas alguns dos erros que percebi numa primeira leitura, e não incluem problemas de interpretação de textos ou de acontecimentos. Outros com certeza descobrirão falhas semelhantes em períodos com os quais estejam mais familiarizados — ainda que muitos leitores comuns, não mais versados em história antiga do que eu, certamente venham a compartilhar minha surpresa ao encontrar um precoce Aníbal atravessando os Alpes um século antes de ter pretendido fazer isso. Davies até incluiu (na página 865) um infantil "erro proposital", que teria parecido um pouco menos tolo se não tivesse sido soterrado pela multidão de seus "companheiros" involuntários. O efeito cumulativo de todos esses erros é destruir a confiança do leitor em *Europe: A History*.

E há ainda o problema da falta de senso de proporção por parte de Davies. Sua legítima frustração em relação à ignorância ocidental a respeito da história da Europa Oriental é reiterada *ad nauseam*, mas ele próprio ignora numa grande medida o complexo contexto social e econômico do atraso histórico da Europa Oriental e de sua consequente fraqueza política. Os infortúnios da metade oriental da Europa são relatados de forma extensa e com alguma pieguice, mas raras vezes explicados. (Ainda que parcelas de culpa sejam generosamente distribuídas, em geral em outras direções.) O índice onomástico, como apresentado, reflete essa abordagem compensatória um tanto desequilibrada: há onze menções a Pilsudski, que ultrapassa assim Carlos Magno, Bismarck e a maior parte dos outros líderes europeus, e três menções ao nacionalista demagogo Roman Dmowski, mas apenas duas a Metternich, uma para Freud e nenhuma para o líder socialista francês e três vezes primeiro-ministro Léon Blum.

Também ocorre uma distorção na linguagem de Davies, principalmente no emprego leviano que faz de termos como "genocídio". A Revolução Francesa é descrita como uma ocasião para a perpetração de um "genocídio franco-francês", uma era na qual os inimigos dos contrarrevolucionários *chouans*, cuja "integridade moral" é motivo de preocupação por parte do autor, "não hesitavam em lançar mão de medidas genocidas". Um século e meio mais tarde, a política nazista em relação aos poloneses é classificada da mesma forma como "genocida". Isso é uma tolice. Exemplos de assassinatos em massa cometidos por contrarrevolucionários na França do século XVIII normalmente atingiram dezenas ou centenas de vítimas ou, num caso notório, cerca de 2 mil. Robespierre e seus colegas não eram precursores de Pol Pots, conspirando para matar metade da nação francesa. De modo análogo, os nazistas, como admite Davies, se propuseram a eliminar a elite educada da Polônia ocupada, não a recolher, aprisionar e matar cada polonês vivo. Ao invocar de modo pouco rigoroso o termo "genocídio", Davies deixa de distinguir entre as verdadeiras tentativas de extermínio em massa (de armênios, de judeus) nos tempos modernos e ataques igualmente mortíferos, porém em escala significativamente menor e com propósitos bem diferentes, de várias comunidades e nações — albigenses, huguenotes, judeus, irlandeses, poloneses e outros — ao longo dos séculos. Ele parece confuso a respeito dessas distinções e acabará por confundir também os seus leitores.

Num aspecto, no entanto, Davies vai além da simples confusão entre categorias. Não consegue resistir a fazer comparações e equivalências impróprias — ele as chama de "justaposições" —, algumas das quais têm a ver com os judeus em geral e com o Holocausto em particular. Na realidade, os judeus recebem bastante atenção em *Europe: A History*, apesar de isso acontecer de modo pouco usual. A cápsula intitulada "Batávia", por exemplo, termina por motivos pouco claros com um lembrete de que o principal historiador da república holandesa, Simon Schama, é "um estudioso britânico cujos pais eram judeus holandeses". Quando uma resenha publicada nos Estados Unidos chamou a atenção para esse fato, Davies, com certa irritação, respondeu que não era diferente de lembrar às pessoas que ele, Davies, é um nativo de Lancaster, uma observação que pode ser descrita, no mínimo, como dissimulada.

Num parágrafo sobre arte moderna, Kandinski é descrito como um exilado russo, e Picasso, como um catalão exilado, porém Marc Chagall é descrito como "judeu exilado". (De onde?) Numa passagem sobre o nascimento do cristianismo, somos informados num tom impregnado de autoridade de que "não obstante a doutrina que prega o perdão, é uma das coisas mais difíceis do mundo para cristãos e judeus verem a si mesmos como parceiros de uma mesma tradição. Só o mais cristão dos cristãos pode considerar a hipótese de chamar os judeus de 'nossos irmãos mais velhos'". Porém, como nos diz Davies algumas centenas de páginas depois num parágrafo sobre a emancipação dos judeus, "a preocupação moderna em relação às raízes do antissemitismo às vezes ignora a severidade das leis dos próprios judeus a respeito da segregação". Essa é uma observação flagrantemente enganosa: depois da sua emancipação, mesmo os judeus crentes abriram mão da maior parte dessas exigências comunais. Aqui, como em outros trechos em relação a essa questão, Davies se mostra claramente mais católico do que o papa.

Suas "justaposições" vão ainda mais longe. Numa cápsula supostamente dedicada às "*Noyades*", o afundamento deliberado em Nantes de barcos cheios de rebeldes da Vendeia e de seus partidários, Davies primeiramente sugere um número exagerado de vítimas ("milhares", escreve ele, quando o número real ficou entre 2 mil e 2500) e então passa, logo em seguida, para o seu principal objetivo. Meras dez linhas são dedicadas aos acontecimentos trágicos de Nantes em 1793 (Davies erra o ano), e são seguidas de uma página e meia de uma "justaposição" com câmaras de gás e fornos crematórios. O argumento apresentado expressamente é que cada geração inventa a tecnologia de que precisa para cometer assassinatos em massa. Porém a verdadeira ênfase é dada a outro aspecto. O tom empregado por Davies pode ser percebido à perfeição no seguinte trecho: "Poderia ser sustentada a opinião de que as câmaras de gás nazistas refletiram uma 'abordagem humanitária', análoga à de abatedouros rigorosamente regulamentados. Se os prisioneiros tinham de morrer, melhor que morressem rapidamente e não por meio de uma demorada agonia, em meio ao frio e à fome. Na prática, sobram indícios de que a maneira como os nazistas operavam os campos da morte era ditada por bestialidade gratuita". O que supostamente deveríamos concluir disso? "Poderia ser sustentada a opinião" de que, de uma forma apropriadamente não gratuita, há um lugar para a bestialidade? Um historiador meticuloso poderia considerar a opinião de que o assassinato dos rebeldes da Vendeia foi um ato terrorista de vingança numa guerra civil. Mas que luz isso lança sobre o extermínio planejado de pessoas cujo crime consistia na sua própria existência?

E essa cápsula não é uma aberração. Num trecho posterior, "BATT-101", supostamente dedicado aos "homens comuns" dos batalhões policiais alemães que massacraram os judeus na frente oriental, quase dois terços do texto são empregados na "justaposição" desses banais assassinos em massa com um sumário dos crimes cometidos pelos policiais judeus do gueto e por judeus a serviço dos comunistas depois da guerra no U.B. (Órgão de Segurança polonês), que, nas palavras de Davies, se envolveram em "torturas, espancamentos sádicos e assassinatos". Davies se mostra bem menos emocional na sua descrição dos assassinatos dos judeus pelos alemães. A dimensão, o contexto e a gravidade desses crimes não apresentam nenhuma relação entre si — como demonstraram recentemente pesquisadores poloneses, Davies exagera a presença de judeus no U.B. —, porém de algum modo ele consegue associá-los, sem nenhuma discussão do contexto polonês ou do comportamento polonês antes, durante ou após a guerra. Esta é sua conclusão: "À luz desses fatos, é difícil justificar a prática generalizada pela qual os assassinos, as vítimas e os que assistiam a tudo passivamente na Polônia da época da guerra são claramente identificados com grupos étnicos específicos". (Tradução: alemães não foram apenas assassinos, mas vítimas dos judeus; e judeus não foram apenas vítimas, mas também assassinos e perseguidores de alemães e poloneses.) O que se espera que o leitor faça com esse balanço, isso não fica claro, além de ser um tanto perturbador.

Os que estão familiarizados com os escritos anteriores de Davies não ficarão surpresos por encontrar essas "justaposições" ou equivalências. Em *God's Playground*, sua história da Polônia em dois volumes, publicada em 1982, Davies assegura a seus leitores que "a hostilidade polonesa em relação aos judeus era complementada pela hostilidade judaica em relação aos poloneses". Alertou os que estudavam a Polônia da época da guerra para o fato de que "perguntar por que os poloneses fizeram tão pouco para ajudar os judeus seria como perguntar por que os judeus nada fizeram para ajudar os poloneses". Num artigo divulgado posteriormente numa publicação acadêmica, *Polin*, procurando demonstrar que a hostilidade e o medo entre poloneses e judeus antes da Segunda Guerra era uma rua de mão dupla — num país em que os judeus constituíam apenas 10% da população! —, Davies escreveu de modo emotivo sobre a "apreensão" sentida pelos poloneses na Galícia oriental enquanto integrantes do "movimento Betar faziam marchar seus jovens ao redor da praça do vilarejo entoando cantos como 'Vamos conquistar a Palestina' e 'Não temos medo dos árabes'". (Suas descrições de ataques aos judeus no período entre as duas guerras na Polônia são menos vívidas.)

Na realidade, parte significativa da carreira de Davies como historiador foi dedicada a revelar equivalências desse tipo, como na sua comparação entre as características dos nacionalismos judaico e polonês, algo que certa vez descreveu como "uma linha de pesquisa promissora". Os frutos dessa linha de pesquisa parecem ter sido suficientes para encorajá-lo a estendê-la nesse seu livro mais recente até equivalências bizarras entre os batalhões de extermínio nazistas e as arriscadas aventuras corruptas de pequenos criminosos do gueto, investidos de uma autoridade intracomunal espúria na véspera de sua extinção programada.

Admitindo a natureza bastante controvertida de suas "justaposições", para não falar da falta de sensibilidade de suas formulações e de sua obsessão com a perseguição dos judeus, Davies se defende na nota 99 da página 1168. Ele invoca certa autoridade para avalizar sua posição de que não existe nada de errado em comparar e contrastar o Holocausto com outros acontecimentos. A autoridade à qual recorre é Isaiah Berlin. Os que recusam essas comparações históricas e insistem no caráter "único" do Holocausto são animados, diz ele, citando Berlin, por uma "motivação política". Dificilmente seria trabalhoso obter melhor apoio do que esse. O problema é que Davies nunca obteve isso. No texto citado por ele — está nas páginas 18 e 19 de *The Unresolved Past: A Debate in German History*, editado por Ralf Dahrendorf e publicado em 1990 —, Berlin sustenta o oposto do que Davies afirma que ele disse.

Na passagem relevante, Berlin está questionando muito claramente as "motivações políticas" precisamente daqueles que insistem em certos tipos de comparação histórica implausível. Eis as suas palavras:

> Obviamente, seria sensato dizer, se a natureza única de um fenômeno, particularmente um fenômeno terrível, é examinada, não devemos nos apressar a tirar a conclusão de que se trata de algo único na história humana, antes de tê-lo comparado a outros fenômenos que em alguns aspectos podem vir a se parecer com ele. É isso que está sendo feito em relação ao Holocausto. Mas pensemos em fenômenos únicos, como a Revolução Francesa. Ninguém saiu se perguntando: a Revolução Francesa é realmente um fenômeno único, ela se parece com a Revolução Gloriosa, Cromwell e os puritanos, com alguma coisa que aconteceu em Atenas no ano 405, com o Principado Romano? E caso seja verdade, que conclusões políticas deveriam ser extraídas? Mesmo quanto à Revolução Russa, que alguns de seus protagonistas julgavam análoga à Revolução Francesa, não costumamos encontrar escritos pró e contra, procurando enfatizar seu caráter único ou não único, sua similaridade ou dissimilaridade em relação ao que aconteceu antes. Portanto, deve haver muito mais por trás dessa questão do caráter único, "a inserção no contexto" desse acontecimento, do que uma mera avaliação histórica de um tipo objetivo. Havia uma motivação política onipresente.

Apenas uma leitura grosseiramente distorcida poderia permitir que Davies transformasse o que é uma devastadora crítica da sua própria abordagem num escudo contra os seus críticos. Fico feliz em supor que esse erro surge simplesmente da sua incapacidade de ler um texto com o devido cuidado acadêmico. E, contudo, Berlin tem razão. Esse é um livro animado por uma motivação política. Que seu potencial comprador esteja ciente disso.

Algumas das deficiências de *Europe: A History* podem ser atribuídas à personalidade característica de seu autor — "historiador, populista e iconoclasta autodidata", nas palavras do jornalista que cobria suas apresentações promocionais. (Jornalistas e entrevistadores americanos foram mais rápidos do que seus colegas britânicos em perceber os pontos fracos menos simpáticos de Davies.) Norman Davies possui um histórico em relação à falta de rigor quanto aos detalhes, apesar do tom de superioridade com que repreende Thomas Carlyle na introdução do livro. ("É importante" — ele observa, censurando as obras históricas de Carlyle — "checar e verificar.") O autor de uma resenha favorável do primeiro livro de Davies, sobre a guerra polonesa-soviética de 1919-20, escreveu em 1973 que "é difícil não expressar surpresa pelo fato de esse jovem estudioso conseguir incluir tantas informações incorretas", e sua história geral da Polônia em dois volumes foi descrita por comentaristas — em outros aspectos, favoráveis ao livro — como uma obra na qual se percebia "certo tédio em relação aos detalhes" (Antony Polonsky) e contendo "muitas transcrições equivocadas a partir do polonês, além de erros fatuais" (L. R. Lewitter). Na época da controvérsia bastante divulgada com a Universidade de Stanford sobre a recusa dessa instituição em lhe conceder uma cadeira de professor, o administrador da universidade se sentiu obrigado a tornar públicos alguns comentários de outros acadêmicos, que descreveram Davies como dotado de "uma tendência a sacrificar a exatidão em benefício de uma frase de efeito" e escreveram sobre suas "opiniões e generalizações ocasionalmente erráticas" e "os muitos erros fatuais que parecem ser decorrentes da pressa".

O desejo de Davies de chocar é provavelmente a causa de muitas das características irritantes de seu novo livro. Além de seu desejo confesso de ser Gibbon, há uma cápsula dedicada à história da editora da Universidade de Oxford, cujas maiores façanhas comporiam uma lista na qual figuram *Anatomy of Melancholy, Burton's, The Book of Common Prayer, Blackstone's Commentaries, Alice no País das Maravilhas* e... *God's Playground*, de Norman Davies! Mas existe também nas entrelinhas uma corrente de ressentimento que volta e meia resvala para a paranoia. O livro de Davies é lamentavelmente desfigurado por insinuações de várias contas a ajustar. Depois de condenar Stanford e outras importantes instituições americanas pela inadequação de seus esforços para ensinar história europeia, Davies critica duramente um historiador de Cambridge, Inglaterra, por não conseguir valorizar a importância da Hungria no passado europeu: "tudo isso significa que os magiares não chegaram a Cambridge". O medievalista Maurice Keen, de Oxford, é ridicularizado pelo viés ocidentalista adotado na *Pelican History of Medieval Europe*, escrita em 1969. A faculdade de história moderna de Oxford é fustigada pela ênfase há muito concedida aos textos medievais (ocidentais), e somos avisados de que na Grã-Bretanha "a maioria dos ingleses é capaz de perceber todos os matizes que revelam origens culturais, variando desde as alturas dos picos do Himalaia até Oxford. [...]". Depois de ler essa e outras tiradas no mesmo espírito, somos lembrados irresistivelmente de *The Wind in the Willows*, com o sr. Sapo se sacolejando vaidoso pela estrada, cantando para si mesmo: "Os Homens Espertos em Oxford sabem de tudo o que há para saber, mas nenhum deles sabe nem metade do que sabe o inteligente sr. Sapo."

A desconstrangida falta de modéstia do sr. Sapo é captada com perfeição na afirmativa de Davies de que apenas especialistas em Europa Oriental como ele próprio são capazes de compreender verdadeiramente a história europeia como um todo. Num ensaio publicado na *New Statesman* e caracteristicamente intitulado "Como conquistei a Europa", ele assegura que "se uma história abrangente de toda a Europa fosse algum dia escrita, isso só poderia ser feito por um de nós". "Um de nós": é esse o ponto em que a suspeita do próprio Davies em relação a "eles" se confunde com a tendência de muitos (mas de maneira nenhuma todos) europeus do Leste e seus historiadores a enxergar à sua volta cabalas, conspirações e outras articulações destinadas a manter a parte "deles" da Europa fora da história da civilização ocidental. Nas palavras ressentidas de Davies: "De modo geral, a civilização ocidental não é levada a se estender ao conjunto da Europa (ainda que possa ser adotada para partes do globo muito além da Europa)".

Aqui, longe de apresentar um argumento válido, Davies na verdade está comprometendo uma discussão relevante. Há muito sentimos a necessidade de repensar o modo como o Ocidente compreende o passado e o presente europeus — lidar com o conjunto do continente e não apenas com suas regiões ocidentais mais privilegiadas. Porém ao insistir na natureza "realmente odiosa" de "quase todos" os relatos a respeito da civilização ocidental, ao culpar a "imaginação ocidental" por inventar, digamos, "a alma eslava", ao oferecer um eco à infeliz tendência dos europeus orientais a atribuir a responsabilidade por seus males locais à malevolência externa, e ao transformar sua história da Europa num exercício de propaganda em benefício dos candidatos da Europa do Leste à União Europeia, Davies vai muito além dos limites da vocação do historiador.

O mesmo se aplica às observações de Davies a respeito de temas judaicos. Ele insiste que é simplesmente impossível escrever de modo justo sobre a "Europa Oriental" sem ferir suscetibilidades; e é indubitavelmente verdade que grande parte da moderna história da Europa Oriental está tão problematicamente entrelaçada com a história dos judeus que todo tipo de sensibilidade pode ser ferido sempre que certos temas sejam levantados. Mesmo assim, isso não chega a justificar a reação do próprio Davies às críticas recebidas. Como ele disse certa vez a um jornalista americano, "as coisas que escrevo sobre a Europa Oriental não soam bem para várias pessoas, especialmente na América". E que pessoas na América seriam essas? Sua reação à rejeição por parte da Universidade de Stanford foi informar ao administrador da instituição que qualquer estudioso que lidasse com a Europa Oriental ou com a Polônia estava "fadado a alarmar alguns defensores de interesses velados, entre estes os do sionismo internacional ou do comunismo".

Bem, era impossível ser mais claro. Em *God's Playground*, realmente, o leitor é informado de que "sempre foi conveniente aos interesses do movimento sionista [...] pintar a vida polonesa nas piores cores possíveis". Em *Europe: A History*, ficamos sabendo que Marek Edelman (um sobrevivente do levante do Gueto de Varsóvia que optou por permanecer na Polônia) é "atacado insidiosamente" por "se opor ao ponto de vista sionista dominante" a propósito do Holocausto. (Essa não é a primeira vez que o infeliz Edelman foi recrutado para prestar um serviço involuntário como aliado de Davies, às vezes ao preço de uma sutil mudança no sentido de suas próprias palavras.)

Parece razoável deduzir, então, que Davies é simplesmente um antissionista. Antissionismo, é claro, vem a ser algo bem distinto de antissemitismo — ainda que no contexto do emprego do termo no período pós-1948 na Europa Oriental, com o qual Davies se orgulha de estar familiarizado, uma distinção como essa tenha acabado por perder sua relevância. É, portanto, absolutamente lamentável que a seção dedicada ao Holocausto em *Europe: A History* remeta os leitores a notas de pé de página nas quais os chamados "revisionistas" recebem espaço equivalente ao concedido a estudiosos sérios. Num livro voltado para o leitor médio, esse é um fato espantoso.

Numa dessas notas, fica claro que uma das fontes das críticas de Davies à "indústria do Holocausto" é o livro *They Dare to Speak Out*, de Paul Findley, um ataque exaltado — e sem relação com os temas discutidos no livro — ao "lobby de Israel" na política americana, escrito por um ex-congressista ressentido.

Nesse meio-tempo, numa entrevista concedida ao *Daily Telegraph*, em Londres, em dezembro último, pediu-se a Davies que explicasse uma resenha particularmente desfavorável ao seu livro de autoria de Theodor Rabb e publicada no *New York Times Book Review*, em flagrante contraste com as críticas abertamente bajuladoras recebidas na Grã-Bretanha. Ele ofereceu várias explicações, nenhuma delas relacionada às preocupações de um historiador profissional com o rigor quanto à apuração dos fatos, ao equilíbrio e assim por diante. Em vez disso, afirmou que "Rabb está plantando algumas bandeiras para seus companheiros de causa de que há uma questão judaica implícita no livro sobre a Europa — ainda que, é claro, ele não diga isso com todas as letras". Isso é particularmente curioso, já que o tratamento concedido ao tema por Davies mereceu apenas duas frases na resenha. O sempre vigilante Davies explica assim, apoiando-se nessa frágil base, o conjunto das críticas levantadas por Rabb: e quem seriam esses "companheiros de causa"? Os sábios de Sião, talvez?*

Na realidade, Davies não é nem antissemita, nem antissionista, nem mesmo pró-Europa Oriental. Ele é meramente pró-polonês. Essa é a chave para compreender o homem, o livro, a controvérsia. Como disse ele, brincando, diante de uma plateia receptiva em Chicago, *Europe: A History* foi uma tentativa de "escrever mais uma história da Polônia disfarçada". Certamente não é por acaso que o único governante desde Carlos Magno a merecer o tratamento de uma "cápsula" no livro de Davies é um polonês. As obsessões e ênfases do livro são polonesas: "Europa Oriental" é, em certo sentido, uma fachada. Assim, Tomáš Masaryk, o criador da Checoslováquia, não ganha nenhuma menção no índice, e a antiga cidade provincial de Lvov não apenas tem mais menções do que Manchester, Milão ou Marselha juntas, como também mais do que Budapeste, Bratislava, Bucareste e Belgrado somadas.

---

* Referência ao livro *Os protocolos dos sábios do Sião*, panfleto clássico do antissemitismo, que descreve uma suposta conspiração judaica universal. (N. T.)

A polonofilia de Davies explica o tom rancoroso e a inadequação histórica de sua descrição das Monarquias Esclarecidas (elas mutilaram a pranteada República Polonesa-Lituana), dos judeus (eles abandonaram a Polônia) e do Ocidente desde 1939 (também ele abandonou a Polônia); e também é a causa da distorcida e preconceituosa versão da história russa, de Pedro I a Gorbatchóv, da forma como é aqui apresentada. Uma cápsula sobre os "Pogroms" foi inserida nesse livro apenas com o propósito de isentar os poloneses da responsabilidade pelo sangrento levante de Lemberg (Lvov) em 1918. E à Polônia é concedida a maior parte do crédito pelo fim da Guerra Fria, motivo pelo qual a história internacional e os tratados sobre desarmamento dos anos 1980 são apresentados de maneira grotescamente distorcida. O ressentimento impregnado de autopiedade desse "autor sofrido", como Davies costuma se descrever, talvez seja um reflexo da imagem que a Polônia acalenta de si mesma como cruelmente perseguida, "o Cristo entre as nações".

O tratamento concedido à Rússia e à União Soviética é o mais malicioso de todos, fato que por si só bastaria para desqualificar o livro como uma obra séria de história. É apresentado aqui como um contraponto ao que Davies sombriamente rotula como "O Esquema Histórico dos Aliados". Esse último, que aparentemente dominou o conjunto do pensamento acadêmico ocidental desde 1941, é possuído por um "fascínio demoníaco" pela Alemanha, é indulgente em relação à Rússia, é obcecado pela comunidade atlântica, e se mostra insensível e ignorante em relação à metade oriental da Europa. Mais uma vez, Davies mira tão alto ao escolher seu objetivo que erra completamente o alvo. É claro que Ialta (ou suas consequências) foi um acordo selado por cima da cabeça de vítimas indefesas (ainda que um historiador devesse contar aos seus leitores por que isso aconteceu e quais as alternativas disponíveis para os estadistas ocidentais na época); e estudiosos e escritores nos Estados Unidos e na Grã-Bretanha têm se mostrado ocasionalmente ignorantes a respeito dos crimes e complexidades do passado recente nos territórios a leste de Viena. Porém a noção de que os crimes de Stálin são desconhecidos ou não discutidos é ridícula. E de que forma Davies se propõe a recuperar o equilíbrio ao afirmar que "meio século depois de a guerra [Segunda Guerra] ter sido travada, a maioria dos episódios que contradizem os mitos aliados continua a ser minimizada ou descartada"?

Davies tem duas lições a extrair disso. A primeira é a de que a história russa desde o século XVII é um longo e agressivo esforço dirigido, em sua maior parte, contra os poloneses. Os czares russos fizeram acordos com a Prússia e a Áustria para destruir a República Polonesa-Lituana (1772-95); anexaram território polonês e enviaram para o exílio os seus mártires. Foram os responsáveis pela emergência do sionismo radical entre os judeus lituanos ("Littwaks"), que então vieram para a Polônia e abalaram a coexistência entre poloneses e judeus, com os poloneses sendo injustamente culpados pelo subsequente aumento do antissemitismo. Os sucessores soviéticos dos czares fizeram novamente um acordo com a Alemanha (em 1939) para destruir a Polônia, depois do qual os russos exilaram poloneses, massacraram os oficiais poloneses em Katyn, e mais uma vez enviaram para o país judeus que exerceram um papel desintegrador, dessa vez na condição de policiais comunistas, provocando um renovado e compreensível ressentimento por parte dos poloneses com funestos resultados locais (para os judeus) no período do pós-guerra. E ninguém no Ocidente sabe ou se importa com isso.

A segunda lição parece ser a de que, em consequência do nosso fracasso em enxergar a Rússia como ela é, fomos injustos em relação à Alemanha e aos outros adversários da Rússia. Daí nossa obsessão pelo Holocausto, que foi perpetrado pelos alemães, e nossa ignorância a respeito do sofrimento polonês, que se deu pelo menos na mesma medida tanto nas mãos dos russos como na dos alemães e se estendeu por cerca de meio século. Davies quase chega a defender as ações de "eslovacos, croatas e das nações bálticas" na Segunda Guerra Mundial: "pensava-se [sic!] que tinham rejeitado os amigos do Ocidente ou que tinham colaborado com o inimigo". O bombardeio da cidade de Dresden pelos aliados em fevereiro de 1945 merece naturalmente a sua própria cápsula; mas com uma sutil mudança de enfoque. O bombardeio é apresentado como uma reação ao pedido soviético de apoio aéreo, e as vítimas alemãs são descritas como "centenas de milhares de refugiados deslocados pelo avanço dos soviéticos". Assim, o ataque a Dresden se torna uma forma de cumplicidade num empreendimento criminoso patrocinado pelos soviéticos. Como provavelmente era de esperar, uma nota de pé de página faz alusão a David Irving.

Uma cápsula sobre a cidade de Czernowitz, nos Cárpatos, serve de pretexto para deplorar a responsabilidade soviética pela redução "de ricas camadas culturais locais judaica, romena, polonesa e rutena [...] sacrificadas em prol de um rincão lúgubre de território ucraniano". Não há menção alguma ao papel bastante importante dos nazistas ao ajudar o processo na medida em que destruíram o maior elemento isolado dessa combinação comunal. Por fim, e demonstrando uma leviandade totalmente irresponsável, Davies insere em seu texto principal a sugestão feita por James Bacque de que os Estados Unidos, seja por negligência proposital ou motivos piores ainda, deixaram deliberadamente que os prisioneiros de guerra alemães morressem em grande quantidade depois de 1945. Só os leitores que se aventurarem até a nota 4 na página 1170 ficarão sabendo que essa tese foi "veementemente contestada" por historiadores confiáveis. Na realidade, ela foi completamente desacreditada, juntamente com seu autor. Talvez Davies não saiba disso.

Léon Blum chamou certa vez os comunistas de um "partido nacional estrangeiro". Norman Davies é um historiador nacional estrangeiro. Ele "se naturalizou", assumindo para si os preconceitos característicos de alguns de seus compatriotas adotados. Seu caso não é único. Keith Hitchins, o autor americano da recém-publicada *Oxford History of Romania*, é outro historiador desse tipo, e também o seu livro é enormemente prejudicado pelo fato de ter sido escrito a partir dos pressupostos de certa versão popular da história nacional local.

Esse tipo de identificação total com o seu tema certamente não é uma condição necessária para um estudo embasado em algum tipo de empatia. O falecido Richard Cobb, historiador de Oxford especializado na Revolução Francesa, compreendia muito bem que sua imersão na França constituía, como ele formulou num de seus livros, uma "segunda identidade" — e, para seus fins acadêmicos, ele sempre voltava a adotar a primeira. Além disso, Cobb trabalhou regularmente remando contra a corrente dos preconceitos franceses contemporâneos; a obra de sua vida foi uma constante refutação do mito nacional revolucionário da França moderna. O falecido A. J. P. Taylor, outro grande historiador britânico com reputação de iconoclasta, e pelo qual Davies nutre admiração, constitui um contraexemplo semelhante a ser lembrado diante da visão equivocada de método histórico adotada por Davies. Também Taylor fez sua carreira chocando os colegas acadêmicos e afrontando as opiniões convencionais. Mas ele era meticuloso em relação aos fatos; e escrevia contra a inclinação de seus próprios preconceitos. Taylor mantinha uma cordial aversão pela Alemanha, mas sua obra mais polêmica, *As origens da Segunda Guerra Mundial*, é uma tentativa brilhantemente equivocada de eximir Hitler da responsabilidade pela Segunda Guerra. A ideia de que podemos produzir uma história de melhor qualidade se desafiamos os clichês nacionais e as ilusões nacionais nunca parece ter ocorrido a Norman Davies, apesar de todas as suas investidas rasteiras contra o "Esquema dos Aliados".

Por que, então, foi esse livro recebido com tamanhos elogios na Grã-Bretanha? (Foi preciso que algum tempo se passasse até que surgissem reações mais ponderadas.) É certo que os resenhistas britânicos do mundo acadêmico perceberam algumas das limitações do livro, porém, quase sem exceções, concluíram que, não obstante a "indulgência demonstrada em relação [...] aos colaboradores do Eixo da época da guerra" (Michael Burleigh), sua "constrangedora quantidade de erros" (Adam Roberts), a impressão de insensibilidade deixada por suas "justaposições" (Neal Ascherson), as suas doses de "erudição jornalística" (Felipe Fernandez-Armesto) e sua "autoindulgência" (Timothy Blanning e Raymond Carr), é uma ótima obra de história. Poucos resenhistas questionaram as afirmações de que Davies força suas argumentações em benefício próprio ou faz o mesmo com suas fontes.

Uma resposta para isso pode ser o fato de que a crítica de livros, no passado tão cáustica e implacável, foi transformada numa prática inofensiva graças ao recém-implantado sistema de avaliação acadêmica centralizada, pela qual pontos (e dinheiro) são atribuídos às universidades de acordo com o desempenho de suas faculdades segundo a avaliação de pessoas de fora dela. Até este ano, Norman Davies era um professor sênior na Universidade de Londres, e o hábito de ser indulgente com colegas poderosos na esperança de que eles retribuirão o favor quando chegar o momento de avaliar seus pares pode ter permeado, ainda que inconscientemente, a atitude mental de seus resenhistas. Seja isso verdade ou não, o fato não basta para explicar por que o professor Blanning, da Universidade de Cambridge, se sentiu constrangido no *Times Literary Supplement* (num artigo intitulado "Gibbon vai para o Leste") a restringir seus comentários a respeito das insensíveis "justaposições" de Davies à observação inquietante de que "determinadas passagens deixarão muita gente ofendida em certos círculos". Essa é uma atitude evasiva lamentável. Ou as passagens de Davies são ofensivas, e nesse caso Blanning deveria dizer isso e extrair as conclusões apropriadas; ou elas não são ofensivas, e nesse caso devemos concluir que nossas sensibilidades éticas e acadêmicas nesses assuntos estão limitadas por nossas lealdades étnicas ou religiosas. Essa é uma frívola desculpa multiculturalista para abdicarmos de nossa responsabilidade crítica, e não esperamos encontrar atitudes semelhantes em ambientes como esse.

Outra explicação poderia ser procurada na notável campanha publicitária conduzida em prol desse livro. A ânsia em buscar consolo para a perda de prestígio internacional sofrida pela Grã-Bretanha pode explicar a atitude do *Times*, de Londres, ao promover o livro de Davies com a manchete "Uma grande nova obra de um grande estudioso britânico", ou o hino de louvor entoado por Noel Malcolm no *Sunday Telegraph*, de Londres, à "vitalidade da história escrita na Grã-Bretanha [...] certamente uma das mais extraordinárias e subestimadas glórias da vida cultural do país". Mesmo assim, os jornalistas de Londres foram convocados não apenas a elogiar Davies, como também a lançar nas sombras todos os seus competidores. Um resenhista, no *Daily Telegraph*, tratou com desdém as recém-lançadas histórias de John Merriman e John Roberts, considerando-as "'estrelas de menor grandeza na noite' quando contrapostas à lua representada pela obra do dr. Davies". Outro resenhista, na revista *History Today*, minimizou os erros de Davies como sendo "lapsos em relação a detalhes", ao mesmo tempo que condenava por seus erros fatuais uma obra do historiador francês Marc Ferro, concluindo em tom desdenhoso a respeito dessa última: "Em áreas nas quais o leitor não tenha de antemão segurança a respeito dos fatos, é impossível confiar no autor". Dois pesos, duas medidas.

No *London Review of Books*, Neal Ascherson, a quem Davies, em outro lugar, chama de "espírito afim" (ou seja, outro sitiado admirador da Europa Oriental), invocou o episódio de Stanford enquanto advertia solenemente os leitores britânicos de que "tinham direito de saber algo sobre os bastidores" das críticas americanas dirigidas contra Norman Davies. E uma colunista chamada Anne Applebaum usou sua própria resenha como uma oportunidade para atacar os "proclamadores de lugares-comuns", que tentavam silenciar Davies por questionar o "Esquema Histórico dos Aliados" — aquele "Esquema" que "torna de alguma forma suspeito qualquer um como Norman Davies, que tenha devotado sua carreira a esses desprezíveis europeus orientais". Applebaum, na verdade, resenhou o livro de Davies três vezes, e a cada resenha a agressividade demonstrada contra os "inimigos" de Davies pareceu se tornar mais exaltada. Há até uma ameaça sombria: se os proclamadores de lugares-comuns levarem a melhor, *Europe: A History* pode vir a ser o último livro "tão cativante como este" a aparecer nos Estados Unidos. (Como Davies, ela culpa a Oxford University Press pelos erros do livro. Até chega a insinuar a ideia desagradável de que tudo isso na verdade foi consequência da decisão da editora de deixar que o copidesque do livro fosse feito na Índia. Os leitores americanos podem ter uma amostra do sabor das insinuações de Applebaum na edição de maio do *The New Criterium*.)

Trata-se de um melancólico reflexo do estado geral da nossa cultura o fato de ela se mostrar tão ansiosa em encontrar um historiador capaz de simbolizá-la, "um grande estudioso britânico", a ponto de se obrigar a ignorar suas deficiências fatuais, metodológicas e interpretativas; de perdoar suas formulações infelizes; e de aceitar passivamente a avaliação que Davies faz do seu próprio livro. Pois *Europe: A History* não apenas está repleto de erros, abordagens desproporcionais, preconceitos, ressentimento e arrogância. É também uma obra notavelmente convencional. Afinal, essa é apenas mais uma antiquada história da Europa, animada por reis e guerras, com um número excepcionalmente grande de exemplos poloneses. Se você estiver em busca de algo original, é melhor procurar em outra parte. E se quiser uma história da Europa convencional, há outras melhores por aí (inclusive a obra do tão atacado John Roberts, cuja *History of Europe*, acaba de ser lançada entre nós pela Viking). Elas não são maculadas por intrigas acadêmicas e ressentimentos geopolíticos, e também conseguem ser corretas em relação aos fatos.

Esta resenha de *Europe: A History*, de Norman Davies, foi publicada pela primeira vez na revista *The New Republic* em setembro de 1997.

CAPÍTULO IV

Por que a Guerra Fria deu certo

I

A Londres do pós-guerra, o lugar onde cresci, era um mundo que tinha como combustível o carvão e que era movido pelo vapor, onde vendedores de rua ainda usavam cavalos, onde automóveis eram raros e supermercados (e muitas das coisas neles vendidas) eram desconhecidos. Em sua geografia social, sua atmosfera e seu ambiente, suas relações de classe e alinhamentos políticos, suas atividades industriais e seus hábitos de deferência social, a Londres dos anos 1950 teria sido imediatamente reconhecível aos olhos de um observador de meio século antes. Até mesmo os grandes projetos "socialistas" dos governos trabalhistas do pós-guerra eram, na realidade, uma última floração das ideias reformistas de liberais da era eduardina. Muita coisa, é claro, tinha mudado; na Grã-Bretanha, assim como no resto da Europa, a guerra e a decadência econômica tinham transformado a paisagem física e moral. Contudo, exatamente por essa razão, o passado distante parecia mais próximo e mais familiar do que nunca. Sob aspectos importantes, a Londres de meados do século XX era ainda uma cidade de fins do século XIX. Mesmo assim, já fazia muito tempo que a Guerra Fria havia começado.

É de grande ajuda compreender quão diferente era o mundo há cinquenta anos se quisermos valorizar devidamente um argumento ao qual John Gaddis concede grande ênfase em seu excelente livro.* A Guerra Fria se estendeu por um período muito longo — 43 anos, do colapso das negociações com a URSS, em 1947, à unificação da Alemanha em 1990. Isso é consideravelmente mais do que as intermináveis guerras da Revolução Francesa e de Napoleão, um período maior que o da infame Guerra dos Trinta Anos do século XVII, e apenas um ano a menos que o tempo que separa, digamos, a morte de Thomas Jefferson do nascimento de Lênin.

Em 1951, no auge da Guerra da Coreia, a Europa era governada por homens de uma era inteiramente diferente: o primeiro-ministro britânico Winston Churchill e o chanceler alemão Konrad Adenauer tinham ambos nascido pouco antes da unificação alemã promovida pela Prússia de Bismarck (respectivamente em 1874 e 1876); e Bismarck era ainda o personagem dominante no cenário diplomático quando eles começaram a se familiarizar com a vida política. Mesmo seus contemporâneos "mais jovens", como o líder democrata-cristão italiano Alcide de Gasperi ou o próprio Ióssif Stálin, tinham chegado à maturidade uma década antes da eclosão da Primeira Guerra Mundial, e suas opiniões sobre política e especialmente sobre as relações internacionais tinham sido forjadas pelas configurações e pelos conflitos de uma época anterior. Antes que nós mesmos estejamos prontos a confundir a Guerra Fria com os dilemas da era pós-atômica, devemos ter em mente que os homens que travaram essa guerra em primeiro lugar não podiam deixar de ver o mundo por uma perspectiva completamente diferente.

A sensibilidade demonstrada a esse respeito é uma das muitas qualidades do livro de Gaddis, que não é tanto uma história da Guerra Fria como uma série de ensaios, amarrados numa ordem cronológica não muito rígida, sobre os grandes temas e crises que a marcaram — a divisão da Europa, a questão alemã, conflitos na Ásia, os paradoxos da estratégia nuclear e assim

* John Lewis Gaddis, *We Now Know: Rethinking Cold War History* (Nova York: Oxford University Press, 1997).

por diante. Gaddis escreve de forma clara, adota um enfoque na maioria das vezes não polêmico e ditado pelo bom senso ao mergulhar em debates controvertidos e altamente voláteis, e demonstra um notável conhecimento da literatura secundária de língua inglesa a respeito de uma espantosa variedade de assuntos. Ele já escreveu quatro alentados estudos sobre o período da Guerra Fria, todos baseados nas suas pesquisas especializadas na história da política externa americana.[1] Nesse livro, contudo, ele procurou reunir o conjunto do farto material descoberto desde então nos arquivos soviéticos e da Europa Oriental, assim como as revelações de fontes americanas recém-liberadas, de modo a combinar todos esses dados numa interpretação geral, abrangendo o atual estado dos nossos conhecimentos a respeito do assunto.

Daí o título, talvez infeliz, do livro. Compreendido corretamente, com a ênfase no "agora", ele sugere que Gaddis está realizando um balanço do atual estado do nosso conhecimento da história dos últimos cinquenta anos, partindo do pressuposto de que as coisas poderão ter outra feição quando viermos a saber mais. Porém os leitores, a exemplo de alguns resenhistas, podem ficar tentados a lê-lo como a afirmação confiante de um propósito: nós agora sabemos o que aconteceu e por quê. Isso seria uma pena, pois Gaddis tem absoluta consciência do perigo de superestimarmos o conhecimento e a compreensão que podem ser adquiridos graças a arquivos recém-abertos, por mais promissores que possam parecer. Um "arquivo", afinal de contas, contenha ele as minutas de discussões do Partido Comunista, as interceptações de conversas de governos estrangeiros, relatórios de espiões ou mesmo a lista da polícia reunindo informantes e "colaboracionistas", não é uma fonte na qual se encontra a verdade. Os motivos e objetivos de todos os que criavam esses documentos, os limites de seu próprio conhecimento, a incorporação de fofocas ou bajulações em um relatório preparado para os olhos de algum superior, as distorções promovidas pela ideologia ou pelo preconceito, tudo isso deve ser levado em conta.

Mesmo que pudéssemos de algum modo nos certificar tanto da verdade quanto da relevância de determinada fonte, jamais virá à luz algum documento capaz de resolver de uma vez por todas uma controvérsia histórica — os arquivos da França do século XVIII, por exemplo, já estiveram abertos por muitas gerações sem que tivessem posto um fim em debates historiográficos rancorosos sobre as origens e o significado da Revolução Francesa. No caso da Guerra Fria, nem sequer sabemos de quais documentos materiais ainda não dispomos (de ambos os lados), ainda que a falta de acesso aos arquivos da presidência da Federação Russa signifique que os historiadores ainda não têm como descrever as decisões ou o processo de tomada de decisão da era soviética no mais alto nível do círculo de poder.[2] Por todas essas razões é necessário ter cautela. A liberação seletiva e politicamente motivada de arquivos e dossiês pessoais nos antigos países comunistas tem provocado muitos danos; a publicação (especialmente na França) de histórias populares que tomaram de assalto os recém-abertos arquivos soviéticos ou da Europa Oriental para "desmascarar" antigos traidores lançou algum descrédito sobre esse esforço como um todo.[3]

Gaddis é cauteloso. Ele faz pleno uso do trabalho realizado por estudiosos que recorreram ao Centro Russo para Conservação e Estudo dos Registros da História Moderna e do *Bulletin of the Cold War International History Project*, periódico no qual é discutida grande parte do material revelado recentemente. Usa, contudo, esses dados mais com propósitos ilustrativos e apenas raramente — como no caso da correspondência de Kim Il Sung com Stálin em 1950 — como base para afirmações peremptórias: ele conclui que Stálin se mostrou a princípio relutante em avalizar as intenções agressivas de Kim, e só concordou em apoiá-lo depois de ter deixado claro que a iniciativa e a responsabilidade ficariam a cargo dos chineses.

Como os especialistas a cujos trabalhos recorre, ele reconhece que, por mais interessantes que sejam os novos materiais, eles não nos dizem coisas sobre as quais já não tivéssemos algum conhecimento prévio. Graças à documentação seletiva publicada pelos iugoslavos durante sua disputa com Stálin, por exemplo, ou ao material divulgado durante um breve período do "comunismo reformista" na Polônia (em 1956) e na Checoslováquia (em 1968), nunca estivemos completamente no escuro a propósito da história interna de decisões e conflitos no interior do bloco soviético.

Na verdade, à luz das novas informações agora publicadas e debatidas, é notável quanto nós na realidade já "sabíamos". Ao levarmos em conta as memórias dos participantes de todos os lados, a documentação primária parcial, as observações acuradas feitas em primeira mão e a análise histórica criteriosa, é possível dizer que a história da Guerra Fria sempre esteve ao nosso alcance durante todo esse tempo. Nas palavras de dois estudiosos que usaram fartamente as novas documentações primárias, agora parece estar claro que "a historiografia ocidental da 'Guerra Fria' sobre o domínio [da Europa Oriental] exercido pelos soviéticos estava, fundamentalmente, correta em seus diagnósticos".[4] A incapacidade de alguns políticos (e estudiosos) ocidentais para compreender a natureza da Guerra Fria, especialmente em seus primeiros tempos, derivava menos de uma escassez de documentação do que de uma deficiência de imaginação. Nas palavras de George Kennan, "nossos líderes nacionais em Washington não tinham nenhuma ideia sobre, e provavelmente seriam incapazes de imaginar, o que significava uma ocupação soviética, apoiada na polícia política da época de Béria para os povos que a ela estavam submetidos".[5]

A maneira como novos materiais podem ser usados para aprofundar nossa compreensão de um momento particular da Guerra Fria é ilustrada à perfeição pela recente copublicação, sob os auspícios da Fondazione Giangiacomo Feltrinelli e do Centro Russo para a Conservação de Registros, das minutas integrais das três conferências do Cominform, 1947-49, juntamente com um aparato acadêmico completo reunindo introduções e notas.* O Cominform foi criado pela União Soviética em 1947 oficialmente para servir como um fórum de troca de informações (e instruções) entre Moscou e os partidos comunistas da Europa Central e Oriental, assim como os partidos da Itália e da França.

No seu primeiro encontro, em setembro de 1947, em Sklarska Poreba, na Polônia, Andrei Jdanov apresentou a linha segundo a qual o Ocidente e a União Soviética deveriam ser vistos como dois "campos" irreconciliáveis, a visão que serviria de base doutrinária para a política externa soviética até a morte de Stálin. No segundo encontro do Cominform, em Bucareste, em junho de 1948, o conflito soviético-iugoslavo eclodiu à luz

* Giuliano Procacci, ed. *The Cominform: Minutes of Three Conferences, 1947/1948/1949* (Milão: Fondazione Giangiacomo Feltrinelli, 1994).

do dia e a heresia "titoísta" foi definida e condenada; a "luta contra o titoísmo" seria então empregada para dar forma e sentido às perseguições e aos julgamentos encenados que teriam lugar nos anos seguintes. O último encontro, em novembro de 1949, na Hungria, serviu apenas para confirmar as agora rígidas linhas, doméstica e interna, da política comunista. A partir de então, as atividades do Cominform estiveram limitadas à publicação de um boletim informativo, tendo sido finalmente abandonado em 1956, quando tornado obsoleto pelas mudanças da era Khruschóv.

O Cominform é importante porque sua fundação e os procedimentos adotados em suas conferências, especialmente a primeira, oferecem uma pista vital para chegarmos aos motivos e ao momento da aparente guinada dada pelos comunistas, em 1947, no sentido de um confronto com as potências ocidentais. Sempre estivemos muito bem informados a respeito disso. Ambos os delegados iugoslavos da primeira conferência, Milovan Djilas e Edvard Kardelj, publicaram suas memórias. Um dos dois delegados italianos, Eugenio Reale, mais tarde abandonou o Partido Comunista e escreveu um livro contando suas experiências no encontro de fundação do Cominform. O governo iugoslavo publicou seleções de sua correspondência com Stálin e outros documentos datados da segunda conferência, com o objetivo de se defender das acusações do líder soviético. O Cominform publicou sua própria versão expurgada dos anais das reuniões. O que mais podemos esperar aprender com as minutas completas?[6]

Os registros do Cominform, juntamente com os materiais preparatórios descobertos nos arquivos russos, nos permitem ver de modo um pouco diferente três aspectos, e eles não são insignificantes. Em primeiro lugar, e isso confirma algo que veio à tona no recente estudo de Norman Naimark sobre a ocupação soviética da Alemanha Oriental, Stálin de modo algum tinha claro como iria proceder na sua zona de influência europeia.[7] A estratégia implícita nunca esteve em discussão — obter total e permanente controle comunista sobre todos os Estados da região. Mas as opções táticas permaneciam em aberto. Ainda em junho de 1946, numa conversa com Tito, Stálin se proclamou decididamente contra a ressurreição do antigo e centralizado Comintern, que havia exercido um controle rígido e emitido instruções detalhadas a todos os partidos comunistas a partir de Moscou e que fora extinto em 1943. Porém, a proposta do Plano Marshall, em 1947, e a questão não resolvida da divisão da Alemanha tinham levado Stálin — já cronicamente predisposto a perceber uma ameaça da parte do Ocidente, mesmo quando essa não existia — a buscar um controle administrativo e doutrinário mais rígido sobre todos os partidos comunistas da Europa Central, especialmente aqueles, como o checo, que se encontravam sob a ilusão de que poderiam ainda seguir alguma "via" distinta rumo ao socialismo. Os vários rascunhos do discurso feito por Jdanov no Cominform, do modo como foram preparados durante o verão de 1947, revelam uma progressiva definição e um gradual endurecimento dessa linha.

Em segundo lugar, o estado de relativa desordem em que se encontrava o comunismo internacional nos anos iniciais do pós-guerra está agora mais claro do que no passado. As táticas dos comunistas italianos e franceses, que procuravam capitalizar o prestígio conquistado na Resistência para obter poder por meios parlamentares, já tinham fracassado em maio de 1947, quando eles, a exemplo do que ocorreu com os comunistas belgas, tinham deixado suas coalizões governamentais. Na reunião do Cominform na Polônia eles foram devidamente atacados pelos russos e pelos iugoslavos por sua falta de fervor revolucionário, pelo seu antigo compromisso com um caminho não revolucionário para o poder e por seu fracasso em antecipar as "novas circunstâncias" que tinham levado Stálin, via Jdanov, a denunciar o caminho da "coexistência pacífica". Há muito se supunha, e Eugenio Reale, em particular, insistiu nesse ponto, que as críticas aos franceses e italianos por seu "desvio direitista" eram, na verdade, um artifício soviético para lançar sobre os indefesos partidos comunistas ocidentais a culpa pelo fracasso da linha adotada anteriormente por Moscou, a tática de "cooperação" com os antigos aliados da Europa Ocidental.

Porém, com base numa carta dirigida por Jdanov ao líder do Partido Comunista Francês, Maurice Thorez, datada de 2 de junho de 1947, da qual uma cópia foi enviada a outros líderes comunistas (uma cópia foi recentemente descoberta nos arquivos do partido em Praga), agora parece plausível que Moscou em certos momentos ignorasse totalmente as táticas do PC francês: "Muitos acreditam que os comunistas franceses coordenam suas atividades [com Moscou]. Você sabe que isso não é verdade. Os passos de vocês foram para nós uma absoluta surpresa". O Cominform foi, então, realmente criado para pôr um fim à comparativa anarquia tática que tinha tomado conta do campo comunista durante e após a guerra. Quanto a isso, obteve um completo sucesso. Convenientemente constrangidos, mesmo os italianos a partir de então se apegaram zelosamente à linha de Moscou, pagando por isso certo preço quanto à sua própria credibilidade política interna. Ainda em abril de 1963, muito tempo depois da dissolução do Cominform e pouco antes de sua morte, Palmiro Togliati, o líder histórico do Partito Communista Italiano (PCI), escreveu a Antonin Novotny, antecessor de Dubcek no cargo de secretário-geral do Partido Comunista Checo, suplicando-lhe que adiasse a iminente "reabilitação" de Rudolf Slánsky e outras vítimas do julgamento de Praga de dezembro de 1952. Um anúncio como aquele, escreveu ele (reconhecendo implicitamente a cumplicidade do PCI na defesa dos julgamentos encenados no início dos anos 1950), "acabaria por desencadear uma furiosa campanha contra nós, trazendo à tona os temas do anticomunismo mais idiota e provocativo [*i temi più stupidi e provocatori dell'anticommunismo*] e nos prejudicando nas próximas eleições".[8]

Em terceiro lugar, e em contraste com interpretações baseadas na memória dos participantes que não tinham conhecimento direto das intenções dos soviéticos, sabemos agora que o Cominform não deve sua existência ao propósito de fazer os iugoslavos entrar na linha, ainda que no devido tempo tenha adquirido essa função. É claro que Tito era um problema irritante para Stálin — e isso desde 1945. Os esforços iugoslavos para adquirir parte da Caríntia austríaca e a cidade de Trieste, na Ístria, representavam um transtorno para Stálin em suas negociações com os aliados ocidentais, e um obstáculo, em particular, para o progresso doméstico dos comunistas italianos. O apoio inicial de Tito aos comunistas gregos era também embaraçoso, já que a Grécia se localizava decididamente na "esfera" ocidental. As ambições iugoslavas de criar e liderar uma Federação dos Bálcãs, incorporando a Albânia e a Bulgária, contrariavam a preferência de Stálin por manter seu controle direto sobre cada país da sua esfera de influência. E as políticas internas abertamente revolucionárias do partido iugoslavo — que exercia seu poder sem ser tolhido por alianças com partidos "amigos", sendo por isso bem mais radical e impiedoso do que quaisquer outros comunistas da Europa Oriental — ameaçavam deixar em segundo plano o modelo soviético. Em matéria de revolução, Tito estava se tornando mais católico do que o papa soviético.

* * *

A despeito disso, o Cominform não foi criado como uma ferramenta para enquadrar os iugoslavos. O ataque aos franceses e italianos na reunião de 1947 em Sklarska Poreba foi liderado pelos delegados iugoslavos, animados por fervor puritano e uma razoável arrogância — o que explica o entusiasmo com que os mesmos comunistas franceses e italianos receberam a posterior queda em desgraça dos iugoslavos, e o estridente ardor antititoísta das lideranças francesas e italianas nos anos seguintes.[9] Os iugoslavos, contudo, não estavam apenas seguindo as ordens dos soviéticos de acordo com algum plano ardiloso, maquiavélico, como certos observadores mais tarde supuseram. Os esboços iniciais das críticas do próprio Jdanov aos comunistas ocidentais não eram menos hostis do que os dos seus camaradas dos Bálcãs, e está claro que os iugoslavos, por sua vez, acreditavam piamente em tudo o que diziam. Com certeza fazia parte da técnica de Stálin mobilizar um grupo de dissidentes contra o outro, apenas para lidar com o primeiro grupo num segundo momento, método que aperfeiçoara nas lutas internas do partido nos anos 1920. Porém, ainda que a heresia "esquerdista" do titoísmo fosse devidamente condenada no ano seguinte, parece não haver prova alguma de que isso tivesse sido planejado em 1947.

Desse modo, as novas e recém-exploradas fontes para a história do Cominform não mudarão de modo decisivo o quadro mais amplo. Mas elas nos permitem aperfeiçoar nossa compreensão em aspectos menores, e o acúmulo dessas correções nos leva a construir um painel mais preciso e uma trama mais elaborada. Qual a aparência que a história como um todo agora assume? Para começar, a Guerra Fria sempre existiu na cabeça de Stálin e em uma versão da visão de mundo soviética. Nada que algum estadista ocidental fizesse ou deixasse de fazer teria alterado isso. Mas, para além dessa determinação em controlar uma área significativa da Europa, Stálin não estava de posse de nenhum plano geral ambicioso — na realidade, ele era decididamente avesso a assumir riscos. Nas palavras de Molotov, "nossa ideologia nos faz lançar operações ofensivas sempre que possível, e, caso isso não aconteça, esperamos".[10] Disso provavelmente decorre que a política de "contenção" adotada em 1947 poderia ter funcionado antes do que aconteceu, se tivesse sido tentada. Mas, seja lá quando tenha sido posta em prática, ela não "deu início" à Guerra Fria.

Uma razão pela qual isso é verdade reside no fato de que a "sovietização" da Europa Oriental e da zona oriental da Alemanha, ainda que não tenha sido parte de um esquema acabado e previamente concebido, foi provavelmente inevitável devido às circunstâncias. Como observa sensatamente Norman Naimark, "os funcionários soviéticos bolchevizaram a zona não porque seguissem um plano, mas porque era o único modo que conheciam de organizar uma sociedade".[11] O mesmo se aplica ao tratamento introduzido em outros países da Europa Oriental. Nada a não ser a expulsão das tropas do Exército Vermelho teria evitado esse desfecho, e nenhum líder ocidental considerava seriamente a possibilidade de tentar expulsá-las. E, depois que o estrito controle soviético foi estabelecido, aqueles que elaboravam as políticas do Ocidente não tinham opção a não ser acreditar que o padrão seria estendido também a oeste caso surgisse uma oportunidade e, em vista disso, agir de acordo com essa hipótese. Hoje nos parece improvável que Stálin tenha seriamente cogitado em estender seu domínio mais além, para o Ocidente. Porém, nas palavras de Gaddis, "teria sido o cúmulo da arrogância para historiadores condenar aqueles que fizeram a história por não disporem de histórias que ainda estavam por ser escritas. Pesadelos sempre parecem reais na hora em que os estamos vivenciando — ainda que, à luz clara do amanhecer, nos pareçam um pouco ridículos".

Depois que as linhas de frente dessa batalha foram claramente definidas, pelo menos na Europa, parece ter havido muito poucas "oportunidades perdidas" para apagá-las. A mais famosa dessas, a sugestão de Stálin de março de 1952 sobre um acordo para a solução da divisão da Alemanha, pode hoje ser vista pelo que os seus críticos na época a julgaram: a disposição de sacrificar a Alemanha Oriental, certamente, mas apenas em troca de uma Alemanha unida, porém "neutra", sob o efetivo domínio soviético. Fica também bem clara a centralidade do futuro de uma Alemanha dividida, e de um modo mais geral da Europa, na forma assumida pela Guerra Fria. Conflitos na Coreia, na Malásia, em Cuba, no Vietnã ou em Angola, sangrentos como foram, permaneceram periféricos diante da disputa principal travada na Europa, pelo menos até que a série de crises e confrontos em torno de Berlim (1948-49, 1953, 1958-61) teve um fim com a construção, em agosto de 1961, do Muro de Berlim — quando ambas as grandes potências, não importa o que dissessem em público, deixaram escapar um suspiro de alívio.

Parece estranho, olhando para o passado, que os aliados da época da guerra tenham se dado tanto trabalho e quase tenham se enfrentado para proteger os interesses de Estados clientes no território de seu antigo inimigo. Mas é típico de guerras frias (a nossa não foi a primeira) que elas concentrem sua atenção em símbolos — e o status não resolvido da Alemanha era o símbolo da acomodação inacabada do pós-guerra. Por essa razão, os governantes, tanto da Alemanha Ocidental como da Oriental, foram capazes por muitos anos de exercer uma influência sobre a política das grandes potências em total desproporção com sua efetiva força e importância.

II

Não havia muito espaço de manobra na Europa; cada lado dependia de um arsenal (os soviéticos, de forças convencionais, a OTAN, de armas atômicas aerotransportadas) no qual era imensamente superior ao seu adversário. Em vista desse empate, era provável que movimentos e desentendimentos surgissem não ali, mas em outras partes. Os dados disponíveis mais recentes sugerem que Harry Truman e outros líderes ocidentais estavam errados em supor que o ataque da Coreia do Norte à do Sul fora planejado por Stálin com o objetivo de desviar seja a atenção, sejam as forças militares das potências ocidentais, como o prelúdio de um ataque na Europa — mas eles realmente acreditaram nisso, e sua reação — fortalecer a OTAN e propor o rearmamento da Alemanha Ocidental — foi racional e prudente diante das circunstâncias.

Lamentavelmente, a propensão a tratar os acontecimentos em outras regiões como indicadores ou réplicas de situações na Europa, e não como processos que se desenvolviam num mundo não europeu, acabou por caracterizar, numa grande medida, a política dos Estados Unidos nas décadas seguintes, indo das "trapalhadas" de John Foster Dulles no Oriente Médio, como diz Gaddis, ao desastre do Vietnã. Porém essa tendência derivava da visão segundo a qual, independentemente do que acontecesse em outra parte do mundo, a Guerra Fria tinha a ver com a Europa; ela se dava na Europa e deveria ser impedida a todo custo de se tornar "quente", e apenas na Europa ela poderia ser terminada. Como sabemos hoje, era exatamente assim que as coisas também pareciam vistas do Kremlin. Stálin apoiou a agressão de Kim Il Sung com relutância, e tanto ele como seus sucessores manifestaram sérias reservas sobre a impetuosidade demonstrada por Mao Tsé-tung. Porém, no fim, eles se permitiram riscos na Coreia, no Vietnã e em outros lugares que jamais teriam corrido na Alemanha ou nos Bálcãs.

O acesso aos arquivos veio bloquear várias avenidas de interpretação que permaneceram teimosamente abertas até a queda da União Soviética. "Revisionismo", a busca esperançosa por indícios de que coube aos Estados Unidos a responsabilidade primeira pela origem e pelo desenrolar da Guerra Fria, é hoje uma hipótese na qual ninguém aposta. É certo que o Ocidente, em especial a Europa Ocidental, teve muito a ganhar com a divisão do continente e do mundo em esferas de influência, porém isso estava longe de ser óbvio na perspectiva de 1947. Em todo caso, não foram os americanos, mas os britânicos, particularmente o secretário do Exterior Ernest Bevin, os que primeiro chegaram à conclusão de que não seria uma má ideia se os esforços do pós-guerra para resolver a questão alemã fossem congelados por algum tempo. Os negociadores americanos, na tradição de Roosevelt, demoraram muito mais tempo até desistirem da busca de um acordo com os russos. Uma estratégia revisionista alternativa era sugerir que a Guerra Fria e os conflitos quentes dela decorrentes eram resultados de processos políticos e sociais postos em movimento muito tempo antes. Poderia parecer que alguém era responsável por ter começado alguma coisa, porém na prática a culpa não poderia ser atribuída nem a um lado nem a outro. Nas palavras de Bruce Cumings, "Quem começou a Guerra da Coreia? Essa pergunta não deveria ser feita".[12] No entanto, exceto no sentido trivial de que todas as causas imediatas têm fatores determinantes de longo prazo, essa posição não é mais sustentável. Munidos da vantagem oferecida por melhores informações, podemos, agora, atribuir a maior parte da reponsabilidade à URSS por ter, entre outras coisas, rompido as negociações sobre a Alemanha em 1947, pela eclosão da Guerra da Coreia e pelas várias confrontações que tiveram Berlim como seu pivô.

A busca revisionista por indícios de culpa da parte do Ocidente esteve às vezes associada à aversão, cultivada em círculos acadêmicos, pela noção de que a "inteligência" tem alguma importância para os rumos da história, pela ideia de que espiões podem seriamente exercer alguma influência no curso dos acontecimentos. Diante do desempenho pífio por parte da comunidade de inteligência (de ambos os lados) quando se trata de antecipar os fatos, esse é um preconceito compreensível, porém ele se revela equivocado. Espiões foram muito importantes na Guerra Fria, principalmente nos primeiros tempos, e não apenas em relação ao famoso roubo dos segredos atômicos. O Ministério das Relações Exteriores da França, a exemplo do que fez a classe dominante britânica, vazou informações de modo exuberante por muitos anos, abastecendo a embaixada de Moscou em Paris, assim como os agentes soviéticos em Berlim, com um fluxo constante de informações sigilosas. A rede de inteligência soviética era claramente superior à do Ocidente — como era de se esperar, já que estava instalada em alguns países desde o fim da década de 1920. Sua fraqueza residia na incapacidade da liderança em Moscou de ouvir, ou compreender, o que seus agentes tentavam dizer — um problema perene na URSS e que, no seu exemplo mais notório, levou Stálin, na primavera de 1941, a rejeitar todas as advertências sobre um iminente ataque da parte de Hitler. Como observou certa vez Dean Acheson em outro contexto, "tivemos sorte quanto ao nosso adversário".[13]

Inversamente, muitos daqueles que no Ocidente analisavam a Guerra Fria, compreendendo corretamente o papel desempenhado nos assuntos internacionais pela inteligência e, de um modo geral, pela *Realpolitik*, nem sempre entendiam que se a União Soviética se comportava como uma grande potência ao procurar satisfazer seus interesses, ela, apesar disso, não era apenas mais um império; era um império comunista. Uma das revelações mais interessantes em meio ao material vindo de novas fontes, e Gaddis lhe confere a devida atenção, é o lugar ocupado pela ideologia no pensamento dos líderes soviéticos. Quanto a isso, durante muito tempo competiram entre si três escolas de pensamento. A primeira sustentava que os formuladores da política soviética deveriam ser considerados indivíduos que se comportavam e pensavam basicamente como os americanos, manipulando interesses domésticos uns contra os outros, calculando vantagens econômicas ou militares e buscando atingir metas convergentes, ainda que competitivas, com seus oponentes do lado ocidental. Pouco importava a linguagem que empregassem em público.

A segunda escola insistia que os que formulavam a política soviética eram herdeiros dos czares: sua preocupação primordial era com os interesses geopolíticos da Rússia. Sua linguagem ideológica devia ser tratada como um aspecto fortuito e secundário e não precisaria ser levada em conta ao lidar com eles. Um terceiro grupo argumentava que a União Soviética era um Estado comunista e que os termos pelos quais seus líderes descreviam o mundo eram também aqueles pelos quais eles o compreendiam; seus pressupostos ideológicos, portanto, eram o que de mais importante havia para os conhecermos.

A primeira escola dominou por muitos anos a "sovietologia" nos Estados Unidos, mas hoje está morta, juntamente com o sistema político que ela fracassou tão fragorosamente em compreender. A segunda escola, cujo porta-voz mais sofisticado foi George Kennan, dispunha, claramente, de um argumento sólido. Mesmo que soubéssemos pouco a respeito do comunismo, ainda assim poderíamos compreender numa grande medida a política externa soviética entre 1939 e 1990 tomando como referência apenas critérios diplomáticos "convencionais", se fôssemos razoavelmente bem informados a respeito da história russa. Além disso, ninguém que tivesse lidado com a última geração de "*apparatchiks*" na Europa Oriental jamais suporia que esses homens fossem animados por ideais elevados ou pela busca de uma coerência doutrinária como um fim em si. Contudo, hoje parece claro que a ideologia desempenhava sim um papel no pensamento dos líderes soviéticos na era da Guerra Fria, de Stálin a Gorbatchóv. Como Truman, Eisenhower ou Kennedy, sua compreensão do mundo era moldada pelas crenças que nutriam a respeito dele. No caso soviético, esses pressupostos eram basicamente marxistas, que, na época da morte de Stálin, significavam pouco mais do que um determinismo econômico grosseiro, temperado pela expectativa de uma vitória derradeira no campo de batalha internacional da luta de classes.

Na prática isso significava, por exemplo, que, quando Andrei Jdanov tomou conhecimento da Doutrina Truman, a ela se referiu no seu relatório para o primeiro encontro do Cominform como um indício crescente de uma desavença na aliança anglo-americana, por causa da expulsão pelos Estados Unidos "da Grã-Bretanha da sua área de influência no Mediterrâneo e no Oriente Próximo". O próprio Truman era descrito num documento interno do Kremlin exclusivamente em termos dos interesses econômicos ("círculos do capital monopolista americano") que ele supostamente representava. Funcionários do setor de inteligência baseados em Berlim sempre analisavam o comportamento e as discussões dos líderes ocidentais (a respeito dos quais estavam sob outros aspectos bem informados) segundo um padrão derivado das "tensões econômicas" entre eles, e assim por diante.

Desse modo, o comportamento era reiteradamente reduzido a supostos motivos e interesses que seriam exclusivamente econômicos. Em última análise, pouco importa se alguém, de Molotov ao mais inferior agente de inteligência ou funcionário do partido, "realmente" acreditava no que dizia; a questão é que tudo o que diziam, tanto uns para os outros como para o mundo exterior, era embrulhado nessa linguagem artificial e obscura. Mesmo Gorbatchóv — ou, talvez, principalmente Gorbatchóv, que vinha a ser o produto de três gerações de pedagogia "marxista" — pensava e falava dessa forma, e foi por isso surpreendido pelas consequências de suas próprias ações.

John Gaddis critica com razão os "realistas" ocidentais por não conseguirem compreender que os homens são motivados pelo que pensam e por aquilo em que acreditam, e não apenas por seus interesses objetivos ou passíveis de ser mensurados. Mas vai um pouco além. O deslocamento da Guerra Fria de seu berço europeu através da Ásia e para os locais mais improváveis — Moçambique, Etiópia, Somália, Angola e especialmente Cuba — foi o que ele chama, numa referência a Khruschóv e Brejnev, de "um padrão de esforço geriátrico exagerado". Em sua idade mais avançada, ele acredita, aqueles homens estavam redescobrindo em locais exóticos o romance revolucionário da sua juventude russa — não mais idosos *apparatchiks* comunistas, eles eram novamente bolcheviques revolucionários —, ainda que operando por meio de intermediários. Isso talvez pareça um exagero fantasioso e de qualquer modo redundante. Por que não podemos concordar que a história da União Soviética (e, portanto, da Guerra Fria) não faz sentido a menos que levemos a sério a perspectiva ideológica de seus líderes, enquanto ao mesmo tempo admitimos que, com Molotov, eles estavam empenhados em fazer avançar seus interesses políticos quando e onde surgisse uma oportunidade? É claro que eles evocavam a causa da revolução ao justificarem suas intervenções no exterior — e, no caso de Khruschóv, ele se mostrou genuinamente entusiasmado com os cubanos, como sabemos a partir das suas memórias. Porém, interesse, crença e emoção não são fontes necessariamente incompatíveis do comportamento humano.

A ênfase na natureza "geriátrica" das ilusões da liderança soviética nos leva de volta ao ponto de partida. Da perspectiva dos Estados Unidos — e até recentemente a maioria das obras sobre a história da Guerra Fria era forçosamente escrita do ponto de vista dos Estados Unidos em particular — a Guerra Fria teve início em 1947 com o colapso da coalizão aliada da época da Segunda Guerra. Como observou John Lukacs, houve uma drástica e inédita guinada política em Washington ao longo de um período de dezoito meses nos anos 1946-7, e desde então a política externa americana e a opinião pública do país jamais foram as mesmas.[14] Gaddis, no entanto, quer que compreendamos a Guerra Fria de uma perspectiva diferente, como uma extensão orgânica da própria Segunda Guerra — e em particular do desejo de Stálin de absorver o novo território ocupado por seus exércitos —, em vez de vê-la como um infeliz acidente de tráfego internacional sofrido pelo mundo na sequência da guerra. Mas por que não ir um pouco além? Afinal, do ponto de vista dos contemporâneos, a Europa em 1945 não era apenas um prelúdio a um futuro desconhecido; era também a herdeira de um passado real e muito bem lembrado.

Da perspectiva de um estadista europeu que contemplasse os anos 1900-45 — e a maioria dos líderes mais antigos estava em condições de fazer isso a partir das suas próprias memórias e experiências pessoais —, a Europa (e, portanto, o mundo) enfrentava quatro dilemas inter-relacionados: como restabelecer o equilíbrio internacional abalado pela ascensão de uma Alemanha dominada pela Prússia a partir de 1871; como trazer a Rússia de volta ao concerto das nações de alguma forma minimamente estável, após as distorções produzidas pela Revolução Russa e suas consequências internacionais; como salvar a economia internacional do colapso catastrófico dos anos entre as guerras e de alguma forma recuperar o crescimento e a estabilidade da era pré-1914; e como compensar o esperado declínio da Grã-Bretanha como fator econômico e político no cenário internacional.

Entre 1944 e 1947 foram debatidas várias possíveis soluções, e todas pressupondo certo grau de continuidade com o passado. Os franceses estariam dispostos a tudo para firmar uma aliança com a Rússia, segundo o modelo de 1894, porém a França nada mais tinha a oferecer aos russos em troca.[15] Muitos alemães ocidentais, Adenauer em particular, não se mostravam avessos à ideia de abandonar a Prússia Oriental — a qual, na condição de católicos renanos, eles, de qualquer modo, cordialmente execravam ou temiam — em troca de vínculos mais estreitos com terras a oeste, com as quais estavam historicamente mais familiarizados. O líder socialista francês Léon Blum (nascido em 1872) compartilhava com Winston Churchill o entusiasmo por uma futura comunidade europeia ocidental que compensasse o drástico enfraquecimento dos Estados-nação individuais da região. E Stálin, fazendo eco aos imperativos ditados por uma longa história da Grande Rússia, assim como às lições de um passado recente, via uma oportunidade de tirar vantagem da fragilidade germânica (da mesma forma que seus antecessores tinham explorado a fraqueza da Polônia do século XVIII) para garantir o interior imperial da URSS no Ocidente.

O que tornava essas estratégias familiares difíceis de ser adotadas nas circunstâncias de 1945 era, primeiro, a existência de Estados independentes no espaço que separava a Rússia da Alemanha; em segundo lugar, o caráter peculiar do próprio regime russo-soviético; e, em terceiro, a ausência de um poder suficientemente forte para equilibrar a balança a oeste da Alemanha. Antes da Primeira Guerra, nenhum desses impedimentos tinha existido. Em 1914, os Estados bálticos, a Polônia, a Checoslováquia, a

Hungria, a Iugoslávia e grande parte da Romênia jaziam no interior das fronteiras dos impérios alemão, austríaco, turco ou russo. A independência desses países, estabelecida em Versalhes em 1919, não podia ser sustentada — como Hitler demonstrara e Stálin estava agora confirmando — sem o mesmo tipo de vontade e força que os europeus ocidentais não tinham conseguido exercer em 1938 e que não possuíam em 1945. Mas o fato de que agora eles tinham experimentado a condição de países independentes tornava a ocupação russa particularmente repugnante. Nesse meio-tempo, a natureza do regime comunista tornou sua ambição imperial muito mais ameaçadora para uma Europa enfraquecida pela guerra do que eram os desígnios czaristas do passado no Sudeste ou no Centro da Europa. E a exaustão econômica britânica, combinada com o desaparecimento da França como fator relevante da política internacional, não deixou aos líderes desses países nenhuma opção a não ser persuadir os Estados Unidos a tomar o seu lugar.

Nessas circunstâncias, a Guerra Fria representava não um problema, mas uma solução, sendo essa a razão pela qual durou tanto tempo. Ao atrair a América para a Europa com o intuito de proporcionar segurança contra qualquer mudança adicional, os europeus ocidentais garantiram para si mesmos a estabilidade e a proteção necessárias para a reconstrução da sua metade do continente. Ironicamente, os Estados Unidos se comportaram de forma muito parecida com aquela como a Rússia czarista tinha agido nas duas décadas que se seguiram à derrota de Napoleão em 1815, ou seja, como uma espécie de gendarme continental cuja presença garantia que o mundo não sofreria mais nenhuma interrupção do status quo por um poder revolucionário descontrolado. Enquanto isso, foi permitido à União Soviética que seguisse governando de forma ditatorial a sua metade do continente, com a promessa de não interferência, em troca da sua renúncia a novas aventuras — um arranjo na realidade bastante satisfatório para Stálin e seus herdeiros.[16] Dificilmente esse seria um resultado concebido para agradar a milhões de poloneses e outros encarcerados dessa forma sob o domínio "socialista"; mas, como eles não tinham sido considerados pela maioria dos estadistas aliados como parte do problema, não é de surpreender que também não tivessem desempenhado um papel importante na sua solução.

Vista dessa forma, a Guerra Fria pode ocupar seu lugar na *longue durée* da história europeia e internacional. Surgiram complicações por duas razões. Em primeiro lugar, alinhamentos e divisões na Europa acabaram se confundindo com a política dos movimentos de independência nacional e de descolonização na Ásia, na África, na América Latina e no Oriente Médio, com consequências enganosas para todas as partes envolvidas. De 1956 a 1974 floresceu ali um estranho comércio: a Europa Ocidental e os Estados Unidos exportavam para o mundo em desenvolvimento ideias e instituições liberais, exibindo o Ocidente capitalista como um modelo para emulação e exortando à adoção de seus costumes e práticas; receberam em troca os mitos e protótipos revolucionários calculados para desafiar a sua branda (e relativa) prosperidade. A União Soviética se empenhou num comércio semelhante. Também ela exportava uma ideologia do século XIX — o socialismo marxista — e recebia em troca a fidelidade algo espúria de novos e hipotéticos revolucionários, cujas atividades lançavam um breve e retroativo brilho de credibilidade sobre a embotada herança bolchevique.

A segunda complicação era a presença de armas nucleares. Por muito tempo elas vieram acrescentar um componente de confusão, e em seguida de risco, à formulação de políticas. A União Soviética se encontrava quase sempre bem atrás na corrida armamentista (ainda que as hábeis técnicas dos herdeiros do príncipe Potemkin tenham conseguido manter esse fato escondido dos Estados Unidos por muitos anos); porém essa inferioridade só servia para que seus líderes procurassem compensar isso, assumindo poses agressivas. Os estrategistas americanos, enquanto isso, levaram muitos anos (e despenderam enormes somas de dinheiro) para descobrir o que Truman parece ter sabido por instinto desde o começo — que as armas nucleares eram notavelmente inadequadas como instrumentos para aplicação de políticas. Ao contrário das espadas, na verdade elas só eram boas para sentar em cima. Entretanto, como fator de dissuasão, um arsenal nuclear tinha suas utilidades — mas apenas se tanto você como seu oponente pudessem ser convencidos de que o arsenal poderia, efetivamente, vir a ser utilizado. Por esse motivo a Guerra Fria sustentou por muitos anos a possibilidade de um terror fora de qualquer proporção com o que estava em jogo — ou com as intenções da maioria dos participantes.

Por causa desses dois novos elementos, a Guerra Fria pareceu mudar sua natureza para se tornar algo radicalmente diferente de qualquer coisa que já existira. E quando chegou ao fim, com o colapso de um adversário, houve, portanto, quem acreditasse que tivéssemos entrado numa nova era da história humana. Desde 1990 pudemos ver que não era esse o caso. O mundo com certeza mudou desde 1950: os cavalos se foram, assim como o carvão, juntamente com as convenções sociais e formas de trabalho por eles simbolizadas. Os grandes projetos voltados para reformas também desapareceram, pelo menos por enquanto. Porém, agora que vencemos a Guerra Fria, podemos ver mais claramente do que antes que alguns dos dilemas que ela abordou (ou escondeu) continuam conosco. A história recente sugere que a solução continuará se mostrando tão fugidia quanto sempre foi.

Este ensaio, uma resenha dos livros *We Now Know: Rethinking Cold War* (History Press), de John Lewis Gaddis, e *The Cominform: Minutes of the Three Conferences 1947/1948/1949*, editado por Giuliano Procacci, foi publicado pela primeira vez no *New York Review of Books* em outubro de 1997.

Notas

1 *The United States and the Origins of the Cold War, 1941-1947* (Nova York: Columbia University Press, 1972); *The Long Peace: Inquiries into the History of the Cold War* (Nova York: Oxford University Press, 1987); *Strategies of Containment: A Critical Appraisal of Postwar American National Security Policy* (Nova York: Oxford University Press, 1982); *The United States and the End of the Cold War: Implications, Reconsiderations, Provocations* (Nova York: Oxford University Press, 1992).

2 Ver a discussão de Norman Naimark e Leonid Gibianskii, ed., *The Establishment of Communist Regimes in Eastern Europe, 1944-1949* (Boulder, CO: Westview, 1997).

3 Ver, por exemplo, as publicações de Thierry Wolton: *Le grand recrutement* (Paris: Grasset, 1993) e *La France sous influence* (Paris: Grasset, 1997). Um li-

vro recente de Karel Bartosek, *Les aveux des archives: Prague-Paris-Prague 1948-1968* (Paris: Seuil, 1996), provocou sensação ao afirmar que os arquivos checos revelam que Arthur London permaneceu a serviço das autoridades checas por muito tempo depois de ter sido libertado da prisão e da publicação de seu aclamado relato autobiográfico sobre os julgamentos encenados, *L'aveu* (A confissão). Bartosek recorreu generosamente a arquivos até então secretos, mas as evidências que reuniu são sugestivas e circunstanciais, não conclusivas.

4 Naimark e Gibianskii, *The Establishment of Communist Regimes*, Introdução, pp. 9-10. Ver, por exemplo, Hugh Seton-Watson, *The East European Revolution* (Londres: Methuen, 1950), Adam B. Ulam, *Titoism and the Cominform* (Cambridge, MA: Harvard University Press, 1952) e Vojtech Mastny, *Russia's Road to Cold War* (Nova York: Columbia University Press, 1979).

5 George Kennan, "The View from Russia", in Thomas T. Hammond, ed. *Witnesses to the Origins of the Cold War* (Seattle: University of Washington Press, 1982), p. 29.

6 Milovan Djilas, *Rise and Fall* (Nova York: Harcourt Brace Jovanovich, 1985); Edvard Kardelj, *Reminiscences: The Struggle for Recognition and Independence: The New Yugoslavia, 1944-1957* (Londres: Blond and Briggs, 1982); Eugenio Reale, *Nascita del Cominform* (Milão: Mondadori, 1958), traduzido para o francês como *Avec Jacques Duclos au banc des accusés à la Réunion Constitutive du Kominform à Sklarska Poreba (22-27 septembre 1947)* (Paris: Plon, 1958).

7 Norman Naimark, *The Russians in Germany: A History of the Soviet Zone of Occupation, 1945-1949* (Cambridge, MA: Harvard University Press, 1995).

8 Ver Bartosek. *Les aveux des archives*, p. 372, Apêndice 28. Para a carta de Jdanov a Thorez, ver Vladislav Zubok e Constantine Pleshakov, *Inside the Kremlin's Cold War* (Cambridge, MA: Harvard University Press, 1996), p. 129.

9 Tendo sido forçado a se humilhar em Sklarska Poreba e a se desculpar pelo fracasso dos comunistas franceses em aprender com o heroico exemplo iugoslavo, Jacques Duclos (que liderou a delegação francesa nas duas ocasiões) saboreou sua vingança em Bucareste no ano seguinte. "É evidente", observou ele, "que os líderes do Partido Comunista Iugoslavo negam o princípio leninista da necessidade da crítica e da autocrítica." Era perfeitamente normal, insistiu, que o Bureau de Informações examinasse a situação do Partido Iugoslavo: "Os líderes do partido deveriam ter sido os primeiros a concordar com isso, já que, na última conferência do Bureau de Informações, não se privaram do direito

de criticar outros partidos". Ao que, de acordo com as minutas, Andrei Jdanov acrescentou: "Até mesmo em excesso" — uma deliciosa pitada de mistificação stalinista (ver *The Comintern: Minutes of the Three Conferences*, p. 557).

10 Vyacheslav Molotov, *Molotov Remembers: Inside Kremlin Politics; Conversations with Felix Chuev*, Albert Resis, ed. (Lanham, MD: Ivan R. Dee, 1993), p. 29, citado por Gaddis, *We Now Know*, p. 31.

11 Naimark, *The Russians in Germany*, p. 467. Para o mesmo argumento geral num diferente contexto, ver Jan T. Gross, *Revolution from Abroad: The Soviet Conquest of Poland's Western Ukraine and Western Belorussia* (Princeton, NJ: Princeton University Press, 1988).

12 Bruce Cumings, *The Origins of the Korean War: The Roaring of the Cataract, 1947-1950* (Princeton, NJ: Princeton University Press, 1990), p. 621, citado em Gaddis, *We Now Know*, p. 71. Cumings inova ao recorrer a um grande número de fontes primárias em língua não inglesa. Os estudiosos revisionistas eram, na maioria, especialistas em política externa americana, usavam poucas — se é que usavam alguma — fontes não americanas e tendiam a projetar no resto do mundo os preconceitos da política interna dos Estados Unidos (reais e acadêmicos).

13 Dean Acheson, *Present at the Creation: My Years in the State Department* (Nova York: Norton, 1969), p. 646. Acheson estava argumentando que o modo como a União Soviética pressionou Adenauer em 1952 tinha ajudado a garantir o apoio da Alemanha Ocidental aos objetivos americanos.

14 *George F. Kennan and the Origins of Containment, 1944-1946* (Columbia, MO: University of Missouri Press, 1997), introdução de John Lukacs, p. 7.

15 Por ocasião da sua visita a Moscou em dezembro de 1944, em busca de uma aliança que servisse como uma garantia contra um possível renascimento da Alemanha, Charles de Gaulle teria explicado à sua entourage que a ideologia não seria um empecilho na luta pelos interesses franceses de longo prazo: "Negocio com Stálin da mesma forma que Francisco I negociou com Suleiman — com a diferença de que na França do século XVI não existia nenhum partido muçulmano". Ver Wolton, *La France sous influence*, p. 57.

16 A rejeição pós-1947 por Stálin da "coexistência pacífica" — fazendo eco à formulação de uma idêntica guinada política ocorrida em 1927 — pode assim ser compreendida não tanto como o prelúdio a uma aventura estrangeira, mas sim como sinal de uma repressão doméstica iminente. O que acabou acontecendo.

CAPÍTULO V

Liberdade e Freedonia

I

A Europa Oriental é um lugar complexo. De Shakespeare ("E o que farei em Ilíria?") a Neville Chamberlain, observadores ocidentais a consideraram remota, obscura e inquietante. Até recentemente, poucos se davam ao trabalho de visitá-la, de aprender seus idiomas ou de se aventurar por suas terras, seu passado ou suas culturas. Até 1918, as diferentes partes que a compõem eram, em grande medida, invisíveis aos olhos dos estrangeiros e inaudíveis no cenário da política internacional, a menos que associadas a conversas diplomáticas a respeito da "Questão Oriental". Entre as duas guerras mundiais, os pequenos e vulneráveis Estados situados entre a Alemanha e a União Soviética vinham a ser apenas um elemento de instabilidade a mais num mundo instável. E, após a derrota de Hitler, a região inteira tornou-se parte dos domínios soviéticos: ainda nos anos 1980, os alunos da graduação em Oxford que estivessem tendo aulas de ciência política só poderiam estudar a Europa Oriental sob a rubrica "Política Soviética e da Europa Oriental", e mesmo assim apenas como parte de um esforço de concentração voltado prioritariamente para a própria União Soviética.

Em consequência disso, não apenas a Europa Oriental é complexa como os europeus orientais têm um complexo a esse respeito. Vocês não podem nos compreender, dizem, repreendendo o público ocidental. Seus estudiosos ocidentais nos ignoraram, e seus líderes ocidentais, quando se dignaram a nos levar em consideração, nos abandonaram. (Ialta, Munique, Sarajevo...) E, acrescentando ofensa geográfica à injúria histórica, ainda têm a coragem de nos classificar de Europa "Oriental", enquanto são vocês que habitam na periferia e nós os que vivemos (ou vivíamos, até que vocês nos atiraram aos lobos) na Europa Central. Falamos e lemos as suas línguas, sua poesia, suas peças e seus romances. O que vocês sabem sobre os nossos?

Varsóvia, dizem os poloneses, é o "coração da Europa". Praga, observam os checos, fica a oeste de Viena e de Estocolmo e é uma vitrine melhor para o Alto Barroco europeu do que qualquer cidade da Itália ou da França. Budapeste, afirmam os húngaros, tem tanto direito quanto Viena de se considerar a capital de uma Europa Central recém-resgatada (na realidade, muito mais direito). E Bucareste, Zagreb, Sarajevo e Belgrado foram todas, em diferentes ocasiões nos últimos tempos, apresentadas como cidades intrínseca e quintessencialmente "europeias", precisamente porque montam guarda na fronteira onde a civilização europeia encontra (e repele) os bárbaros a leste e ao sul.

Sabemos o que significa ser europeu, todos eles insistem, porque nosso caráter europeu esteve durante muito tempo sob ameaça. Sacrificamos e sofremos tanto para que a Europa, a Europa de vocês, pudesse viver e florescer. Por que não estão nos ouvindo? Por que não nos veem? Os europeus orientais nos lançaram no rosto um desafio; e nos últimos anos ele foi aceito por uma nova geração de especialistas e jornalistas ocidentais. Uma das razões desse crescente interesse, é claro, reside nos extraordinários acontecimentos que têm se desenrolado na região, da Primavera de Praga, passando pelo Solidariedade, pela Carta 77 e pelas revoluções de 1989, até a Terceira Guerra dos Bálcãs. A história contemporânea da região é simplesmente dramática demais para ser ignorada. Mas há outro fator, e este reside no fato de que uma drástica mudança ocorreu nos gostos da intelectualidade acadêmica.

Costumávamos estudar Estados, nações, classes. Porém, já há algum tempo, seguindo uma mudança na moda no interior das disciplinas, principalmente na antropologia e na história, não estudamos mais a coisa em si, mas sim a maneira como ela é representada — pelos protagonistas e pelos que a estudam. Devido em grande medida à influência do antropólogo Benedict Anderson, investigamos não o nacionalismo, mas "comunidades imaginárias". E desde a publicação, em 1983, de uma seminal coletânea de ensaios editada por Eric Hobsbawm e Terence Ranger, não é mais a tradição, mas sim "a invenção da tradição" que preocupa os historiadores da moderna cultura popular e do espetáculo da política.

A Europa Oriental (ou "Central") é um verdadeiro parque de diversões, caído dos céus já pronto, para os que querem se entreter com essas noções. Afinal, os Estados da Europa Oriental ou não existiam até recentemente, ou tiveram de ser reconstruídos na era moderna após sua eliminação por países mais poderosos em tempos recentes. De um ponto de vista ocidental (ainda que não necessariamente aos olhos dos habitantes locais), a República Checa, a Eslováquia, a Croácia e a Bósnia — para mencionar apenas as mais conhecidas — são todas nações inventadas. A Polônia, a Sérvia, a Ucrânia, os Estados bálticos e mesmo a Grécia, sejam lá quais forem suas glórias reais ou imaginárias, foram todos constituídos e reconstituídos a partir de terras e povos cuja história esteve, no passado, submersa na história de algum outro país. Em resumo, a Europa Oriental esteve a um só tempo presente e ausente, foi real e irreal, dependendo da perspectiva e do lugar de origem que adotemos.

Nem Anderson, nem Hobsbawm e Ranger deram muita atenção à região, porém suas abordagens (ou pelo menos os títulos de seus livros) inspiraram uma crescente literatura que se propõe a mapear as maneiras pelas quais o Ocidente "imaginou", "inventou" ou (para adotar o estilo da crítica literária pós-moderna) "(des)representou" seu Outro Oriental. Nos seus exemplos mais felizes — digamos, em *Inventing Eastern Europe*, de Larry Wolff, publicado em 1994 — o resultado tem sido uma contribuição esclarecedora à história intelectual ocidental, uma proveitosa excursão em águas ainda não mapeadas que nos ajuda a rastrear os modos pelos quais os escritores europeus ocidentais acabaram por congelar certa topografia da civilização, condenando assim a Europa Oriental a uma marginalidade tanto moral como espacial na história ocidental.

A abordagem construcionista oferece, no entanto, seus riscos. Entre "invenção", "imaginação", "representação" e a invocação da "Alteridade", a história do fracasso do Ocidente em enxergar a Europa Oriental do jeito que ela era e é corre o risco de naufragar sob o peso de uma suspeita acadêmica sobrecarregada por excessos teóricos. Acrescente a essa combinação o "orientalismo" — a acusação de que os escritores ocidentais recorreram a artifícios imbuídos de sentimentos de superioridade e de uma postura de distanciamento, forjando uma visão romântica da Europa do Leste e do Sudeste para melhor controlá-la — e a região fica mais uma vez perdida, repetindo o processo todo novamente, dessa vez atolada num pântano de sutileza compensatória bem-intencionada.

II

O livro de Vesna Goldsworthy é um exemplo instrutivo desse resultado lamentável.* Ela escolheu, é certo, um tema magnífico. De Byron a Malcolm Bradbury, os escritores britânicos, em particular, situaram no interior das fronteiras da Europa Oriental poemas, contos morais, narrativas de viagem, histórias de aventuras, histórias de mistérios góticas, comédias românticas e óperas cômicas. Como formulou H. H. Munro ("Saki"), a região era "familiarmente exótica" — suficientemente distante e não banalizada para servir de cenário a fantasias românticas e dramas épicos, e reconhecível o bastante para ser justaposta ao universo civilizado com o qual faz uma fronteira um tanto incômoda.

Primeiro veio a Grécia de Byron e de Shelley; e então a obscura e meio germânica Transilvânia de *Drácula* (1897), de Bram Stoker, e os menos topograficamente precisos, mas reconhecíveis como minúsculos Estados da Europa Central, *O prisioneiro de Zenda* (1894) e *Sophy of Kravonia* (1906), de Anthony Hope. Já *Os 39 degraus* (1915), de John Buchan, e as histórias de Saki passadas nos Bálcãs foram seguidas por *Trem de Istambul* (1932), de Graham Greene, e *Assassinato no Expresso do Oriente* (1934), de

* Vesna Goldsworthy, *Inventing Ruritania: The Imperialism of Imagination* (New Haven: Yale University Press, 1998).

Agatha Christie, *Black Lamb and Grey Falcon* (1941), de Rebecca West, e, uma geração mais tarde, *Balkan Trilogy* (1960-5), de Olivia Manning.

Entre uma leva e outra, surgiram *Carmilla* (1871), de Joseph Sheridan Le Fanu, passado na Estíria; *O homem e as armas* (1894), de Bernard Shaw, passado na Bulgária; *The Burden of the Balkans* (1905) e *High Albania* (1909), de Edith Durham; *The Red-Hot Crown* (1905), de Dorothea Gerard, passado na Sérvia; *Esprit de corps* (1957), de Lawrence Durrell, passado na Iugoslávia; e muitas outras obras menos conhecidas.

Há aqui um rico filão literário a ser explorado, e Goldsworthy demonstra ter um afiado olhar crítico ao trabalhar diretamente com os textos. Assim, ela observa a importância dos trens, o modo como tantos desses romances e narrativas de viagem desse gênero começam com um adeus dirigido ao Ocidente em alguma cidade ou estação situada numa fronteira ou como suas tramas dependem tanto de viajantes ocidentais (geralmente ingleses) se vendo envolvidos numa intriga enquanto estão confinados num vagão de trem: uma espécie de, como ela diz, "Ocidente enlatado" se deslocando pelos Bálcãs.

Ela também capta a curiosa ambivalência encarnada pelos ingleses nessas histórias. Pode ser que achem o Leste Europeu (geralmente os Bálcãs) bizarro e caótico, mas acabam por se sentir quase em casa ali. Os excêntricos "ruritânios" e os excêntricos ingleses de algum modo terminam por descobrir que têm algo em comum. Ingleses e inglesas ascendem acidentalmente a tronos "ruritânios" e acabam meio que se apaixonando por um príncipe ou por uma princesa, ou mesmo pela gente simples, do campo, com os quais terminam confusamente envolvidos. Na realidade, em várias dessas histórias, de *O prisioneiro de Zenda* a *Rendição incondicional*, de Evelyn Waugh, eles se mostram mais do que ambivalentes a respeito da perspectiva de voltar para casa, na Inglaterra. Goldsworthy sugere que isso acontece porque eles podem exibir entre os nativos certa superioridade, em termos de caráter e integridade, enquanto em casa seriam anônimos e indistinguíveis da massa suburbana. O argumento dela é convincente.

Contudo, o modelo byroniano também continua sendo uma pista importante no que diz respeito ao seu tema. Na Grécia, na Transilvânia, na "Ruritânia", o aventureiro inglês pode se dar ao luxo de corrigir os problemas do mundo, exercendo um poder de iniciativa moral e política que é negado a ele (e principalmente a ela) no seu país. E há outro aspecto, em geral esquecido, das letras inglesas, de William Cobbett a William Morris e George Orwell: uma constante nostalgia romântica pelo mundo perdido da Inglaterra rural, por tempos mais simples e menos tumultuados. Essa saudade de "Ruritânia" — e em alguns desses romances existe até mesmo, como observa Goldsworthy, uma Ruritânia preservada no interior da Ruritânia, um refúgio nas montanhas, onde bons e leais camponeses permanecem imunes ao cinismo e às falsidades da corte e da cidade — sugere que uma grande parte da literatura de aventura descrita por ela é ainda mais sobre a Inglaterra do que a autora se dá conta.

Então, afinal, o que há de errado com esse livro? Para começar, ele é metodologicamente tendencioso. Tudo é imaginado, representado, construído, orientalizado. Isso seria simplesmente irritante se as criações literárias fossem justapostas às experiências locais, de modo a extrair algum sentido do contraste entre as duas coisas e apontar os modos pelos quais os escritores ingleses, coletivamente, forjaram uma imagem perene e distorcida de outra parte do mundo. Mas no universo socialmente construído de Goldsworthy a realidade não é checada. A realidade se dissolve na cultura. Quando palavras como "real", "documental" ou "objetivo" aparecem no livro de Goldsworthy, quase sempre vêm acompanhadas por aspas, tornando-se, por assim dizer, ontologicamente questionadas. Dessa forma, lemos a propósito dos Bálcãs "reais", de descrições "objetivas" e de textos de caráter "documental". Até os próprios Bálcãs são blindados por aspas — "os Bálcãs" — para advertir o leitor contra qualquer tentativa de avaliar narrativas ou imagens literárias contrapondo-as a quaisquer cenários ou lugares concretos.

Essa mistura de construcionismo e ironia protege Goldsworthy contra qualquer acusação de que ela própria tenha se equivocado em uma possível leitura da realidade dos Bálcãs ou da Europa Oriental. Às vezes os Bálcãs existem, como quando ela observa que Drácula ou Zenda são mitos sobre a Europa Central e não deveriam ser confundidos com lugares mais ao sul; mas são, em sua maior parte, apenas invenções. E o fato de em suas formas verbal ou adjetiva ("balcanizar"; "balcanizado") os termos carregarem conotações pejorativas leva Goldsworthy a proteger quase a península inteira de qualquer associação com ele. Os Bálcãs, em síntese, não são "balcânicos". Estamos lidando apenas com imagens, estratégias, preconceitos, representações, fantasias. Lá não existe nenhum lá.

Mas o ponto de Arquimedes associado a um lugar real não é a única coisa que está faltando nessa história sobre apropriação indébita feita por textos estrangeiros. Curiosamente, a própria Goldsworthy está ausente do seu relato. É claro que ela dá vazão à sua frustração, e mesmo a insinuações de raiva, diante do que chama de exploração (dessa vez sem aspas) da região por parte dos ingleses para extrair proveitos literários. Mas nunca nos é dito se escritores ingleses furtaram ou violaram um recurso existente ou se simplesmente o inventaram. É correto o relato que Bram Stoker faz a respeito da Transilvânia? A Zenda de Anthony Hope é fiel aos fatos? É claro que não, parece sugerir Goldsworthy. Trata-se de uma pergunta estúpida e inconveniente. Mas ainda assim, quando E. M. Forster fica em Bucareste, em 1930, como convidado da legação britânica, ele é descrito como tendo experimentado "um encontro com os 'verdadeiros' Bálcãs...". Supostamente mais próximo da vida de verdade do que o castelo de Drácula, mas sem deixar de ser menos irreal por causa disso.

Portanto, uma conclusão apropriadamente pós-moderna deveria conduzir à constatação: não existe nenhuma "Europa Central", não há "Bálcãs". Há apenas ficção — que pelo menos não finge ser nada além disso, porém cria uma imagem que é tomada pelas pessoas como se fosse fato — ou "realidade", a qual é um espectro de ilusões que é melhor considerar como ficção. Contudo, isso viria a minar o próprio tema de Goldsworthy. Pois com certeza o livro trata do modo como os escritores ingleses se apropriaram de uma parte material e reconhecível do mundo que conhecemos e a remodelaram. A realidade precisa intervir. E então ela oferece uma concessão: "Poderia haver tantas verdades sobre os 'Bálcãs' quantos fossem os narradores, e, em vez de verdade, seria mais proveitoso falarmos de percepções cambiantes do que vem a ser a verdade". Mas isso não ajuda muito. Explica o motivo pelo qual não deveríamos comparar Rebecca West a Lawrence Durrell, ou ambos a alguma descrição de caráter "neutro"; porém não explica por que não deveríamos contrapor Rebecca West aos lugares sobre os quais escreveu. E certamente não nos diz o que a própria Goldsworthy pensa a respeito.

Felizmente, para isso contamos com uma pista oferecida pelo subtítulo do seu livro: *The Imperialism of Imagination* [O imperialismo da imaginação]. Como ela observa, "este livro procura investigar o modo como uma das nações mais poderosas do mundo explorou os recursos dos Bálcãs para abastecer as indústrias ocidentais literárias e de entretenimento". Segundo Goldsworthy, o mundo hoje vê os Bálcãs através dos olhos ingleses porque "diante do poder econômico das indústrias ocidentais da imaginação, os produtos originais dos Bálcãs tinham tanta chance de competir quanto a indústria têxtil da Índia ao ver seus mercados inundados pelos produtos manufaturados britânicos". E as coisas não mudaram: "A força das 'marcas' associadas a esses Bálcãs inventados pelos britânicos permanece como uma cicatriz sobre o pensamento a respeito dos Bálcãs, da mesma forma que os programas de irrigação britânicos acabaram por salinizar as terras férteis do Punjab".

Há muito, muito mais nesse mesmo tom, um ponto no qual a disciplina dos Estudos Culturais se encontra com o Marxismo Tardio num infeliz casamento de conveniência. O pobre Lawrence Durrell é condenado por escrever a respeito dos Bálcãs "num formato deliberadamente ao estilo de uma copiadora [...] tendo um possível ganho financeiro em mente", revelando dessa forma um "reconhecimento da lucrabilidade proporcionada pela colonização imaginativa pela qual os 'Bálcãs' literários [sic] continuaram a ser impiedosamente explorados". Goldsworthy até se aventura em uma interpretação neoleninista, ainda que tenha a prudência de manter uma distância pusilânime do caráter grosseiro que resulta da sua formulação.

Ao satisfazer as demandas da imaginação popular, o imperialismo perpetrado pela indústria de entretenimento desempenha um papel análogo àquele exercido pelo imperialismo econômico, com o qual estamos mais familiarizados. Na realidade, um crítico marxista poderia argumentar que proporciona um substituto para o "ópio das massas", baseado na subordinação de outros povos, adiando assim a luta de classes.

Quem quer que fosse esse nebuloso crítico marxista, ele, ou ela, teria pelo menos observado que as piadas que Bernard Shaw faz à custa dos seus búlgaros em *O homem e as armas* dizem respeito às classes, não à questão étnica; o mesmo vale para as tiradas zombeteiras sobre os ocupantes de um salão de baile nos Bálcãs em *Pemberton*, de David Footman. Um cenário situado nos Bálcãs pode esconder um preconceito ou ironia claramente dirigidos à realidade doméstica britânica.

O problema não decorre apenas de que quando os Estudos Culturais diluem o marxismo, todos saem perdendo. Ocorre também pelo fato de Goldsworthy ser totalmente desprovida de qualquer senso de humor, qualquer tipo de sensibilidade para o ridículo. Ela tem tanta certeza de que seus escritores britânicos estão assumindo uma posição de superioridade em relação aos personagens e cenários dos Bálcãs, rindo à custa de seus pontos fracos "orientais", que deixa passar despercebida a parte mais interessante de seu material. Se a produção hollywoodiana feita a partir de *O prisioneiro de Zenda* (1937) representa o cúmulo da impiedosa exploração capitalista, o que dizer de *Duck Soup* (1933)?*

Os outros Marx não recebem nenhuma menção nesse livro, mas seu filme é, de longe, o exemplo mais famoso de "exploração" dos estereótipos ligados aos Bálcãs na cultura popular ocidental, agora que o Drácula cinemático foi liberado de suas raízes transdanubianas. É claro que *Duck Soup* recorre da maneira mais impiedosa aos estereótipos cinematográficos e literários; o resultado, contudo, é uma magnífica inversão. Ao rirmos de Freedonia, não estamos debochando da Sérvia ou da Romênia; estamos nos divertindo todos à custa dos próprios clichês da indústria do cinema. A mesma qualidade de referência interna também está presente na paródia que Durrell faz de intrigas mais antigas baseadas nos Bálcãs, mas nunca ficaríamos sabendo disso se dependesse de Goldsworthy. Quanto a *Rates of Exchange* (1983), de Malcolm Bradbury, que depende ele mesmo de referências internas a obras anteriores, como *O terceiro homem*, de Graham Greene, a sua história em torno de um infeliz conferencista inglês numa Bucareste dos últimos anos do comunismo não é apenas engraçada, mas dolorosamente fiel aos fatos.

Se *Inventing Ruritania* não consegue valorizar o veio da paródia, do pastiche, do pastelão e da capacidade de debochar de si mesmo presente em grande parte da produção literária inglesa que tem os Bálcãs por cenário, isso não ocorre simplesmente porque sua autora não tem um bom ouvido para humor. Isso também acontece porque tanto a acuidade como a paródia parecem inspirar nela considerável desconforto. Ela não aprova as críticas de ingleses (ou de europeus ocidentais) ao comportamento questionável

---

* Filme dos irmãos Marx. No Brasil, *Diabo a quatro*. (N. T.)

da Grécia durante a crise dos Bálcãs ("atitude de superioridade [...] [uma] simbólica 'balcanização' dos helenos"), e ela as considera fruto de preconceito e de uma atitude mental colonial. É verdade que Goldsworthy admite que a turbulenta história da política sérvia ou búlgara nos primeiros anos do século XX é refletida — e de maneira bastante benevolente — em alguns dos romances que discute (a principal diferença consistindo em que na Ruritânia os finais são mais felizes e há menos crueldade), mas ela passa por cima o mais rapidamente possível das implicações dessa verossimilhança.

A verdade é que Goldsworthy deixa transparecer um alto grau de ressentimento em relação ao seu material. Estrangeiros, simplesmente, não são bem-vindos e deveriam deixar em paz a região: "De visões dos Bálcãs 'a partir de fora' já estamos — a maioria de nós — cansados", ela escreve, citando, com uma aprovação enfatizada por itálicos, uma observação de Edith Durham em *High Albania*. Quando as pessoas de fora ignoram os Bálcãs, elas estão menosprezando e rebaixando a região. Quando dela se apropriam para finalidades literárias, estão ofendendo-a e explorando-a.

E se os estrangeiros se derem ao trabalho de aprender algo sobre a região e até de intervir, animados por um sentimento de simpatia, isso também de nada servirá. Nos últimos anos, escreve Goldsworthy, "tornou-se mais uma vez claro em que medida a região tem se apresentado como uma tela em branco na qual o inconsciente político europeu projeta seus tabus e ansiedades". Seu livro conclui com uma invectiva contra as "indústrias da consciência baseadas na mídia", que precisam manufaturar, "para satisfazer seu insaciável apetite por envolvimento [sic] [...] incontáveis novos 'Outros', tanto dentro do país como fora". O "Outro" em questão, somos levados a concluir, são os sérvios. Juntamente com sua manifesta simpatia pela servófila Rebecca West, único nome da literatura inglesa a merecer um tratamento benevolente nesse livro, isso sugere um ponto de vista paroquial e partidário, o qual Goldsworthy foi incapaz de suprimir completamente.

III

É um alívio sair dos Bálcãs para a Europa Central. Nem sempre é esse o caso: a história da Europa Central, com todos os seus ressentimentos e obsessões, está à altura de qualquer coisa que os Bálcãs têm a oferecer. Hitler, afinal, veio da Europa Central, e sua obsessão paranoica com o conflito germânico-eslavo está enraizada num passado caracteristicamente austro-boêmio. (Goldsworthy repreende com razão Robert Kaplan por sugerir em seu livro *Balkan Ghosts* uma dimensão balcânica para esse elemento centro-europeu da formação de Hitler.) E nada nos Bálcãs é capaz de rivalizar com os poloneses e os checos em sua disposição mais sombria, presos entre a ironia cética e soturna e a dimensão patética, pesarosa e carregada de autopiedade. "Inventando Boêmia", ou uma história compensatória de uma Europa Central desconhecida, seria um livro mais do que lúgubre.

Porém *The Coasts of Bohemia*, de Derek Sayer, está longe de ser algo assim.* É um relato ambicioso, simpático e escrito com elegância a propósito da arte, da literatura e da política do povo checo. Concentrando-se na história das Terras Checas, mas acima de tudo na Boêmia e especialmente em Praga, desde o Despertar Nacional no século XIX até as décadas do declínio comunista, Sayer passeia com leveza, porém com passos firmes, indo e vindo através de séculos de religião, mitologia e história checas, demonstrando entusiasmo e engajamento, mas conservando-se imune às habituais ilusões nacionais que os países costumam manipular a seu favor. Ele raramente cede à tentação de tentar compensar séculos de perseguição ou de esquecimento por parte dos estrangeiros. Talvez a pior coisa que possa ser dita sobre o livro de Sayer seja o fato de que ele se mostra inebriado com a abundância de sua matéria-prima, e desse modo o autor às vezes recorre a listas de nomes e obras de arte, o que resulta em páginas com enxurradas de exemplos que, às vezes, podem se tornar enciclopédicas, e até mesmo um pouco confusas.

A discreta atitude defensiva que Sayer assume em apoio do seu material se manifesta no começo do livro, quando lembra ao leitor as injustiças de que o povo checo foi objeto. A Boêmia não fica na Europa Oriental, ele insiste. Nem mesmo é particularmente "boêmia". Deixada à própria sorte, teria sido — e ocasionalmente foi — um lugar como o Ocidente e parte dele também. Desse modo, "nós" só tomamos consciência dela quando as

* Derek Sayer, *The Coasts of Bohemia: A Czech History* (Princeton: Princeton University Press, 1998).

suas crises fazem uma interseção com o curso da história mais ampla: em 1620, na Batalha da Montanha Branca (quando os Estados protestantes da Boêmia foram destruídos pelos exércitos da Contrarreforma no início da Guerra dos Trinta Anos); em 1938, em 1968, em 1989. Caso contrário, ela desaparece da consciência ocidental.

Pior ainda, na visão de Sayer, a Boêmia viu negado o lugar que lhe cabia não apenas na sua própria história, mas na nossa. Quantos ocidentais cultos sabem algo sobre as realizações dos checos no campo da linguística ou da arte moderna? Sayer se queixa de que "é inaceitável que o Museu de Arte Moderna de Nova York monte o que considera uma 'abrangente' exposição retrospectiva sobre 'dada, surrealismo e a sua herança', cujo extenso catálogo não contém uma única referência a Praga ou ao Grupo Surrealista da Checoslováquia no seu texto, na sua detalhada cronologia ou na sua bibliografia". Ele tem razão; e, como não exagera na sua indignação, seu argumento é bem recebido. Antes de os mapas da Europa terem sido redesenhados em 1948, artistas de vanguarda checos como Karel Teige eram, na verdade, mais conhecidos e compreendidos no Ocidente — apesar de que, mesmo antes da capitulação de Munique, Alfons Mucha, o grande pintor nacional das narrativas épicas da Boêmia e o ilustrador dos selos postais da Checoslováquia, era mais conhecido (e ainda é) como Alphonse Mucha, o designer e autor de pôsteres art déco que morou na Paris *fin-de-siècle*.

Depois que o autor encontra seu ritmo, e após traçar os contrastes obrigatórios entre a profundidade e a amplitude da arte moderna checa e a ignorância provinciana dos primeiros-ministros britânicos, e de fazer as mesuras inevitáveis ao cosmopolitismo checo, sufocado ainda em plena floração pela guerra, pela ocupação e pela ignorância dos estrangeiros, seu livro proporciona um enorme prazer. Ele tem como base quase exclusivamente fontes checas: enciclopédias, memórias, anotações de antigos historiadores, biografias, catálogos de museus e de exposições, guias de viagens e muito mais, inclusive uma geração mais antiga de estudiosos da história checa, que poderia ser considerada por si só uma forma compensatória de erudição. Porém o uso que Sayer faz dessas fontes é — com uma única exceção — exemplar.

A exceção é a descrição feita por ele da repressão húngara das escolas eslovacas e do idioma eslovaco nos anos que antecederam a Primeira Guerra. Em relação a esse tema, ele recorre exclusivamente a fontes e dados checos. Mas a história parece bem diferente a partir da perspectiva da Hungria. E de qualquer modo, como o próprio Sayer é o primeiro a admitir em outros contextos, não é nem um pouco claro o que se entende por língua "eslovaca", ou camponeses "eslovacos", nas décadas anteriores a 1914. Alguém poderia, com igual justiça, escrever sobre camponeses húngaros de língua eslovaca. Tudo depende, em grande medida, de quem está transmitindo quais dados e por quê.

Sayer tem um olhar e um ouvido incansáveis quando se trata de encontrar o detalhe e o exemplo esclarecedor, e a riqueza da cultura local que ele descreve e classifica no trecho sobre o Despertar Nacional da Boêmia no início dos anos 1960 é notável, não tanto pela qualidade do material — Sayer não faz alegações exageradas para compositores, pintores e poetas menos conhecidos e por ele listados conscienciosamente — mas pela sua abrangência. Se nações são realmente construídas ou imaginadas até ganharem forma, então o nascimento do "caráter checo" é um ótimo exemplo da escala variável em que o empreendimento pode ser realizado, de outdoors a ilustrações de obras infantis, de pinturas em museus a clubes esportivos, de parques públicos ao teatro político.

O caso checo — pois essa é, afinal, uma história que poderia ser contada a respeito de outros lugares — é interessante por várias razões. É quase certo que houve no passado um sentido de identidade checa — uma ideia do que é ser checo — em épocas tão remotas como na Reforma Hussita, um século antes de Lutero, e bem antes do que na maioria das outras partes da Europa. Muito depois de Jan Hus ter sido queimado por heresia, em 1415, a cidade de Praga e a região da Boêmia continuaram a ser um forte reduto de dissidentes literários e religiosos, e que viria a ser esmagado em 1620, quando a classe dominante do país foi punida ao ser expropriada, exilada ou morta pelas forças do Império e da Igreja católica, para serem substituídas por uma nova elite de língua alemã, integrada por seguidores e agentes do Império. Por cerca de duzentos anos, o idioma checo, e o que restava de uma identidade checa distinta, foi empurrado para o campo, onde conseguiu a duras penas sobreviver, mas apenas na sua variedade falada.

Em meados da era vitoriana, a Boêmia e a Morávia (as terras checas) ainda consistiam numa aristocracia que falava alemão e numa burguesia urbana cercada por camponeses de língua eslava, isolados e em sua maioria analfabetos. Por volta de 1910, no entanto, graças aos grandes esforços dos defensores e artífices do Despertar Nacional, e à industrialização acelerada que absorveu nas cidades, numa velocidade sem precedentes, os falantes de checo que moravam em aldeias, o idioma checo tornou-se o mais falado em Praga e na maioria das cidades mais importantes (ainda que o alemão continuasse a ser o idioma dos que tinham uma formação mais apurada). Quando foi declarada a independência em relação à Áustria, em 1918, os checos já tinham se reinventado como nação, definidos por uma língua que só eles conseguiam falar e pela identidade cultural que vinha sendo forjada no interior do idioma.

Sayer tem muito a dizer a respeito de tudo isso — sobre a linguagem e a identidade, sobre os mitos criados para satisfazer as conveniências nacionais (e as falsificações históricas que ajudaram a criá-los e sustentá-los) e sobre os usos das noções de identidade e identificação no processo de construção de uma nação e de um Estado. Ele não alimenta nenhuma ilusão, nem mesmo quanto a seu protagonista mais admirado e santificado, Tomáš Masaryk. *A questão checa*, um texto pedagógico e bastante influente de autoria do primeiro presidente checo, explorava de maneira oportunista o preconceito religioso e a mitologia nacional para reivindicar uma linhagem conveniente para a identidade nacional checa; e Sayer diz exatamente isso. Sobre a *Slovanska epopej*, de Alfons Mucha (*Épico eslavo*, completada em 1828), uma série monumental de relatos pictóricos retratando a história checa desde os mitos medievais até o presente, ele escreve: "Num certo nível sua exploração indiscriminada [de motivos religiosos] testemunha em que medida a religião àquela altura já havia se tornado secularizada. Mas demonstra da mesma forma a ascensão do nacional e do étnico ao domínio do sagrado".

É notável, em particular, o modo como Sayer lida com o tema mais delicado de todos, e que vem a ser, mais uma vez, uma variação distintamente checa de um tema comum à Europa Oriental. A despeito do fato de pelos padrões regionais, a Checoslováquia do período entreguerras ter sido uma sociedade liberal, constitucional e igualitária, ela estava longe de ser perfeita. Depois de 1918, os checos representavam apenas metade do total da população governada a partir de Praga — o resto era composto de eslovacos, alemães, judeus, húngaros e rutenos da região dos Cárpatos (no que é hoje parte da Ucrânia Ocidental). Como observa Sayer, escrevendo sobre a ênfase dada, bem antes da independência, ao caráter checo em tudo, desde temas artísticos até nomes de ruas, "esse espaço social recém-nacionalizado era, é claro, o cenário para representações culturais institucionalmente impostas sobre uma realidade demográfica que era ainda, na verdade, multiétnica".

Porém a mitologia nacional, os monumentos, os museus, os currículos das escolas e muito mais, tudo falava principalmente da condição checa, do movimento de renascimento checo do século anterior, das glórias da poesia, da música e da linguagem checas e assim por diante. Nas palavras de Sayer, ao discutir novamente os usos políticos nacionalistas e antigermânicos aplicados à história cultural do século XIX depois de 1918, "o Museu Nacional, a galeria de arte do Palácio Sternberk, a Real Sociedade da Boêmia e o resto dessas instituições não foram as primeiras manifestações de um renascimento nacional checo. Muitos deles foram sequestrados para esse projeto mais tarde, e sua fundação foi retrospectivamente apropriada para genealogias nacionalistas".

A imagem, portanto, apresentada depois da independência, para o país e para o mundo exterior, foi assim bastante paroquial — e, na medida em que era apregoada como liberal e cosmopolita, enganosa. Rutenos e húngaros eram ignorados. Eslovacos, que em sua maioria ainda eram camponeses munidos, na melhor das hipóteses, de uma educação rudimentar, eram vistos com desdém. Judeus não eram submetidos a discriminação, mas se viam diante uma constante e subliminar corrente de ressentimento antissemita, por serem falantes de alemão e por serem judeus. Os próprios alemães, compondo agora uma maioria na região dos "Sudetos", ao norte e ao sul da Boêmia e da Morávia, eram historicamente ressentidos e politicamente menosprezados. Quando, nos dias que se seguiram a Munique, o país se desintegrou, com a Hungria e a Polônia pegando cada uma para si um pequeno pedaço do território, os eslovacos declarando a independência e a Alemanha reivindicando o resto, apenas os checos (e os judeus, que tinham acabado por se identificar com a República e que, de qualquer modo, não tinham alternativas) lamentaram o desfecho.

Sayer não consegue evitar uma pontada de nostalgia em relação à Primeira República Checa. Ela era, a exemplo da Alemanha de Weimar, um lugar em que uma política cada vez mais brutal e uma arte inovadora floresciam lado a lado; mas ele não hesita em reconhecer que tinha existido uma corrente subterrânea de populismo nacional, herdado do Despertar Nacional, e que ela sempre pressagiara algo de ruim. Durante a Segunda Guerra, as Terras Checas não sofreram tanto. Sayer nos lembra que dos 360 mil checos e eslovacos que foram vítimas de Hitler, 260 mil eram judeus, um aspecto cuidadosamente minimizado nas comemorações do pós-guerra.

E depois de Hitler ter eliminado todas as minorias do país, com exceção de uma, os checos terminaram o serviço em 1945, expulsando à força as populações alemã e húngara remanescentes. Em consequência disso, o Estado checoslovaco reconstituído no pós-guerra se tornou absolutamente homogêneo, consistindo apenas em checos e eslovacos. Graças a Hitler, a exigência nacionalista do século XIX de que a terra e o povo fossem um só, e fosse checo (e, relutantemente, eslovaco), havia se tornado verdade. "O que restou foi uma paisagem desolada, desprovida de suas complexidades étnicas e sociais, pronta para receber a imposição de uma narrativa unitária nacional."

Foi nessas circunstâncias que os comunistas chegaram ao poder em 1948. Aqui, Sayer assume rapidamente uma posição clara em relação a um tema controvertido e expõe com nitidez sua opinião de que o comunismo checo, longe de ser uma imposição de fora pela Rússia, possuía profundas raízes locais no solo político e cultural local. Para dar sustentação ao seu ponto de vista, ele menciona não apenas o conhecido resultado das eleições de 1946, quando os comunistas do país se saíram melhor em eleições livres e limpas nas Terras Checas (os eslovacos se mostraram mais reticentes) do que em qualquer outro lugar da Europa. Ele também chama a atenção para a apropriação extensa e bem-sucedida pelos comunistas de motivos checos do período anterior à guerra na arte popular, na música, na história, na pedagogia e no folclore.

Sayer lembra a seus leitores que grande parte do prólogo moral e material para o comunismo foi proporcionada pelo presidente Edvard Beneš e pela legislação por ele apoiada e promulgada entre maio de 1945 e fevereiro de 1948: expropriando os proprietários, expulsando minorias, nacionalizando negócios e punindo adversários políticos com a prisão e a exclusão da vida pública. E conclui com razão que se os comunistas checos conseguiram impor um regime tão repressivo, uniforme, implacável e vingativo, que foi brutal e sinistro mesmo pelos padrões dos próprios comunistas, parte da responsabilidade deve recair sobre seus predecessores nacionais-liberais e até mesmo socialistas, cuja ênfase no "nós" contra "eles", os checos contra os estrangeiros, o povo contra a classe dominante egoísta e outras minorias privilegiadas, tornou sua tarefa bem mais fácil.

Esse elemento provinciano no sentimento nacional checo, antes e durante a era comunista, é captado à perfeição na frase popular do século XIX *Male ale nase* — (pode ser pequeno, mas é nosso) — aplicada a todas as coisas, das paisagens domésticas às proezas esportivas. Sayer registra isso e observa também a abrangência variável da expressão checa *U nas*, significando tudo, desde "nossa casa", na frase "venha jantar em nossa casa hoje à noite", até "nossa pátria", com o "nossa" excluindo implicitamente aqueles não associados ao solo nativo. Ele deveria ter acrescentado que essa propensão linguística a resvalar tão facilmente do aconchego doméstico para o exclusivismo etnocêntrico numa única frase está presente em muitas outras línguas europeias, entre elas o húngaro, as outras línguas eslavas, o alemão (*Bei uns*) e o francês (*Chez nous*). Ao inglês e ao italiano, ao contrário, faltam essa facilidade, essa fusão trivial e assustadora de família, lar, terra natal, homogeneidade e *Heimat*.*

IV

Qualquer pessoa interessada pela Checoslováquia e pela moderna República Checa deveria ler esse livro; é pena que não exista um equivalente para nenhum dos outros países da região. A despeito do seu confesso entusiasmo por um lugar e por um assunto que vieram a representar para ele um novo começo em sua vida acadêmica, Sayer contornou as armadilhas habituais — um distanciamento europeu imbuído de superioridade, ou a tentação de se tornar ele mesmo um "nacional" e ser mais patriótico e defen-

---

* No original em inglês, uma assonância sugerida pelos termos *hearth*, *home*, *homeland*, *homogeneity* e pela palavra alemã *Heimat* (pátria, país, terra). (N. T.)

sivo do que os próprios habitantes locais; e enfrentou alguns dos mais espinhosos e polêmicos temas do passado checo moderno. Parece mesmo compartilhar a aversão de Milan Kundera pela inclinação checa (típica também da Europa Oriental) a assimilar cultura e povo, na qual o escritor, o artista e o intelectual se veem altamente valorizados, mas, em troca, espera-se deles que se mostrem sensíveis e responsáveis diante da comunidade: esse "círculo nacional de intimidade" no qual, como escreveu Kundera, "tudo e todos (críticos, historiadores, tanto compatriotas como estrangeiros) penduram a arte na grande fotografia de família nacional, e dali não a deixarão que escape".

Esse é um importante, ainda que inquietante, lembrete sobre outro aspecto da Europa Central, dos Bálcãs e do resto da Europa Oriental. A insegurança em relação à identidade nacional — numa parte do mundo em que Estados, nações e povos têm sido feitos e refeitos com uma frequência enervante — leva inevitavelmente não apenas a uma pressão sobre artistas e intelectuais locais para serem "nacionais", ou pelo menos leais, mas também a algo que poderíamos chamar de síndrome do *Ancient Mariner*: a propensão a agarrar o forasteiro pelo ombro e insistir em contar e recontar a trágica história nacional, para que esta não acabe perdida ou esquecida. Não é por outro motivo que o hino nacional checo tem como título *Kde domuv muj?*, ou "Onde é a minha pátria?".

O papel que cabe à plateia ocidental nesse drama consiste basicamente em ouvir com respeito. Ainda assim, há coisas que apenas uma pessoa de fora pode dizer, e essas coisas não são menos pertinentes por serem ditas por alguém de fora da região. Em primeiro lugar, a metáfora do "colonialismo", a despeito da intenção generosa com que foi concebida, só nos deixa captar de modo imperfeito a história das relações entre a Europa Ocidental e a Europa Oriental. É compreensível que historiadores locais de países que tenham sido vítimas de predadores estrangeiros estejam predispostos a ver seu passado em termos de o que "eles" fizeram "conosco"; e desde 1989 esse tipo de queixa se fez novamente ouvir, dessa vez a respeito dos danos provocados pelo comunismo.

É certo que Hitler e Stálin foram responsáveis por seus crimes; mas em que medida a participação ativa de qualquer outra potência, como Grã-Bretanha, França, Itália ou Estados Unidos, pode ser considerada responsável pelo destino de muitos dos povos da Europa Central e Oriental, isso é algo muito menos claro. E mesmo Hitler e Stálin, de acordo com a circunstância, foram mais ou menos bem-vindos, e receberam menos ou mais apoio local, em diferentes partes da Europa Oriental, em diferentes momentos. É verdade que à Europa Oriental faltava a espécie de autonomia internacional que acompanha tamanho e riqueza; mas também é verdade que esses países têm sido mais do que vítimas passivas das intenções predatórias dos outros.

Um dos motivos para isso reside justamente no fato da independência nacional. Como František Palacký, o "Pai da Nação Checa", expressou numa formulação famosa em abril de 1848: "Imagine o Império Austríaco fragmentado numa multidão de repúblicas maiores ou menores. Que base magnífica para a monarquia russa universal". Não podemos reconstituir Habsbúrguia — apesar de que eu diria até que a desintegração do Império Austro-Húngaro em 1918 talvez tenha sido a pior coisa que poderia ter acontecido a quase todas aquelas terras e seus cidadãos. Contudo, são a experiência da independência nacional e os conflitos de soma zero com outras nações dentro e fora dessas fronteiras que dela resultam que contribuíram mais do que qualquer outra coisa para a tragédia da história moderna do centro e do Sudeste da Europa. A integração à União Europeia pode ajudar — pelo menos na Europa Central — a dar um final feliz à história soturna que a região tem vivido desde 1918; mas compreender com lucidez essa mesma história certamente também ajudará.

O que nos leva de volta aos Bálcãs. É uma triste ironia o fato de o sucesso de Tito em manter a Iugoslávia fora do alcance de Stálin depois de 1948 ter contribuído indiretamente para o atual pântano ao iludir a intelectualidade do próprio país — e de seus admiradores estrangeiros — fazendo com que se esquecesse do próprio passado. Os intelectuais de Belgrado e de Zagreb contaram a si mesmos e a seus leitores histórias sentimentais sobre como os conflitos históricos tinham sido resolvidos, e divisões nacionais e sociais tinham sido superadas, sobre experiências bem-sucedidas de controle operário e assim por diante. Fábulas semelhantes estavam sendo confeccionadas, é claro, na Europa Oriental controlada pelos soviéticos, mas lá ninguém acreditava nelas. Essa é a diferença. As elucubrações pós-marxistas de Vesna Goldsworthy sobre o tema da apropriação colonial suscitariam hoje apenas uma hilaridade condescendente em Varsóvia ou Budapeste; mas as vítimas do colapso iugoslavo, em estado de choque, ainda têm contas a acertar com sua própria condição abalada.

Quando fizerem isso, podem vir a refletir que o problema com as terras situadas entre a Áustria e Istambul por muitos anos não são tanto resultado de um excessivo interesse e envolvimento por parte dos países de fora da região, mas sim da falta dele. Eu me encontrava em Zagreb com um grupo de intelectuais liberais croatas quando os Acordos de Dayton foram assinados. "Pronto", disse um deles, "os americanos finalmente conseguiram o que queriam." "O que você quer dizer com isso?", perguntei. "Você não percebe?", retrucou meu amigo. "Os Estados Unidos conseguiram uma cabeça de ponte militar nos Bálcãs. Era por isso que eles estavam esperando. Agora nunca vão sair daqui." "Mas você me disse", repliquei, "que o problema era que o Ocidente não se importava o bastante com a região." "Isso é verdade", ele disse, "eles não se importam." A ideia de que os Estados Unidos, ou qualquer outra potência ocidental, teria o mais remoto interesse em estabelecer uma "cabeça de ponte" nos Bálcãs jamais me ocorrera. Eu havia suposto que o verdadeiro problema residia na pura e simples indiferença demonstrada pelo Ocidente. Para um intelectual croata, no entanto, ou para um intelectual sérvio, os Bálcãs têm ocupado um lugar privilegiado no pensamento inglês e americano há mais de um século. Ou deveriam ter ocupado. De que outro modo se poderia explicar qualquer coisa?

O hiato que separa as reflexões desapaixonadas de *The Coasts of Bohemia* e as negações ressentidas de *Inventing Ruritania* demonstra, portanto, mais do que apenas os diferentes métodos e preocupações de seus autores. Ilustra a velocidade com que a própria discussão dos checos a respeito da sua história está vencendo aquela defasagem e se aproximando da própria história; e o mesmo vale para a Hungria e a Polônia. Na Sérvia e na Croácia, contudo, da mesma forma que na Romênia e na Grécia, grande parte dessa história, quando apresentada a um público local, se curva diante de tabus e da autocensura acadêmica. Ali, sobram ilusões.

Na verdade, a maioria dos ocidentais sabia pouco e pouco se importava com a antiga Iugoslávia, e os intelectuais iugoslavos devem arcar com uma parte da responsabilidade por essa situação. Entre o ressentimento dirigido contra os estrangeiros por interferirem ou apoiarem o que é percebido localmente como posições partidárias e as ilusões desbotadas da Escola Marxista da Práxis sediada em Belgrado, muitos escritores, acadêmicos e artistas iugoslavos eram incapazes de pensar objetivamente a respeito do seu próprio país, e, portanto, perderam a oportunidade de explicá-lo para o resto do mundo. Esta é uma das razões pelas quais os *apparatchiks* comunistas transformados em nacionalistas foram capazes de passar para a comunidade internacional a imagem de si mesmos como líderes domésticos e interlocutores internacionais.

Afinal, nenhum líder ocidental nas décadas que antecederam 1989 se deixou iludir acreditando seriamente que poderia "trabalhar" com pequenos ditadores comunistas. E graças, em grande medida, aos esforços pioneiros de homens como Adam Michnik e Vaclav Havel, nenhum diplomata americano ou europeu ocidental teria julgado Gustav Husak, da Checoslováquia, "um homem com quem fosse possível fazer negócios", ou considerado "estadistas" os antigos primeiros secretários dos partidos comunistas da Bulgária ou mesmo da Polônia. Contudo, é exatamente dessa maneira que Franjo Tudjamn e Slobodan Milošević têm sido descritos por Richard Holbrooke e Bill Clinton.

Esse estado de coisas levou os aliados ocidentais e as Nações Unidas a sofrer um fiasco atrás do outro nos Bálcãs, e não seria de modo algum razoável atribuir isso a ilusões pós-coloniais ou para-ruritanianas. Tudjman da Croácia parece e, às vezes, age como um ditador de uma Freedonia dos dias de hoje; mas, longe de ser desprezado ou ridicularizado, é levado — e desse modo estimulado a levar a si mesmo — totalmente a sério. Um conhecimento um pouco maior a respeito dos episódios mais atrozes do passado recente dos Bálcãs poderia fazer com que os líderes do Ocidente pensassem duas vezes antes de escolher suas palavras e seus amigos. Com certeza isso aumentaria sua capacidade de intervir de maneira mais eficaz.

Pois o passado dos Bálcãs é atroz. E algumas imagens desagradáveis são, simplesmente, verdadeiras. Vesna Goldsworthy escreve em tom de censura sobre o que chama de "nova tendência ao orientalismo" dos anos 1990: "a ideia de que os Bálcãs não são verdadeiramente uma região 'europeia' na medida em que a brutalidade 'balcânica' seria impensável em qualquer outra parte da Europa no fim do século XX". Mas o fato é que guerras como essa são impensáveis na maior parte do resto da Europa. Isso não se dá porque o subcontinente é um lugar superior, ainda que certamente tenha tido uma história menos infeliz. Isso acontece porque a história da segunda metade do século xx assim quis.

Encaremos os fatos. As guerras verdadeiramente brutais da Europa no nosso século estiveram confinadas ao Leste e ao Sudeste da Europa. Nada na experiência americana, britânica, francesa, italiana ou mesmo espanhola pode se equiparar aos deslocamentos traumáticos, à violência sangrenta e ao puro e constante sadismo que marcaram as guerras civis nos e entre os Estados dos Bálcãs antes de 1914, entre 1941 e 1948, ou desde 1991. Apenas a guerra de extermínio empreendida pelos alemães na Polônia, nos países do Báltico e na Ucrânia é comparável, e há muito se transformou na nossa parábola moderna sobre o mal absoluto. Fingir que a história da Europa do Leste e do Sudeste se pareceria com a da Europa Ocidental não fosse pela insistência dos observadores ocidentais em "orientalizar" a região seria um erro deplorável. É claro que existem razões para que os conflitos nos Bálcãs tenham adquirido essa natureza terrível; mas terríveis eles são. Não há nada imaginado, inventado, representado, construído, apropriado ou orientalizado nessa avaliação. É um fato.

Este ensaio, uma resenha de *Inventing Ruritania: The Imperialism of Imagination*, de Vesna Goldsworthy, e *The Coasts of Bohemia: A Czech History*, de Derek Sayer, foi publicado pela primeira vez na *New Republic* em setembro de 1998.

PARTE DOIS

Israel, o Holocausto e os judeus

CAPÍTULO VI

O caminho para lugar nenhum

EM 1958, NO AUGE DA CRISE ARGELINA, COM OS ÁRABES COLOCANdo bombas nos cafés franceses em Argel, Paris tolerando tacitamente o emprego da tortura pelo exército de ocupação francês e coronéis das forças de paraquedistas exigindo liberdade de ação para pôr fim ao terrorismo, o filósofo francês Raymond Aron publicou um pequeno livro, *L'Algérie et la République*.[1] Lidando sumariamente com as alegações emotivas e históricas dos dois lados, Aron foi diretamente ao ponto, explicando em seu estilo caracteristicamente sereno por que os franceses precisavam deixar a Argélia. A França não dispunha nem da determinação nem dos meios, seja para impor o domínio francês aos árabes, seja para obter para eles uma posição de igualdade na França. Se os franceses permanecessem, isso faria apenas com que a situação se deteriorasse e eles acabariam inevitavelmente por abandonar o país em algum momento posterior — mas em condições piores e deixando um legado mais amargo. Os danos que a França estava infligindo aos argelinos eram menores do que o mal que a República estava fazendo a si mesma. Por mais impossível que parecesse a escolha, tratava-se, contudo, de algo muito simples: a França precisava sair.

Muitos anos depois, perguntaram a Aron por que ele nunca se envolvera com os temas controvertidos daquela época: tortura, terrorismo, a política francesa de promover, com o aval do Estado, assassinatos políticos, as aspirações nacionais árabes e a herança colonial dos franceses. Todos, ele retrucou, estavam falando sobre essas coisas; para que somar a tudo isso a minha voz? A questão não residia mais em analisar as origens da tragédia, nem em decidir a quem culpar por ela. A questão consistia em fazer o que devia ser feito.

Na cacofonia composta pelos comentários e acusações que rodopiam como uma espiral em torno da calamidade em curso no Oriente Médio, faz muita falta a gélida lucidez de Aron. Pois a solução para o conflito entre israelenses e palestinos está à vista de todos. Israel existe. Os palestinos e os outros árabes acabarão por aceitar isso; muitos já o aceitam. Os palestinos não podem ser eliminados do "Grande Israel", nem ser a ele integrados: se *fossem* expulsos para a Jordânia, esta acabaria por explodir, com consequências desastrosas para Israel. Os palestinos precisam de um Estado próprio e autêntico, e terão um. Os dois Estados terão seus limites definidos de acordo com o mapa traçado nas negociações de Taba, em janeiro de 2001, segundo o qual as fronteiras de 1967 seriam modificadas, mas quase todos os territórios ocupados ficariam sob controle palestino. Os assentamentos israelenses estão, por isso, fadados a desaparecer, e a maioria deles será desmantelada, como admitem, reservadamente, muitos israelenses.

Não haverá nenhum direito de retorno árabe; e é hora de abandonar o anacrônico retorno judeu. Jerusalém já se encontra em grande medida dividida segundo linhas étnicas e acabará se tornando a capital de ambos os Estados. Como esses dois Estados terão interesse em manter a estabilidade e compartilharão preocupações relativas à segurança, acabarão aprendendo a cooperar. Organizações com bases comunitárias, como o Hamas, se convidadas a se transformar de redes terroristas em partidos políticos, terminarão por seguir esse caminho. Há inúmeros precedentes nesse sentido.

Se é esse o futuro da região, por que está se revelando tão difícil chegar lá? Quatro anos após a publicação do ensaio de Aron, De Gaulle conseguiu extrair da Argélia seus compatriotas com relativa facilidade. Depois de cinquenta anos de repressão e exploração perversas, os brancos sul-africanos entregaram o poder à maioria negra, que os substituiu sem recorrer à violência ou à vingança. Será o Oriente Médio tão diferente assim? Do ponto de vista palestino, a analogia colonial é adequada e os precedentes estrangeiros podem ser invocados. Os israelenses, no entanto, insistem não ser esse o caso.

A maioria dos israelenses ainda se encontra aprisionada na história da sua própria singularidade. Para alguns, esta reside na presença em tempos primordiais de um antigo Estado judeu no território moderno de Israel. Para outros consiste num mandado divino concedido por Deus para que eles exerçam a posse das terras de Judeia e Samaria. Muitos ainda invocam o Holocausto e a noção de que este lhes dá o direito de impor sua vontade à comunidade internacional. Mesmo os que rejeitam todas essas alegações apontam para a geografia para defender essa singularidade. Somos tão vulneráveis, dizem eles, tão cercados de inimigos, que não podemos nos dar ao luxo de correr nenhum risco ou de cometer um único erro. Os franceses podiam se retirar para o Mediterrâneo; a África do Sul é um país muito grande. Não temos para onde ir. E, em última instância, atrás de cada recusa de Israel de encarar a inevitabilidade das escolhas difíceis existe a garantia implícita dos Estados Unidos.

O problema para o resto do mundo é que, desde 1967, Israel mudou de uma forma que torna absurda a tradicional descrição que o país faz de si mesmo. Ele é hoje uma potência regional colonial e, segundo algumas estimativas, a quarta maior força militar do mundo. Israel é um Estado, com todas as capacidades e símbolos que acompanham um Estado. Os palestinos são, em comparação, decididamente mais fracos. Ainda que os erros da liderança palestina tenham sido incomensuráveis e os crimes dos terroristas palestinos extremamente sanguinários, o fato é que Israel detém a iniciativa militar e política. A responsabilidade de sair do atual impasse recai, assim, prioritariamente (ainda que, como veremos, não exclusivamente) sobre Israel.

Mas os próprios israelenses se mostram cegos para esse fato. Aos seus próprios olhos, eles continuam sendo uma pequena comunidade que desempenha o papel de vítima, defendendo-se, de modo contido e relutante, diante de adversidades esmagadoras. Sua liderança política espantosamente incompetente desperdiçou trinta anos desde a vitória de junho de 1967. Durante esse período, os israelenses construíram assentamentos ilegais nos territórios ocupados e cultivaram uma carapaça constituída de cinismo: em relação aos palestinos, a quem consideram com desprezo, e em relação aos Estados Unidos, cuja posição anterior de não envolvimento benevolente eles têm manipulado abertamente.

Israel não representa nenhuma ameaça à Síria ou ao Hezbolah, no Líbano, à ala militar do Hamas ou a qualquer outra organização extremista. Ao contrário, essas há muito têm prosperado, estimuladas pelas previsíveis reações de Israel aos seus ataques. Porém o atual governo de Israel chegou bem perto de *efetivamente* destruir a Autoridade Palestina. Depois dos acontecimentos do último mês, os políticos palestinos que forem tolos o bastante para acreditar na palavra de Israel serão execrados como fantoches, e desse modo devidamente afastados. O Estado de Israel privou, em grande medida, a si mesmo de interlocutores palestinos que tenham alguma credibilidade.

Essa façanha se deve claramente a Ariel Sharon, o sombrio id de Israel. Conhecido entre soldados por sua incompetência estratégica — seu sucesso tático com um ousado avanço com tanques nunca foi acompanhado por alguma compreensão do quadro mais amplo —, Sharon revelou ser tão nocivo quanto muitos de nós tínhamos previsto. Ele repetiu (ou, no caso da expulsão de Arafat, tentou repetir) todos os erros da ocupação do Líbano em 1982, até os últimos detalhes de retórica. A obsessão de Sharon com Yasser Arafat nos traz à mente o inspetor Javert, de Victor Hugo, sua vida e sua carreira desperdiçadas de modo insano na destruição de Jean Valjean, ao custo de todas as medidas e de toda razão, incluindo a sua própria (a comparação literária é excessivamente lisonjeira, tanto para Sharon como para Arafat).

Nesse meio-tempo, ele — sozinho — fez com que o prestígio internacional de Arafat atingisse o mais alto nível em muitos anos. Se ele algum dia se livrar de Arafat, e os homens-bomba continuarem a chegar, como certamente acontecerá, o que Sharon fará? E o que fará quando jovens árabes do interior de Israel mesmo, inflamados pelo tratamento concedido por Israel a seus irmãos palestinos nas cidades ocupadas de Jenin ou Ramala, se apresentarem para missões suicidas? Vai mandar tanques para a Galileia? Colocar cercas eletrificadas em torno dos bairros árabes de Haifa?

Sharon e o establishment político israelense — para não mencionar a intelectualidade liberal do país, que, à maneira de Pilatos, lavou as mãos de qualquer responsabilidade — são os principais culpados pela crise atual, mas não são os únicos. Exatamente porque os israelenses partem do pressuposto de que contam com um cheque em branco de Washington, os Estados Unidos são, queiram ou não, responsáveis por tudo isso. Todos os esforços sérios ocorridos nos últimos trinta anos para chegar à paz no Oriente Médio, de Henry Kissinger a Bill Clinton, começaram sob o estímulo e a intervenção dos americanos. Por que, então, o governo Bush se manteve à parte por tanto tempo, despertando a ira internacional e prejudicando sua futura influência?

Por que o presidente americano continuou a se limitar, em fins de março e início de abril, à sugestão dissimulada de que "Arafat deveria fazer mais" para controlar os homens-bomba, enquanto o líder da Autoridade Palestina jazia preso num recinto de três aposentos, com apenas um celular à sua disposição? Por que, enquanto a atual crise ganhava corpo, um homem da inteligência e da sofisticação de Colin Powell aceitou docilmente a cínica exigência de Sharon de um período arbitrário de "absoluta calma" (exceto por esporádicos assassinatos cometidos por Israel) antes que quaisquer discussões políticas pudessem ter início? Por que os Estados Unidos assistiram impassíveis enquanto, como formulou o *New York Times* em 9 de abril, "mais de duzentos palestinos foram mortos e mais de 1500 feridos desde que tanques israelenses e helicópteros armados adentraram a Cisjordânia em 29 de março?". Por que, em resumo, os Estados Unidos voluntariamente se deixaram amarrar por uma coleira chamada "terrorismo", com a qual Sharon pode puxá-los para lá e para cá como bem entende?

A resposta, infelizmente, pode ser encontrada no Onze de Setembro. Até então, Bush se dava ao trabalho de advertir Israel contra "assassinatos seletivos", como fez em agosto passado. Mas, desde o Onze de Setembro, as meras palavras "terrorismo" e "terrorista" silenciaram qualquer debate racional sobre política externa. Bastou a Ariel Sharon declarar Yasser Arafat líder de uma "rede terrorista" para que Washington entrasse obedientemente na linha, apoiando qualquer ação militar que ele empreenda. Estamos mesmerizados pela nova retórica dessa "guerra ao terror": qualquer político que conseguir de modo convincente rotular seus críticos, internos ou externos, como terroristas contará no mínimo com a simpatia do governo americano, e geralmente com algo mais que isso.

A palavra "terrorista" corre o risco de se tornar o mantra de nossa época, como aconteceu com "comunista", "capitalista", "burguês" e outras antes dessas. Como elas, produz o efeito de calar qualquer discussão adicional. A palavra tem sua própria história: Hitler e Stálin caracteristicamente descreveram seus adversários como "terroristas". Terroristas, é claro, realmente existem, da mesma forma que existem burgueses reais e comunistas autênticos; o terror praticado contra civis é arma pela qual optam os mais fracos. O problema, porém, é que o termo "terrorista", como "Estado-pária", é um recurso retórico variável, que pode se voltar como um bumerangue contra aquele que o empregou: terroristas judeus estavam entre os fundadores do Estado de Israel, e pode estar mais perto do que se imagina o dia em que as Nações Unidas venham a declarar Israel um Estado-pária.

O primeiro estágio de qualquer solução no Oriente Médio, então, passa pela decisão dos Estados Unidos de abandonar essa obsessão retórica — prejudicial aos seus próprios interesses — com uma guerra contra o terrorismo, que colocou a política externa dos Estados Unidos no bolso de Ariel Sharon, e começarem a se comportar como a grande potência que são. Em vez de se deixar chantagear pelo premiê israelense para ficar em silêncio, Washington precisa exigir que ele e qualquer representante dos palestinos que tenha sobrevivido a suas atenções comecem a conversar. Há dois anos, talvez até mesmo há apenas um ano, poderia ter sido razoável exigir da Autoridade Palestina a interrupção de todos os atentados como uma condição para que essas negociações tivessem início. Porém, graças a Ariel Sharon, nenhum palestino disposto a negociar tem condições de satisfazer essa exigência. Portanto, é preciso promover as conversações e um acordo de paz, com ou sem atentados.

Os israelenses, é claro, irão se perguntar como podem conversar com homens coniventes com atentados suicidas dirigidos contra civis israelenses. Palestinos retrucarão que não têm nada a falar aos que dizem buscar uma paz permanente, mas construíram trinta novos assentamentos só no último ano. Ambos os lados têm motivos para nutrir desconfiança. Porém não há alternativa; ambos devem ser forçados a conversar.[2] E então serão obrigados a esquecer.

* * *

E há muito a ser esquecido. Os palestinos se lembram das expulsões em massa de 1948, das expropriações de terra, da exploração econômica, da colonização da Cisjordânia, dos assassinatos políticos e de centenas de mesquinhas humilhações diárias. Os israelenses se lembram da guerra de 1948, da recusa árabe a reconhecer seu Estado antes de 1967 e desde então, das reiteradas ameaças de empurrar os judeus para o mar e dos aterrorizadores massacres aleatórios de civis do ano passado.

Mas as memórias do Oriente Médio não são nem únicas nem mesmo distintas em sua escala. Durante duas décadas, o Exército Republicano Irlandês fuzilou civis protestantes nas portas de suas casas, na frente dos seus filhos. Atiradores protestantes revidaram da mesma forma. A violência continua, ainda que numa intensidade bem menor. Isso não impediu que protestantes moderados conversassem publicamente com seus correspondentes do IRA; Gerry Adams e Martin McGinnis são hoje aceitos como líderes políticos legítimos. Em outro lugar, menos de seis anos depois do massacre de 1944 na aldeia de Oradour, onde soldados da SS queimaram vivos setecentos homens, mulheres e crianças franceses, a França e a Alemanha se uniram para formar o núcleo de um novo projeto europeu.

Nas convulsões finais da Segunda Guerra, centenas de milhares de poloneses e ucranianos foram assassinados ou expulsos de seus respectivos territórios por seus vizinhos ucranianos e poloneses, num frenesi de violência intercomunal sem paralelo desde a Idade Média; no ritmo atual, seriam necessárias várias décadas para que judeus e árabes chegassem a um número comparável em termos de mortes. Contudo, poloneses e ucranianos, apesar de todas as suas memórias trágicas, vivem não apenas em paz, mas em meio a crescente colaboração e cooperação ao longo de uma fronteira pacífica.

Isso pode ser feito. No Oriente Médio de hoje, cada lado habita um conjunto de memórias e narrativas nacionais hermeticamente fechadas, nas quais a dor do outro lado é invisível e inaudível. Porém, argelinos e franceses, franceses e alemães, ucranianos e poloneses, e, especialmente, protestantes e católicos na Irlanda do Norte, todos eles passaram por isso. Não existe nenhum momento mágico em que essa muralha venha abaixo, porém a sequência de acontecimentos é clara: primeiro vem a solução política, geralmente imposta de fora e de cima, muitas vezes quando o ressentimento mútuo parece ter atingido o auge. Só então o esquecimento pode ter início.

O atual momento, com Ariel Sharon pronto a dar início a um longo ciclo de morte e destruição através da região, pode ser a undécima hora, como admitiu com atraso o presidente americano. Certamente é esse o caso para Israel. Muito antes que os árabes consigam sua terra e seu Estado, Israel já terá se desintegrado desde dentro. O medo de demonstrar solidariedade a Sharon, que já inibe muitos de visitar Israel, rapidamente se estenderá à comunidade internacional de um modo geral, transformando Israel num Estado-pária. Por mais mal que ele faça aos palestinos, os palestinos sobreviverão a Sharon. Já para Israel, as perspectivas são menos seguras. Aos olhos do resto do mundo, o Oriente Médio representa um risco agravado de uma guerra internacional e uma provável garantia de que a guerra ao terror declarada pelos Estados Unidos, não importa como seja descrita, estará fadada ao fracasso.[3]

Observadores bem-intencionados do Oriente Médio contemporâneo às vezes depositam sua fé no interesse racional das duas partes em disputa. Os palestinos, sugerem eles, se veriam numa situação tão melhor ao aceitar a hegemonia israelense em troca de prosperidade material e segurança pessoal, que cedo ou tarde logo abandonarão suas exigências de independência plena. Se é que existe um cálculo estratégico por trás dos tanques de Sharon, ele consiste no seguinte: se suficientemente encurralados, os árabes verão quanto têm a perder ao insistir em lutar, concordando, por isso, em aceitar a paz segundo os termos ditados por Israel.

Essa é, talvez, a mais perigosa de todas as ilusões coloniais. Resta pouca dúvida de que a maioria dos árabes argelinos estaria numa situação melhor sob o governo da França do que sob os regimes repressivos domésticos que vieram a substituí-lo. O mesmo pode ser dito a respeito dos cidadãos de muitos Estados pós-coloniais governados no passado por Londres. Porém a medida para aferir uma vida bem vivida não leva em conta apenas cálculos sobre renda, longevidade ou mesmo segurança. Como observou Aron, "significaria negar a experiência do nosso século supor que os homens sacrificarão suas paixões pelos seus interesses". É esse o motivo pelo qual, no tratamento de seus súditos árabes, os israelenses estão seguindo por um caminho que não leva a parte alguma. Não existe alternativa às negociações de paz e a um acordo definitivo. E se não for agora, quando?

Este ensaio foi publicado originalmente no *New York Review of Books* em maio de 2002.

Notas

1 Paris: Plon, 1958. Ver também seu *La Tragédie algérienne* (Paris: Plon, 1957).

2 O único impedimento real está no fato de que Ariel Sharon é declaradamente contrário a qualquer acordo de paz definitivo cujos termos sejam remotamente aceitáveis para qualquer um fora de Israel. Ele é incapaz de negociar de boa-fé. Os israelenses precisam encontrar alguém que possa fazer isso.

3 Analistas e funcionários americanos se apressam em negar qualquer vínculo entre o sentimento antiamericano e o conflito entre israelenses e palestinos. Mas, para qualquer outra pessoa no resto do mundo, a relação é sombriamente óbvia.

CAPÍTULO VII

Israel: a alternativa

O PROCESSO DE PAZ DO ORIENTE MÉDIO ACABOU. NÃO MORREU: foi assassinado. Mahmoud Abbas foi sabotado pelo presidente da Autoridade Palestina e humilhado pelo primeiro-ministro de Israel. Seu sucessor terá um fim semelhante. Israel continua a debochar de seu protetor americano, construindo assentamentos ilegais, desrespeitando da forma mais cínica o "mapa do caminho". O presidente dos Estados Unidos da América se viu reduzido ao papel de boneco de ventríloquo, recitando do modo mais lamentável a fala do governo israelense: "É tudo culpa de Arafat". Os próprios israelenses esperam sombriamente pelo próximo homem-bomba. Os árabes israelenses, encurralados em Bandustões cada vez mais exíguos, sobrevivem graças às doações dos Estados Unidos. Na paisagem coalhada de corpos do Crescente Fértil, Ariel Sharon, Yasser Arafat e um punhado de terroristas podem todos se declarar vitoriosos, e o fazem. Chegamos ao fim do caminho? O que fazer?

Ao alvorecer do século XX, no ocaso dos impérios continentais, os povos não independentes da Europa sonharam em formar "Estados-nação", territórios que constituíssem um lar onde poloneses, checos, sérvios, armênios e outros pudessem viver livremente, donos do seu próprio destino. Quando os impérios dos Habsburgo e dos Romanov desmoronaram, após a Primeira Guerra Mundial, seus líderes aproveitaram a oportunidade. Uma leva de novos Estados veio à luz; e a primeira coisa que fizeram foi estabelecer privilégios para sua maioria nacional, "étnica" — definida por linguagem, religião, antiguidade ou todas as três — em detrimento de inconvenientes minorias locais, que foram confinadas a um status de segunda classe: residentes condenados a ser para sempre estrangeiros em sua própria terra.

Porém um dos movimentos nacionalistas, o sionismo, se viu frustrado em suas ambições. O sonho de um lar nacional judeu apropriadamente situado no meio do finado Império Turco teve de ser adiado até a retirada do Império Britânico: um processo que exigiu mais três décadas e uma Segunda Guerra Mundial. Assim, foi apenas em 1948 que um Estado nacional judeu veio a ser fundado na antiga Palestina otomana. Contudo, os fundadores do Estado judeu tinham sido influenciados pelos mesmos conceitos e categorias que seus contemporâneos do fim do século em Varsóvia, Odessa, ou Bucareste; não é de surpreender que a autodefinição étnico-religiosa de Israel, e sua discriminação contra "forasteiros" internos, sempre tenha tido mais em comum com, digamos, as práticas de uma Romênia pós-Habsburgo do que qualquer das partes gostaria de admitir.

O problema de Israel, em síntese, não é — como às vezes é sugerido — que ele é um "enclave" europeu no mundo árabe, mas sim que chegou muito tarde. Importou um projeto separatista típico do fim do século XIX para um mundo que seguiu em frente, um mundo de direitos individuais, de fronteiras abertas e do direito internacional. A ideia em si de um "Estado judeu" — um Estado no qual os judeus e a religião judaica detenham privilégios exclusivos dos quais estejam para sempre excluídos os cidadãos não judeus — tem suas raízes em outra época e em outro lugar. Israel é, em síntese, um anacronismo.

Entretanto, com relação a uma característica crucial, Israel é bastante diferente dos inseguros e defensivos microestados anteriores nascidos do colapso imperial: é uma democracia. Daí seu dilema atual. Graças à ocupação que promoveu nas terras conquistadas em 1967, Israel se vê hoje diante de três alternativas nada atraentes. Pode desmantelar os assentamentos judeus nos territórios, recuar para as fronteiras vigentes em 1967, no interior das quais os judeus constituem uma clara maioria, permanecendo dessa forma tanto um Estado judeu como uma democracia, ainda que com uma comunidade constitucionalmente anômala de cidadãos árabes de segunda classe.

A outra alternativa que restaria a Israel seria continuar a ocupar "Samaria", "Judeia" e Gaza, cuja população árabe — somada à existente hoje em Israel — se tornaria uma maioria demográfica dentro de cinco a oito anos: nesse caso Israel ou será um Estado judeu (com uma maioria cada vez mais significativa de cidadãos não judeus desprovidos de direitos civis), ou será uma democracia. Mas, por uma questão de lógica, não poderá ser as duas coisas.

Ou Israel pode ainda conservar o controle sobre os Territórios Ocupados, mas se livrar da maioria esmagadora da população árabe: seja pela expulsão à força, seja privando-a de terras e de meios de subsistência, não lhe deixando opção a não ser o exílio. Dessa maneira Israel poderia realmente continuar sendo tanto um Estado judeu como, pelo menos formalmente, uma democracia: porém ao custo de se tornar a primeira democracia moderna a empreender uma limpeza étnica em grande escala como um projeto estatal, algo que o condenaria para sempre ao status de um Estado fora da lei, um pária internacional.

Quem quer que julgue impensável essa terceira opção, acima de tudo para um Estado judeu, não tem assistido ao constante aumento do número de assentamentos e de novos confiscos de terra na Cisjordânia ao longo do último quarto de século, ou não tem ouvido os generais e políticos da direita israelense, alguns deles atualmente ocupando cargos no governo. No espectro político israelense, o centro é hoje ocupado pelo Likud. Seu maior componente é o Partido Herut, do falecido Menachem Begin. O Herut é o sucessor dos Sionistas Revisionistas, de Vladimir Jabotinsky, da época do entreguerras, cuja completa indiferença a sutilezas legais e territoriais mereceu dos sionistas de esquerda no passado a acusação de "fascista". Quando escutamos o vice-primeiro-ministro israelense Ehud Olmert insistir orgulhosamente que seu país não excluiu a opção de assassinar o presidente eleito da Autoridade Palestina, fica claro que o rótulo permanece mais adequado do que nunca. Assassinatos políticos são algo que fascistas fazem.

* * *

A situação em Israel não é desesperadora, mas pode estar perto de chegar ao ponto em que não haverá mais nenhuma esperança. Homens-bomba suicidas jamais destruirão o Estado israelense, e os palestinos não dispõem de outras armas. Há realmente radicais árabes que não descansarão enquanto cada judeu não for empurrado para o Mediterrâneo, mas eles não representam uma ameaça estratégica a Israel, e os militares israelenses sabem disso. O que os israelenses sensatos temem muito mais do que o Hamas ou a Brigada al-Aqsa é a emergência constante de uma maioria árabe no "Grande Israel" e acima de tudo a erosão da cultura política e cívica da sua sociedade. Como escreveu recentemente o destacado político trabalhista Avraham Burg, "depois de 2 mil anos de luta pela sobrevivência, a realidade de Israel é a de um Estado colonial, governado por um pequeno grupo corrupto, que despreza e debocha da lei e da moralidade cívica".[1] A menos que algo mude, Israel, dentro de meia década, não será nem judeu nem democrático.

É aqui que os Estados Unidos entram em cena. O comportamento de Israel tem sido um desastre para a política externa americana. Com o apoio americano, Jerusalém tem repetida e flagrantemente desprezado as resoluções da ONU que exigem sua retirada dos territórios conquistados na guerra. Israel é o único Estado do Oriente Médio que reconhecidamente possui armas de destruição em massa genuínas e letais. Ao fingirem não enxergar isso, os Estados Unidos efetivamente solaparam os próprios esforços para evitar que essas armas caiam em mãos de outros Estados pequenos e potencialmente beligerantes. O apoio incondicional de Washington a Israel, mesmo a despeito de seus receios (sobre os quais prefere calar), é o principal motivo pelo qual o resto do mundo não mais acredita na nossa boa-fé.

É algo tacitamente admitido por aqueles capazes de saber isto que as razões para os Estados Unidos declararem guerra ao Iraque não foram necessariamente aquelas anunciadas na época.[2] Para muitos no atual governo americano, uma consideração estratégica vital era a necessidade de desestabilizar e então reconfigurar o Oriente Médio de uma maneira, acreditava-se, que favorecesse Israel. Essa história continua. No momento estamos produzindo ruídos beligerantes dirigidos à Síria porque a inteligência israelense nos assegurou que armas iraquianas foram deslocadas para lá —

uma alegação para a qual não existem indícios avalizados por nenhuma outra fonte. A Síria apoia o Hezbollah e a Jihad Islâmica: inimigos jurados de Israel, com certeza, mas dificilmente uma ameaça significativa no plano internacional. Contudo, Damasco tem até agora abastecido os Estados Unidos com informações vitais sobre a Al-Qaeda. Como o Irã, outro antigo alvo da ira israelense do qual temos nos empenhado em nos afastar, a Síria é mais útil aos Estados Unidos como amiga do que como inimiga. Qual é a guerra que estamos lutando?

Em 16 de setembro de 2003, os Estados Unidos vetaram uma resolução do Conselho de Segurança da ONU pedindo que Israel desistisse de ameaçar Yasser Arafat com a deportação. Ainda que funcionários americanos admitam, reservadamente, que a resolução era sensata e prudente e que os pronunciamentos crescentemente delirantes da atual liderança de Israel, ao restaurar a estatura de Arafat no mundo árabe, são um importante obstáculo para a paz. Mas mesmo assim os Estados Unidos bloquearam a resolução, minando ainda mais nossa credibilidade como um mediador sincero na região. Os amigos e aliados dos Estados Unidos ao redor do mundo não mais se surpreendem com essas ações, mas mesmo assim elas os deixam desalentados e decepcionados.

Os políticos israelenses vêm há muitos anos contribuindo para as suas próprias dificuldades; por que continuamos a ajudá-los e a ser cúmplices deles? De maneira hesitante no passado, os Estados Unidos tentaram pressionar Israel, ameaçando reter parte da ajuda anual em dinheiro que acaba servindo de subsídio para os colonos na Cisjordânia. Porém da última vez que isso foi tentado, durante o governo Clinton, Jerusalém contornou o problema captando o dinheiro como "gastos de segurança". Washington deu sequência a esse subterfúgio, e dos 10 bilhões de dólares de ajuda americana concedidos ao longo de quatro anos, entre 1993 e 1997, menos de 775 milhões foram retidos. O programa de assentamentos foi adiante sem encontrar pela frente nenhum impedimento. Agora nem sequer tentamos fazê-lo parar.

Essa relutância em falar ou agir não traz nenhum benefício a ninguém. Também acabou por corroer o debate interno em curso nos Estados Unidos. Em vez de pensar objetivamente a respeito do Oriente Médio, políticos e analistas americanos difamam nossos aliados europeus quando discordam de nós, falam de modo eloquente e irresponsável sobre o renascimento do antissemitismo na Europa quando Israel é criticado e repreendem em tom de censura qualquer figura pública entre nós que tente romper esse consenso.

Porém a crise no Oriente Médio não irá embora. O presidente Bush provavelmente brilhará pela sua ausência nessa disputa durante o ano que vem, tendo dito apenas o mínimo suficiente sobre o "mapa do caminho" para contentar Tony Blair. Contudo, cedo ou tarde um estadista americano terá de dizer a verdade a um primeiro-ministro israelense e encontrar uma maneira de fazê-lo ouvir. Durante duas décadas, liberais israelenses e palestinos moderados têm insistido que a única esperança seria que Israel retirasse quase todos os assentamentos e voltasse às suas fronteiras de 1967, em troca de um verdadeiro reconhecimento árabe dessas fronteiras e de um Estado palestino estável, livre de terroristas, avalizado (e contido) por agências ocidentais e internacionais. Esse ainda é o consenso convencional e foi, em algum momento, uma solução possível e justa.

Mas suspeito que seja muito tarde para isso. Já existem assentamentos demais, colonos judeus demais e palestinos demais, e todos eles vivem juntos, ainda que separados por arames farpados e por leis que restringem os movimentos. Seja lá o que diga o "mapa do caminho", o verdadeiro mapa é aquele da realidade concreta, e essa, como dizem os israelenses, reflete os fatos. Pode ser que um quarto de milhão de colonos judeus, fortemente armados e subsidiados, deixem a Palestina árabe voluntariamente; mas ninguém que eu conheça acredita que isso acontecerá. Muitos desses colonos preferirão morrer — e matar — a sair de lá. O último político israelense a atirar em judeus para realizar uma política de Estado foi David Ben-Gurion, que em 1948 desarmou à força a milícia ilegal Irgun, de Begin, e integrou-a nas então recém-criadas Forças de Defesa de Israel. Ariel Sharon não é Ben-Gurion.[3]

É chegada a hora de pensar o impensável. A solução envolvendo dois Estados — o cerne mesmo do processo de Oslo e do atual "mapa do caminho" — provavelmente já está condenada. A cada ano que passa estamos adiando a difícil e incontornável escolha que até agora apenas a extrema direita e a extrema esquerda reconheceram, cada uma delas por suas próprias razões. A verdadeira alternativa que deverá ser enfrentada pelo Oriente Médio nos próximos anos será aquela entre um Grande Israel etnicamente limpo e um único Estado binacional e integrado, que reúna judeus e árabes, israelenses e palestinos. É assim, na verdade, que os políticos linha-dura do gabinete de Sharon enxergam a escolha a ser feita; e é por isso que eles preveem a remoção dos árabes como uma condição incontornável para a sobrevivência de um Estado judeu.

Mas e se não houvesse lugar no mundo de hoje para um "Estado judeu"? E se a solução binacional fosse não apenas cada vez mais provável, mas realmente um desfecho desejável? Não é um pensamento assim tão estranho. A maioria dos leitores deste ensaio vive em Estados pluralistas que há muito já se tornaram multiétnicos e multiculturais. A "Europa cristã", que me perdoe M. Giscard d'Estaign, é coisa do passado; a civilização ocidental é hoje uma colcha de retalhos de cores, religiões e linguagens, composta de cristãos, judeus, muçulmanos, árabes, indianos e muitos outros — como reconhecerá qualquer pessoa que visite Londres, Paris ou Genebra.[4]

Israel mesmo já é uma sociedade multicultural em todos os aspectos, ainda que não nominalmente; contudo, o país se distingue entre os Estados democráticos no recurso ao critério étnico-religioso com o qual denomina e classifica seus cidadãos. É algo que destoa das nações modernas, não — como seus defensores mais paranoicos afirmam — por ser um Estado *judeu* e ninguém querer que judeus tenham um Estado, mas sim porque é um *Estado* judeu no qual uma comunidade — os judeus — é colocada acima das outras, numa era em que não há lugar para esse tipo de Estado.

Por muitos anos Israel teve um significado especial para o povo judeu. Depois de 1948 o país recebeu centenas de milhares de sobreviventes indefesos que não tinham outro lugar para ir; sem Israel sua situação teria se tornado realmente desesperadora. Israel precisava dos judeus, e os judeus precisavam de Israel. As circunstâncias do seu nascimento estão, assim, inextricavelmente ligadas ao *Shoah*, o projeto alemão para exterminar os judeus na Europa. Em consequência disso, qualquer crítica a Israel é arrastada inevitavelmente de volta à memória desse projeto, algo que os defensores apaixonados de Israel não hesitam em explorar abertamente. Encontrar algum defeito no Estado judeu significa nutrir pensamentos maldosos a respeito dos judeus; até mesmo imaginar uma configuração alternativa no Oriente Médio representa incorrer em algo moralmente equivalente ao genocídio.

Nos anos que se seguiram à Segunda Guerra Mundial, aqueles muitos milhões de judeus que não vivem em Israel sentiam-se muitas vezes confortados pela sua mera existência — fosse porque pensavam nele como uma apólice de seguro contra o ressurgimento do antissemitismo, fosse simplesmente por ele ser um lembrete para o mundo de que os judeus poderiam lutar e lutariam para se defender. Antes que existisse um Estado judeu, as minorias judaicas nas sociedades cristãs costumavam olhar apreensivas por cima do próprio ombro e conservar a maior discrição possível; desde 1948, elas puderam andar de rosto erguido. Contudo, nos últimos anos, a situação sofreu uma reversão trágica.

Hoje, os judeus não israelenses se sentem mais uma vez expostos a críticas e vulneráveis a ataques por coisas que eles não fizeram. Mas desta vez é um Estado judeu, não um cristão, que os está mantendo como reféns para as suas próprias ações. Os judeus da diáspora não podem influenciar as políticas adotadas por Israel, mas são implicitamente associados a elas, e um dos principais motivos para isso é a insistência do próprio Estado de Israel em exigir sua lealdade. O comportamento de um Estado que descreve a si mesmo como judeu afeta a maneira como todos os outros olham para os judeus. A incidência crescente de ataques a judeus na Europa e em outros lugares pode ser atribuída principalmente aos esforços equivocados, muitas vezes por parte de jovens muçulmanos, de reagir contra Israel. A verdade deprimente é que o atual comportamento de Israel não é apenas prejudicial aos Estados Unidos, o que sem dúvida é o caso. A triste verdade é que Israel hoje é prejudicial aos judeus.

Num mundo onde nações e povos cada vez mais se misturam e promovem livremente casamentos interétnicos; onde os empecilhos culturais e nacionais à comunicação praticamente caíram por terra; onde um número cada vez maior de nós dispõe de múltiplas identidades eletivas e se sentiria tolhido se tivesse de responder por apenas uma delas; num mundo como esse, Israel é verdadeiramente um anacronismo. E não apenas um anacronismo, mas um que é também disfuncional. No "choque de culturas" dos dias atuais, entre democracias pluralistas e Estados étnicos guiados pela fé e agressivamente intolerantes, Israel corre efetivamente o risco de se encontrar no campo errado.

Converter Israel de um Estado judeu num Estado binacional não seria uma tarefa fácil, ainda que não tão impossível quanto parece à primeira vista: na prática, o processo já começou. Mas provocaria uma ruptura muito menor para a maioria dos judeus e árabes do que afirmam os inimigos dessa proposta, sejam religiosos ou nacionalistas. Em qualquer caso, ninguém que eu conheça tem uma ideia melhor: quem acredita sinceramente que a cerca eletrificada em construção no momento resolverá o problema não prestou atenção nos últimos cinquenta anos de história. A "cerca" — na realidade uma zona protegida por poços, cercas, sensores, estradas empoeiradas (para captar vestígios de pegadas) e um muro, em certos trechos, de 8,5 metros de altura — ocupa, divide e rouba terras cultiváveis dos árabes; ela destruirá aldeias, meios de subsistência e o que tiver restado de qualquer comunidade árabe-judaica. Custa aproximadamente 1 milhão de dólares por cada 1,5 quilômetro e não trará nada além de humilhações e aflições para ambos os lados. A exemplo do Muro de Berlim, confirma a bancarrota moral e institucional do regime que pretende proteger.

Um Estado binacional no Oriente Médio exigiria uma liderança americana corajosa e incansavelmente engajada nesse esforço. A segurança tanto de judeus como de árabes precisaria ser garantida por uma força internacional — mas um Estado binacional legitimamente constituído viria a descobrir que é muito mais fácil vigiar militantes de todos os tipos dentro das suas fronteiras do que quando estão livres para se infiltrar a partir de fora e podem recorrer a uma comunidade raivosa e excluída dos dois lados da fronteira.[5] Um Estado binacional no Oriente Médio exigiria o surgimento, tanto entre árabes como entre judeus, de uma nova classe política. A ideia em si é uma pouco promissora combinação de realismo e utopia, dificilmente um ponto auspicioso para dar início a alguma coisa. Mas a alternativa é muito, muito pior.

Este ensaio foi publicado originalmente no *New York Review of Books* em outubro de 2003.

NOTAS

1 Ver o ensaio de Burg "La Révolution sioniste est morte", *Le Monde*, 11 de setembro de 2003. Ex-diretor da Agência Judaica, o autor presidiu o Knesset, o Parlamento israelense, entre 1999 e 2003, e é atualmente membro do Partido Trabalhista. Seu ensaio foi publicado originalmente no diário israelense *Yediot Aharonot*, tendo sido republicado em muitos outros órgãos, entre eles o *Forward* (29/8/2003) e o *Guardian*, de Londres (5/11/2003).

2 Ver a entrevista do vice-secretário de Defesa Paul Wolfowitz na edição de julho de 2003 de *Vanity Fair*.

3 Em 1979, depois do acordo de paz com Anwar Sadat, o primeiro-ministro Begin e o ministro da Defesa Sharon realmente instruíram o exército a desmontar os assentamentos judeus em território que pertencia ao Egito. A resistência raivosa de alguns dos colonos foi vencida pela força, ainda que ninguém tenha morrido. Mas na ocasião o exército estava enfrentando 3 mil extremistas, não um quarto de milhão, e a terra em questão era o deserto do Sinai, não "a Samaria e a Judeia bíblicas".

4 Albaneses na Itália, árabes e norte-africanos na França, asiáticos na Inglaterra continuarão todos a contar com hospitalidade. Uma minoria de eleitores na França, na Bélgica ou mesmo na Dinamarca e na Noruega apoia partidos políticos que têm na hostilidade à "imigração" sua única plataforma. Mas, comparada ao que acontecia há trinta anos, a Europa é hoje uma colcha de retalhos multicolorida formada por cidadãos iguais, e essa, sem dúvida, é a forma que assumirá seu futuro.

5 Como observa Burg, as políticas em vigor em Israel são as melhores ferramentas para recrutar terroristas: "Somos indiferentes ao destino das crianças palestinas, famintas e humilhadas; então por que ficamos surpresos quando eles nos explodem em nossos restaurantes? Mesmo que matássemos mil terroristas por dia, isso não mudaria nada". Ver Burg, "La Révolution sioniste est morte".

CAPÍTULO VIII

Um lobby, não uma conspiração

NA SUA EDIÇÃO DE 23 DE MARÇO DE 2006, O *LONDON REVIEW OF Books*, uma respeitada publicação britânica, divulgou um ensaio intitulado "O lobby de Israel". Os autores são dois prestigiados professores americanos (Stephen Walt, de Harvard, e John Mearsheimer, da Universidade de Chicago), que postaram uma versão mais extensa do seu texto no site da Kennedy School, de Harvard.

Como eles já deviam ter previsto, o ensaio se viu no centro de uma verdadeira tempestade de insultos e refutações. Críticos acusaram de questionáveis seus padrões acadêmicos e afirmaram que suas afirmações, nas palavras do colunista Christopher Hitchens, exalavam um cheiro "sutil, mas inconfundível". O cheiro, em questão, é claro, é o de antissemitismo.

Essa resposta, em grande medida histérica, é lamentável. A despeito de seu título provocativo, o ensaio extrai suas informações de uma ampla variedade de fontes convencionais e, em sua maior parte, não é animado por um tom destinado a provocar controvérsia. Mas faz duas claras e importantes afirmações. A primeira é que o apoio acrítico concedido a Israel ao longo de décadas não tem servido aos melhores interesses dos Estados Unidos. Essa é uma avaliação que pode ser discutida com base nos seus méritos. A segunda afirmação dos autores é a mais polêmica: as escolhas da política externa americana, escrevem eles, vêm sendo há anos distorcidas por um grupo de pressão interna, o "lobby de Israel".

Ao explicar as ações dos Estados Unidos no exterior, alguns prefeririam apontar um dedo acusando o "lobby da energia", que atua no interior do país. Outros poderiam culpar a influência do idealismo wilsoniano ou as práticas imperiais herdadas do período da Guerra Fria. Mas que existe um poderoso lobby de Israel é algo que dificilmente poderia ser negado por qualquer um que conheça o modo como Washington funciona. Seu núcleo é o Comitê Americano-Israelense de Assuntos Públicos e na sua periferia atuam várias outras organizações nacionais judaicas.

O lobby de Israel afeta realmente nossas escolhas em matéria de política externa? É claro — esse é um de seus objetivos. E tem feito isso com bastante sucesso: Israel é o maior captador de ajuda externa dos Estados Unidos, e as reações americanas ao comportamento israelense têm sido, na maioria esmagadora das vezes, acríticas ou de total apoio.

Mas a pressão para apoiar Israel distorce as decisões americanas? Essa é uma questão a ser ponderada. Importantes líderes israelenses e seus aliados americanos fizeram forte pressão para que o Iraque fosse invadido; porém os Estados Unidos provavelmente estariam no Iraque hoje, mesmo que não tivesse existido um lobby de Israel. Nas palavras de Mearsheimer-Walt, Israel constitui realmente "uma desvantagem na guerra ao terror e no esforço mais amplo para lidar com os Estados párias?". Penso que sim; mas acredito também que esse é um tema aberto a um debate legítimo.

O ensaio e os temas relacionados à política externa americana por ele levantados têm sido dissecados e discutidos exaustivamente fora dos Estados Unidos. Nos Estados Unidos, contudo, a história tem sido diferente: silêncio absoluto por parte da mídia convencional. Por quê? Há várias explicações plausíveis. Uma é que um obscuro texto acadêmico não apresenta grande interesse para o público geral. Outro motivo é que afirmações a respeito de uma influência desproporcional exercida pelos judeus sobre o debate público estão longe de ser um argumento original — e o debate sobre elas inevitavelmente atrai o interesse dos que ocupam posições extremas no espectro político. E há também a visão segundo a qual Washington está de qualquer jeito saturada de "lobbies" desse tipo, pressionando os que tomam decisões políticas e distorcendo suas escolhas.

Cada uma dessas considerações seria um motivo razoável para explicar a indiferença inicial demonstrada pela grande imprensa a respeito do ensaio de Mearsheimer-Walt. Mas isso não explica de modo convincente o contínuo silêncio, mesmo após o tempestuoso debate que o artigo despertou na academia, no interior da comunidade judaica, em revistas e sites especializados e no resto do mundo. Acredito que haja aqui outro elemento em ação: medo. Medo de vir a legitimar conversas sobre uma "conspiração judaica"; medo de ser considerado anti-Israel; e, finalmente, medo de avalizar a manifestação de posições antissemitas.

O que resulta de tudo isso no final — a incapacidade de refletir sobre um tema importante da política — é algo a ser lamentado. E daí, vocês podem perguntar, qual a importância de os europeus debaterem esse tema com tanto entusiasmo? A Europa, afinal, não é um viveiro de antissionistas (leia-se antissemitas) que jamais perderão uma oportunidade de atacar Israel e seu aliado americano? Mas foi David Aaronovitch, um colunista do *Times* de Londres, que, ao criticar Mearsheimer e Walt, reconheceu, no entanto, "simpatizar com o seu esforço para restaurar o equilíbrio, já que os Estados Unidos têm fracassado completamente em compreender a difícil situação dos palestinos".

E foi o jornalista alemão Christoph Bertram, amigo de longa data dos Estados Unidos num país em que toda figura pública recorre a um cuidado extraordinário e costuma pisar em ovos nesses assuntos, que escreveu no *Die Zeit* que "é difícil encontrar estudiosos que mostrem vontade e coragem de quebrar tabus".

Como explicar o fato de que é no interior mesmo de Israel que as incômodas questões discutidas pelos professores Mearsheimer e Walt têm sido mais debatidas? Foi um colunista israelense no diário liberal *Haaretz* que descreveu os assessores de política externa americanos Richard Perle e Douglas Feith como "caminhando sobre uma linha tênue entre sua lealdade aos governos americanos [...] e os interesses israelenses". Foi o *Jerusalem Post*, jornal de impecáveis credenciais conservadoras, que descreveu Paul Wolfowitz, o vice-secretário de Defesa, como "devotadamente pró-Israel". Deveremos acusar também os israelenses de "antissionismo"?

O dano provocado pelo medo que os Estados Unidos têm do antissemitismo ao discutir Israel se desdobra em três planos. É ruim para os judeus: o antissemitismo é uma realidade (conheço alguma coisa a respeito, tendo crescido como um judeu na Grã-Bretanha dos anos 1950), mas justamente por essa razão não deve ser confundido com críticas às posições políticas de Israel e de seus partidários americanos. É ruim para Israel: ao garantir apoio incondicional, os americanos encorajam Israel a agir sem medir as consequências. O jornalista israelense Tom Segev descreveu o ensaio de Mearsheimer-Wal como "arrogante", mas também admitiu com certa relutância: "Eles têm razão. Se os Estados Unidos tivessem salvado Israel de si mesmo, a vida hoje seria melhor [...] o lobby israelense nos Estados Unidos prejudica os verdadeiros interesses de Israel".

Porém, acima de tudo, a autocensura é ruim para os próprios Estados Unidos. Os americanos estão se privando de participar de uma animada discussão internacional. Daniel Levy (que já representou Israel em negociações de paz) escreveu no *Haaretz* que o ensaio de Mearsheimer-Walt deveria servir de alerta, sendo uma advertência sobre quão prejudicial é o lobby de Israel para as duas nações. Mas eu iria ainda além. Acredito que esse ensaio, escrito por dois cientistas políticos "realistas", que não demonstram interesse algum pelos palestinos, é o prenúncio de uma mudança, de uma tendência.

Ao lançarmos um olhar para trás, podemos ver a Guerra do Iraque e suas catastróficas consequências não como o começo de uma nova era de democracia no Oriente Médio, mas sim como o fim de uma era que teve início com a guerra de 1967, um período no qual o alinhamento dos Estados Unidos com Israel foi ditado por dois imperativos: cálculos estratégicos típicos da Guerra Fria e uma recém-descoberta sensibilidade interna ao Holocausto e à dívida em relação às vítimas e aos sobreviventes.

Pois os termos desse debate estratégico estão mudando. A Ásia do Leste cresce em importância dia a dia. Enquanto isso, nosso canhestro fracasso em tentar reconfigurar o Oriente Médio — e suas consequências duradouras para os que lá vivem — está exposto a uma avaliação crítica severa. A influência americana nessa parte do mundo reside agora quase exclusivamente no nosso poder de fazer a guerra: o que significa, afinal, que não exercemos influência alguma. Acima de tudo, talvez, o Holocausto está se deslocando para além da memória viva. Aos olhos de um mundo que tudo observa, o fato de a bisavó de um soldado israelense ter morrido em Treblinka não vai redimi-lo de nenhuma conduta condenável.

Portanto, não parecerá óbvia para uma futura geração de americanos a razão pela qual o poder imperial e a reputação internacional dos Estados Unidos se encontram tão intimamente associadas a um pequeno e controvertido Estado mediterrânico aliado seu. Já não parece tão óbvio para europeus, latino-americanos, africanos ou asiáticos. Por que, perguntam eles, os Estados Unidos optaram por afrouxar seus laços com o resto da comunidade internacional em relação a esse tema? Os americanos podem não gostar das implicações suscitadas por essa pergunta. Mas ela carrega um sentido de urgência. Está diretamente ligada à nossa posição e à nossa influência, e nada tem a ver com antissemitismo. Não podemos ignorar isso.

Essa reação à publicação de "The Israel Lobby", de John Mearsheimer e Stephen Walt, no *London Review of Books*, apareceu pela primeira vez no *New York Times* em abril de 2006.

CAPÍTULO IX

O "problema do mal" na Europa do pós-guerra

A PRIMEIRA OBRA DE HANNAH ARENDT QUE LI, AOS DEZESSEIS ANOS, foi *Eichmann em Jerusalém: Um relato sobre a banalidade do mal.* Esse continua a ser, na minha visão, o mais emblemático dos textos de Arendt. Não é seu livro mais filosófico. Nele, nem sempre ela acerta; e, decididamente, ele *não é* seu texto mais popular. Eu mesmo não gostei do livro quando o li pela primeira vez — eu era um ardoroso sionista-socialista, e as conclusões de Arendt me deixaram profundamente abalado. Porém, passados todos esses anos, acabei por compreender que *Eichmann em Jerusalém* representa Hannah Arendt na sua melhor forma: atacando de frente um tema penoso; divergindo do senso comum oficial; provocando discussões não apenas entre seus críticos, mas também — e especialmente — entre seus amigos; e, acima de tudo, *perturbando a cômoda paz das opiniões preconcebidas.* É em memória dessa Arendt, a "perturbadora da paz", que quero oferecer algumas reflexões a respeito de um tema com o qual, mais do que qualquer outro, ela mostrou se preocupar em seus escritos políticos.

Em 1945, num de seus primeiros ensaios depois do fim da guerra na Europa, Hannah Arendt escreveu que "o problema do mal será a questão fundamental da vida intelectual do pós-guerra na Europa — da mesma forma que a morte tornou-se o problema fundamental depois da última guerra".[1] Num sentido ela estava, é claro, absolutamente certa. Depois da Primeira Guerra, os europeus estavam traumatizados pela memória da morte: acima de tudo a morte no campo de batalha, numa escala até então inimaginável. A poesia, a ficção, o cinema e a arte da Europa do período entreguerras estavam impregnados por imagens de violência e de morte, geralmente críticas, porém às vezes tingidas de nostalgia (como nas páginas dos escritos de Ernst Jünger ou Pierre Drieu La Rochelle). E, é claro, a violência armada da Primeira Guerra acabou por contaminar a vida civil na Europa entre os dois conflitos mundiais de muitas formas: esquadrões paramilitares, assassinatos políticos, golpes de Estado, guerras civis e revoluções.

Depois da Segunda Guerra, contudo, o culto à violência desapareceu quase completamente da vida europeia. Durante esse conflito, a violência esteve dirigida não apenas contra os soldados, mas acima de tudo contra civis (uma grande parte das mortes ocorridas durante a Segunda Guerra ocorreu não em batalhas, mas sob a égide da ocupação, da limpeza étnica e do genocídio). E a absoluta exaustão de todas as nações europeias — tanto das vencedoras como das perdedoras — deixou poucas ilusões a propósito da glória do ato de lutar ou da honra associada à morte. O que realmente *ficou*, é claro, foi uma ampla familiaridade com o crime e com a brutalidade numa escala sem precedentes. A questão de saber como seres humanos poderiam fazer isso uns aos outros — e, sobretudo, a questão de como e por que um povo europeu (os alemães) pôde pretender exterminar outro (os judeus) — obviamente acabaria, para uma observadora atenta como Arendt, se tornando a questão que o continente viria a encarar obsessivamente. Era isso que ela entendia por "o problema do mal".

Num sentido, então, Arendt estava — é claro — certa. Porém, como tantas vezes acontece, foi preciso muito tempo para que as outras pessoas compreendessem o que ela queria dizer. É verdade que, no período que se seguiu à derrota de Hitler e aos julgamentos de Nuremberg, advogados e legisladores dedicaram muita atenção ao tema dos "crimes contra a humanidade" e à definição de um novo crime — "genocídio" — que até então nem contava com um nome. Mas, enquanto os tribunais estavam definindo os crimes monstruosos que tinham acabado de ser cometidos na Europa, os próprios europeus estavam se esforçando ao máximo para esquecê-los. E, ao menos nesse sentido, Arendt estava errada, ou esteve durante algum tempo.

Longe de refletir sobre o problema do mal nos anos que se seguiram ao fim da Segunda Guerra Mundial, a maior parte dos europeus decidiu evitar a questão, virando o rosto para o outro lado. Hoje achamos difícil compreender isso, mas o fato é que o *Shoah* — o genocídio praticado contra os judeus da Europa — não foi por muitos anos a questão fundamental da vida intelectual do pós-guerra na Europa (nem nos Estados Unidos). Na verdade, as pessoas em sua maioria — fossem ou não intelectuais — ignoraram o assunto o quanto puderam. Por quê?

Na Europa Oriental, isso se deu por quatro razões. Em primeiro lugar, os piores crimes da época da guerra foram cometidos lá; e, ainda que esses crimes tivessem sido promovidos pelos alemães, entre as nações locais ocupadas não faltaram voluntários que se apresentassem de bom grado para colaborar com eles: poloneses, ucranianos, letões, croatas e outros. Em muitos lugares, fortes incentivos foram utilizados para que fosse esquecido o que tinha acontecido, para lançar um véu sobre os piores horrores.[2] Em segundo lugar, muitos europeus do Leste, não judeus, foram eles mesmos vítimas de atrocidades (nas mãos de alemães, de russos e de outros), e, quando *eles* se lembravam da guerra, não costumavam recordar a agonia vivida por seus vizinhos judeus, mas sim os seus próprios sofrimentos e perdas.

Em terceiro lugar, a maior parte da Europa Oriental e Central ficou sob o controle soviético em 1948. A visão oficial soviética da Segunda Guerra foi a de um conflito antifascista — ou, no interior da União Soviética, da "Grande Guerra Patriótica". Para Moscou, Hitler foi, antes de mais nada, um fascista e um nacionalista. Seu racismo era um aspecto muito menos importante. Os milhões de judeus soviéticos nos territórios soviéticos foram contabilizados como perdas soviéticas, é claro, mas sua condição de judeus foi minimizada, ou mesmo ignorada, nos livros de história e nas comemorações oficiais. E, finalmente, depois de alguns anos de domínio comunista, a memória da ocupação *alemã* foi substituída por aquela da opressão *soviética*. O extermínio dos judeus foi empurrado ainda mais para o segundo plano.

Na Europa Ocidental, ainda que as circunstâncias fossem bem diferentes, ocorreu uma forma paralela de esquecimento. A ocupação da época da guerra — na França, na Bélgica, na Holanda, na Noruega e, após 1943, na Itália — foi uma experiência humilhante, e governos do pós-guerra preferiram esquecer a colaboração e outras indignidades, enfatizando, ao contrário, os movimentos heroicos de resistência, os levantes nacionais, as libertações e os mártires. Por muitos anos depois de 1945, mesmo aqueles que tinham consciência da questão — como Charles de Gaulle — contribuíram deliberadamente para a mitologia nacional do sofrimento heroico e da corajosa resistência de massa. Também na Alemanha Ocidental do pós-guerra, o estado de espírito nacional foi, no início, de autopiedade, centrado nos sofrimentos dos próprios alemães. E, com a eclosão da Guerra Fria e uma mudança de inimigos, tornou-se inconveniente enfatizar os antigos crimes dos aliados atuais. Desse modo, ninguém — nem os alemães, nem os austríacos, nem os franceses ou holandeses ou belgas ou italianos — desejava relembrar o sofrimento dos judeus nem a natureza singular do mal que sobre eles se abateu.

Foi por esse motivo, para mencionar um exemplo famoso, que, quando Primo Levi ofereceu suas memórias de Auschwitz, *Se questo è un uomo*, à importante editora italiana Einaudi, em 1946, o livro foi imediatamente rejeitado. Naquela época, e assim continuaria a ser por alguns anos, eram Bergen-Belsen e Dachau, não Auschwitz, que representavam o horror do nazismo; a ênfase nos deportados políticos e não nas vítimas raciais se adequava melhor às narrativas reconfortantes do pós-guerra a respeito da resistência nacional. O livro de Levi acabou sendo publicado, mas com uma tiragem de apenas 2500 exemplares, por uma editora menor local. Quase ninguém o comprou; muitos exemplares foram estocados num armazém em Florença, sendo destruídos numa grande inundação ali ocorrida em 1966.

Posso confirmar a falta de interesse pelo *Shoah* nesses anos a partir da minha própria experiência, já que cresci na Inglaterra — um país que havia saído vitorioso, que nunca tinha sido ocupado e, portanto, não tinha complexos sobre os crimes de guerra. Porém, mesmo na Inglaterra, o assunto nunca era muito discutido — na escola ou na mídia. Ainda em 1966, quando comecei a estudar história moderna na Universidade de Cambridge, tive aulas de história da França — inclusive a história da França de Vichy — sem esbarrar com praticamente nenhuma referência a judeus ou a antissemitismo. Ninguém estava escrevendo a respeito do tema. Sim, estudávamos a ocupação da França pelos nazistas, os colaboracionistas em Vichy e o fascismo francês. Mas nada do que líamos, em inglês ou francês, atacava o problema do papel da França na Solução Final.

E, ainda que eu seja judeu e que membros da minha própria família tivessem sido assassinados nos campos da morte, naquela época eu não achava estranho que o assunto deixasse de ser mencionado. O silêncio parecia quase normal. Como explicar, hoje, essa disposição para aceitar o inaceitável? De que forma o anormal acaba por parecer normal a ponto de nem sequer repararmos nele? Provavelmente pelo motivo tristemente simples que Tolstoi nos oferece em *Anna Kariênina*: "Não há condições de vida às quais um homem não possa se acostumar, especialmente se ele vê como são aceitas por todos à sua volta".

Tudo começou a mudar nos anos 1960, por muitas razões: o passar do tempo, a curiosidade da nova geração e talvez, também, um abrandamento da tensão internacional.[3] Sobretudo a Alemanha Ocidental, a nação à qual coube a responsabilidade original pelos horrores de Hitler na guerra, foi transformada no curso de uma geração num povo com uma consciência singular da enormidade de seus crimes e da medida em que deve responder por eles. Na década de 1980, a história da destruição dos judeus na Europa estava se tornando cada vez mais familiar por meio dos livros, do cinema e da televisão. Desde os anos 1990 e do fim da divisão da Europa, pedidos oficiais de desculpas, monumentos nacionais de celebração, memoriais e museus se tornaram lugar-comum; mesmo na Europa Oriental pós-comunista o sofrimento dos judeus começou a assumir seu lugar na memória oficial.

Hoje o *Shoah* é uma referência universal. A história da Solução Final, do nazismo ou da Segunda Guerra Mundial é um curso exigido nos currículos de ensino médio por toda parte. Na verdade, há escolas nos Estados Unidos e mesmo na Grã-Bretanha nas quais esse tema vem a ser o único item da moderna história europeia que uma criança chega a estudar. Há agora inúmeros registros, reelaborações e estudos sobre o extermínio dos judeus da Europa na época da guerra: monografias locais, ensaios filosóficos, pesquisas sociológicas e políticas, memórias, obras de ficção, longas-metragens, arquivos com entrevistas e muito mais. Tudo sugere que a profecia de Hannah Arendt teria se tornado verdade: a história do problema do mal se tornou o tema fundamental da vida intelectual europeia.

Então tudo agora está bem? Agora que olhamos para o interior do passado sombrio, que o chamamos pelo seu nome e juramos que jamais se repetirá novamente? Não estou tão certo disso. Deixem-me sugerir cinco dificuldades que surgem a partir da nossa preocupação contemporânea com o *Shoah*, o que qualquer criança de escola hoje chama de "o Holocausto". A primeira dificuldade diz respeito ao dilema de memórias incompatíveis. A atenção concedida pela Europa *Ocidental* à memória da Solução Final é agora universal (ainda que, por razões compreensíveis, menos desenvolvida na Espanha e em Portugal). Porém as nações "do Leste" que se juntaram à "Europa" desde 1989 retêm uma memória muito diferente da Segunda Guerra e de suas lições, pelas razões que sugeri.

Na verdade, com o desaparecimento da União Soviética e a recém-descoberta liberdade para estudar e discutir os crimes e fracassos do comunismo, uma atenção maior tem sido dedicada às provações vividas pela metade oriental da Europa, nas mãos tanto dos alemães como dos soviéticos. Nesse contexto, a ênfase dos europeus ocidentais e dos americanos dada a Auschwitz e às vítimas judias às vezes provoca uma reação irritada. Na Polônia e na Romênia, por exemplo, fui perguntado — por ouvintes educados e cosmopolitas — por que os ocidentais se mostram especialmente sensíveis ao assassinato em massa dos judeus. O que dizer dos milhões de vítimas não judias do nazismo e do stalinismo? O que torna o *Shoah* assim tão singular? Há uma resposta a essa pergunta; mas ela não é óbvia para todos que se encontram a leste da linha Oder-Neisse. Nós, nos Estados Unidos ou na Europa Ocidental, podemos não gostar disso, mas faríamos bem em lembrar. Em assuntos como esses, a Europa está longe de se mostrar unida.

Uma segunda dificuldade diz respeito à precisão das avaliações históricas e aos riscos de incorrermos em exageros ao tentarmos corrigir erros do passado. Durante muitos anos, os europeus ocidentais preferiam não pensar sobre os sofrimentos vividos pelos judeus durante a época da guerra.

Agora somos encorajados a pensar nesses sofrimentos o tempo todo. Durante as primeiras décadas depois de 1945, as câmaras de gás estiveram confinadas às margens da nossa compreensão da guerra promovida por Hitler. Atualmente ocupam nela uma posição central: para os estudantes de hoje, a Segunda Guerra Mundial gira em torno do Holocausto. Em termos *morais*, é assim que as coisas deveriam ser. No plano ético, o tema central da Segunda Guerra *é* "Auschwitz". Para os historiadores, contudo, essa noção é enganosa. Pois a triste verdade é que, durante a própria Segunda Guerra, muitas pessoas não tinham conhecimento do destino dos judeus e, se sabiam, não davam ao assunto maior importância. Havia apenas dois grupos para os quais a Segunda Guerra Mundial era, sobretudo, um projeto para destruir os judeus: os nazistas e os próprios judeus. Para praticamente todos os outros, a guerra apresentava significados bem diferentes: eles tinham seus próprios problemas a enfrentar.

Desse modo, se ensinarmos a história da Segunda Guerra Mundial acima de tudo — e às vezes unicamente — através do prisma do Holocausto, nem sempre estaremos ensinando boa história. Para nós, é difícil aceitar o fato de que o Holocausto ocupa um papel mais importante na nossa própria vida do que desempenhou na experiência da época da guerra nos países ocupados. Mas, se quisermos compreender o verdadeiro significado do mal — o que Hannah Arendt pretendia chamando-o de "banal" —, devemos lembrar que o que é realmente terrível na destruição dos judeus não é o fato de terem se importado tanto com ela, mas sim de que tenham lhe dado tão pouca importância.

Meu terceiro problema concerne o próprio conceito de "mal". A moderna sociedade laica há muito vem se sentindo pouco à vontade com a ideia de "mal". Preferimos definições mais racionais e jurídicas de bem e mal, certo e errado, crime e castigo. Porém nos últimos anos a palavra tem se esgueirado lentamente até voltar a ocupar um lugar no discurso moral e mesmo político.[4] Contudo, agora que o conceito de "mal" voltou a ocupar um lugar na linguagem dos nossos debates públicos, não sabemos o que fazer com ele. Estamos confusos.

Por um lado, o extermínio dos judeus pelos nazistas é apresentado como um crime singular, um mal jamais igualado antes ou depois, sendo um exemplo e uma advertência: "*Nie Wieder!* Nunca mais!". Mas, por outro lado, hoje invocamos o mesmo mal ("único") para muitos propósitos diferentes, que estão longe de ser únicos. Nos últimos anos, políticos, historiadores e jornalistas têm usado o termo "mal" para descrever assassinatos em massa e episódios genocidas por toda parte: do Camboja a Ruanda, da Turquia à Sérvia, da Bósnia à Chechênia, do Congo ao Sudão. O próprio Hitler é frequentemente evocado para denotar a natureza e as intenções "malignas" dos modernos ditadores: eles nos dizem que há "Hitlers" por toda parte, da Coreia do Norte ao Iraque, da Síria ao Irã. E estamos todos familiarizados com o "eixo do mal" do presidente George W. Bush, um exagero manipulador no uso desse termo, que contribuiu em grande medida para o cinismo com o qual a própria palavra é agora encarada.

Além disso, se Hitler, Auschwitz e o genocídio dos judeus encarnaram um mal único, por que somos constantemente advertidos de que eles e seus equivalentes poderiam acontecer em qualquer lugar, ou estão prestes a acontecer de novo? Cada vez que alguém rabisca uma pichação antissemita na parede de uma sinagoga na França, somos advertidos de que "o mal único" está novamente entre nós, que 1938 está de volta, com tudo o que representa. Estamos perdendo a capacidade de distinguir entre os pecados e desatinos normais da humanidade — estupidez, preconceito, oportunismo, demagogia e fanatismo — e o mal genuíno. Perdemos de vista o que nas religiões políticas do século XX, da extrema esquerda e da extrema direita, havia de tão sedutor, tão lugar-comum, tão moderno e, por isso, tão verdadeiramente *diabólico*. Afinal, se vemos o mal por toda parte, como se espera que reconheçamos o artigo genuíno? Há sessenta anos, Hannah Arendt temia que não soubéssemos falar do mal e, portanto, jamais fôssemos capazes de compreender seu significado. Hoje falamos sobre o "mal" o tempo todo — mas com o mesmo resultado, ou seja, acabamos por diluir seu significado.

Minha quarta preocupação está relacionada ao risco no qual incorremos ao investirmos nossas energias morais e emocionais em apenas um problema, por mais sério que ele seja. Os custos desse tipo de visão, que tem seu foco fechado como que por um túnel, estão à mostra, de modo trágico, na atual obsessão de Washington com os males do terrorismo, com sua "Guerra

Global ao Terror". A questão não é saber se existe ou não terrorismo: é claro que existe. Nem consiste em saber se o terror e os terroristas devem ser combatidos: é claro que devem ser combatidos. A questão é saber quais outros males devemos negligenciar — ou criar — ao nos concentrarmos exclusivamente num único inimigo e usá-lo para justificar uma centena de outros crimes menores de nossa própria autoria.

O mesmo argumento se aplica ao nosso fascínio contemporâneo pelo problema do antissemitismo e à nossa insistência em sua importância singular. O antissemitismo, como o terrorismo, é um problema antigo. E, a exemplo do que ocorre com o terrorismo, o mesmo vale para o antissemitismo: mesmo uma eclosão menor do fenômeno nos lembra das consequências de, no passado, não o termos levado suficientemente a sério. Mas o antissemitismo, como o terrorismo, *não* é o único mal do mundo e *não* deve ser uma desculpa para ignorarmos outros crimes e outros sofrimentos. O perigo de abstrairmos o "terrorismo" ou o antissemitismo de seus contextos — de os colocarmos sobre um pedestal como a maior ameaça à civilização ocidental, ou à democracia, ou ao nosso "modo de vida", e de transformar seus expoentes em alvos de uma guerra indefinida — é não darmos a devida atenção aos muitos outros desafios de nossa era.

Também a esse respeito Hannah Arendt tinha algo a dizer. Tendo escrito o mais influente livro já publicado sobre o totalitarismo, ela tinha plena consciência da ameaça que ele representava para as sociedades abertas. Mas, na era da Guerra Fria, o "totalitarismo", como o terrorismo e o antissemitismo hoje, corria o risco de se tornar uma preocupação obsessiva para pensadores e políticos no Ocidente, à exclusão de tudo o mais. E contra isso Arendt lançou uma advertência que continua a ser relevante hoje:

> O maior perigo em reconhecer o totalitarismo como a maldição de nosso século seria suscitar uma obsessão em relação a ele a ponto de nos deixarmos cegar diante dos numerosos pequenos males — e também não tão pequenos — com os quais está calçado o caminho para o inferno.[5]

Minhas preocupações finais dizem respeito à relação entre a memória do Holocausto europeu e o Estado de Israel. Desde seu nascimento, em 1948, o Estado de Israel tem negociado uma complexa relação com o

Shoah. Por um lado, o quase extermínio dos judeus da Europa sintetizou o argumento em prol do sionismo. Os judeus não poderiam sobreviver e prosperar em terras não judaicas, sua integração e sua assimilação nas nações e culturas europeias eram uma ilusão trágica, e eles necessitam dispor de um Estado próprio. Por outro lado, a visão israelense muito difundida de que os judeus da Europa conspiraram em favor da sua própria ruína, de que foram, como se dizia, "como carneiros para o matadouro", significava que a identidade inicial de Israel era construída sobre a rejeição do passado judeu e tratando a catástrofe judaica como um indício de fraqueza: uma fraqueza que cabia a Israel superar, dando origem a um novo tipo de judeu.[6]

No entanto, nos últimos anos, a relação entre Israel e o Holocausto mudou. Hoje, quando Israel é exposto a críticas internacionais pelo tratamento concedido aos palestinos e pela ocupação dos territórios conquistados em 1967, seus defensores preferem *enfatizar* a memória do Holocausto. Se você for enérgico demais em suas críticas a Israel, advertem eles, acabará por despertar os demônios do antissemitismo; na verdade, eles sugerem, criticar severamente Israel não apenas desperta o antissemitismo. É antissemitismo. E com o antissemitismo está aberto o caminho para a frente — ou para trás: para 1938, para a *Kristallnacht*, e daí para Treblinka e Auschwitz. Se quiser saber aonde ele leva, eles dizem, basta visitar Yad Vashem, em Jerusalém, o Museu do Holocausto, em Washington, ou qualquer dos memoriais e museus através da Europa.

Compreendo as emoções por trás dessas alegações. Porém elas mesmas são extraordinariamente perigosas. Quando as pessoas me repreendem e a outros por criticar Israel com uma severidade excessiva, temendo que despertemos os fantasmas do preconceito, digo a elas que estão considerando o problema exatamente pelo lado errado. É justamente esse tabu que pode vir a estimular o antissemitismo. Já há alguns anos venho visitando escolas de segundo grau e faculdades nos Estados Unidos e em outros países, fazendo palestras sobre a história da Europa do pós-guerra e a memória do *Shoah*. Também dou aulas sobre esses assuntos na minha universidade. E posso dar meu testemunho sobre minhas descobertas.

Estudantes, hoje, não precisam ser lembrados do genocídio dos judeus, das consequências históricas do antissemitismo e do problema do mal. Eles sabem tudo sobre isso — numa medida em que seus pais jamais souberam.

Mas ultimamente tenho me surpreendido com a frequência com que novas perguntas têm vindo à tona: "Por que nos concentramos tanto no Holocausto?", "Por que é ilegal [em certos países] negar o Holocausto, mas não os outros genocídios?", "A ameaça representada pelo antissemitismo não é exagerada?". E cada vez mais: "Israel não recorre ao Holocausto como uma desculpa?". Não me lembro de, no passado, ter ouvido essas perguntas.

Meu receio é que duas coisas tenham acontecido. Ao enfatizar o caráter historicamente singular do Holocausto ao mesmo tempo que o invocamos seguidamente em relação a temas contemporâneos, temos confundido os jovens. E, ao gritarmos "antissemitismo" a cada vez que alguém ataca Israel ou defende os palestinos, estamos formando cínicos. Pois a verdade é que a existência de Israel, hoje, não está em perigo. E os judeus aqui, no Ocidente, não enfrentam ameaças e preconceitos nem remotamente comparáveis àqueles do passado — ou comparáveis aos preconceitos contemporâneos manifestados contra *outras* minorias.

Imaginem o seguinte exercício: você se sentiria seguro, aceito, bem-vindo hoje como muçulmano ou como um "imigrante ilegal" nos Estados Unidos? Como um "*paki*" em certos lugares da Inglaterra? Como um marroquino na Holanda? Um *beur* na França? Um negro da Suíça? Como um "estrangeiro" na Dinamarca? Um romeno na Itália? Um cigano em *qualquer parte* da Europa? Ou não se consideraria mais seguro, mais integrado, mais aceito, como um judeu? Acho que todos conhecemos a resposta. Em muitos desses países — Holanda, França, Estados Unidos, para não falar na Alemanha —, a minoria judaica local está representada de forma destacada nos negócios, na mídia e nas artes. Em nenhum deles os judeus são estigmatizados, ameaçados ou excluídos.

Se há uma ameaça que deveria dizer respeito aos judeus — e a todos os demais —, ela vem de uma direção diferente. Acabamos por associar tão estreitamente a memória do Holocausto a um único país — Israel — que corremos o risco de tornar provinciano seu significado moral. Sim, o problema do mal no século passado, para invocar novamente Hannah Arendt, assumiu a forma de uma tentativa alemã de exterminar os judeus. Mas não tem a ver apenas com os alemães nem apenas com os judeus. Nem mesmo está ligado somente à Europa, ainda que tenha acontecido lá. O problema do mal — do mal totalitário, do mal genocida — é um problema universal. Mas, se for manipulado de modo a extrair alguma vantagem local, o que acontecerá então (o que, acredito, já está acontecendo) é que aqueles que se colocam a certa distância da memória do crime europeu — por não serem europeus ou por serem jovens demais para lembrar por que isso importa — não compreenderão o que essa memória tem a ver com eles e pararão de ouvir quando tentarmos explicar.

Em síntese, o Holocausto pode vir a perder sua ressonância universal. Devemos alimentar a esperança de que isso não venha a acontecer e precisamos encontrar um modo de preservar o cerne da lição que o *Shoah* realmente pode nos ensinar: a facilidade com que um povo — um povo inteiro — pode ser difamado, desumanizado e destruído. Mas não chegaremos a parte alguma a menos que reconheçamos que essa lição poderia efetivamente ser questionada, ou esquecida: o problema das lições, como observou o Grifo,* é que elas realmente vão se apagando dia a dia. Se não acredita em mim, vá para algum lugar que fique além dos países desenvolvidos do Ocidente e pergunte que lições Auschwitz nos ensina. As respostas não são muito reconfortantes.

Não existe uma resposta simples para essa questão. O que parece hoje óbvio para muitos europeus ocidentais ainda é obscuro para muitos europeus orientais, da mesma forma que era para os próprios europeus ocidentais há quarenta anos. Admoestações morais originadas em Auschwitz, que sobressaem, enormes, na tela da memória dos europeus, são praticamente invisíveis para os asiáticos ou os africanos. E, talvez acima de tudo, o que parece óbvio aos olhos das pessoas da minha geração fará gradualmente menos sentido para os nossos filhos e netos. Podemos preservar um passado europeu que está atualmente desbotando da nossa memória e se transferindo para a história? Não estamos fadados a perdê-lo, pelo menos parcialmente?

Talvez nossos museus, nossos memoriais e nossas excursões obrigatórias com a escola, comuns hoje, não sejam um sinal de que estamos prontos

* Personagem de *Alice no País das Maravilhas*, de Lewis Carroll. (N. T.)

a nos *lembrar*, mas um indício de que já cumprimos nossa penitência e de que agora podemos começar a deixar que essa memória se vá, começar a *esquecer*, deixando que as pedras se lembrem por nós. Não sei: na última vez que visitei, em Berlim, o Memorial aos Judeus Europeus Assassinados, escolares entediados levados a um passeio obrigatório estavam brincando de esconde-esconde entre as pedras. O que eu *realmente* sei é que, se quisermos que a história cumpra seu verdadeiro papel, preservando para sempre as provas dos crimes passados e tudo o mais, é melhor que ela seja deixada sozinha. Quando saqueamos o passado com a intenção de extrair vantagens políticas — selecionando as partes que podem servir aos nossos propósitos e recrutando a história para ensinar lições de moral oportunistas —, tudo o que temos é uma moralidade ruim *e* uma história ruim.

Enquanto isso, deveríamos todos ter mais cuidado ao falar do problema do mal. Pois há mais de um tipo de banalidade. Existe a notória banalidade de que Arendt falou — o mal perturbador, normal, familiar e rotineiro, presente nos humanos. Mas há outra banalidade: a do excesso de uso — o efeito padronizador, insensibilizador, de ver ou falar ou pensar a mesma coisa vezes demais até que tenhamos embotado os sentidos de nossa plateia, tornando-a imune ao mal que estamos descrevendo. E essa é a banalidade — ou "banalização" — que enfrentamos hoje.

Depois de 1945, a geração de nossos pais pôs de lado a questão do mal porque — para eles — ela continha significado *demais*. A geração que virá depois de nós corre o risco de pôr a questão de lado porque ela agora contém muito *pouco* significado. Como podemos evitar isso? Como, em outras palavras, podemos garantir que o problema do mal permaneça a questão fundamental para a vida intelectual, e não apenas na Europa? Não sei a resposta, mas tenho certeza de que essa é a pergunta certa. É a pergunta que Hannah Arendt fez há sessenta anos e que acredito que ela ainda faria hoje.

Este ensaio foi publicado originalmente no *New York Review of Books* em fevereiro de 2008. Foi adaptado de uma palestra proferida em Bremen, Alemanha, em 30 de novembro de 2007, por ocasião da entrega do Prêmio Hannah Arendt de 2007 a Tony Judt.

NOTAS

1 "Nightmare and Flight", *Partisan Review*, vol. 12, nº 2 (1945), republicado em *Essays in Understanding, 1930-1954*, Jerome Kohn, org. (Nova York: Harcourt Brace, 1994), pp. 133-5.

2 Para um exemplo terrível, ver Jan Gross, *Neighbours: The Destruction of the Jewish Community in Jedwabne, Poland* (Princeton, NJ: Princeton University Press, 2001).

3 Para uma discussão mais exaustiva a respeito dessa mudança no estado de espírito, ver o epílogo ("From the House of Dead") em meu *Postwar: A History of Europe Since 1945* (Nova York: Penguin, 2005) [Pós-guerra: Uma história da Europa desde 1945 (Rio de Janeiro: Objetiva, 2008)].

4 Certamente pensadores católicos não compartilharam dessa relutância em se ocupar do dilema do mal: ver, por exemplo, os ensaios de Leszek Kołakowski "The Devil in History" e "Leibniz and Job: The Metaphysics of Evil and the Experience of Evil", ambos publicados recentemente com outros ensaios do autor em *My Correct Views on Everything* (South Bend, IN: St. Augustine's Press, 2005; discutidos em *The New York Review of Books*, 21/9/2006). Porém, no confronto metafísico retratado de forma memorável por Thomas Mann, nós, modernos, geralmente temos preferido Settembrini a Naphta.

5 *Essays in Understanding*, pp. 271-2.

6 Ver Idith Zertal, *Israel's Holocaust and the Politics of Nationhood*, trad. de Chaya Galai (Nova York: Cambridge University Press, 2005), especialmente o capítulo 1, "The Sacrificed and the Sanctified".

CAPÍTULO X

De fato e ficção

SOU VELHO O BASTANTE PARA ME LEMBRAR DE QUANDO OS *KIBUTZIM* se pareciam verdadeiramente com assentamentos ("pequeno povoado ou agrupamento de casas" ou "o ato de povoar ou colonizar um novo país", *Oxford English Dictionary*).

No início dos anos 1960, passei algum tempo no Kibutz Hakuk, uma pequena comunidade fundada pela unidade Palmá da Haganá, a milícia judaica do período pré-Israel. Criado em 1945, Hakuk tinha apenas dezoito anos de existência quando o vi pela primeira vez, e ali tudo era ainda bem precário. As poucas dezenas de famílias que lá viviam tinham construído elas mesmas um refeitório, galpões, casas e uma creche onde as crianças eram cuidadas por alguém durante a jornada de trabalho. Porém onde terminavam as construções residenciais não existia mais nada além de colinas rochosas e campos parcialmente desmatados.

Os integrantes da comunidade ainda se vestiam com camisa de brim azul, short cáqui e chapéu triangular, cultivando propositalmente a imagem de pioneiros e uma ética que já não combinava bem com a atmosfera urbana de Tel Aviv. Este nosso lugar aqui, eles pareciam dizer aos visitantes e voluntários que chegavam, os olhos brilhando, é o verdadeiro Israel; venham e nos ajudem a retirar as pedras do terreno e a cultivar bananas — e digam aos seus amigos na Europa e nos Estados Unidos para fazerem o mesmo.

Hakuk continua lá. Mas hoje depende de uma fábrica de produtos plásticos e dos turistas que chegam em bandos do mar da Galileia, ali perto. A fazenda original, construída em torno de uma fortificação, foi transformada em atração turística. Falar desse kibutz como um assentamento seria estranho.

No entanto, Israel precisa de "assentamentos". Eles estão intrinsecamente ligados à imagem que há muito procura transmitir a seus admiradores e aos que arrecadam fundos em outros continentes: a de um pequeno país em luta para garantir o lugar que lhe cabe em meio a um ambiente hostil, fazendo isso graças ao trabalho moral duro associado à preparação da terra, à irrigação, à autossuficiência agrária, à autodefesa legítima e à construção de comunidades judaicas. Mas essa narrativa sobre uma fronteira neocoletivista soa falsa no Israel moderno e high-tech. Desse modo, o mito do colono foi transposto para outro lugar — para as terras dos palestinos tomadas em 1967 e desde então ocupadas ilegalmente.

Não é, portanto, por acaso que a imprensa estrangeira é estimulada a falar e escrever sobre os "colonos" judeus e sobre "assentamentos" na Cisjordânia. Mas essa imagem é profundamente enganosa. Em termos geográficos, a maior dessas polêmicas comunidades é Maale Adumim. Sua população ultrapassa 35 mil habitantes, algo demograficamente comparável a Montclair, Nova Jersey, ou Winchester, na Inglaterra. No entanto, o que chama mais atenção, em Maale Adumim, é a sua extensão territorial. Esse "assentamento" compreende mais de 48 quilômetros quadrados — o quer dizer que ele tem uma vez e meia o tamanho de Manhattan e é quase tão grande quanto a cidade de Manchester, Inglaterra. Um "assentamento" e tanto.

Existem cerca de 120 assentamentos oficiais israelenses nos territórios ocupados na Cisjordânia. Há, além desses, os assentamentos "não oficiais", cujo número costuma ser estimado entre oitenta e cem. Perante o direito internacional, não há diferenças entre essas duas categorias; ambas constituem uma contravenção do artigo 47 da Quarta Convenção de Genebra, que proíbe explicitamente a anexação de terras obtidas pelo uso da força, um princípio reafirmado no artigo 2°(4°) da Carta das Nações Unidas.

Dessa forma a distinção tantas vezes feita nos pronunciamentos israelenses entre assentamentos "autorizados" e "não autorizados" é enganosa — são todos ilegais, tenham sido ou não aprovados oficialmente e tenha sua ocupação sido "congelada" ou levada a cabo sem maiores impedimentos. (É digno de nota que o novo ministro do Exterior de Israel, Avigdor Lieberman, seja do assentamento de Nokdim, na Cisjordânia, fundado em 1982 e expandido ilegalmente desde então.)

O flagrante cinismo do atual governo israelense não nos deveria cegar para a responsabilidade que cabe, nesse processo, aos seus antecessores aparentemente mais respeitáveis. A população de colonos vem crescendo regularmente a uma média de 5% por ano ao longo das últimas duas décadas, o triplo do índice de crescimento da população de Israel como um todo. Somados à população judaica de Jerusalém Oriental (ela mesma anexada ilegalmente a Israel), os colonos hoje já chegam a meio milhão de pessoas: cerca de 10% da população judaica do chamado "Grande Israel". É esse o motivo pelo qual os colonos têm tanta importância nas eleições israelenses, nas quais a representação proporcional concede um poder de barganha desproporcional até mesmo ao menor distrito eleitoral.

Os colonos, no entanto, não são um mero grupo de pressão marginal. Para avaliar seu significado, espalhados como estão por um arquipélago disperso de instalações urbanas protegidas da intrusão árabe por seiscentos postos de controle e barreiras, considere o seguinte: tomados conjuntamente, Jerusalém Oriental, a Cisjordânia e as colinas de Golan constituem um bloco demograficamente homogêneo quase do tamanho do distrito de Columbia. Ele supera a própria população de Tel Aviv em quase um terço. Um senhor "assentamento".

Se Israel deixou-se embriagar pelos assentamentos, os Estados Unidos há muito têm sido seu fornecedor. Não fosse Israel o principal beneficiário da ajuda externa americana — girando em torno de 2,8 bilhões de dólares por ano de 2003 a 2007 e programada para alcançar 3,1 bilhões de dólares em 2013 —, as casas nos assentamentos na Cisjordânia não seriam tão baratas: muitas vezes custam menos da metade do preço de imóveis equivalentes no interior do território israelense.

Muitas das pessoas que se mudam para essas casas sequer se veem como colonos. Recém-chegadas da Rússia e de outras partes, simplesmente aproveitam a oferta de acomodações subsidiadas, mudam-se para as áreas ocupadas e se tornam — como camponeses do Sul da Itália recém-presenteados com estradas e eletricidade — clientes agradecidos dos seus patronos políticos. Como colonos americanos que iam para o Oeste, os colonos israelenses da Cisjordânia são os beneficiários da sua própria Lei de Terras e se mostrarão igualmente difíceis de ser desalojados.

Apesar de toda a conversa diplomática a respeito de desmantelar os assentamentos como precondição para a paz, ninguém acredita seriamente que essas comunidades — com seu meio milhão de habitantes, suas instalações urbanas, seus acessos privilegiados a terra fértil e a água — serão algum dia removidas. As autoridades israelenses, não importa se de direita, de esquerda ou de centro, não têm nenhuma intenção de removê-las, e nem palestinos nem americanos bem informados nutrem ilusão alguma a respeito.

É claro que convém a todos fingir que não é esse o caso — apontar para o "mapa do caminho" de 2003 e falar do acordo final baseado nas fronteiras de 1967. Mas essa impassividade afetada é a moeda de troca da hipocrisia política, o lubrificante das permutas diplomáticas que facilitam a comunicação e as concessões mútuas.

Há ocasiões, contudo, em que a hipocrisia política se torna a sua própria nêmese, e essa é uma delas. Como os assentamentos nunca sairão dali, e ainda assim quase todos prefiram fingir o contrário, ignoramos de modo decidido as implicações do que os israelenses há muito chamam orgulhosamente "a realidade dos fatos".

Benjamin Netanyahu, o primeiro-ministro israelense, tem perfeita consciência disso. No dia 14 de junho fez um discurso, intensamente esperado, no qual, com grande habilidade, lançou uma cortina de fumaça diante dos olhos de seus interlocutores americanos. Ainda que aceitando admitir a hipotética existência de um futuro Estado palestino — sob a suposição explícita de que este não exerça nenhum controle sobre seu espaço aéreo e não conte com nenhum meio para se defender de uma agressão —, ele reiterou a única posição israelense que realmente interessa: não construiremos mais assentamentos ilegais, mas nos reservamos o direito de expandir os "legais" de acordo com a sua natural taxa de crescimento. (Não por acaso, optou por fazer esse discurso na Universidade de Bar-Ilan, o mesmo núcleo da intransigência rabínica, onde Yigal Amir aprendeu a odiar o primeiro-ministro Yitzhak Rabin antes de assassiná-lo em 1995.) As garantias oferecidas por Netanyahu aos colonos e aos que os apoiam foram bem recebidas como sempre, a despeito de terem sido embrulhadas em clichês tranquilizadores dirigidos a nervosos ouvintes americanos. E a mídia americana, como era de prever, mordeu a isca — enfatizando uniformemente o "apoio" do sr. Netanyahu a um Estado palestino e minimizando a importância de tudo o mais.

Entretanto, a questão realmente importante é saber se o presidente Obama irá responder de modo semelhante. Certamente ele deseja fazer isso. Nada agradaria mais ao presidente americano e a seus conselheiros do que ser capaz de afirmar que, na sequência do discurso de Obama no Cairo, até mesmo o sr. Netanyahu mudou de posição e se mostrou aberto a uma solução de compromisso. Desse modo Washington evita um confronto, por enquanto, com seu mais íntimo aliado. Mas a incômoda realidade é que o primeiro-ministro reafirmou uma dura verdade: seu governo não tem a menor intenção de reconhecer o direito internacional ou a opinião da comunidade internacional em relação ao confisco de terras por Israel na "Judeia e Samaria".

Assim, o presidente Obama se vê diante de uma escolha a ser feita. Ele pode fazer o jogo dos israelenses, fingindo acreditar em suas promessas de boas intenções e na relevância das distinções que eles lhe oferecem. Essa encenação lhe dará tempo e também alguma boa vontade por parte do Congresso. Mas os israelenses fariam com que fizesse papel de bobo, e ele seria visto como tal, no Oriente Médio e em outras partes.

Por outro lado, o presidente poderia romper com quase duas décadas de cumplicidade, reconhecendo publicamente que o imperador está realmente nu, descartando Netanyahu como o cínico que ele realmente é e lembrando aos israelenses que *todos* os seus assentamentos são reféns da boa vontade americana. Poderia também lembrar aos israelenses que comunidades ilegais nada têm a ver com a segurança de Israel, muito menos com os ideais de autossuficiência agrária e autonomia judaica. Não são nada mais do que uma apropriação colonial que os Estados Unidos não têm motivo algum para subsidiar.

Mas, se estou certo, e não há perspectiva realista alguma de remoção dos assentamentos israelenses, então, para o governo americano, concordar que a simples não expansão dos assentamentos "autorizados" é um autêntico passo adiante na direção da paz seria o pior desfecho possível para a atual dança diplomática em curso. Ninguém mais no mundo inteiro acredita nesse conto de fadas; por que deveríamos acreditar? A elite política israelense deixaria escapar um suspiro de alívio não merecido, tendo conseguido mais uma vez jogar areia nos olhos de seu tesoureiro. Os Estados Unidos seriam humilhados aos olhos de seus amigos, para não falar dos inimigos. Se os Estados Unidos são incapazes de defender seus próprios interesses na região, pelo menos que não se resignem novamente a fazer papel de tolo.

Este ensaio foi publicado originalmente no *New York Times* em junho de 2009.

CAPÍTULO XI

Israel precisa repensar seu mito étnico

O QUE É EXATAMENTE O "SIONISMO"? SUA ALEGAÇÃO BÁSICA FOI sempre a de que os judeus representavam um único e mesmo povo; que sua dispersão e seu sofrimento milenares não diminuíram em nada suas qualidades coletivas características; e que o único modo pelo qual podem viver livremente como judeus — da mesma forma, digamos, que os suecos vivem livremente como suecos — é se fixarem num Estado judeu.

Dessa maneira, aos olhos do sionismo, a religião deixou de ser a referência fundamental da identidade judaica. No fim do século XIX, à medida que mais e mais jovens judeus foram se emancipando, legal e culturalmente, para deixar o mundo do gueto e do *shtetl*, para uma minoria influente o sionismo começou a parecer a única alternativa à perseguição, à assimilação ou à diluição cultural. Então, de forma paradoxal, enquanto a prática e o separatismo religiosos começaram a recuar, uma versão laica sua começou a ser ativamente promovida.

Posso com certeza confirmar, com base na minha experiência pessoal, que o sentimento antirreligioso — às vezes com uma intensidade que hoje considero constrangedora — era amplamente difundido nos círculos da esquerda israelense dos anos 1960. Religião, fui informado, era coisa para os *haredim* e os "doidos" do bairro Mea Sharim, em Jerusalém. "Nós" somos modernos, racionais e "ocidentais", é o que me explicavam meus professores sionistas. Mas o que eles não diziam é que o Estado de Israel ao qual eles desejavam que eu aderisse estava portanto baseado, e só podia estar baseado, numa visão etnicamente rígida dos judeus e da condição judaica.

A história era a seguinte. Os judeus, até a destruição do Segundo Templo (no século I), tinham sido agricultores no que é hoje o território de Israel/Palestina. Tinham então sido forçados pelos romanos mais uma vez a partir para o exílio, vagando pela terra: sem lar, sem raízes e proscritos. Agora, finalmente, "eles" estavam "retornando" e mais uma vez arariam a terra de seus antepassados.

É essa narrativa que o historiador Shlomo Sand procura desconstruir em seu polêmico livro *The Invention of the Jewish People* [lançado pelo AET Book Club]. Sua contribuição, asseguram os críticos, é — na melhor das hipóteses — redundante. Ao longo do século passado, os especialistas estiveram perfeitamente familiarizados com as fontes que ele cita e com os argumentos que apresenta. De um ponto de vista puramente acadêmico, não faço nenhuma objeção a isso. Mesmo eu, dependente que sou em grande medida de informações de segunda mão a propósito da história judaica nos primeiros milênios, posso ver que o professor Sand — por exemplo, na ênfase que dá às conversões e miscigenações étnicas que caracterizam os judeus de eras mais remotas — não está dizendo nada que já não soubéssemos.

A questão é: quem somos "nós"? Certamente nos Estados Unidos a esmagadora maioria dos judeus (e talvez dos não judeus) não tem nenhum conhecimento da história que o professor Sand está nos contando. Jamais terão ouvido falar da maior parte de seus protagonistas, mas estão mais do que familiarizados com a versão caricatural da história judaica que ele está tentando desacreditar e sentem simpatia por ela. Se o livro de divulgação do professor Sand nada mais conseguir do que provocar a reflexão e estimular leituras mais aprofundadas entre seu público, já terá sido de grande utilidade.

Porém, há mais do que apenas isso. Ainda que existissem outras justificativas para o Estado de Israel, e ainda existem — não foi por acaso que

David Ben-Gurion promoveu, planejou e coreografou o julgamento de Adolf Eichmann —, é evidente que o professor Sand solapou o argumento convencional em defesa de um Estado judeu. Uma vez que tenhamos concordado, em síntese, que a qualidade singularmente "judaica" de Israel é uma afinidade imaginada ou eletiva, como devemos agir?

O próprio professor Sand é um israelense, e a ideia de que seu país não tem nenhuma *raison d'être* pareceria a ele odiosa. E com toda a razão. Estados ou existem ou não existem. O Egito ou a Eslováquia não estão justificados perante o direito internacional graças a alguma teoria sobre uma profunda natureza "egípcia" ou "eslovaca". Esses Estados são reconhecidos como sujeitos internacionais, com seus direitos e status, devido simplesmente à sua existência e à sua capacidade de se manter e se proteger a si mesmos.

Assim, a sobrevivência de Israel não reside na credibilidade da história que conta a respeito de suas origens étnicas. Se formos capazes de aceitar isso, podemos começar a compreender que a insistência do país em basear sua razão de ser exclusivamente na identidade judaica representa uma desvantagem significativa. Em primeiro lugar, uma insistência como essa reduz todos os cidadãos e residentes israelenses não judeus a um status de segunda classe. Isso seria verdade mesmo que a distinção se desse unicamente no plano formal. Mas é claro que não é isso que acontece: ser um muçulmano ou um cristão — ou mesmo um judeu que não satisfaça os critérios cada vez mais rígidos da condição de judeu hoje em dia em Israel — tem um preço.

Está implícita no livro do professor Sand a conclusão de que Israel faria melhor se identificasse a si mesmo e aprendesse a pensar em si mesmo como Israel. A insistência perversa em identificar a condição universal judaica com uma pequena extensão de território é um procedimento disfuncional em mais de um sentido. É o fator que, considerado isoladamente, deve arcar com a maior parte da responsabilidade pelo fracasso em resolver o imbróglio entre Israel e os palestinos. É ruim para Israel e, eu sugiro, ruim para os judeus de outros lugares, que são identificados com as suas ações.

Então, o que fazer? Certamente o professor Sand não nos diz — e em sua defesa devemos reconhecer que o problema pode vir a ser de difícil solução. Suspeito que ele seja a favor de uma solução em torno de um único Estado: nem que seja por ser esse o desfecho lógico a que levam seus argumentos. Eu também seria favorável a essa solução — se não estivesse tão certo de que ambos os lados se oporiam a isso vigorosamente e pela força. Uma solução envolvendo dois Estados ainda poderia ser o melhor compromisso, mesmo que deixasse Israel intacto em suas ilusões étnicas. Mas é difícil mostrar otimismo a respeito das chances de uma solução como essa, em face dos acontecimentos dos últimos dois anos.

Minha inclinação, então, seria no sentido de centrar o foco em outra parte. Se os judeus da Europa e dos Estados Unidos começassem a se distanciar de Israel (como muitos começaram a fazer), a alegação de que Israel é o Estado "deles" ganharia uma conotação absurda. Com o passar do tempo, mesmo Washington poderia perceber a futilidade de associar a política externa americana às ilusões em torno de um pequeno Estado do Oriente Médio. Essa seria, acredito, a melhor coisa que poderia acontecer a Israel. O país seria obrigado a reconhecer seus limites. Teria de fazer outros amigos, de preferência entre seus vizinhos.

Poderíamos, então, ter a esperança de estabelecer uma distinção natural entre pessoas que são por acaso judias, mas cidadãos de outros países, e aqueles que são cidadãos israelenses e que são por acaso judeus. Isso poderia ser de grande ajuda. Há muitos precedentes: as diásporas grega, armênia, ucraniana e irlandesa desempenharam todas elas um papel pouco saudável ao perpetuar o exclusivismo étnico e o preconceito nacionalista nos países de seus antepassados. A guerra civil na Irlanda do Norte chegou ao fim em parte porque um presidente americano instruiu a comunidade de emigrantes irlandeses nos Estados Unidos a parar de mandar armas e dinheiro para o IRA Provisório. Se os judeus americanos parassem de associar seu destino a Israel e usassem a generosidade de seus talões de cheque para melhores propósitos, algo similar poderia acontecer no Oriente Médio.

Este ensaio foi originalmente publicado no *Financial Times* em dezembro de 2009.

CAPÍTULO XII

Israel sem clichês

O ATAQUE ISRAELENSE À FLOTILHA LIBERDADE PARA GAZA GEROU uma enxurrada de clichês emitidos pelos suspeitos de sempre. É quase impossível discutir o Oriente Médio sem recorrer a acusações surradas e defesas burocráticas: talvez seja a hora fazer uma pequena faxina na casa.

Nº 1: ISRAEL ESTÁ SENDO/DEVERIA SER DESLEGITIMADO

Israel é um Estado como qualquer outro, há muito estabelecido e reconhecido internacionalmente. O mau comportamento de seus governantes não o "deslegitima", não mais do que o mau comportamento dos governantes da Coreia do Norte, do Sudão — ou, na verdade, dos Estados Unidos — os "deslegitima". Quando Israel viola o direito internacional, ele deveria ser pressionado a não fazê-lo; porém é justamente o fato de ser um Estado submetido ao direito internacional que nos autoriza a pedir isso.

Alguns críticos de Israel são animados por um desejo de que ele não existisse — de que o país deveria, de algum modo, simplesmente desaparecer. Mas isso significa assumir uma atitude de avestruz: nacionalistas flamengos sentem o mesmo em relação à Bélgica, os separatistas bascos a respeito da Espanha. Israel não vai desaparecer, nem deveria. Quanto à campanha oficial de relações públicas por parte de Israel, que procura desacreditar qualquer crítica como um exercício de "deslegitimação", trata-se de um esforço que faz um mal terrível ao próprio país. Cada vez que Jerusalém reage dessa forma, apenas enfatiza o próprio isolamento.

Nº 2: ISRAEL É/NÃO É UMA DEMOCRACIA

Talvez o argumento mais comumente usado em defesa de Israel seja o de que é "a única democracia no Oriente Médio". Isso é, em grande medida, verdade: o país conta com um Poder Judiciário independente e eleições livres, ainda que discrimine os que não são judeus de uma maneira que o distingue da maioria das outras democracias de hoje. É cada vez mais desencorajada a expressão de opiniões que destoem fortemente da política oficial.

O argumento, porém, é irrelevante. "Democracia" não é garantia de bom comportamento: a maioria dos países hoje é formalmente democrática — lembre das "democracias populares" da Europa Oriental. Israel desafia o cômodo clichê americano de que "democracias não fazem guerra". Trata-se de uma democracia dominada e muitas vezes governada por ex-soldados profissionais: só isso já a distingue de outros países avançados. E não devemos esquecer que Gaza é outra "democracia" no Oriente Médio: é precisamente porque o Hamas ganhou as eleições livres ali realizadas em 2005 que tanto a Autoridade Palestina como Israel reagiram com tanta veemência.

Nº 3: ISRAEL É/NÃO É CULPADO

Israel não é responsável pelo fato de muitos de seus vizinhos há tanto tempo negarem seu direito de existir. A sensação de estar sitiado não deveria ser subestimada quando tentamos entender a qualidade delirante de tantos pronunciamentos israelenses.

Não é de surpreender que o Estado tenha adquirido hábitos patológicos. Desses, o mais nocivo é o seu costume de recorrer à força. Como isso funcionou durante tanto tempo — a memória popular está impregnada das vitórias fáceis conquistadas pelo país em seus primeiros anos —, Israel tem dificuldade em conceber outras maneiras de reagir. E o fracasso das negociações em Camp David, em 2000, reforçou a crença de que "não há ninguém com quem conversar".

Mas há. Como reconhecem reservadamente funcionários do governo americano, cedo ou tarde Israel (ou alguém) terá de falar com o Hamas. Da Argélia francesa à África do Sul, passando pelo IRA Provisório, a história se repete: o poder dominante nega a legitimidade dos "terroristas", fortalecendo-os, então, politicamente; em seguida, negocia secretamente com eles; por fim, concede a eles o poder, a independência ou um lugar à mesa. Israel negociará com o Hamas: a única questão é por que não agora.

Nº 4: OS PALESTINOS SÃO/NÃO SÃO CULPADOS

Abba Eban, ex-ministro do Exterior de Israel, afirmou que os árabes nunca perdem a oportunidade de perder uma oportunidade. Não estava totalmente errado. A postura "negacionista" mantida pelos movimentos de resistência palestinos, de 1948 ao começo dos anos 1980, não fez nenhum bem a eles. E o Hamas, mais firmemente enraizado nessa tradição — ainda que mais genuinamente popular que seus antecessores —, terá de reconhecer o direito de Israel à existência.

Mas, desde 1967, é Israel que tem perdido a maioria das oportunidades: uma ocupação que dura já quarenta anos (contrariando os conselhos de seus próprios estadistas mais experientes); três catastróficas invasões do Líbano; uma invasão e um bloqueio de Gaza em desafio à opinião pública mundial; e agora um ataque desastrado a civis em águas internacionais. Seria difícil para os palestinos competir com tamanho acúmulo de fiascos.

O terrorismo é a arma dos fracos — usar bombas para atacar civis não é algo que tenha sido inventado pelos árabes (nem pelos judeus que recorreram a essa tática antes de 1948). Moralmente indefensável, a prática tem caracterizado movimentos de resistência de todas as cores por pelo menos um século. Os israelenses têm razão ao insistir que quaisquer conversações ou acordos dependerão da renúncia do Hamas a esse recurso.

Porém os palestinos se veem diante do mesmo dilema enfrentado por qualquer outro povo oprimido: tudo a que podem recorrer para se opor a um Estado estabelecido que detém o monopólio do poder é a rejeição e o protesto. Se cederem de antemão a todas as exigências de Israel — renúncia à violência, aceitação de Israel, admissão de todas as suas perdas —, o que levarão para a mesa de negociação? Israel detém a iniciativa: deveria exercê-la.

Nº 5: O LOBBY DE ISRAEL É/NÃO É CULPADO

Existe um lobby de Israel em Washington e ele é muito eficiente em seu trabalho — é para isso que servem os lobbies. Os que alegam que Israel é injustamente retratado como gozando de uma "influência excessiva" (com a mensagem subliminar de uma excessiva influência judaica nos bastidores) têm um argumento consistente: o lobby das armas, o lobby do petróleo e o lobby dos bancos tiveram todos eles uma ação bem mais nociva à saúde desse país.

Mas o lobby de Israel exerce uma influência desproporcional. Por que outro motivo uma maioria esmagadora dos congressistas aprova em massa qualquer moção a favor de Israel? Não mais do que um pequeno grupo demonstra algum interesse sólido pelo assunto. Uma coisa é denunciar a força exagerada de um lobby; outra, bem diferente, é acusar os judeus de "mandar no país". Não devemos nos censurar com receio de que pessoas venham a confundir as duas coisas. Nas palavras de Arthur Koestler, "esse medo de se ver mal acompanhado não é a expressão de uma pureza política; é a expressão de uma falta de autoconfiança".

Nº 6: CRÍTICAS A ISRAEL ESTÃO/NÃO ESTÃO LIGADAS A ANTISSEMITISMO

Antissemitismo vem a ser o ódio aos judeus, e Israel é um Estado judeu, então — é claro — parte dessas críticas é motivada por um sentimento de hostilidade. Houve ocasiões num passado recente (em especial por parte da

União Soviética e de seus satélites) em que o "antissionismo" era um substituto conveniente para o antissemitismo oficial. É compreensível que muitos judeus e israelenses não tenham esquecido isso.

Porém as críticas que vêm sendo expressas cada vez mais por judeus não israelenses não são motivadas predominantemente pelo antissemitismo. O mesmo vale para o antissionismo contemporâneo: o próprio sionismo se afastou bastante da ideologia dos seus "pais fundadores" — hoje ele enfatiza reivindicações territoriais, exclusividade religiosa e extremismo político. É possível reconhecer o direito de Israel à existência e ainda assim ser antissionista (ou "pós-sionista"). E realmente, diante da ênfase dada pelo sionismo à necessidade de os judeus estabelecerem um "Estado normal" para eles, a insistência atual no direito de Israel a agir de maneiras "anormais" pelo fato de ser um Estado judeu sugere que o sionismo fracassou.

Devemos nos mostrar cautelosos em relação a uma invocação excessiva do "antissemitismo". Uma geração mais nova nos Estados Unidos, para não mencionar o resto do mundo, vem se tornando cada vez mais cética. "Se as críticas ao bloqueio de Gaza por Israel são potencialmente 'antissemitas', por que levar a sério outros exemplos de antissemitismo?", eles perguntam, e "E se o Holocausto tiver se tornado apenas mais uma desculpa para um comportamento condenável por parte de Israel?". Os riscos em que os judeus incorrem ao estimular essa fusão não devem ser ignorados.

Juntamente com o Estado dos xeiques do petróleo, Israel representa hoje a maior vulnerabilidade estratégica dos Estados Unidos no Oriente Médio e na Ásia Central. Graças a Israel, corremos o sério risco de "perder" a Turquia: uma democracia islâmica, ofendida pelo tratamento recebido da União Europeia e que exerce um papel político vital no Oriente Próximo e na Ásia Central. Sem a Turquia, os Estados Unidos atingirão poucos dos seus objetivos regionais — seja no Irã, no Afeganistão ou no mundo árabe. Chegou o momento de superar os clichês surgidos em torno de Israel, de tratar o país como um Estado "normal" e de cortar o cordão umbilical.

Este ensaio foi publicado originalmente em junho de 2010 no *New York Times*.

CAPÍTULO XIII

O que fazer?

HÁ SEIS ANOS PUBLIQUEI NO *NEW YORK REVIEW OF BOOKS* UM ENsaio sobre Israel intitulado "Israel: A alternativa". Nele, argumentava que o "processo de paz" e a solução que pretendia alcançar, envolvendo dois Estados, estavam ambos mortos. Caso Israel continuasse seguindo o rumo adotado até então, o país se veria diante de opções nada atraentes: ou Israel continuaria a ser um Estado judeu, mas deixaria de ser uma democracia, ou se tornaria uma democracia autenticamente multiétnica, porém nesse caso deixaria de ser "judeu". Uma terceira possibilidade, na qual Israel removeria à força a maioria de seus cidadãos árabes (ou tornaria sua permanência intolerável), garantiria efetivamente a sobrevivência da democracia judaica, mas a um preço grotesco e, em última instância, autodestrutivo. Nessas circunstâncias, alguma espécie de arranjo, de natureza binacional ou federal, parecia a melhor opção disponível, por mais improvável que fosse.

De modo compreensível, esse ensaio provocou muitas manifestações contrárias. Entre as reações mais razoáveis estavam aquelas assumidas por israelenses e palestinos que reconheciam a deprimente credibilidade da minha avaliação, mas eram incapazes de digerir sua conclusão. *Deve* haver uma solução envolvendo dois Estados, insistiam eles. Nenhuma outra saída daria certo. A despeito de todos os obstáculos — colonos israelenses, homens-bomba palestinos etc. —, vozes razoáveis dos dois lados precisavam continuar a fazer pressão em prol da única solução mutuamente aceitável. A exemplo da definição de Churchill para a democracia, uma solução com dois Estados no Oriente Médio era a pior resposta possível, com exceção de todas as outras.

Desde outubro de 2003 a situação continuou a piorar. Israel travou duas guerras "vitoriosas", contra o Hezbollah e o Hamas; continuou a expandir seus assentamentos nos territórios ocupados e a dividir o território palestino; abriu mão do controle sobre Gaza; e, a despeito de tudo isso, se encontra hoje mais longe do que nunca de seu objetivo de ter paz e segurança. Em 2006, os palestinos promoveram as eleições mais livres já realizadas no Oriente Médio árabe: o vencedor foi o Hamas, um movimento definido pelos Estados Unidos e pela Europa como "terrorista" e, em consonância com esse veredicto, por eles boicotado. A autoridade e a legitimidade da OLP, a coalizão palestina derrotada e com a qual o Ocidente continua a lidar, sofreram um colapso. O repulsivo paradoxo de um Estado judeu governando um número cada vez maior de árabes oprimidos e ressentidos vem se tornando, dia a dia, uma realidade cada vez mais explícita. Um número cada vez maior de pessoas fala de uma solução envolvendo "dois Estados"; cada vez menos pessoas acreditam nisso. O que fazer?

Comecemos por duas realidades incontornáveis. Israel existe, e seus críticos não serão levados a sério se deixarem de reconhecer isso. A esmagadora maioria dos palestinos deseja um verdadeiro Estado que pertença a eles. Essa também é a afirmação cabal de uma realidade e deveria ser levada em conta na mesma medida. A esta altura, nenhum dos dois lados quer viver com o outro nos limites de um mesmo Estado, e ninguém pode forçá-los a fazer isso. Uma solução envolvendo "um único Estado", seja federal, binacional ou qualquer outra coisa, só funcionaria se cada um dos lados acreditasse na boa-fé do outro. Porém nesse caso a própria solução deixaria de ser necessária: há muito já teríamos atingido a fase final das negociações para uma autêntica solução com dois Estados.

O problema da confiança — ou da sua inexistência — se encontra no próprio cerne do impasse Israel/Palestina. Longe de ter "construído a confiança", o processo de paz contribuiu ativamente para a sua destruição. Em Israel, o resultado é desastroso. O país é governado por uma coalizão cujo núcleo "moderado" abrange partidos que antes ocupavam a extrema direita no espectro político israelense. A oposição é liderada por Tzipi Livni, egressa do Likud, o partido que sucedeu ao Herut, de Menahem Begin, que por sua vez era herdeiro dos revisionistas do período entreguerras liderados por Vladimir Jabotinsky — uma direita, confessadamente nacionalista, do velho movimento sionista. A esquerda da política israelense, assim como grande parte do centro, desapareceu.

Israel sob a égide de Benjamin Netanyahu é certamente menos hipócrita do que sob os antigos governos trabalhistas. Ao contrário dos que o antecederam desde 1967, nem sequer finge desejar uma reconciliação com os árabes que se encontram sob seu poder. No mês passado o Knesset israelense decidiu, por 47 a 34 votos, proceder à leitura de uma proposta de lei apresentada por Zevulun Orlev, do Partido do Lar Judeu, pedindo uma pena de um ano de prisão para qualquer um que questione a existência de Israel como Estado judeu. Nesse meio-tempo, o ministro da Habitação, Ariel Atias (do ultrarreligioso Partido Shas), lançou uma advertência contra a "mistura" das populações árabe e judia na Galileia: a separação das populações, ele declarou, era uma "responsabilidade nacional".

Enquanto isso, os palestinos, por mais que desejem ter seu próprio Estado, vão se tornando cada vez mais céticos a respeito da probabilidade de ele existir. Não pode ser um bom indício o fato de que o dr. Sari Nusseibeh, presidente da Universidade Al-Quds e partidário de longa data de uma solução com dois Estados, esteja agora escrevendo a favor do binacionalismo. O fracasso do processo de paz desencadeado em Madri e Oslo comprometeu a credibilidade do falecido Yasser Arafat e de seus sucessores. A ocupação é a sua própria nêmese: ela radicaliza os que estão sujeitos à ocupação. A OLP e seus representantes são hoje vistos por muitos palestinos mais jovens como colaboracionistas que se beneficiaram das suas humilhantes negociações com as forças de ocupação mesmo enquanto seu próprio povo sofria. Cada vez que o presidente da Autoridade Palestina, Mahmoud Abbas, se encontra com um primeiro-ministro israelense ou com um presidente americano e volta do encontro de mãos vazias, ele perde um pouco mais de sua credibilidade, e o Hamas, a "resistência", ganha admiradores e votos. Como na França de Vichy (a analogia que tenho ouvido ser citada com maior frequência), as autoridades colaboracionistas estarão em péssima situação para negociar a libertação e liderar um povo livre. Mas se Abbas está prestes a se tornar o Pétain dos palestinos, quem será o seu De Gaulle?

A desconfiança, na mesma medida que os assentamentos ilegais ou as aspirações nacionais, é parte da realidade concreta, e qualquer processo de paz que desvie os olhos de realidades como essa estará fadado ao fracasso. Quanto mais estrangeiros falarem do "processo de paz de Oslo" ou do "mapa do caminho", menos seriamente isso será considerado por todos aqueles que realmente importam. É precisamente *porque* o governo americano fala de forma tão aberta de um Estado palestino, e mesmo o sr. Netanyahu o aceita sob condições bastante restritivas, que a ideia vem perdendo a simpatia dos palestinos. Os palestinos, assim como os israelenses, se mostram céticos a respeito de quaisquer novas negociações ou retiradas "encenadas". Os ocidentais que veem essas iniciativas com simpatia estão cada vez mais defasados em suas posições. Como observou o sr. Netanyahu em 23 de junho de 2009, "o debate sobre os assentamentos é uma perda de tempo".[1] Ele tem razão. A recente declaração emitida pelos ministros do Exterior do G8, conclamando todas as partes a "cumprir com suas obrigações determinadas no mapa do caminho" e "retomar as negociações diretas sobre todos os temas relacionados ao mapa do caminho, as resoluções relevantes do Conselho de Segurança da ONU e os princípios de Madri..." é um exemplo representativo de ruído internacional disfuncional. Se o enviado americano, George Mitchell, espera seriamente, como afirma, que negociações de paz "significativas e produtivas" tenham início logo, ele deveria ter em mente alguma coisa bem diferente.

Então, comecemos, em vez disso, com o que realmente importa. Terra — há tanto tempo a questão central nesse confronto trágico — pode vir a ser a maneira menos produtiva para pensar numa solução. A ideia de que os palestinos ficariam com um pedaço ocidental do deserto de Neguev em troca de 9% de terra fértil da Cisjordânia ocupada por Israel é simplesmente tola. No entanto, ela chegou a ser considerada com seriedade. Quanto a uma troca de terras mais significativa dos dois lados da "cerca de segurança": se Israel, sob o sr. Sharon, foi incapaz de deixar intactas algumas poucas centenas de casas e um punhado de piscinas para os árabes de Gaza em seguida à sua retirada, por que alguém deveria supor que o Estado de Israel do sr. Netanyahu encontraria em seu coração a vontade política ou a prudente generosidade de legar aos palestinos alguma coisa de útil nos territórios bem mais disputados da "Judeia e Samaria"? O que puder ser obtido por meio de um acordo territorial só será alcançado depois que alguma confiança ou mútua boa vontade tiver sido estabelecida por outros meios.

E o que dizer da "segurança"? Os civis israelenses se mostram genuinamente preocupados com a perspectiva da existência de uma entidade palestina armada a apenas algumas dezenas de quilômetros de suas grandes cidades. Os militares israelenses se aproveitam desse medo, mesmo que estejam longe de perder o sono por causa disso: se existe uma autêntica ameaça à existência de Israel, certamente ela não vem de um punhado de foguetes Qassam, mesmo que estes pudessem ser disparados com alguma precisão. O problema de Israel não é se livrar dos lançadores de foguetes, mas sim das condições políticas que garantem sua infinita reposição. Um Estado palestino propriamente constituído seria uma apólice de seguro muito melhor contra disparos por grupos rebeldes. As legítimas preocupações de Israel com sua segurança são, portanto, atendidas de modo mais eficiente pela criação — quanto antes, melhor — de um Estado palestino munido de todas as responsabilidades de um poder estatal, motivado a conviver com seu poderoso vizinho e a reprimir extremistas internos instáveis.

Mutatis mutandis, os palestinos também têm preocupações legítimas em relação à segurança. Eles necessitam quanto antes de um Estado investido de todas as suas atribuições legais de modo a se proteger da propensão de Israel a promover assassinatos seletivos e a tratar os árabes como alvos permanentes e legítimos de guerras preventivas. Também aqui a constituição desse Estado traria benefícios profiláticos para ambas as partes. Israel não teme mais os jordanianos ou os egípcios do modo como muitos de nós ainda nos recordamos. Lembro muito bem de Israel quando o país ainda acreditava que os egípcios, em particular, pareciam guiados por uma inalterável e eterna inclinação a odiar os judeus e a buscar sua destruição. Se acreditarmos que um povo está tomado por essa disposição, então apenas sua contínua humilhação e derrota podem nos proporcionar uma sensação de segurança. Paradoxalmente, então, os israelenses só se sentirão seguros quando contarem com um Estado palestino adequadamente constituído e militarmente competente em suas fronteiras.

O que dizer sobre Jerusalém, a cidade que ambos os Estados gostariam de ver como sua capital? A anexação israelense da parte oriental de Jerusalém suscita dilemas reais. É claro que a unificação e a colonização unilaterais dessa cidade não são irreversíveis, assim como a divisão de Berlim provou não ser insuperável. Um número significativo de israelenses considera com certa repulsa a atual situação política em Jerusalém — um viveiro de extremismo nacionalista e religioso. Eles não lamentariam muito se vissem fracassar essa coalizão formada por colonos ideológicos e fanáticos religiosos que atualmente detém a hegemonia nesse debate. Do mesmo modo, muitos palestinos laicos aceitariam de bom grado bem menos do que a plena soberania sobre sua parte da cidade, contanto que tivessem certeza de que os radicais israelenses não estariam em condições de manter como reféns sua vida diária e seus direitos políticos.

Mas a questão de Jerusalém, isso está claro, não pode ser resolvida apenas pelas partes interessadas, da mesma forma que Berlim não foi reunificada puramente como um exercício do livre-arbítrio alemão. É verdade que 2500 anos de mitologia judaica e memória popular dizem que Jerusalém é a "nossa" cidade. Mas 2500 anos de mitologia e memória popular dizem uma porção de coisas em uma porção de lugares, e grande parte disso é irrealizável devido às modernas circunstâncias políticas. Os judeus não detêm o monopólio de velhas memórias e de antigas aspirações; como outros povos que carregam fardos similares de história e de perdas, eles podem ser obrigados a aceitar algum tipo de solução conciliatória. Como ocorre em outras esferas, o ótimo pode ser o inimigo do bom. Se algum papel cabe a Barack Obama, a George Mitchell, ao G8, ao Conselho de Segurança da ONU e a outros elementos de fora dessa complexa história, esse consistirá em insistir na internacionalização de Jerusalém como cidade aberta, a despeito de quem administre os assuntos municipais no dia a dia. Se judeus e muçulmanos (ou cristãos, por falar nisso) insistirem num controle exclusivo sobre a "sua" cidade, nunca terão paz.

Porém, mais importante — muito mais importante — que terra ou segurança, ou mesmo que Jerusalém, é a questão do "reconhecimento". É a longa recusa dos palestinos (e de outros árabes) a "reconhecer" a realidade de Israel (uma recusa ainda incorporada à carta do Hamas) que ajuda a explicar a incapacidade dos israelenses de imaginar um modus vivendi com os árabes que são seus vizinhos de fronteira ou seus concidadãos, e ela é invocada para justificar essa incapacidade. Inversamente, é a contínua negação de Israel do crime cometido contra os árabes palestinos, e de seus sofrimentos subsequentes, que convence tantos palestinos de que os judeus não são sérios quando falam de paz e de reconciliação.[2]

Os palestinos, é claro, alegam querer mais do que o simples reconhecimento dos sofrimentos que experimentaram no passado. Também desejam a admissão de seu direito a retornar para terras e propriedades tomadas deles no curso do processo de formação de Israel. Analistas internacionais tendem a se concentrar nas implicações legais e demográficas dessa demanda, fazendo eco aos medos exagerados por parte de Israel de que, uma vez que ocorra essa admissão, centenas de milhares de árabes venham a exigir um "direito de voltar" a Israel. Essa possibilidade, em si, não é apenas implausível — quantos árabes palestinos desejariam realmente deixar os Estados Unidos, a Europa, o Kuwait ou o Líbano para viver no Estado judeu do sr. Netanyahu? —, como também deixa de levar em conta algo mais importante. Em princípio, o reconhecimento do "direito ao retorno" importa acima de tudo pela admissão de que um grande mal foi feito aos palestinos e de que algum tipo de reparação lhes é devida.

Entre todos os povos, nós, judeus, mais do que qualquer outro, deveríamos ser capazes de compreender isso. Nenhum tipo de compensação monetária poderá jamais nem começar a compensar o que foi feito pelos nazistas. Da mesma forma, apenas alguns poucos judeus europeus ou seus descendentes desejam retornar às suas terras, casas, lojas e fábricas na Polônia, ou a qualquer outro lugar (ainda que os nacionalistas poloneses tenham durante muito tempo apelado para essa possibilidade, da mesma forma que os porta-vozes de Israel anteveem hordas de belicosos palestinos voltando ao país). O que os judeus queriam após a Segunda Guerra, e conseguiram obter, era a admissão e o reconhecimento de seus sofrimentos e dos crimes de seus perseguidores. Os palestinos não desejam nada menos que isso. O que está em jogo aqui não são terra, dinheiro, tijolos ou argamassa. É a memória e, acima de tudo, a sua história. Da mesma forma que a legitimidade de Israel repousa, em grande medida, sobre as implicações e o reconhecimento das perdas e dos sofrimentos dos judeus, a causa palestina e a argumentação em sua defesa extraem sua energia política e seu significado moral das perdas e dos sofrimentos dos palestinos. Até que — e a menos que — isso seja compreendido e reconhecido, o conflito não terá fim.

É fácil deixar-se envolver pelo caráter aparentemente único do dilema israelense/palestino. Jerusalém é uma cidade única, a história judaica — culminando no Holocausto — clama por um lugar especial na memória do Ocidente, e o Crescente Fértil há muito ocupa o cerne de um conflito político e religioso internacional. E é verdade que, como ocorre em todas as disputas territoriais, também esta apresenta características singulares. Mas faríamos bem em adotar certo distanciamento e lembrar que, na maioria dos aspectos, esta não é em absoluto uma crise única, mas uma que tem muitos traços em comum com outros casos comparáveis, em outras épocas e lugares. Um olhar sobre algumas delas pode nos sugerir determinadas maneiras de superar o impasse.

Em primeiro lugar, devemos lembrar a nós mesmos que Estados multiculturais, multirreligiosos e multilinguísticos não são nem tão inimagináveis, nem tão perenemente instáveis como às vezes supomos. A Suíça, a Bélgica, a Índia, todos esses países funcionam mais ou menos bem lidando com interesses e comunidades ostensivamente incompatíveis. A Iugoslávia — um exemplo que aparentemente contraria isso — na verdade funcionava de modo razoavelmente harmonioso até que foi deliberada e cinicamente fraturada pelo líder de um seus componentes nacionais. Quebec, uma província profundamente dividida, cuja maioria de língua francesa procurou, animada por certo ressentimento, obter independência para si mesma contra a "hegemonia" dos anglófonos dentro e fora de suas fronteiras, encontra-se agora em paz consigo mesma.

É verdade que a solução mais duradoura para etnias que se sobrepõem com seus mútuos antagonismos tem sido a separação e até mesmo a "troca" de populações. Mas essas sempre se deram em seguida a uma guerra e à morte e à destruição por ela acarretadas — na Ásia Menor, por exemplo, ou na Europa Oriental: um prelúdio que jamais poderíamos desejar a nossos contemporâneos de qualquer parte do mundo. Israelenses e palestinos, portanto, precisam trabalhar com o que têm. O que chama a atenção dos que estão fora, contudo, é quanto as circunstâncias que vivem têm em comum com as de outros povos que enfrentaram desafios semelhantes.

Assim, da Argélia à Irlanda do Norte, são sempre os "moderados" que se veem pressionados e excluídos. Eles, é claro, obtêm o respeito de outros moderados no próprio país e fora dele, mas justamente, em parte, por essa razão perdem a influência e a relevância locais. São quase sempre os "extremistas" e os "terroristas" de primeira hora que acabam por negociar acordos finais e chegar ao poder. Isso já aconteceu em Israel e será certamente o caso entre os palestinos, com o Hamas — dentro de não muito tempo — ocupando o lugar do motorista. Não por acaso, as potências coloniais europeias e seus sucessores se viram forçados a entregar o poder a homens e mulheres a quem antes tinham aprisionado sob a acusação de "terrorismo", do Quênia à Indonésia, da Argélia à África do Sul.

A menção à África do Sul é um lembrete de que a ausência de um Mandela entre os palestinos representa uma severa desvantagem. De Klerk e seus colegas africâneres acabaram se dando conta de que o apartheid era uma instituição insustentável — nesse aspecto estavam bem à frente da maioria dos israelenses, mas não de todos —, porém tiveram na verdade a sorte de enfrentar um prisioneiro político extraordinariamente talentoso, com o qual podiam negociar e que era respeitado pelos seus companheiros negros. Como os israelenses se mostram felizes em frisar, os palestinos não contam com uma pessoa assim. Contudo, mesmo que houvesse um Mandela palestino, ele seria incapaz de estabelecer uma Comissão da Verdade e da Reconciliação para superar a desconfiança e o medo mútuos. A maioria dos israelenses ainda não está suficientemente assustada para enxergar a necessidade de uma reconciliação, e, portanto, eles não se veem forçados a reconhecer a verdade de outros povos. Que o projeto de um Grande Israel está fadado ao fracasso é um fato ainda não admitido por um número suficientemente grande de israelenses. É com tristeza que devemos admitir que os racistas sul-africanos eram mais sofisticados e menos preconceituosos em relação à imagem que faziam de si mesmos. O mito fundador *deles*, o de um povo injustiçado, lutador, um *Volk* habituado a trabalhar duro, cercado de povos nativos indolentes e de segunda classe, que necessitavam ser contidos e dirigidos, ruiu diante da antipatia mundial. Os israelenses devem esperar enfrentar algo semelhante nos próximos anos, se a situação não mudar.

A Irlanda do Norte, no entanto, oferece melhores perspectivas, o que George Mitchell, pela posição que ocupou, está em condições de compreender como poucos. Lá, políticos moderados, tanto católicos como protestantes, trabalharam durante décadas para encontrar uma base comum sobre a qual pudessem construir uma solução conciliatória. Tudo o que obtiveram com seus esforços foram humilhações e uma fatia cada vez menor dos votos. Foram os extremistas, o IRA Provisório e os Unionistas Democráticos de Ian Paisley que emergiram como vitoriosos, como os interlocutores de Bill Clinton e Tony Blair, e os líderes de um pacífico e cada vez mais estabilizado Ulster. Por quase trinta anos esses homens e seus capangas brutalizaram o Norte da Irlanda, exortando seus partidários a matar e mutilar em nome de um exclusivismo territorial e do medo dos outros. Até que fossem arrastados ao "processo de paz", não foi possível fazer coisa alguma. Hoje, Gerry Adams, Martin McGinnis e Ian Paisley cooperam no governo do Ulster. Eles são os novos rostos, por mais implausível que pareça, de uma Irlanda do Norte pacífica e distante, finalmente, das manchetes dos jornais.

Os problemas vividos no Ulster ultrapassavam em muito os do Oriente Médio por sua duração (datam do fim do século XVII), escala (muito mais pessoas foram mortas no Ulster apenas durante o mais recente período de violência do que morreram em ataques suicidas ou outros assassinatos em Israel desde a sua origem) ou complexidade. Se esses fatores puderam ser resolvidos, então não devemos perder a esperança em relação ao Oriente Médio. Israel (e seus aliados internacionais) deveria abrir negociações diretas com o Hamas. Isso está longe de ser uma ideia original: em março de 2009, um grupo bipartidário formado por americanos influentes, entre eles Paul Volker e os ex-senadores republicanos Chuck Hegel e Nancy Kassebaum, encorajaram o presidente Obama a fazer exatamente isso. Mas, se não atrairmos o Hamas e lhe dermos uma razão para trabalhar de modo produtivo com negociadores sérios — ou pior, se os israelenses conseguirem assassinar todos os líderes do movimento —, acabaremos por ficar sem palestinos moderados. Teremos apenas jihadistas. Nesse sentido, o Hamas não é nosso pior medo, mas nossa última esperança.

A analogia com o Ulster é um lembrete de outro desafio enfrentado pelo Oriente Médio. Como sabe muito bem qualquer um que já tenha escrito de maneira crítica a respeito tanto de Israel como dos palestinos, as reações mais extremadas e irracionais não vêm do próprio Oriente Médio, mas sim da diáspora. Também isso não nos deveria surpreender. Seja no caso da Croácia ou da Armênia, da Grécia ou da Polônia, são sempre as comunidades que integram a diáspora espalhada pelo mundo que adotam a linha mais inflexível em relação aos temas nacionais mais sensíveis. Os armênios que vivem na própria Armênia têm perfeita consciência do genocídio sofrido por seus antepassados nas mãos dos turcos durante a Primeira Guerra. Mas é a diáspora armênia que mais se destaca ao fustigar os turcos nos fóruns internacionais; na própria Armênia a necessidade de conviver e fazer negócios com os turcos é vista como uma prioridade bem mais alta.

De modo semelhante, a diáspora croata assumiu uma postura mais intransigente durante as recentes guerras civis iugoslavas do que os que residem na própria Croácia, que se mostravam mais dispostos a aceitar uma solução negociada, em nome de uma volta à normalidade e ao seio da Europa. A antiga e amarga divisão da ilha de Chipre teria há muito sido superada não fossem a malevolência das partes que intervêm de fora e a atitude radical assumida por diásporas distantes, que financiam a divisão local. E o mesmo acontece com os palestinos — mas acima de tudo com os judeus. Não fosse pelo lobby judeu americano e pelo seu apoio financeiro, os radicais do movimento dos colonos jamais teriam conseguido obter a força e a influência políticas de que dispõem atualmente. Até que, e a menos que, os ideólogos extremistas da diáspora organizada (e seus amigos nos altos círculos da política) sejam marginalizados, dificilmente alguma pressão efetiva externa se fará sentir sobre Israel. Foi a disposição do presidente Clinton de ignorar os simpatizantes e financiadores do IRA Provisório aqui nos Estados Unidos que acabou por isolar o Sinn Fein, mostrando a Gerry Adams que ele não tinha escolha a não ser aceitar um compromisso. Gostaríamos de acreditar que George Mitchell compreende plenamente as implicações desse precedente.

Em síntese: continuar a insistir no antigo "processo de paz" e no "mapa do caminho" é um esforço fútil. Ninguém que realmente tenha importância ainda acredita neles. Ao deixar as questões mais difíceis para o fim, destruímos a fé de todas as partes na possibilidade de sucesso. A meta importante agora é convencer tanto israelenses como palestinos de que não há opção a não ser seguir um caminho diferente; de que esse caminho tem alguma chance de proporcionar benefícios imediatos e duradouros; e de que os custos de se recusar a avançar são inaceitáveis. Só os protagonistas de fora da região — acima de tudo os Estados Unidos e a União Europeia — têm como conseguir isso, e não podem esperar obter sucesso se continuarem a recitar lugares-comuns ou aquiescerem aos lugares-comuns anunciados por outros, ou se continuarem a dar ouvidos aos preconceitos das diásporas organizadas.

Os "extremistas" deveriam ser imediatamente atraídos para as conversações, e os moderados dispostos a um compromisso deveriam ser delicadamente deslocados para as margens, sob pena de o processo ser desacreditado pela sua presença. Temas ostensivamente "insolúveis" — Jerusalém, segurança, reconhecimento de Israel, reconhecimento do direito de retorno para os palestinos e de perdas passadas — deveriam todos receber prioridade. Acordos territoriais potencialmente intermináveis deveriam ser ou adiados ou entregues a funcionários do segundo escalão para debate. Deveria ser deixado claro, desde o começo, que não será permitido que a inevitável dificuldade para chegar a acordos territoriais detalhados venha a retardar um acordo. Tanto os Estados Unidos como a Europa não deveriam hesitar em lançar mão de seus trunfos, sua pressão e sua determinação. Há muito os israelenses alegam que os árabes só respondem a demonstrações de força. O mesmo vale para Israel.

A política, da forma como a conhecemos, é a arte do possível. Não sei se algum tipo de acordo ainda é possível no Oriente Médio. Mas, se não for, nem os palestinos, nem os israelenses têm algum futuro pela frente, ainda que, no momento, apenas os palestinos compreendam isso. Porém, enxergar os benefícios proporcionados por um compromisso criativo não é algo que esteja fora do alcance da inteligência mesmo dos políticos locais mais provincianos. Especialmente se puderem se eximir da culpa, atribuindo o acordo a uma pressão externa irresistível. Os Estados árabes hoje estão abertos a uma solução de compromisso em um grau que seria inimaginável uma geração atrás. Um Estado israelense liderado mesmo por estadistas moderadamente inteligentes se verá diante de possibilidades interessantes se eles souberem como aproveitá-las. Israel poderia facilmente estabilizar suas relações regionais não apenas construindo alianças com Estados árabes amigos, mas principalmente, e sobretudo, com a Turquia e até com a Rússia.

Sob essa perspectiva, os riscos que Israel correria ao viver lado a lado mesmo com um Estado palestino instável seriam completamente negligenciáveis. Mas não há motivo para acreditar que um Estado palestino adequadamente constituído seria mais volátil do que, digamos, Israel. E, ao contrário de Israel, ele jamais disporia de armas nucleares ou mesmo de um dos exércitos mais poderosos do mundo, não estando assim exposto à tentação, mencionada em certos círculos de Israel, de invocar o "complexo de Sansão", preferindo fazer com que o mundo desabe sobre sua cabeça a pôr em risco seus próprios interesses.

Contudo, as atuais oportunidades não durarão muito, e, assim que um número suficiente de palestinos extraia a conclusão lógica da política de construção de assentamentos de Israel e de sua intransigência em relação a eles, abrindo mão de ter seu próprio Estado, Israel estará perdido. Será forçado a abraçar a opção que descrevi no início deste texto e — a não ser que adote a posição menos provável, a de um Estado binacional — estará condenado indefinidamente à condição de um Estado pária. Nessa questão, o tempo não está a favor de ninguém. E faríamos bem em lembrar que não existe nenhuma lei natural dizendo que, cedo ou tarde, uma solução de alguma forma acabará "surgindo". As consequências de deixar que as coisas se deteriorem, como já deixamos acontecer por tempo demais, ou de deixá-las a cargo das mediocridades incompetentes que governam atualmente tanto Israel como a Autoridade Palestina, seriam catastróficas. Graças ao tratamento abusivo dos palestinos pelo "Estado judeu", o imbróglio israelense/palestino é o motivo mais iminente para um ressurgimento do antissemitismo em todo o mundo. É o fator mais eficiente no recrutamento de agentes para os movimentos islâmicos radicais. E priva de um sentido as políticas externas dos Estados Unidos e da União Europeia para uma das regiões mais delicadas e instáveis do mundo. Algo diferente precisa ser feito.

Este ensaio, escrito no verão de 2009, nunca chegou a ser completado, nem foi apresentado para publicação. Aparece aqui pela primeira vez na forma em que foi esboçado.

NOTAS

1 *Haaretz*, 2/7/2009, T. S. Eliot.

2 Como para demonstrar o atual autismo moral israelense, em maio de 2009 uma comissão legislativa do Knesset aprovou uma lei tornando ilegal para judeus israelenses e cidadãos palestinos de Israel lembrar a Naqba, a catástrofe palestina de 1948.

PARTE TRÊS

O Onze de Setembro e a Nova Ordem Mundial

CAPÍTULO XIV

Sobre *A peste*

A EDITORA PENGUIN ACABA DE PUBLICAR UMA NOVA TRADUÇÃO DE *La peste*, de Albert Camus, feita por Robin Buss, e o texto que se segue é o da minha introdução, escrita há alguns meses. Muitos leitores já estarão familiarizados com essa fábula sobre a chegada da peste à cidade de Oran, no Norte da África, em 194-, e as diferentes maneiras pelas quais seus habitantes reagem ao impacto devastador que ela exerce sobre sua vida. Hoje, *A peste* assume um novo significado e um dramático sentido de urgência.

A insistência de Camus em situar a responsabilidade moral individual no centro mesmo de todas as escolhas públicas é um desafio direto aos cômodos hábitos da nossa era. Sua definição de heroísmo — pessoas comuns fazendo coisas extraordinárias movidas pela simples noção de decência — soa mais verdadeira do que admitíamos no passado. Sua descrição de julgamentos instantâneos ex cathedra — "Irmãos, vocês fizeram por merecer" — parecerá sinistramente familiar a todos nós.

A firmeza com que Camus distingue a diferença entre o bem e o mal, a despeito da compaixão que demonstra pelos que duvidam e aceitam fazer concessões, pelos motivos e erros de uma humanidade imperfeita, lança uma luz nada lisonjeira sobre os que, na nossa época, insistem em tudo relativizar e em trocar de opinião segundo as conveniências do momento. E seu controvertido recurso a uma epidemia biológica para ilustrar os dilemas do contágio moral mostrou-se bem-sucedido em aspectos que seu autor não poderia ter imaginado. Aqui em Nova York, em novembro de 2001, estamos mais bem situados do que desejaríamos para sentir o golpe vibrado pela premonitória última frase do romance.

A peste é o romance mais bem-sucedido de Albert Camus. Publicado em 1947, quando o autor tinha 33 anos, obteve um triunfo instantâneo. Um ano depois já tinha sido traduzido para nove idiomas, e muitos outros viriam a seguir. Nunca chegou a estar fora de circulação e foi alçado à condição de clássico da literatura mundial mesmo antes da morte prematura do autor, num acidente de carro, em janeiro de 1960. Mais ambicioso do que *O estrangeiro*, o romance de estreia que fez sua reputação, e mais acessível do que seus escritos posteriores, *A peste* é o livro pelo qual Camus tornou-se conhecido de milhões de leitores. Ele poderia ter achado isso estranho — *O homem revoltado*, publicado quatro anos depois, era o que, pessoalmente, ele preferia entre seus livros.

Como muitas das melhores obras de Camus, *A peste* exigiu de seu autor muito tempo de trabalho. Ele começou a juntar material para o livro em janeiro de 1941, ao chegar a Oran, a cidade do litoral da Argélia onde se passa sua história. Continuou a trabalhar no manuscrito em Le Chambon-sur-Lignon, um vilarejo nas montanhas na região central da França, aonde foi para se recuperar de uma das frequentes crises provocadas pela tuberculose no verão de 1942. Camus, contudo, logo se viu atraído para a participação na Resistência, de modo que só pôde voltar a dar atenção ao livro depois da libertação da França. Àquela altura, no entanto, o obscuro romancista argelino já havia se transformado numa figura nacional: um herói da resistência intelectual, editor de *Combat* (um diário nascido na clandestinidade e que exerceu enorme influência nos anos do pós-guerra) e um ícone de uma nova geração de homens e mulheres franceses, sedentos por ideias e por ídolos.

Camus parecia se encaixar à perfeição no papel. Atraente e encantador, um partidário carismático de radicais mudanças políticas e sociais, desfrutava de uma autoridade sem igual sobre milhões de seus compatriotas. Nas palavras de Raymond Aron, os leitores dos editoriais de Camus tinham "desenvolvido o hábito de formar seu pensamento diário a partir dele". Havia outros intelectuais na Paris do pós-guerra destinados a desempenhar papéis importantes nos anos que estavam por vir: o próprio Aron, Simone de Beauvoir e, é claro, Jean-Paul Sartre. Mas Camus era diferente. Nascido na Argélia em 1913, era mais jovem que seus colegas da Rive Gauche, a maioria dos quais já estava na casa dos quarenta anos ao fim da guerra. Ele era mais "exótico", tendo chegado da distante Argel e não saído da estufa formada pelas escolas e faculdades parisienses; e havia nele algo de especial. Um observador da época captou bem isso: "O que me chamou a atenção foi o seu rosto, tão humano e sensível. Há nesse homem uma integridade tão patente que impõe um respeito quase imediato; simplesmente ele não é como os outros homens".[1]

A reputação pública de Camus garantiu o sucesso do seu livro. Mas o momento em que foi publicado também foi, em parte, responsável por isso. Quando o livro foi lançado, os franceses começavam a esquecer os constrangimentos e as soluções de compromisso dos quatro anos de ocupação alemã. O marechal Philippe Pétain, o chefe de Estado que iniciou e encarnou a política de colaboração com os nazistas vitoriosos, tinha sido julgado e preso. Outros políticos colaboracionistas tinham sido executados ou banidos da vida pública. O mito de uma gloriosa resistência nacional era cuidadosamente cultivado por políticos de todos os matizes ideológicos, de Charles de Gaulle aos comunistas; incômodas memórias pessoais tinham recebido uma tranquilizadora camada de verniz estampando a versão oficial, segundo a qual a França havia sido libertada dos seus opressores pelos esforços conjuntos da resistência doméstica e das forças da França Livre, lideradas desde Londres por De Gaulle.

Nesse contexto, a alegoria de Albert Camus a propósito da ocupação da França na época da guerra reabria um doloroso capítulo do passado recente francês, mas por um viés indireto e aparentemente apolítico. Por aquele ângulo, evitava provocar suscetibilidades partidárias, com exceção das extremas esquerda e direita, abordando temas delicados sem que as pessoas se recusassem de antemão a ouvi-lo. Se o romance tivesse aparecido em 1945, a atmosfera raivosa e partidarizada animada por sentimentos de vingança teria sufocado suas reflexões ponderadas a respeito da justiça e da responsabilidade. Se tivesse sido adiado até os anos 1950, seu tema teria provavelmente sido posto de lado, em face dos novos alinhamentos surgidos em função da Guerra Fria.

Se *A peste* deve ser lido, como certamente o foi, como uma simples alegoria a respeito do trauma vivido pela França durante a guerra, esse é um tema ao qual voltarei mais adiante. O que não deixa dúvidas é o fato de que se tratava de um livro intensamente pessoal. Camus pôs algo de si mesmo — suas emoções, suas memórias e sua sensibilidade em relação a um lugar — em todas as obras que publicou; esse é um dos motivos pelos quais se distinguia de outros intelectuais de sua geração e que explica a atração duradoura e universal que exerce. Porém, mesmo pelos padrões de Camus, *A peste* é notavelmente introspectivo e revelador. Oran, o cenário do romance, era uma cidade que ele conhecia bem e da qual cordialmente não gostava, ao contrário da cidade natal por ele adorada, Argel. Considerava Oran tediosa e materialista, e suas memórias sobre a cidade foram marcadas mais ainda pelo fato de sua tuberculose ter se agravado durante sua estada ali. Em consequência disso, foi proibido de nadar — um de seus maiores prazeres — e se viu forçado a permanecer sentado semanas a fio em meio ao calor sufocante, opressivo, que proporciona o pano de fundo da história.

Essa privação involuntária de tudo o que ele mais amava na sua terra natal argelina — a areia, o mar, o exercício físico e a sensação mediterrânica de bem-estar e liberdade que Camus sempre contrapôs à paisagem cinzenta e soturna do Norte — foi agravada quando ele foi enviado ao interior da França para convalescer. A região do Maciço Central é tranquila e revigorante, e o vilarejo afastado ao qual Camus chegou em agosto de 1942 poderia ser tomado como o local ideal para um escritor. Porém, doze semanas depois, em novembro de 1942, os aliados desembarcaram no Norte da África. Os alemães reagiram ocupando todo o Sul da França (até então governado desde a cidade de Vichy, sede de uma estação de águas, pelo governo fantoche de Pétain) e a Argélia se viu isolada do continente. Camus ficou, a partir desse momento, separado não apenas da sua terra natal, mas também da sua mãe e da sua esposa, as quais só veria novamente depois da derrota da Alemanha.[2]

Doença, exílio e separação estavam, portanto, presentes tanto na vida de Camus como em seu romance, e suas reflexões a esse respeito compõem um contraponto vital à alegoria. Devido à sua experiência direta e intensa, as descrições de Camus da peste e da dor gerada pela solidão são excepcionalmente vívidas e sentidas. A profundidade do seu próprio sentimento é sugerida pela observação do narrador, logo no começo da história, de que "a primeira coisa que a peste trouxe para os nossos concidadãos foi o exílio", e que "estar separado de alguém a quem amamos [...] [era] a maior agonia desse longo período de exílio".

Isso por sua vez proporciona, tanto para Camus como para o leitor, um vínculo com seu romance anterior: pois doença, separação e exílio são condições que nos chegam de forma inesperada e indesejada. Servem de exemplo do que Camus compreendia como o "absurdo" da condição humana e a natureza aparentemente aleatória dos esforços humanos. Não é por acaso que um dos seus principais personagens, Grand, supostamente sem motivo algum, relata uma conversa ouvida numa tabacaria a respeito de "um jovem empregado de uma empresa que tinha matado um árabe numa praia". Isso, é claro, é uma alusão ao ato seminal de violência arbitrária em *O estrangeiro*, e na mente de Camus está associado às devastações provocadas pela pestilência em *A peste*, e não apenas pelo cenário argelino comum a ambas.

Porém Camus fez mais do que simplesmente inserir na sua história pequenos episódios e emoções extraídos de seus primeiros escritos e da sua situação pessoal. Ele colocou a si mesmo, de forma bastante direta, nos personagens de seus romances, usando três deles em particular para representar e iluminar seu característico ponto de vista moral. Rambert, o jovem jornalista que se vê separado da mulher em Paris, fica a princípio desesperado para fugir da cidade isolada em quarentena. Sua obsessão com seu sofrimento pessoal o deixa indiferente à tragédia mais ampla, da qual se sente bastante distante — ele não é, afinal, um cidadão de Oran, tendo sido surpreendido ali apenas por obra do acaso. É justo na véspera da sua partida que compreende como, a despeito de si mesmo, ele se tornou parte da comunidade e compartilha seu destino; ignorando o risco e apesar de suas necessidades egoístas anteriores, ele permanece em Oran e se une às "equipes sanitárias". Partindo de uma resistência inteiramente privada contra o infortúnio, ele ascende à solidariedade de uma resistência coletiva contra o flagelo comum.

A identificação de Camus com o dr. Rieux reflete seu estado de espírito instável desses anos. Rieux é um homem que, diante do sofrimento e de uma crise comum, faz o que deve fazer e se torna um líder e um exemplo, não levado por uma coragem heroica, mas antes por uma espécie de otimismo necessário. No fim dos anos 1940, Camus estava exausto e deprimido, sentindo o peso do fardo das expectativas depositadas nele como intelectual público: conforme confiou aos seus diários, "todos querem que o homem ainda empenhado em sua busca já tenha alcançado logo suas conclusões". Do filósofo "existencialista" (um rótulo que sempre desagradou a Camus) as pessoas esperavam uma visão de mundo pronta e acabada; mas Camus não tinha nenhuma a oferecer.[3] Como expressou por meio de Rieux, ele estava "farto do mundo em que vivia"; tudo o que podia oferecer com alguma certeza era "algum sentimento por seus semelhantes e [ele estava] determinado a rejeitar qualquer injustiça e qualquer concessão".

O dr. Rieux faz a coisa certa apenas porque enxerga claramente o que precisa ser feito. Num terceiro personagem, Tarrou, Camus incorporou uma exposição mais elaborada de seu pensamento moral. Como Camus, Tarrou está na casa dos trinta anos; deixou sua casa, segundo ele mesmo, movido pelo desgosto que sentia pela postura do pai de defender a pena de morte — tema com que Camus se preocupou intensamente e sobre o qual escreveu bastante nos anos do pós-guerra.[4] De modo doloroso, Tarrou refletiu sobre sua vida e seus compromissos passados, e sua confissão a Rieux ocupa o cerne mesmo da mensagem moral do romance: "Pensei que estava lutando contra a peste. Eu me dei conta de que, indiretamente, tinha apoiado a morte de milhares de homens, de que tinha causado suas mortes ao aprovar ações e princípios que inevitavelmente levaram a elas".

Essa passagem pode ser lida como expressando as reflexões arrependidas do próprio Camus sobre sua passagem pelo Partido Comunista na Argélia durante os anos 1930. Mas as conclusões de Tarrou vão além da admissão de um erro político: "Estamos todos na peste. [...] Tudo o que sei é que é preciso dar o melhor de si para não vir a ser também uma vítima da peste. [...] E é por isso que decidi rejeitar tudo que, direta ou indiretamente, faça as pessoas morrer ou justifique o fato de outras pessoas fazerem com que morram". Essa é a voz autêntica de Albert Camus e esboça a posição que assumiria pelo resto da vida em relação ao dogma ideológico, ao assassinato político ou judiciário e a todas as formas de irresponsabilidade ética — atitude que mais tarde lhe cobraria um alto custo em termos de amigos e até mesmo em influência no mundo polarizado da inteligência parisiense.

A defesa feita por Tarrou/Camus das suas recusas e dos seus compromissos nos leva de volta à questão do status de *A peste*. Trata-se de um romance bem-sucedido em vários níveis, como deve ser qualquer grande romance, porém é, acima de tudo, uma inegável história de fundo moral. Camus tinha *Moby Dick* em alta conta e, como Melville, não hesitava em dotar sua história de símbolos e metáforas. Porém Melville podia se dar ao luxo de ir e vir livremente, para trás e para adiante, entre a narrativa sobre a caça a uma baleia e uma fábula a respeito da obsessão humana; entre a Oran de Camus e o dilema da escolha humana havia a realidade da vida na França de Vichy entre 1940 e 1944. Leitores de *A peste*, tanto hoje como em 1947, não estariam errados, portanto, em abordá-lo como uma alegoria sobre os anos da ocupação.

Isso se deve, em parte, ao fato de Camus deixar claro que se trata de uma história sobre "nós". A maior parte da história é contada na terceira pessoa. Mas, espalhado estrategicamente ao longo do texto, há o ocasional "nós", e o "nós" em questão — pelo menos para o público mais imediato de Camus — são os franceses em 1947. A "calamidade" que se abateu sobre os cidadãos da Oran ficcional é aquela que vitimou a França em 1940, com a derrota militar, o abandono da República e o estabelecimento do regime de Vichy sob a tutela alemã. O relato de Camus a propósito da chegada dos ratos ecoava uma visão bastante disseminada sobre a divisão em que se encontrava a própria França em 1940: "Era como se o próprio solo sobre o qual nossas casas estavam construídas estivesse sendo expurgado de um excesso de bile, deixando vir à tona furúnculos e abcessos que até então o tinham devorado por dentro". Na França, muitos, a princípio, tinham compartilhado da reação inicial do padre Paneloux: "Irmãos, vocês fizeram por merecer".

Durante um bom tempo as pessoas não se dão conta do que aconteceu e a vida parece seguir seu curso — "quanto às aparências, nada havia mudado". "A cidade era habitada por pessoas que caminhavam como que adormecidas." Depois, quando a peste já tinha passado, a amnésia se instala — "elas negavam que nós [sic] tínhamos sido aquele povo entorpecido". Tudo isso e muito mais — o mercado negro, o fracasso dos administradores em dar às coisas seu verdadeiro nome e em assumir a liderança moral da nação — descreviam com tamanha precisão o passado recente francês que era impossível não reconhecer as verdadeiras intenções de Camus.

Entretanto, a maior parte dos alvos de Camus não se deixa rotular facilmente, e a alegoria foge ao espírito da retórica moral polarizada, muito comum no período do pós-guerra. Cottard, que se resigna à peste, julgando-a forte demais para ser combatida, e que considera as "equipes sanitárias" uma perda de tempo, é claramente alguém que vem a ser um "colaboracionista" em relação ao destino da cidade. Ele prospera em meio à nova situação e só tem a perder com a volta aos "velhos tempos". Mas ele é retratado com simpatia, e Tarrou e os outros continuam a manter contato com ele e até a discutir com ele suas ações. Tudo o que pedem, nas palavras de Tarrou, é que ele "tente não espalhar deliberadamente a peste".

No final, Cottard é violentamente espancado pelos cidadãos recém-liberados — um lembrete das punições violentas dirigidas aos supostos colaboradores por ocasião da Libertação, praticadas muitas vezes por homens e mulheres cujo entusiasmo pela vingança violenta os ajudou — e a outros — a esquecer as próprias concessões feitas na época da guerra. A sensibilidade demonstrada por Camus em relação à raiva e ao ressentimento nascidos de um sofrimento genuíno e de uma memória culpada introduz uma nuance de empatia, algo raro entre seus contemporâneos, fazendo com que a história se eleve bem acima das convenções da sua época.

A mesma sensibilidade (e integridade — Camus estava escrevendo com base na sua experiência pessoal) dá forma à representação dos próprios integrantes da resistência. Não por acaso, Grand, o tímido e reprimido funcionário, figura nada inspiradora, é apresentado como a encarnação da verdadeira e pouco heroica resistência. Para Camus, assim como para Rieux, a resistência nada tinha a ver com heroísmo — ou, se tinha, era, então, o heroísmo da bondade. "Pode parecer uma ideia ridícula, mas a única maneira de lutar contra a peste é com a decência." Unir-se às "equipes sanitárias" não era em si mesmo um ato de grande significação — "não fazer aquilo, ao contrário, teria parecido incrível na época". Esse ponto é enfatizado seguidamente no romance, como se Camus se preocupasse com a possibilidade de ser mal compreendido: "Quando vemos o sofrimento que isso acarreta", observa Rieux a certa altura, "é preciso ser louco, cego ou covarde para se resignar à peste".

A exemplo do narrador, Camus se recusa a "fazer um elogio excessivamente eloquente à determinação e ao heroísmo aos quais atribui um grau apenas moderado de importância". Isso precisa ser compreendido no contexto. Existiram, é claro, demonstrações de enorme coragem e grande sacrifício na Resistência francesa; muitos homens e mulheres morreram por essa causa. Porém Camus sentia-se pouco à vontade com a ostentação em torno do mito do heroísmo desenvolvido na França do pós-guerra e tinha horror ao tom de superioridade moral com o qual supostos ex-integrantes da Resistência (inclusive alguns de seus famosos colegas intelectuais) mostravam-se condescendentes em relação aos que nada tinham feito. Na visão de Camus, era a inércia, ou a ignorância, que explicava a incapacidade de ação por parte das pessoas. Os Cottard desse mundo eram uma exceção; a maioria das pessoas é melhor do que imaginamos — como diz Tarrou, "só é preciso dar a elas uma oportunidade".[5]

Consequentemente, alguns dos intelectuais contemporâneos de Camus não demonstraram particular interesse por *A peste*. Esperavam dele algum tipo de obra mais "engajada" e acharam politicamente incorretos as ambiguidades do livro e o tom de tolerância e moderação desiludidas. Simone de Beauvoir, em especial, desaprovou severamente o recurso de Camus a uma praga natural como um substituto para (era o que ela pensava) o fascismo — o procedimento isentava os homens de suas responsabilidades políticas, ela insistia, e se esquivava da história e dos verdadeiros problemas políticos. Em 1955 o crítico literário Roland Barthes chegou a uma conclusão negativa semelhante, acusando Camus de oferecer aos leitores uma "ética anti-histórica". Mesmo hoje essa crítica ocasionalmente vem à tona entre os que se dedicam ao estudo de Camus na academia: ele deixa o fascismo e Vichy escapar à condenação, acusam eles, ao lançar mão da metáfora de uma "peste não ideológica e não humana".

Comentários como esses são duplamente reveladores. Em primeiro lugar mostram em que medida a história aparentemente simples de Camus se prestava a incompreensões. A alegoria pode ter sido associada à França de Vichy, mas a "peste" transcende os rótulos políticos. Não era o "fascismo" que Camus estava visando — um alvo fácil, afinal, em especial em 1947 —, mas os dogmas, a subserviência e a covardia em todas as suas formas públicas e combinadas. Certamente Tarrou não é nenhum fascista; mas ele insiste em dizer que, nos primeiros tempos, quando concordava com doutrinas que autorizavam o sofrimento de outros em nome de ideais elevados, também era um portador da peste, mesmo enquanto lutava contra ela.

Em segundo lugar, a acusação de que Camus era ambíguo demais em seus juízos, demasiadamente pouco político em suas metáforas, lança luz não sobre as suas fraquezas, mas sim sobre suas qualidades. Isso é algo que talvez agora estejamos em melhor situação para compreender do que se encontravam os primeiros leitores de *A peste*. Graças a Primo Levi e a Václav Havel, adquirimos familiaridade com a "zona cinzenta". Compreendemos melhor que, em condições extremas, raramente encontramos categorias simples e reconfortantes de bem e mal, culpado e inocente. Sabemos mais sobre as escolhas e as soluções de compromisso com as quais homens e mulheres são obrigados a lidar em tempos difíceis, e não nos apressamos mais tanto assim em julgar os que procuraram se acomodar em situações impossíveis. Os homens podem vir a fazer a coisa certa a partir de uma combinação de motivos e podem, com a mesma facilidade, cometer atos terríveis com a melhor das intenções — ou sem intenções de tipo algum.

Disso não decorre a crença de que as pragas que a humanidade faz desabar sobre si mesma sejam "naturais" ou "inevitáveis". Porém atribuir responsabilidades por elas — evitando, assim, que voltem a acontecer no futuro — pode não ser uma tarefa tão simples. E com Hannah Arendt fomos apresentados a mais uma complicação: a noção da "banalidade do mal" (uma expressão que o próprio Camus teria tido o cuidado de evitar), a ideia de que crimes inomináveis podem ser cometidos por homens bastante comuns, com consciência limpa.[6]

Essas noções são agora lugares-comuns do debate moral e histórico. Mas Albert Camus foi o primeiro a chegar a essas questões, recorrendo às suas próprias palavras, com uma perspectiva original e uma intuição que escaparam a quase todos os seus contemporâneos. É isso que eles consideravam tão desconcertante em seus escritos. Camus era um moralista que não hesitava em distinguir entre o bem e o mal, mas que se abstinha de condenar a fragilidade humana. Ele era um estudioso do "absurdo" que se recusava a se curvar diante da necessidade.[7] Era um homem público voltado para a ação e que insistia no fato de que todas as questões verdadeiramente importantes se resumiam, em última instância, a atos individuais de generosidade e de bondade. E, como Tarrou, ele acreditava em verdades absolutas e aceitava os limites do possível: "Outros homens farão a história. [...] Tudo o que sei é que nesta terra há pestes e há vítimas — e devemos fazer o possível para nos recusar a ficar do lado da peste".

Assim, *A peste* não ensina nenhuma lição. Camus era um *moraliste*, mas não um moralizador. Ele alegou ter se esforçado muito para não escrever algo "panfletário", e, na medida em que essa novela não oferece consolo algum a polemistas políticos de nenhuma tendência, pode-se considerar que ele teve sucesso. Mas justamente por esse motivo o livro não apenas sobreviveu às suas origens como uma alegoria a respeito da França ocupada, mas também transcendeu sua era. Ao olharmos para trás e fazermos um sombrio balanço do século XX, podemos ver mais claramente agora que Albert Camus identificou os dilemas centrais de nossa era. Como Hannah Arendt, ele viu que "o problema do mal será a questão fundamental da vida intelectual do pós-guerra na Europa — da mesma forma que a morte se tornou o problema fundamental depois da última guerra".[8]

Cinquenta anos depois de sua primeira publicação, numa era de satisfação pós-totalitária com as nossas condições e perspectivas, quando intelectuais anunciam o Fim da História e políticos pregam a globalização como um paliativo universal, a frase com que Camus encerra seu grande romance soa mais verdadeira do que nunca, um sino de alarme ecoando na noite da complacência e do esquecimento:

O bacilo da peste nunca morre ou desaparece inteiramente, [...] pode permanecer latente por décadas na mobília ou nas roupas, [...] espera pacientemente em quartos, sótãos, baús, lenços e papéis velhos e [...] talvez chegue o dia em que, para instrução ou desgraça da humanidade, a peste convocará seus ratos e os enviará para morrer em alguma cidade que se mostra satisfeita consigo mesma.

Este ensaio foi publicado pela primeira vez em novembro de 2001 no *New York Review of Books*.

Notas

1 Julien Green, *Journal*, 20/2/1948, citado por Olivier Todd, *Albert Camus: Une vie* (Paris: Gallimard, 1996), pp. 419-20.

2 O editor literário Jean Paulhan, ao encontrar Camus em Paris, em janeiro de 1943, observou que ele "sofria" com a impossibilidade de voltar a Argel, para "sua esposa e o seu clima". Jean Paulhan a Raymon Guérin, 6/1/1943, em Paulhan, *Choix de lettres, 1937-1945* (Paris: Gallimard, 1992), p. 298.

3 "Nunca fui um filósofo e nunca pretendi ser um." Em "Entretien sur la révolte", *Gazette des lettres*, 15/2/1952.

4 Em seu romance autobiográfico *Le Premier homme*, publicado postumamente, Camus escreve sobre o seu pai ter chegado em casa e vomitado, depois de assistir a uma execução pública.

5 É importante observar que foi em Chambon-sur-Ligne, precisamente o mesmo vilarejo nas montanhas em que Camus esteve convalescendo em 1942-3, que a comunidade protestante local se uniu em torno do seu pastor para salvar um grande número de judeus que haviam buscado refúgio entre fazendas e aldeias isoladas, inacessíveis. Esse ato incomum de coragem coletiva, infelizmente raro naqueles dias, oferece um contraponto histórico à narrativa de Camus a respeito de uma escolha moral — e uma confirmação de suas intuições sobre a decência humana. Ver Philip P. Hallie, *Lest Innocent Blood Be Shed: The Story of the Village of Le Chambon and How Goodness Happened There* (Nova York: Harper and Row, 1979).

6 Ver Hannah Arendt, *Eichmann in Jerusalem: A Report on the Banality of Evil* (Nova York: Viking, 1963). Essa questão é bem exemplificada no estudo realizado por Christopher Browning a respeito dos assassinatos em massa na Frente Oriental na Segunda Guerra: *Ordinary Men: Reserve Police Battalion 101 and the Final Solution in Poland* (Nova York: Aaron Asher Books, 1992).

7 Numa resenha antiga sobre *A náusea*, de Jean-Paul Sartre, escrita muito antes que eles se conhecessem, Camus observou: "O erro de certo tipo de escrito é acreditar que, como a vida é horrível, ela é trágica. [...] Anunciar a natureza absurda da existência não pode ser um objetivo, apenas um ponto de partida". Ver *Alger Républicain*, 20/10/1938.

8 Hannah Arendt, "Nightmare and Flight", *Partisan Review*, vol. 12, nº 2 (1945), republicado em *Essays in Understanding*, Jerome Kohn, ed. (Nova York: Harcourt Brace, 1994), p. 133.

CAPÍTULO XV

O seu próprio pior inimigo

I

O ATUAL STATUS DOS ESTADOS UNIDOS COMO UMA "HIPERPOTÊNcia" hegemônica, sem dispor de rivais e sem ter quem a desafie, tema do livro de Joseph Nye, pode ser ilustrado pelo seu establishment militar. Antes do Onze de Setembro e antes que o presidente Bush tivesse proposto um aumento de 14% (48 bilhões de dólares) nos gastos da defesa neste ano, os Estados Unidos já se encontravam num plano acima de quaisquer possíveis concorrentes. O país tem bases, navios, aviões e soldados ao redor de todo o globo. Washington gasta mais com suas forças armadas do que qualquer nação na história: o orçamento de defesa dos Estados Unidos logo ultrapassará os orçamentos anuais de defesa dos nove Estados seguintes *somados*. É verdade que os integrantes da União Europeia dispõem, entre eles, de um número maior de soldados do que os Estados Unidos e que, coletivamente, seus gastos com defesa compõem um total de 70% das despesas de Washington no período pré-2002; mas os resultados em tecnologia e hardware simplesmente não podem ser comparados. Os Estados Unidos podem intervir ou fazer guerra quase que em qualquer lugar do mundo. Ninguém sequer chega perto disso.

Porém a "América" que grande parte do mundo carrega na cabeça não é definida pelo poder de destruição de seus mísseis balísticos, por suas bombas inteligentes ou mesmo pelos seus soldados. É mais sutil e difusa do que isso. Em alguns lugares é uma memória de libertação que começa a desbotar. Em outros é uma promessa de liberdade, oportunidade e fartura: uma metáfora política e uma fantasia pessoal. Em outras partes ainda, ou até nos mesmos lugares, mas em outras ocasiões, a América tem sido identificada com a repressão local. Em síntese, a América está em toda parte. Os americanos — apenas 5% da população mundial — geram 30% do produto mundial bruto, consomem quase 30% da produção mundial de petróleo e são responsáveis por quase metade dos gases do efeito estufa gerados no mundo. Nosso planeta é dividido de muitas formas: ricos/pobres; Norte/Sul; ocidental/não ocidental. Porém, cada vez mais, a divisão que importa é a que separa a América do resto do mundo.

O antiamericanismo que agora preocupa os analistas não deveria, portanto, surgir como uma surpresa. Os Estados Unidos, em virtude da sua situação ímpar, estão expostos ao olhar crítico do mundo em tudo o que fazem ou deixam de fazer. Parte da antipatia despertada pelos Estados Unidos se deve àquilo que o país é: muito antes de eles ascenderem ao seu domínio global, visitantes estrangeiros criticavam sua autoconfiança arrogante, a crença narcisista dos americanos na superioridade de seus valores e práticas, sua insensibilidade em relação à história e à tradição, típica de quem pouco valoriza as raízes — as suas próprias e as dos outros povos. A lista de acusações cresceu desde que os Estados Unidos subiram ao palco do cenário mundial, mas não mudou muito. Esse antiamericanismo "cultural" é compartilhado por europeus, latino-americanos e asiáticos, tanto por observadores laicos como religiosos. Não está associado a uma antipatia pelo Ocidente, pela liberdade ou pelo iluminismo, ou qualquer outra abstração exemplificada pelos Estados Unidos. Tem a ver com a América.[1]

Alvo de ressentimento pelo que é, a América também desperta antipatia pelo que faz. Nesse aspecto, recentemente as coisas mudaram para pior. Os

Estados Unidos com frequência se comportam no plano internacional como um cidadão delinquente. O país se mostra relutante em aderir a iniciativas ou acordos internacionais, seja quanto ao aquecimento global, à guerra biológica, à justiça criminal ou aos direitos das mulheres; os Estados Unidos são um dos únicos dois Estados (o outro é a Somália) que não ratificaram a Convenção sobre os Direitos das Crianças, de 1989. O atual governo americano voltou atrás em sua decisão de assinar o Estatuto de Roma, que criou o Tribunal Penal Internacional, e se declarou desobrigado de cumprir a Convenção de Viena sobre Direito de Tratados, que fixa as obrigações dos Estados de se aterem aos tratados que ainda estão por ratificar. A atitude americana em relação às Nações Unidas e às suas agências é, para dizer o mínimo, de frieza. No começo deste ano, o embaixador dos Estados Unidos nas Nações Unidas para os direitos humanos pediu que fosse antecipada a dissolução dos tribunais ad hoc para Ruanda e para a antiga Iugoslávia — mesmo que estes sejam fundamentais para qualquer esforço sério de promover uma guerra internacional ao terror e que os próprios Estados Unidos tenham gastado milhões subornando Belgrado para que entregasse Slobodan Milošević ao tribunal de Haia.

Para muitos observadores de fora, essa postura incoerente em relação a organizações e acordos internacionais, alguns dos quais Washington ajudou a estabelecer, contradiz a afirmação da América de que compartilha interesses internacionais e de que busca parceiros multilaterais para atingir seus objetivos. O mesmo vale para as práticas econômicas americanas. Os Estados Unidos são a um só tempo um defensor e um exemplo da globalização — capitalismo baseado no livre-comércio, não obstruído por fronteiras, interesses especiais, práticas restritivas, protecionismo ou interferência do Estado. Internamente, contudo, Washington impõe tarifas de proteção ao aço, oferece apoio aos agricultores e concede, na prática, subsídios governamentais (especialmente à indústria bélica) em troca de ganhos políticos. A União Europeia, é claro, também faz isso — a notória Política Agrícola Comum consome 45% do orçamento de Bruxelas e é no mínimo tão prejudicial ao bloquear a produção dos agricultores africanos como qualquer lei agrícola americana. Mas o custo para a imagem da América é bem maior: os Estados Unidos estão intimamente associados precisamente às normas internacionais que o país vem transgredindo.

Para críticos estrangeiros, essas contradições no comportamento americano sugerem hipocrisia — talvez a mais frequente entre as acusações dirigidas contra o país. Elas são mais irritantes porque, hipócrita ou não, a América é indispensável. Sem a participação americana, a maior parte dos acordos internacionais permanece letra morta. A liderança americana parece ser solicitada mesmo em casos nos quais — como na Bósnia entre 1992 e 1995 — os britânicos e outros países europeus dispunham, sozinhos, dos meios para resolver a crise. Os Estados Unidos são cruelmente inadequados para desempenhar o papel de gendarme do mundo — Washington é famosa por sua incapacidade de manter sua atenção focada por muito tempo, mesmo em regiões cronicamente conturbadas como a Caxemira, os Bálcãs, o Oriente Médio ou a Coreia —, mas parece não ter escolha. Enquanto isso, o resto do mundo, sobretudo os europeus, se ressente quando os Estados Unidos não exercem a liderança, mas também o fazem quando os Estados Unidos lideram com uma autoconfiança exagerada.

A reação previsível a essa situação tem ditado o novo tom da política externa americana, uma impaciência arrogante em relação a qualquer tipo de opinião vinda de fora. A Guerra Fria acabou, reza o credo unilateralista do governo Bush e dos que o apoiam, e a poeira agora baixou. Sabemos quem somos e o que queremos. Política externa tem a ver com interesses nacionais. Interesses nacionais são atendidos por meio do exercício do poder. Poder tem a ver com armas e a determinação de usá-las, e dispomos de ambas as coisas. Nas palavras do colunista Charles Krauthammer, em junho de 2001, "o novo unilateralismo procura fortalecer o poder americano e o usa abertamente para atingir seus objetivos no plano global".[2]

No período imediatamente posterior ao Onze de Setembro, o governo Bush calou sua retórica unilateralista, num esforço para conquistar aliados na iminente guerra contra o terror. Comentaristas do outro lado do Atlântico, consternados com o massacre, devolveram, comovidos, o cumprimento — "Todos somos americanos, agora", anunciou o *Le Monde*, enquanto a OTAN invocava pela primeira vez o artigo V da sua carta, comprometendo todos os seus membros com uma atitude de solidariedade com os Estados Unidos. A maioria dos aliados dos americanos apoiou com convicção a guerra no Afeganistão, a despeito de quaisquer restrições reservadas que tivessem a respeito. Mas em janeiro de 2002, quando o presidente Bush, em seu discurso sobre o Estado da União, fez uma alusão ao "eixo do mal" (Coreia do Norte, Irã e Iraque), a fissura foi reaberta.

A reação negativa ao discurso foi causada menos por sua substância do que pela sua forma. A maioria dos aliados tem dúvidas se seria sensato afastar o Irã das nações ocidentais, e alguns deles questionam a maneira proposta por Washington de lidar com Saddam Hussein. Mas essas não são discordâncias novas. Entretanto, apenas quatro meses depois de o governo ter se declarado empenhado em construir alianças e colaborar estreitamente com seus amigos na luta contra um inimigo comum, o relato de Bush sobre a luta global da América contra as forças das trevas nem sequer mencionou os aliados dos americanos. Em muitos isso fez soar um alerta.[3]

A reação americana foi fingir surpresa — "Mas que medida unilateral tomamos para deixá-los assim tão chocados?", perguntou Colin Powell em 17 de fevereiro. Porém os europeus não tinham se equivocado ao interpretar os sinais emitidos por Washington. A despeito de Powell, o consenso realista (cínico, alguns prefeririam chamar) no governo dizia que, como os aliados dos americanos são irrelevantes nos seus cálculos militares e não têm nenhuma opção política a não ser seguir obedientemente os Estados Unidos, não se ganha nada em consultá-los previamente ou em levar em consideração suas sensibilidades. Na sua fórmula mais crua, essa conclusão foi bem sintetizada por, mais uma vez, Charles Krauthammer:

> Nossos sofisticados primos europeus estão horrorizados. Os franceses dão o tom, denunciando o *simplisme* americano. Consideram falta de boas maneiras chamar o mal pelo seu verdadeiro nome. Preferem contemporizar com ele. Têm muita prática nisso, pois é notória a maneira como se adaptaram à Alemanha nazista em 1940. [...] Estamos envolvidos numa guerra de autodefesa. É também uma guerra pela civilização ocidental. Se os europeus se recusam a ver a si mesmos como parte dessa luta, muito bem. Se quiserem abrir mão dela, muito bem. Vamos deixar que segurem nosso paletó, mas não que atem nossas mãos.[4]

É típico do lamentável estado de espírito que impera hoje em certos círculos em Washington que Krauthammer deixe de mencionar não apenas que a França perdeu 100 mil homens nas primeiras seis semanas de luta contra os alemães em 1940, mas também que os Estados Unidos mantiveram intactas suas relações diplomáticas com os malvados nazistas por mais dezoito meses, até que Hitler declarasse guerra aos Estados Unidos, em dezembro de 1941.

Krauthammer, claro, é apenas um colunista. Contudo, o novo tom da política externa americana de hoje é sintetizado sucintamente pelo próprio Powell — aos olhos de muitos estrangeiros, a voz solitária no governo Bush a pregar uma moderação multilateral. Falando em Roma, depois do recente encontro Bush-Putin e da subsequente instalação de um Conselho OTAN-Rússia, ele insistiu que a política externa americana permanece tão "multilateral" como sempre. Nossa tarefa, explicou, consiste em tentar persuadir nossos amigos de que nossas políticas estão corretas. Mas se não tivermos sucesso nisso, "tomaremos a posição que consideramos correta, e espero que os europeus compreendam melhor a nossa maneira de fazer as coisas".[5]

É essa atitude de indiferença condescendente em relação às opiniões de fora que soa muito mal aos ouvidos estrangeiros e que tanto tem desapontado os aliados dos Estados Unidos depois das expectativas suscitadas após o Onze de Setembro. Juntamente com a recém-anunciada doutrina estratégica de Bush de uma "autodefesa preventiva unilateralmente determinada" e com a perspectiva preocupante do possível uso contra o Iraque de novas armas nucleares capazes de penetrar o solo — uma violação sem precedentes da histórica relutância americana em empregar armas desse tipo, próprias para tomar a iniciativa de um ataque —, ela mais uma vez traça o quadro de uma liderança americana surda a críticas e conselhos.[6] É uma liderança que com grande frequência soa desdenhosa e agressiva e que, nas palavras do *El Pais*, alimenta "o alarme público" com suas obsessões e advertências manipuladoras a respeito de um iminente Armagedom.

Joseph Nye é decano da Kennedy School, de Harvard, e foi alto funcionário na administração Clinton nos setores de defesa e de inteligência. Seu livro, um longo ensaio sobre a política externa americana, foi escrito antes dos ataques de Onze de Setembro e em seguida atualizado às pressas para publicação, mas não poderia ser mais atual. Nye não é um idealista wilsoniano, lamentando a relutância americana em se unir à comunidade internacional na busca por um mundo melhor — em 1990 ele publicou *Bound to Lead* [Fadado a liderar], no qual previu corretamente o advento da hegemonia americana.[7] Ele não se mostra constrangido pela realidade da supremacia americana.

Entretanto, ele escreveu uma forte crítica ao unilateralismo da política externa americana — a disposição bastante difundida de "seguir sozinho", prestando o mínimo de atenção aos desejos dos outros. Também se mostra implicitamente cético em relação ao "realismo", a abordagem da política internacional que descarta, a priori, quaisquer preocupações com direitos, legislação transnacional ou objetivos morais e que reduz a diplomacia à tarefa de fazer avançar os interesses americanos por todos os meios apropriados. Mas esse não é um livro sobre a teoria das relações internacionais.[8] A objeção que Nye faz ao unilateralismo ou ao realismo no sentido aqui usado não é que eles sejam conceitualmente pouco sólidos; seu argumento é que simplesmente não funcionam.

Na visão de Nye, as relações internacionais hoje se assemelham a uma intrincada partida de xadrez disputada sobre um tabuleiro com três planos sobrepostos. Num nível, existe o chamado *hard power*, de natureza militar, terreno no qual os Estados Unidos imperam de forma inconteste. No segundo nível estão o poder e a influência do fator econômico: nesse campo a União Europeia já desafia os Estados Unidos no comércio, na regulamentação dos monopólios e na fixação de padrões industriais, e supera os Estados Unidos em telecomunicações, política ambiental e muitas outras coisas. E há, além disso, outros jogadores.

No terceiro nível, Nye coloca as múltiplas e cada vez mais numerosas atividades não governamentais que vêm dando forma ao nosso mundo: os fluxos de moedas, a migração, as corporações transnacionais, as ONGs, as agências internacionais, as trocas culturais, a mídia eletrônica, a internet e o terrorismo. Atores não estatais comunicam e operam através desse terreno literalmente livres de qualquer restrição ou interferência governamentais; e o poder de qualquer Estado determinado, inclusive os Estados Unidos, é prontamente frustrado e neutralizado.

O problema das pessoas incumbidas de dar forma e de descrever a política externa americana hoje, de acordo com Nye, é que elas estão jogando apenas no primeiro nível, restringindo sua visão ao poder de fogo militar dos Estados Unidos. Em suas palavras, "os que recomendam uma política externa hegemônica baseada nessas descrições tradicionais do poder americano estão se apoiando em análises lamentavelmente inadequadas". De acordo com Nye, antes do Onze de Setembro os americanos se mostravam obstinadamente surdos ao mundo à sua volta. Ignoravam de bom grado mesmo aqueles que, como os ex-senadores Gary Hart e Warren Rudman, os tinham advertido em 1999 sobre uma catástrofe iminente: "Americanos provavelmente virão a morrer em solo americano, possivelmente em grande número".[9] O Onze de Setembro deveria ter soado como um chamado incisivo, clamando por um novo ponto de vista, mas a atual liderança americana parece não estar escutando.

Se os Estados Unidos quiserem vencer sua guerra contra o terror, se quiserem ter sucesso no esforço para se afirmar como uma liderança mundial, precisarão da ajuda e da compreensão dos outros, em particular ao lidar com Estados pobres árabes e muçulmanos, e outros igualmente ressentidos em relação ao seu próprio atraso. Isso é perfeitamente óbvio. Ações internacionais de cunho policial e a regulamentação e o acompanhamento de movimentos intercontinentais envolvendo moeda, bens e pessoas exigem cooperação internacional.[10] "Estados falidos" em cujas ruínas os terroristas prosperam precisam ser reconstruídos — os Estados Unidos podem ser acusados de desinteresse por essa tarefa e não têm se mostrado muito bons nisso, num triste contraste com seu desempenho depois de 1945. Os Estados Unidos se encarregam de jogar as bombas, mas o complicado e perigoso trabalho de reconstrução é deixado a cargo de outros.

A União Europeia (inclusive seus membros-candidatos) contribui atualmente com um número dez vezes maior de soldados nas missões de paz espalhadas pelo mundo do que os Estados Unidos, e no Kosovo, na Bósnia, na Albânia, em Serra Leoa e em outros lugares os europeus têm registrado mais baixas entre os militares do que os Estados Unidos. Cinquenta e cinco por cento da ajuda concedida no mundo a países em desenvolvimento e dois terços das verbas para projetos específicos para nações pobres e vulneráveis do planeta vêm da União Europeia. Em termos relativos, levando-se em conta a porcentagem do Produto Nacional Bruto, a ajuda americana mal chega a um terço daquela concedida em média pela União Europeia. Se somarmos os gastos europeus com defesa, ajuda externa, coleta de dados para inteligência e vigilância — todos itens vitais para qualquer guerra prolongada contra o crime internacional —, ela se equipara facilmente ao atual orçamento de defesa americano. A despeito da pose machista que às vezes passa por análise de política externa atualmente na Washington dos nossos dias, os Estados Unidos dependem inteiramente dos seus amigos e aliados para alcançar seus objetivos.

Se os Estados Unidos desejam ganhar e conservar apoio externo, vão precisar aprender a exercer o que Nye chama de "*soft power*". Ele acredita que a conversa cheia de empáfia a respeito de um novo Império Americano é uma ilusão: mais uma referência histórica equivocada a ser descartada juntamente com "Vietnã" e "Munique" no catálogo das analogias manipuladas. Na Washington de hoje, muitos se gabam a respeito de unipolaridade e de hegemonia, porém o fato, escreve Nye, é que

> o sucesso da supremacia americana dependerá não apenas do nosso poder militar ou econômico, mas também do *soft power* da nossa cultura, de nossos valores e de políticas que façam com que os outros sintam que foram consultados e que seus interesses foram levados em consideração. Falar de um império pode nos deixar deslumbrados e fazer com que nos enganemos, acreditando que podemos avançar sozinhos.[11]

Soft power, no sentido que Nye confere à expressão, soa muito como puro e simples bom senso e teria soado como isso aos ouvidos de qualquer administração americana do pós-guerra, de Harry Truman a Georg Bush pai. Se deseja que outros queiram o que você quer, precisa fazer com que se sintam incluídos. *Soft power* tem a ver com influência, exemplo, credibilidade e reputação. A União Soviética, na avaliação de Nye, perdeu tudo isso nas invasões da Hungria e da Checoslováquia, em 1956 e 1968. O *soft power* da América é reforçado pela abertura e pela energia que caracterizam sua sociedade; e é reduzido por um comportamento desnecessariamente grosseiro, como a brutal afirmação de Bush de que o acordo de Quioto estava "morto". Os Estados escandinavos e o Canadá exercem uma influência muito acima do seu peso nos negócios internacionais devido à sua identificação no plano internacional com temas como ajuda internacional e manutenção da paz. Também isso é *soft power*.

Não precisamos concordar com Nye a respeito de todos os assuntos para considerarmos com simpatia sua tese básica. O que ele está propondo, afinal, é que o governo dos Estados Unidos demonstre o que Thomas Jefferson chamou certa vez de "um respeito decente em relação às opiniões da humanidade". Longe de representar um obstáculo frustrante à satisfação dos interesses nacionais, o exercício criterioso da contenção e da cooperação só pode vir a fortalecer esses interesses, num mundo em que os Estados Unidos se veem, afinal, impotentes para defender seus muitos interesses sem ajuda. Nye demonstra ter pouca paciência com os que, como o atual conselheiro da Casa Branca para política de segurança nacional, adotam uma visão limitada, defendendo que os Estados Unidos deveriam "agir a partir do terreno sólido do interesse nacional, e não a partir do interesse de uma ilusória comunidade internacional".

Na avaliação de Nye, o interesse nacional numa democracia "é simplesmente o que os cidadãos, depois de uma deliberação apropriada, dizem que é". Levando em conta a natureza da democracia moderna, isso é um pouco ingênuo, mas qualquer definição do que venha a ser o interesse americano poderia com certeza aceitar uma módica redução de sua soberania em troca de uma cesta de bens públicos cujos benefícios seriam compartilhados com o mundo lá fora.

O custo da obstinação americana é bem ilustrado pela recente escaramuça em torno do Tribunal Penal Internacional (TPI). O governo Bush se opõe à criação do tribunal, alegando que os americanos em serviço no exterior ficariam expostos a acusações frívolas. Em consonância com essa ideia, portanto, antecipando-se à instalação do tribunal a 1º de julho de 2002, os Estados Unidos no fim de junho ameaçaram retirar suas forças das missões de paz da ONU e vetar todas as operações semelhantes no futuro, a menos que fosse concedida aos americanos uma exceção que os deixasse fora da jurisdição do tribunal. Talvez surpreendidos pela recusa dos outros membros do Conselho de Segurança da ONU a ceder a uma tática tão ostensiva de intimidação, os Estados Unidos concordaram, depois de demoradas e tensas discussões, com uma solução de compromisso a fim de evitar uma derrota vergonhosa: os integrantes das missões de paz de outros países que não assinaram o tratado do TPI terão um ano de imunidade em relação a qualquer acusação, renovável a partir de cada 1º de julho.

O comportamento dos Estados Unidos nesse episódio foi profundamente impróprio. Existem apenas setecentos americanos servindo atualmente fora do país em missões de paz da ONU (de um contingente total de 45 mil integrantes), e o TPI já abrigava cláusulas, inseridas expressamente para tranquilizar Washington, isentando completamente as missões da ONU contra processos. A posição inicial americana fora assumida naquele mês de junho com o propósito específico de minar o Tribunal Penal Internacional e as atividades de manutenção de paz da ONU — ambos abominados por Dick Cheney, Donald Rumsfeld e Condoleezza Rice. A postura de Washington é particularmente embaraçosa porque cobre de ridículo a insistência americana em perseguir e processar terroristas e outros criminosos políticos na esfera internacional e porque oferece cobertura americana para países e políticos que têm reais motivos para temer o novo tribunal. Todos os nossos aliados no Conselho de Segurança da ONU votaram contra os Estados Unidos nesse assunto; enquanto isso a oposição de Washington ao TPI é compartilhada por Irã, Iraque, Paquistão, Indonésia, Israel e Egito.[12]

Contudo, muitas dessas metas amplamente almejadas poderiam ser atingidas se os Estados Unidos simplesmente deixassem de se opor a elas: Washington se recusou a assinar o Protocolo Internacional sobre o Envolvimento de Crianças em Conflitos Armados, e o Congresso não pretende ratificar a Convenção Internacional sobre a Discriminação contra a Mulher: no primeiro caso, porque o Pentágono quer se reservar o direito de recrutar um punhado de jovens de dezessete anos; no segundo, por causa do lobby antiaborto. A exemplo da segregação racial dos anos 1950, essas políticas geram um amplo descrédito mundial em relação aos Estados Unidos: um claro obstáculo à busca da satisfação dos interesses americanos, seja lá como esses forem definidos. Até mesmo a simples aparência de levar em conta seriamente o mundo já aumentaria demais a influência americana — dos intelectuais europeus aos fundamentalistas islâmicos, o antiamericanismo se alimenta da alegação de que os Estados Unidos são absolutamente indiferentes às opiniões e necessidades dos outros.

Há um mundo de diferença entre encorajar os outros a querer o que você quer e seduzi-los a desejar o que você tem. Muitos analistas americanos não percebem essa distinção e, de modo limitado, partem do princípio de que o mundo está dividido entre os que querem aquilo que os Estados Unidos têm e os que odeiam os Estados Unidos porque eles têm aquilo. Joseph Nye toma o cuidado de evitar tal solipsismo. Porém mesmo ele parte do princípio de que os Estados Unidos e seus aliados ocidentais formam uma unidade básica e compartilham valores e metas comuns: para fechar essa fenda que se abriu entre a Europa e os Estados Unidos é preciso apenas que a diplomacia americana exerça seu poder com maiores sutileza e sensibilidade. Não estou tão certo disso.

II

Em termos superficiais, essa divergência atlântica é um subproduto da reestruturação pós-Guerra Fria. O propósito da OTAN deixou agora de ser tão claro e as opiniões permanecem divididas (tanto na Europa como nos Estados Unidos) sobre se e como os europeus deveriam se organizar coletivamente para a sua própria defesa na ausência de uma ameaça soviética. A União Europeia, livre para ampliar sua abrangência para o leste, está ocupada com debates internos sobre como fazer isso e as consequências que isso acarretaria para a sua própria governabilidade. Os três "grandes" membros (Alemanha, França e Grã-Bretanha) receiam ver sua liberdade de ação restringida por mais de vinte outros Estados menores, enquanto esses últimos se agarram nervosamente ao seu status de parceiros iguais no interior da União. O mundo lá fora disputa a atenção que a Europa precisa dar às suas próprias questões.

Em prol do euro, a União Europeia impôs limites estritos para os gastos de seus membros, justo no momento em que uma geração de *baby boomers* está se aposentando, impondo um fardo pesado aos fundos nacionais de previdência. E a isso é preciso acrescentar a retórica incendiária contra os imigrantes disparada pela extrema direita. Por todos esses motivos e por causa da sua dependência inicial do guarda-chuva nuclear americano, os europeus se mostram relutantes em desviar recursos públicos para gastos militares e, em sua maior parte, não fazem uma ideia correta da apreensão dos Estados Unidos pós-Onze de Setembro em relação ao terrorismo — os britânicos e espanhóis conviveram com um terrorismo interno letal por cerca de trinta anos.

Em todo caso, ainda que os europeus hoje se sintam mais "europeus" do que antes, a União Europeia jamais será uma "superpotência", apesar da dimensão de sua economia.[13] A "Europa" não pensa em termos estratégicos, e nem seus maiores membros estão em condições de fazer isso isoladamente. Mesmo quando todos concordam — como na sua aflita frustração diante da fracassada política de Bush para o Oriente Médio —, os líderes europeus não podem se enfileirar para dizer um uníssono *não*. Os europeus têm razão ao criticar a inclinação americana de marchar para o mundo exterior, despachar seus inimigos e se retirar de volta para sua fortaleza. Como disse Chris Patten, o comissário da União Europeia para política externa, depois do discurso sobre o "eixo do mal", "verdadeiros amigos não são bajuladores", e os Estados Unidos precisam de seus amigos.[14] Mas não é como se tivessem uma estratégia alternativa para propor.

Porém a brecha no interior do bloco ocidental não se explica apenas por disputas a respeito de defesa. A Guerra Fria e a aliança atlântica encobriram durante meio século as diferenças entre dois tipos de sociedade profundamente contrastantes. Os europeus "poupavam" na hora de gastar com defesa não apenas porque a garantia americana permitiu que entrassem para sempre no jardim da Paz Perpétua,[15] mas também porque no terceiro quarto deste século optaram por gastar muito dinheiro numa dispendiosa (e muito popular) rede de serviços públicos. O resultado é que em muitos aspectos cruciais a Europa e os Estados Unidos são menos parecidos do que eram há cinquenta anos.

Essa observação contrasta com as alegações sobre "globalização" e "americanização" sugeridas não apenas pelos entusiásticos adeptos do processo como também pelos seus críticos raivosos. Contudo, é menos promissora do que se imagina a perspectiva de um novo século americano. Em primeiro lugar, já passamos por isso antes. Um dos princípios cruciais dos profetas da globalização é que a lógica da eficiência econômica deve se impor a tudo o mais (uma falácia característica do século XIX que eles compartilham com os marxistas). Mas essa era também a impressão no auge da última grande era de globalização, na véspera da Primeira Guerra Mundial, quando muitos observadores também previam o declínio do Estado-nação e uma era iminente de integração econômica internacional.

O que aconteceu, é claro, foi algo bem diferente, e os níveis do comércio internacional, comunicação e mobilidade que vigoravam em 1913 só viriam a ser alcançados novamente em meados da década de 1970. As contingências da política doméstica acabaram por atropelar as "leis" do comportamento econômico internacional, e isso pode acontecer novamente. O capitalismo é mesmo global na sua abrangência, mas suas formas locais sempre se mostraram altamente variáveis e continuam a sê-lo. Isso acontece porque as práticas econômicas modelam as instituições nacionais e as normas legais e são, por sua vez, por ela moldadas; elas são profundamente impregnadas em culturas nacionais e morais muito diferentes.

Em parte por esse motivo, não é óbvio que o modelo americano seja mais atraente para os povos de outros lugares, e seu triunfo está longe de ser algo seguro. Europeus e americanos vivem tipos de vida bem diferentes. Mais de um em cada cinco americanos é pobre, enquanto os números para a Europa Ocidental continental giram em torno de 8%. Sessenta por cento mais bebês morrem em seu primeiro ano de vida nos Estados Unidos do que na França ou na Alemanha. A disparidade entre ricos e pobres é imensamente maior nos Estados Unidos do que em qualquer outro lugar na Europa continental (ou do que era nos Estados Unidos de vinte anos atrás); porém, enquanto menos de um em cada três americanos apoia uma significativa redistribuição de riqueza, 63% dos britânicos se dizem a favor, e os números são ainda mais altos no resto do continente europeu.

Mesmo antes que os modernos Estados de bem-estar social europeus tivessem sido estabelecidos, a maioria dos empregados europeus dispunha de um seguro-saúde obrigatório (desde 1883, no caso da Alemanha), e todos os europeus ocidentais aceitam como um fato natural a malha interconectada de garantias, proteções e apoios a cuja redução ou abolição eles têm se oposto insistentemente nas eleições. A insegurança ocupacional e familiar de dezenas de milhares de americanos há muito é politicamente intolerável em qualquer lugar da União Europeia. Se o fascismo e o comunismo foram as reações europeias à última grande onda de globalização embalada pelo *laissez-faire* (como Joseph Nye e outros propuseram), então o "capitalismo do bem-estar social" é o seguro da Europa contra uma recaída. Pelo menos por prudência, independentemente de outros motivos, o resto da Europa não está prestes a optar pela trilha americana.

Mas o que dizer da alegação de que os europeus, como todos no resto do mundo, não têm muita escolha? Fala-se bastante do inelutável e iminente triunfo da prática econômica americana sobre a atravancada, improdutiva e inflexível variante europeia. Entretanto, mesmo prejudicadas por todas as supostas desvantagens de seu passado estatista, as economias de Bélgica, França e Holanda no ano passado na realidade foram *mais* produtivas por hora de trabalho do que a dos Estados Unidos, enquanto irlandeses, austríacos, dinamarqueses e alemães vinham logo atrás.[16]

Entre 1991 e 1998, a média de produtividade na verdade cresceu mais rapidamente na Europa do que nos Estados Unidos. Os Estados Unidos, no entanto, ultrapassam a Europa em termos absolutos. Isso acontece porque um número maior de americanos trabalha; o Estado retém uma porção menor dos seus salários (e oferece menos em troca); eles trabalham mais horas — 28% mais do que os alemães, 43% mais do que os franceses; e tiram férias mais curtas ou simplesmente não tiram férias.

Saber se a Europa (ou qualquer outro lugar) se pareceria mais com os Estados Unidos se o modelo econômico americano fosse adotado naquela região é uma questão a ser discutida. A moderna economia americana não é replicável por toda parte. A "guerra ao terror" não é o único campo no qual os Estados Unidos se mostram crucialmente dependentes dos estrangeiros. O "milagre" econômico americano da década passada foi alimentado por uma entrada de 1,2 bilhão de dólares por dia de capital estrangeiro, dinheiro necessário para cobrir o déficit da balança comercial, que chega atualmente a 450 bilhões de dólares por ano. É esse enorme fluxo de investimentos entrando no país que tem mantido em alta a cotação das ações, em baixa a inflação e a taxa de juro, e o consumo interno em expansão.

Se um país europeu, asiático ou latino-americano incorresse em déficits comerciais comparáveis, há muito ele estaria nas mãos do Fundo Monetário Internacional. Os Estados Unidos são um caso único de um país ao qual é concedido o direito de conviver com tamanha dependência em relação aos investidores estrangeiros porque o dólar tem sido a moeda de reserva do mundo desde a Segunda Guerra Mundial. Até quando a economia americana poderá operar desse modo antes de ser trazida dolorosamente de volta à terra por uma perda de confiança dos outros países em relação a ela é um tema que provoca muita controvérsia; como também é polêmica outra afirmação vinculada ao mesmo tema, a de que foi o fluxo desses rios de dinheiro estrangeiro, e não a inédita produtividade dos novos setores de alta tecnologia, que assegurou a prosperidade dos anos 1990.[17] O que está claro é que, apesar de toda a sua recente pujança, o modelo americano é único e não é passível de ser exportado.

Longe de universalizar seu apelo, a globalização só serviu para diminuir o entusiasmo demonstrado no exterior pelo modelo americano: a redução da propriedade pública de bens e serviços na Europa nos últimos vinte anos não foi acompanhada de uma redução das obrigações sociais do Estado — exceto na Grã-Bretanha, onde, de modo revelador, governos tiveram de recuar diante da oposição do público. E é por habitarem sociedades tão diferentes que europeus e americanos veem o mundo de modo tão diferente e valorizam processos e resultados inteiramente distintos.

Da mesma maneira que os modernos políticos americanos costumam acreditar que, internamente, é melhor que a vida pública de seus cidadãos seja deixada por conta de seus próprios recursos, com uma mínima intervenção do governo, no plano externo eles projetam essa visão nos assuntos internacionais. Visto de Washington, o mundo é uma série de discretos desafios ou ameaças, calibrados de acordo com as implicações que trazem para os Estados Unidos. Como os Estados Unidos são uma potência global, quase tudo o que acontece no mundo tem relevância para o país; porém o instinto americano manda que qualquer problema seja abordado e resolvido isoladamente.

Há também uma revigorante confiança americana em que problemas podem efetivamente *ser* resolvidos — sendo esse o momento em que os Estados Unidos podem voltar para casa. Essa ênfase exagerada numa "estratégia de saída", em estar no mundo mas não fazer exatamente parte dele, reservando-se sempre a liberdade de abandonar o conflito, tem seu equivalente interno na vida moderna americana. Como muitos de seus cidadãos, especialmente depois do Onze de Setembro, os Estados Unidos se sentem mais confortáveis quando se recolhem de volta ao seu "condomínio murado".

Essa não é uma opção para os europeus e outros, para quem o mundo de hoje é uma teia de aranha no qual se cruzam regimes legais e agências que regulam e supervisionam quase todos os aspectos da vida. Os problemas enfrentados pela Europa de hoje — crime, imigração, refugiados, problemas ambientais, integração institucional — são inerentemente crônicos e todos eles transcendem as fronteiras. Governos costumam trabalhar de forma coordenada ou por meio de instituições multilaterais. Da mesma forma que o setor público deslocou a iniciativa individual em tantas esferas da vida nacional, o hábito da colaboração dá forma às abordagens europeias dos assuntos internacionais. Nesses aspectos é a Europa que se submeteu a uma bem-sucedida "globalização" e são os Estados Unidos que ficaram bem para trás.

Por todos esses motivos e pelo fato de a política externa americana ser ditada em grande medida por considerações insulares que não mudarão num futuro próximo, é difícil compartilhar as conclusões otimistas de Joseph Nye a respeito do futuro do "*soft power*" dos Estados Unidos. Os Estados Unidos são, literalmente, o seu próprio pior inimigo: é quando adulam os piores instintos de suas plateias internas que os presidentes americanos mais se afastam da opinião pública externa. Retórica bombástica e atitudes unilaterais caem bem no gosto do público de casa e podem até intimidar os inimigos estrangeiros (ainda que isso pareça duvidoso). Mas certamente aterrorizam e alienam um terceiro público, os muitos amigos e admiradores dos Estados Unidos no exterior.

E ainda assim os Estados Unidos continuam sendo estimados e mesmo reverenciados lá fora, não por causa da globalização, mas a despeito dela. Os Estados Unidos não têm seu maior símbolo na MTV e no McDonald's, nem na Enron ou em Bernie Ebbers, da WorldCom. Nem são sequer particularmente admirados no exterior pela sua espantosa estrutura militar, não mais do que são respeitados pela sua prosperidade sem paralelo. O poder e a influência americanos são na realidade muito frágeis porque repousam sobre uma ideia, um único e insubstituível mito: o de que os Estados Unidos realmente defendem um mundo melhor e ainda representam a melhor chance de conseguir isso.

A verdadeira ameaça aos Estados Unidos, que o governo Bush nem começou a compreender, é a de que, diante da negligência e da indiferença americanas, esse mito acabará por se desfazer e "amplos setores de sociedades importantes se voltarão contra os Estados Unidos e contra os valores globais do livre-comércio e de uma sociedade livre".[18] Isso seria o prenúncio do fim do "Ocidente" da forma como o compreendemos há meio século. A comunidade de interesses e de mútua amizade do Atlântico Norte do pós-guerra foi inédita e inestimável: sua perda seria um desastre para todos.[19]

O que confere aos Estados Unidos sua formidável influência internacional não é sua capacidade inigualada de fazer a guerra, mas a confiança dos outros nas suas boas intenções. É por esse motivo que a oposição americana à criação do Tribunal Penal Internacional provoca tantos danos. Ela sugere que os Estados Unidos não confiam que o resto do mundo dará aos americanos um tratamento justo. No entanto, se os Estados Unidos demonstram uma falta de confiança nos outros, pode chegar o momento em que estes retribuirão o gesto.

Na primavera de 2001, o pequeno Estado balcânico da Macedônia se encontrava à beira de uma guerra civil. Sua maioria macedônica de origem eslava enfrentava uma rebelião de uma minoria de origem albanesa frustrada e discriminada; o governo, liderado pelos nacional-comunistas não reformados, estava ansioso para desencadear uma brutal e sangrenta "ação policial". Com grande dificuldade, mediadores da Grã-Bretanha e de outros países negociaram um frágil acordo: os insurgentes se desarmariam e, em troca, o Parlamento aprovaria leis para proteger e conceder direitos aos cidadãos albaneses do país. Por algumas semanas todos prenderam a respiração — se a Macedônia "explodisse", o sul dos Bálcãs poderia ir pelos ares, arrastando a Grécia, a Turquia e a OTAN para dentro desse caldeirão.

Mas a Macedônia não "explodiu" e o acordo foi mantido, tendo se sustentado até hoje. No auge daquela situação de emergência, perguntei a um amigo albanês o que estava impedindo o governo da Macedônia, ostensivamente insatisfeito com os acordos, de cair sobre eles e agir da pior maneira possível. "A máquina de fax do Colin Powell", ele retrucou. A autoridade moral do secretário de Estado americano (e era apenas moral — os Estados Unidos não tinham a menor intenção de enviar soldados); o fato de que a Macedônia tinha importância suficiente para que Powell colocasse seu peso na balança — essas considerações bastaram para desarmar uma importante crise regional.

Enquanto esses países tão obscuros e distantes continuarem a ter importância para os Estados Unidos, os Estados Unidos terão importância para eles e para todos os demais, e seu poder de promover o bem será mantido. Mas se os Estados Unidos pararem de se importar, também deixarão de ter importância. Se Washington parar de confiar, perderá a confiança dos outros. A máquina de fax permanecerá silenciosa e todos nós estaremos muito mais solitários e infinitamente mais vulneráveis; e os Estados Unidos mais do que todos.

Este ensaio, uma resenha de *The Paradox of American Power: Why the World's Only Superpower Can't Go It Alone*, de Joseph Nye Jr., foi publicado originalmente *no New York Review of Books* em agosto de 2002.

Notas

1 O ataque de Onze de Setembro produziu uma pequena avalanche de livros sobre o antiamericanismo e suas implicações. Vejam-se, por exemplo, *The Age of Terror: America and the World after September 11*, Strobe Talbott e Nayan Chanda, org. (Nova York: Basic Books, 2001); *How Did this Happen? Terrorism and the New War*, James F. Hodge Jr e Gideon Rose, eds. (Nova York: Public Affairs, 2001); e *Granta: What We Think of America*, Ian Jack, org. (Nova York: Grove, 2002).

2 Charles Krauthammer, "The New Unilateralism", *Washington Post*, 8/6/2001.

3 Durante seu discurso, Bush mencionou a Europa apenas uma vez. Sobre a OTAN e a União Europeia ele fez silêncio.

4 Charles Krauthammer, "The Axis of Petulance", *Washington* Post, 1/3/2002. Variações sobre este tema podem ser encontradas em William Kristol e Ro-

bert Kagan, os intelectuais afinados com o governo Bush. Ver, por exemplo, Robert Kagan e William Kristol, "The Bush Era", *The Weekly Standard*, 11/2/2002.

5 *The Economist*, 1-7/6/2002, p. 7.

6 A respeito da iniciativa do governo Bush sobre o desenvolvimento de armas nucleares passíveis de ser efetivamente usadas, ver Steven Weinberg, "The Growing Nuclear Danger", *New York Review of Books*, 18/7/2002.

7 *Bound to Lead: The Changing Nature of American Power* (Nova York: Basic Books, 1990).

8 Para um lúcido balanço do pensamento realista na história das relações internacionais, ver o novo livro de Jonathan Haslam, *No Virtue like Necessity: Realist Thought in International Relations since Machiavelli* (New Haven: Yale University Press, 2002).

9 Gary Hart e Warren Rudman, *New World Coming: American Security in the Twenty-First Century, Phase I Report* (Comissão dos Estados Unidos sobre Segurança Nacional/Século XXI, 1999), p. 4, citado em Joseph S. Nye, *The Paradox of American Power: Why the World's Only Superpower Can't Go It Alone* (Nova York: Oxford University Press, 2003), p. x.

10 Antes do Onze de Setembro, o principal obstáculo à regulação internacional de lavagem de dinheiro e paraísos fiscais, fontes de recursos para o terrorismo, era o Departamento do Tesouro dos Estados Unidos.

11 Joseph Nye, "Lessons in Imperialism", *Financial Times*, 17/6/2002.

12 Nos últimos meses os Estados Unidos têm se encontrado mais de uma vez em companhia questionável. Em novembro passado, quando os Estados Unidos vetaram um protocolo concebido para dar maior eficácia à Convenção sobre Armas Biológicas, instituída há trinta anos, e efetivamente destruíram os esforços de toda uma geração para deter a disseminação dessas armas mortíferas, apenas alguns poucos dos 145 signatários da convenção tomaram o partido de Washington: entre eles estavam China, Rússia, Índia, Paquistão, Cuba e Irã. Como uma força unida em prol do bem nos assuntos internacionais, "o Ocidente" mal existe. Com grande frequência a posição de Washington hoje vai contra aquela dos europeus ocidentais, canadenses, australianos e da maioria dos Estados latino-americanos, enquanto o "unilateralismo" americano é apoiado (por motivos próprios) por uma lamentável galeria de ditaduras e criadores de casos regionais.

13 O mais recente de muitos livros recém-lançados sobre o destino coletivo da Europa é *Rethinking Europe's Future*, de David P. Calleo (Princeton, NJ: Princeton University Press, 2001), uma explanação erudita e ponderada a respeito da União Europeia, sua história e suas perspectivas.

14 Ver *Financial Times*, 15/2/2002.

15 Ver Robert Kagan, "Power and Weakness", *Policy Review*, nº 113, junho/julho, 2002, no qual o paraíso kantiano, autocomplacente, da Europa é comparado desfavoravelmente com as tarefas prometeicas enfrentadas pelos Estados Unidos no mundo real da anarquia internacional.

16 Ver *Financial Times*, 20/2/2002.

17 Para um balanço implacavelmente negativo das deficiências do modelo americano, ver Will Hutton, *The World We're In* (Nova York: Little Brown, 2002), ao qual devo alguns dos números citados acima. A crítica de Hutton seria mais convincente se ele não pintasse um quadro tão idealizado da alternativa europeia.

18 Michael J. Mazarr, "Saved from Ourselves?", em *What Does the World Want from America?*, Alexander T. J. Lennon, ed. (a ser lançado pela MIT Press, novembro de 2002), p. 167; publicado previamente em *The Washington Quarterly*, vol. 25, nº 2 (primavera de 2002).

19 Ver William Wallace, "US Unilateralism: A European Perspective", em *Multilateralism and US Foreign Policy: Ambivalent Engagement*, Stewart Patrick a Shepard Forman, org. (Boulder, CO: Lynne Rienner, 2002), pp. 141-66.

CAPÍTULO XVI

O modo como vivemos agora

I

Estamos testemunhando a dissolução de um sistema internacional. O cerne desse sistema, e sua base espiritual, era a aliança do Atlântico Norte: não apenas o tratado de defesa de 1949, mas uma série de entendimentos e acordos, começando com a Carta do Atlântico de 1941 e se espraiando através das Nações Unidas e de suas agências; dos acordos de Bretton Woods e das instituições por eles geradas; convenções sobre refugiados, direitos humanos, genocídio, controle de armas, crimes de guerra e muito mais que disso. Os méritos dessa rede interligada de cooperação e compromissos transnacionais transcenderam em muito o objetivo de conter e, em última instância, derrotar o comunismo. Por trás do novo ordenamento do mundo jazia a memória de trinta calamitosos anos de guerra, depressão, tiranias internas e anarquia internacional, como compreendiam plenamente aqueles que estavam presentes por ocasião da sua criação.[1]

Assim, o fim da Guerra Fria não tornou supérflua a ordem do pós-guerra. Muito pelo contrário. Num mundo pós-comunista, as bem-afortunadas terras da Europa Ocidental e da América do Norte estavam singularmente bem posicionadas para exortar o resto do mundo a aceitar as lições que poderiam ser extraídas das suas próprias realizações: mercados e democracia, sim, mas também os benefícios proporcionados pela participação exercida de boa-fé nas instituições e práticas de uma comunidade internacional integrada. O fato de que tal comunidade precisa conservar os meios para punir seus inimigos ficou demonstrado de modo convincente, ainda que tardiamente, na Bósnia e em Kosovo (e, nesse meio-tempo, em Ruanda). Todos esses episódios sugeriram, e o Onze de Setembro de 2001 confirmou, que apenas os Estados Unidos dispõem dos recursos e da determinação para defender o mundo interdependente que o país tanto fez para fomentar; e são os Estados Unidos que serão sempre o alvo preferencial dos que desejam a morte desse mundo.

É, portanto, uma tragédia de grandes proporções históricas que os próprios líderes americanos estejam hoje corroendo e dissolvendo os vínculos que ligam os Estados Unidos aos seus aliados mais próximos na comunidade internacional. Os Estados Unidos estão prestes a entrar em guerra com o Iraque por motivos que permanecem obscuros mesmo para muitos de seus próprios cidadãos. A guerra que eles *realmente* compreendem, a guerra contra o terrorismo, foi embrulhada de modo pouco convincente no rol das acusações levantadas contra um único tirano árabe. Washington está tomada pelo entusiasmo em torno de grandes projetos para uma reconfiguração do mapa do Oriente Médio; enquanto isso, a verdadeira crise do Oriente Médio, em Israel e nos Territórios Ocupados, foi subcontratada e passada adiante para Ariel Sharon. Depois da guerra, no Iraque assim como no Afeganistão, os Estados Unidos precisarão, na Palestina e em outros lugares, da ajuda e da cooperação (para não falar dos talões de cheque) de seus maiores aliados europeus; e não haverá vitória duradoura contra Osama bin Laden ou qualquer outro sem uma constante colaboração internacional. Este não seria, poderíamos concluir, o momento de nossos líderes se empenharem com entusiasmo em destruir a aliança ocidental; no entanto, é exatamente isso que eles agora estão fazendo. (O entusiasmo está bem representado em *The War over Iraq* [A guerra pelo Iraque], de Lawrence Kaplan e William Kristol, que discutirei mais adiante.)

Os europeus não são inocentes nessa questão. Décadas de garantia nuclear americana levaram a uma distrofia militar sem precedentes. O condomínio que garante a hegemonia franco-germânica estava fadado a, cedo ou tarde, provocar uma reação da parte das nações europeias menores. A incapacidade da União Europeia para construir uma política externa consensual, muito menos uma força no seu interior capaz de implementá-la, garantiu a Washington um monopólio na definição e na resolução de crises internacionais. Ninguém deveria ficar surpreso pelo fato de os atuais líderes americanos terem decidido exercê-lo. O que há alguns anos começou como uma frustração americana com o fracasso dos europeus em se organizar e investir na sua própria defesa transformou-se agora em fonte de satisfação para os falcões da política externa americana. Os europeus não concordam conosco? Muito bem! Não precisamos mesmo deles, e, de qualquer modo, o que eles podem fazer? Estão se sentindo magoados e ressentidos em Bruxelas ou Paris ou Berlim? Bem, só podem culpar a si mesmos. Lembrem-se da Bósnia.[2]

Entretanto, é o governo Bush que se mostra ressentido e frustrado: ocorre que os franceses, pelo menos, ainda podem na realidade fazer muita coisa. Juntamente com os belgas e os alemães na OTAN, e com os russos e os chineses na ONU, eles podem impedir, frustrar, postergar, atrapalhar, verificar, confundir, constranger e, acima de tudo, irritar os americanos. No açodamento para declarar guerra ao Iraque, os Estados Unidos estão agora pagando o preço por dois anos de desdém e desprezo à opinião pública internacional. Em particular a atitude de *lèse-majesté* assumida pelos franceses levou a atual liderança americana a inéditas manifestações públicas de ira dirigida contra os próprios aliados por romperem as fileiras: nas palavras imortais do presidente Bush, "ou vocês estão conosco ou estão com os terroristas". Pior ainda, induziu a mídia americana a paroxismos de eurofobia, promovida da forma mais lamentável por políticos e comentaristas que deveriam se envergonhar disso.

Dois mitos dominam o debate público a respeito da Europa hoje nos Estados Unidos. O primeiro, que seria divertido não fosse pelo mal que vem provocando, é a noção de que existem uma "Velha" e uma "Nova" Europa. Quando o secretário de Defesa Donald Rumsfeld propôs essa distinção em janeiro, ela foi recebida com satisfação maldosa pelos chefes de torcida a serviço do Pentágono. No *Washington Post*, Anne Applebaum apressou-se a concordar com Rumsfeld: Grã-Bretanha, Itália, Espanha, Dinamarca, Polônia, Hungria e a República Checa (os signatários de uma carta no *Wall Street Journal* em apoio ao presidente Bush) são todos países que se submeteram a um processo de "liberalização e privatização" de sua economia, ela escreveu, o que fez com que ficassem mais próximos do modelo americano. Eles, e não a "Velha Europa" da França e da Alemanha, é que no futuro falariam pela "Europa".[3]

A ideia de que a Itália embarcou num processo de "liberalização econômica" soará como uma novidade para os italianos, mas deixemos de lado esse ponto. O erro mais flagrante é supor que europeus "pró-americanos" podem ser diferenciados de forma tão conveniente de seus vizinhos "antiamericanos". Numa pesquisa recente realizada pelo Pew Research Center, europeus foram perguntados se acreditavam que "o mundo se tornaria mais perigoso se outro país equiparasse seu poderio militar ao dos Estados Unidos". Os "velhos europeus" franceses e alemães — como os britânicos — se inclinaram a concordar. Os "novos europeus" checos e poloneses estavam menos preocupados com essa possibilidade. A mesma sondagem perguntou se acreditavam que "quando surgem divergências com os Estados Unidos, isso ocorre devido aos valores diferentes [do meu país]", (um indicador importante de antiamericanismo cultural): só 33% dos franceses e 37% dos alemães responderam "sim". Mas os números para a Grã-Bretanha foram 41%, para a Itália 44%, e para a República Checa 62% (quase tão altos quanto os 66% de indonésios que se sentem da mesma maneira).[4]

Na Grã-Bretanha, o *Daily Mirror*, o tabloide popular que até agora tem apoiado o Novo Partido Trabalhista de Tony Blair, abriu uma primeira página inteira em 6 de janeiro ironizando a posição de Blair; caso ele não tivesse percebido, o jornal o informava, a determinação de Bush de invadir o Iraque tinha a ver apenas com propósito de assegurar petróleo para os Estados Unidos. Metade do eleitorado britânico se opõe à guerra contra Saddam Hussein em quaisquer circunstâncias. Na República Checa, apenas 13% dariam seu aval a um ataque americano ao Iraque sem uma autorização da ONU; os números para a Espanha são idênticos. Na Polônia, país tradicionalmente pró-americano, o entusiasmo é ainda menor: apenas 4% dos poloneses apoiariam uma guerra unilateral. Na Espanha, os eleitores do próprio Partido Popular de José María Aznar rejeitam, em sua maioria esmagadora, o apoio à guerra; seus aliados na Catalunha se juntaram à oposição espanhola condenando "um ataque unilateral dos Estados Unidos ao Iraque que não fosse fruto de uma provocação"; a maior parte dos espanhóis se opõe veementemente à guerra com o Iraque mesmo com o aval de uma resolução da ONU. Quanto à política americana em relação a Israel, a opinião da Espanha da "Nova Europa" é claramente menos favorável do que a registrada na França e na Alemanha da "Velha Europa".[5]

Se os Estados Unidos dependerem de seus amigos da "Nova Europa", então é melhor diminuírem suas expectativas. Entre os signatários pró-Estados Unidos pinçados para merecer os elogios do sr. Rumsfeld, a Dinamarca gasta apenas 1,6% do seu PNB com defesa; a Itália, 1,5%; Espanha, mero 1,4% — menos que a metade do que gasta a França, da "Velha Europa". O combalido primeiro-ministro italiano Silvio Berlusconi tem muitos motivos para se deixar fotografar ao lado de um sorridente George Bush; mas um deles é garantir que a Itália possa continuar a desfrutar do guarda-chuva de segurança oferecido pelos Estados Unidos, deixando assim de precisar gastar com a própria defesa.

Quanto aos europeus orientais, sim, eles gostam dos Estados Unidos e atenderão aos seus pedidos se puderem. Os Estados Unidos sempre poderão intimidar um país vulnerável como a Romênia para que ele apoie os Estados Unidos em sua campanha contra o Tribunal Penal Internacional. Porém, nas palavras de um ministro do Exterior de um país centro-europeu contrário à intervenção americana em Kosovo em 1999: "Não ingressamos na OTAN para travar guerras". Numa recente sondagem, 69% dos poloneses (e 63% dos italianos) se opunham a qualquer grande aumento de gastos com defesa para reforçar a posição europeia na sua condição de potência mundial. Se o *New York Times* estiver correto, e George Bush considerar agora a Polônia, a Grã-Bretanha e a Itália como seus principais aliados europeus, então — à parte Tony Blair — os Estados Unidos estão apoiados numa muleta de borracha.[6]

E o que dizer da Alemanha? Comentaristas americanos têm se mostrado tão ofendidos com a disposição da Alemanha para "apaziguar"

Saddam, tão enfurecidos pela falta de fervor belicoso por parte de Gerhardt Schröder e por sua "ingratidão" em relação aos Estados Unidos, que poucos pararam para perguntar por que tantos alemães compartilham da opinião de Günter Grass de que "o presidente dos Estados Unidos encarna o perigo que todos nós enfrentamos". A Alemanha de hoje é diferente. O país assume efetivamente uma cultura claramente pacifista (ao contrário, digamos, da França). Se vai haver alguma guerra, é o sentimento dos alemães, que seja *ohne mich* (sem mim). Essa transformação é uma das realizações históricas dos homens da "Velha" Europa. Quando porta-vozes americanos manifestam sua frustração com isso, deveriam parar por um momento para refletir sobre o que estão pedindo — pode significar esperar demais do país, mesmo numa época em que Saddam Hussein seja comparado levianamente com Hitler e em que o secretário de Defesa americano chama a Alemanha de um "Estado pária", juntamente com Cuba e Líbia. Mas deveríamos mesmo nos apressar a pedir esse entusiasmo marcial por parte da Alemanha?

Um segundo mito eurofóbico agora amplamente difundido nos Estados Unidos é mais pernicioso. É a afirmação de que a Europa está mergulhada no antissemitismo, que os fantasmas do passado da Europa judeofóbica estão novamente em ascensão, e que esse preconceito atávico, o pecado original da Europa, explica as críticas europeias em relação a Israel hoje amplamente difundidas, a simpatia pelo mundo árabe e até mesmo o apoio ao Iraque. A principal fonte dessas alegações reside numa onda de ataques a judeus e a propriedades de judeus na primavera de 2002, e algumas sondagens de opinião que tiveram ampla divulgação e que supostamente demonstrariam o retorno de um preconceito antijudeu através do continente europeu. Os comentaristas americanos têm, por sua vez, enfatizado o caráter "anti-Israel" dos relatos da mídia europeia a respeito do Oriente Médio.[7]

Para começar, vamos aos fatos: de acordo com a Liga Americana Antidifamação (LAA), que trabalhou mais do que ninguém para propagar a imagem de um antissemitismo europeu em ascensão desenfreada, aconteceram 22 incidentes antissemitas significativos na França em abril de 2002 e outros sete na Bélgica; para o ano inteiro de 2002 a LAA catalogou 45 desses incidentes na França, indo desde pichações antissemitas em lojas de propriedade de judeus em Marselha até coquetéis molotov atirados contra sinagogas em Paris, Lyon e outras cidades. Porém a mesma LAA registrou sessenta incidentes antissemitas em campus de universidades americanas só no ano de 1999. Levando em conta todos os tipos de episódio, desde pichações até ataques violentos, o antissemitismo está realmente em ascensão em alguns países europeus nos últimos anos, mas o mesmo ocorreu nos Estados Unidos. A LAA registrou 1606 incidentes antissemitas nos Estados Unidos em 2000, contra novecentos em 1986. Mesmo que as ocorrências de episódios de antissemitismo na França, na Bélgica e outros lugares da Europa tivessem sido grosseiramente subestimadas, não há evidências sugerindo que o fenômeno seja mais difundido na Europa do que nos Estados Unidos.[8]

Mas e quanto às atitudes? Indícios colhidos pelas pesquisas de opinião da Eurobarometer, da União Europeia, pelo principal instituto de opinião pública da França, o SOFRES, e pelas pesquisas da própria LAA apontam todos na mesma direção. Há em muitos países europeus, como nos Estados Unidos, uma tolerância maior em relação a formas brandas de antissemitismo verbal do que ocorria no passado, e uma contínua inclinação à crença em antigos estereótipos sobre judeus: como, por exemplo, que eles exercem uma influência desproporcional na vida econômica. Porém as mesmas pesquisas confirmam que jovens por toda a Europa se mostram muito menos tolerantes do que os seus pais em relação ao preconceito. Particularmente entre os jovens franceses, o sentimento antissemita vem declinando de forma contínua, sendo atualmente pouco significativo. Questionados em janeiro de 2002, os jovens franceses, numa esmagadora maioria, acreditam que se deveria falar mais, não menos, a respeito do Holocausto; e quase nove em cada dez deles concordam em classificar de "escandalosos" os ataques a sinagogas. Esses números são, em grande medida, comparáveis aos resultados de sondagens semelhantes feitas nos Estados Unidos.[9]

A maior parte dos recentes ataques a judeus na Europa Ocidental foi obra de jovens árabes ou de outros muçulmanos, como reconheceram comentaristas locais.[10] Ataques a judeus na Europa são motivados pela ira dirigida contra o governo de Israel, para o qual os judeus europeus servem como um conveniente substituto local. O arsenal retórico do tradicional antissemitismo europeu — os "Protocolos dos Sábios de Sião", retratando as supostas redes conspiratórias e de poder econômico a serviço dos judeus, até mesmo acusações envolvendo uso ritual de sangue — vem sendo novamente utilizado pela imprensa e pela TV no Cairo e em outros lugares, com terríveis resultados sobre a diáspora composta por jovens árabes.

A LAA assegura que tudo isso "confirma que uma nova forma de antissemitismo vem se firmando na Europa. Esse novo antissemitismo se alimenta do sentimento anti-Israel e questiona a lealdade dos cidadãos judeus". Isso é bobagem. Gangues de jovens árabes desempregados nos subúrbios de Paris, como Garges-lès-Gonesse, certamente consideram os judeus franceses representantes de Israel, mas não estão muito preocupadas com as limitações patrióticas destes. Quanto a lealdades judaicas: uma pergunta-chave na sondagem promovida pela LAA — "Você acredita que os judeus têm maior probabilidade de se mostrarem mais leais a Israel do que ao seu país?" — suscita uma resposta positiva sempre mais elevada nos Estados Unidos do que na Europa. São os *americanos*, não os europeus, que mais facilmente supõem que um judeu mostra lealdade prioritariamente a Israel.

A LAA e a maioria dos comentaristas americanos concluem a partir disso que não há mais nenhuma diferença entre ser "contra" Israel e "contra" os judeus. Isso, contudo, é uma evidente falsidade. O maior nível de simpatia pela causa palestina hoje na Europa é registrado na Dinamarca, um país que também é classificado como um dos menos antissemitas *pelos critérios da própria* LAA. Outro país com um crescente índice de simpatia pelos palestinos é a Holanda; contudo os holandeses detêm o menor "quociente" antissemita na Europa, e quase metade deles se dizem "preocupados" a respeito de uma possível ascensão do antissemitismo. Além disso, são os que se descrevem como "esquerda" na Europa aqueles que se mostram mais decididamente pró-palestinos, enquanto a "direita" exibe tendências tanto antiárabes como antijudeus (mas, com frequência, pró-Israel). Na verdade, essa é uma das poucas áreas da vida pública em que esses rótulos ainda demonstram ter alguma substância.[11]

De modo geral, os europeus tendem a culpar mais Israel do que os palestinos pelo atual atoleiro em que se encontra o Oriente Médio, mas numa proporção de 27:20. Os americanos, ao contrário, tendem a culpar mais os palestinos do que Israel, numa proporção de 42:17. Isso sugere que as reações dos europeus são consideravelmente mais equilibradas, o que seria de esperar: a imprensa, o rádio e a TV da Europa oferecem uma cobertura dos acontecimentos no Oriente Médio mais completa e mais balanceada do que aquela disponível para a maioria dos americanos. Em decorrência disso, os europeus sabem distinguir, mais do que os americanos, entre críticas a Israel e hostilidade aos judeus.

Isso pode se dever ao fato de que alguns dos mais antigos e mais representativos antissemitas da Europa expressam publicamente sua simpatia por Israel. Jean-Marie Le Pen, numa entrevista ao diário israelense *Haaretz* em abril de 2002, manifestou sua "compreensão" pelas políticas empreendidas por Ariel Sharon ("Uma guerra contra o terror é algo brutal") — comparáveis, em sua opinião, às práticas antiterroristas não menos justificáveis adotadas pela França na Argélia quarenta anos antes.[12] A distância que separa os europeus dos americanos na questão de Israel e dos palestinos é o maior obstáculo a um entendimento transatlântico hoje. Setenta e dois por cento dos europeus são favoráveis a um Estado palestino, contra apenas 40% entre os americanos. Numa escala de "afeição" de um a cem, os sentimentos americanos em relação a Israel chegam a 55, enquanto a média europeia é de 38 — e com um pouco mais de frieza da parte dos "novos europeus": de modo revelador, britânicos e franceses dão a Israel a mesma nota. São os *poloneses* que exibem o que é, de longe, o sentimento de maior frieza em relação a Israel (Donald Rumsfeld, por favor, tome nota).[13]

II

Nas últimas semanas, essas duas fábulas americanas a respeito da Europa foram embrulhadas num preconceito ainda mais antigo, agora com um novo toque agourento: uma forte suspeita em relação à França e aos franceses. A demora da França em assumir uma posição na ONU despertou nos Estados Unidos uma explosão de retórica agressiva sem precedentes. Isso é algo novo. Quando De Gaulle rompeu com o comando unificado da OTAN em 1966, Washington — juntamente com os outros aliados da França — mostrou-se contrariada e manifestou essa posição. Mas não teria ocorrido a estadistas, diplomatas, políticos, editores de jornais ou comentaristas da TV afirmar que a França tivesse "traído" os Estados Unidos, ou que De Gaulle fosse um "covarde" e que os franceses não demonstravam gratidão pelos sacrifícios feitos pelos americanos em seu benefício e por isso deveriam ser punidos. Eisenhower, Kennedy, Johnson e Nixon, todos eles respeitavam De Gaulle a despeito de seus defeitos, e ele retribuía essa atitude.[14]

Hoje, colunistas respeitáveis pedem que a França seja excluída do Conselho de Segurança por obstruir a vontade dos Estados Unidos e lembram aos seus leitores que, se dependesse da França, "a maioria dos europeus estaria falando alemão ou russo". Seus colegas em publicações menos circunspectas "querem dar um pontapé no traseiro coletivo da França" pelo fato de os franceses esquecerem o Dia D. Onde estão os franceses quando os "rapazes americanos" vêm para salvá-los, eles perguntam: primeiro, de Hitler, depois de Saddam Hussein ("um tirano igualmente odioso")? "Estavam se escondendo, acovardados. Proclamando *Vive les wimps*!" Parte de "um coro europeu de covardes". Como anuncia um novo adesivo nos vidros dos carros: "Primeiro o Iraque, depois a França".[15]

A demonização dos franceses pelos americanos — encorajada abertamente pelo Congresso dos Estados Unidos, onde piadas de mau gosto contra os franceses foram trocadas publicamente com Colin Powell durante a recente visita que fez à casa — só desonra a nós mesmos, não a eles. Não tenho nenhum mandado para defender o Élysée, que tem uma longa história de cínica relação com ditadores, de Jean-Bedel Bokassa a Robert Mugabe, passando por Saddam Hussein. E os anos de Vichy continuarão a macular a França até o fim dos tempos. Mas falar de "macacos prontos a se render" parece um tanto leviano da parte de comentaristas americanos, embalados por filmes de guerra autoadulatórios, de John Wayne a Mel Gibson.

Na Primeira Guerra Mundial, que os franceses lutaram do começo ao fim, a França perdeu três vezes mais que os americanos perderam em todas as suas guerras somadas. Na Segunda Guerra Mundial, os exércitos franceses que enfrentaram o avanço dos alemães em maio-junho de 1940 tiveram 124 mil de seus homens mortos e 200 mil feridos em seis semanas, mais do que os Estados Unidos sofreram nas guerras da Coreia e do Vietnã somadas. Até que Hitler fizesse com que os Estados Unidos declarassem guerra à Alemanha, em dezembro de 1941, Washington manteve relações diplomáticas plenas com o regime nazista. Durante esse período, os *Einsatzgruppen* tinham trabalhado durante seis meses massacrando judeus na Frente Oriental e a Resistência estava ativa na França ocupada.

Felizmente, jamais saberemos como os Estados Unidos de um modo geral teriam reagido se fossem instruídos por uma força de ocupação a perseguir minorias raciais em seu meio. Contudo, mesmo na ausência dessas circunstâncias atenuantes, os precedentes não são muito reconfortantes — basta lembrar o Pogrom em Tulsa de maio de 1921, quando pelo menos 350 negros foram mortos por brancos. Talvez, também, os americanos devessem hesitar antes de fazer juízos apressados sobre o "secular" antissemitismo francês:[16] no fim do século XIX, a École Normale Supérieure, que abrigava a elite da França, admitia (por meio de concursos) brilhantes jovens judeus — Léon Blum, Émile Durkheim, Henri Bergson, Daniel Halévy e dezenas de outros — que jamais teriam tido permissão de chegar perto de algumas das universidades americanas mais importantes, da chamada Ivy League, naquela época e por muitas das décadas seguintes.

É profundamente triste precisar repisar essas coisas. Talvez elas não tenham grande relevância. Por que deveria ser importante o fato de os Estados Unidos hoje pensarem mal a respeito da França e dos europeus a ponto de os líderes americanos esnobarem de modo ignorante a "Velha" Europa e comentaristas demagogos exortarem seus leitores a pôr para fora o ingrato lixo europeu? Afinal, o antiamericanismo da parte dos franceses também é uma história bem antiga e tola, mas nunca impediu seriamente as relações entre os dois países dos dois lados do Atlântico e a formulação de uma estratégia mais abrangente.[17] Será que não estamos apenas assistindo a uma reação àquela atitude, só que com o volume anormalmente alto?

Acredito que não. Os americanos que definiram o quadro de referência para o único mundo que a maior parte de nós já conheceu — George Marshall, Dean Acheson, George Kennan, Charles Bohlen e os presidentes a quem eles serviram — sabiam o que queriam realizar e o motivo pelo qual as relações entre americanos e europeus eram tão cruciais para eles. Seus sucessores hoje têm suas próprias — e bem diferentes — convicções. Na visão deles, os europeus e as várias alianças e associações nas quais estes estabelecem suas inter-relações são um estorvo irritante ao esforço para satisfazer os interesses americanos. Os Estados Unidos nada têm a perder ofendendo ou afastando esses dispensáveis aliados de conveniência, e têm muito a ganhar rasgando a densa rede de controles que os franceses e seus equivalentes teceriam para tolher nossa liberdade de movimento.

Essa posição é afirmada com bastante clareza num novo e pequeno livro de Lawrence Kaplan e William Kristol, *The War over Iraq: Saddam's Tyranny and America's Mission.** Ambos são jornalistas que vivem em Washington. Mas Kristol, que no passado desfrutou da glória de ser chefe de gabinete do vice-presidente Dan Quayle e trabalha agora como comentarista político para a Fox TV, também é editor de *The Weekly Standard* e um dos "cérebros" por trás da guinada neoconservadora sofrida pela política externa americana. As opiniões de Kristol são compartilhadas por Richard Perle, Paul Wolfowitz e outros da elite do poder em torno do governo Bush, e ele articula de forma apenas ligeiramente contida os preconceitos e a impaciência da própria liderança da Casa Branca.

O tom de *The War over Iraq* é revigorantemente direto. Saddam é um homem mau, ele deve ser deposto, e apenas os Estados Unidos podem fazer esse serviço. Mas isso é apenas o começo. Haverá muitas outras tarefas como essa, na realidade uma infinidade delas nos próximos anos. Se os Estados Unidos quiserem cumprir a tarefa a contento — "garantir sua segurança e fazer avançar a causa da liberdade" —, devem cortar as amarras que ligam o país à "comunidade mundial" (sempre entre aspas). As pessoas vão nos odiar de qualquer modo pela nossa "arrogância" e pelo nosso poder, e uma política externa americana mais "contida" não as deixará satisfeitas, então por que perder tempo falando sobre isso? A estratégia externa dos Estados Unidos deve ser "livre de inibições, idealista, segura e bem fundamentada. Os Estados Unidos devem ser não apenas o policial ou o xerife do mundo, mas também seu farol e seu guia".

* Lawrence F. Kaplan e William Kristol, *The War over Iraq: Saddam's Tyranny and America's Mission* (San Francisco: Encounter, 2003).

* * *

O que há de errado nisso? Em primeiro lugar, essa visão exibe uma espantosa ignorância a respeito do mundo real, como acontece frequentemente em análises de conjuntura "ultrarrealistas". Como, de modo confiante, considera que os interesses americanos correspondem aos de qualquer pessoa razoável do planeta, está fadado a despertar exatamente o antagonismo e a hostilidade que a intervenção americana suscita em primeiro lugar (só um calejado cínico europeu seria capaz de sugerir que esse cálculo foi silenciosamente incorporado à equação). Os autores, como seus mestres na esfera política, não hesitam em supor *ambas* as coisas, ou seja, que os Estados Unidos podem fazer o que bem entender sem ouvir os outros *e* que ao fazerem isso estarão infalivelmente fazendo eco aos verdadeiros interesses e desejos não expressos de amigos e inimigos. A primeira alegação é, de modo geral, verdadeira. A segunda deixa transparecer um provincianismo rasteiro.[18]

Em segundo lugar, a abordagem Kristol/Wolfowitz/Rumsfeld é morbidamente autodestrutiva. O isolacionismo à moda antiga é, pelo menos, coerente: se ficarmos fora dos assuntos mundiais, não precisaremos mais depender de ninguém. O mesmo acontece com o autêntico internacionalismo wilsoniano: nós nos propomos a atuar *no* mundo, então faríamos melhor em trabalhar *com* o mundo. Uma coerência semelhante fundamenta a *realpolitik* convencional, ao estilo Kissinger: temos interesses e queremos certas coisas, outros países são exatamente como nós e querem certas coisas também — então vamos fazer acordos. Porém o novo "internacionalismo unilateral" do atual governo tenta promover a quadratura do círculo: fazemos o que queremos no mundo, mas nos nossos próprios termos, indiferentes aos desejos dos outros quando estes não compartilham dos nossos objetivos.

Entretanto, quanto mais os Estados Unidos se esforçarem para cumprir sua "missão" no mundo, mais o país precisará de ajuda, nas forças de manutenção de paz, na reorganização de nações e para facilitar a cooperação entre os integrantes de uma crescente comunidade de novos amigos. Esses são projetos para os quais os Estados Unidos modernos não têm se mostrado especialmente habilitados e para os quais eles dependem em grande medida dos seus aliados. Já na atual situação, no Afeganistão e nos Bálcãs, o Estado "pária" alemão fornece sozinho 10 mil homens para as forças de paz, de modo a garantir o território conquistado pelas armas americanas. Os eleitores americanos são notoriamente alérgicos a aumentos de impostos. É pouco provável que venham a bancar a quantia necessária para policiar e reconstruir grande parte da Ásia ocidental, sem falar em outras zonas de instabilidade para onde a "missão" de Kristol pode nos levar. Então, quem vai pagar por isso? O Japão? A União Europeia? A ONU? Só resta esperar que seus líderes não leiam com atenção as observações carregadas de desprezo e nada lisonjeiras que Kaplan e Kristol fazem a seu respeito.

Algumas das coisas que os autores têm a dizer sobre erros do passado são procedentes. A ONU, assim como a Europa Ocidental, vacilou de modo vergonhoso quanto à Bósnia e ao Kosovo. O governo Clinton, como o de Bush pai, anteriormente, deu as costas a crises humanitárias nos Bálcãs e na África Central. Se os Estados Unidos, sob Bush Jr., se mostram agora mais decididos a combater tiranos brutais e psicopatas políticos armados, melhor para todos nós. Mas certamente não era o que acontecia antes do Onze de Setembro. Naquela época, os conservadores americanos estavam se retirando da esfera internacional a uma velocidade estonteante — quem agora se lembra do tom desdenhoso de Condoleezza Rice ao falar da "construção de nações"? Por que os amigos dos Estados Unidos deveriam depositar sua confiança nesse recém-descoberto compromisso e por ele se expor a violentas represálias?

Nenhuma pessoa razoável poderia se opor à perseguição encarniçada a Osama bin Laden. E também existe um argumento convincente em prol de uma ação militar contra um Iraque que se recusa a se desarmar. Porém, estender esses argumentos para defender uma missão implicando ações americanas sem controle e sem data para terminar, com o objetivo de transformar as condições de vida de metade da humanidade, fazendo isso como bem entender e a despeito das objeções internacionais, na verdade até mesmo se mostrando felizes em antecipar, como fazem Kristol, Kaplan e outros, a perspectiva dessa oposição internacional — isso parece muito uma prática em busca de sua teoria. Ela é também maculada por um cerne desconfortavelmente duro de má-fé.

"Israel" é objeto de um dos itens com o maior número de menções no índice desse pequeno livro. "Palestina" não merece nenhuma, ainda que haja uma única referência solitária à OLP, listada como grupo terrorista apoiado pelo Iraque. Kristol e Kaplan se dão a um razoável trabalho para enfatizar a importância de Israel como parceiro estratégico dos Estados Unidos no novo Oriente Médio que eles anteveem, e oferecem como uma das justificativas para uma guerra em grande escala contra o Iraque o fato de que isso melhoraria as relações entre Bagdá e Israel. Porém em nenhum trecho manifestam alguma preocupação com o próprio imbróglio israelense-palestino: uma crise humanitária em crescimento acelerado, a maior fonte isolada de instabilidade e terrorismo na região e um tema cada vez mais doloroso de discórdia entre os dois lados do Atlântico. A omissão é flagrante e reveladora.

A menos que Kristol e seus mentores políticos possam explicar por que uma ambiciosa nova missão internacional americana para consertar o mundo se mantém em silêncio sobre Israel; por que o revigorado poder hegemônico americano se mostra curiosamente incapaz e de má vontade para pressionar um pequeno Estado aliado numa das regiões mais instáveis do mundo; a menos que façam isso, poucos fora do seu círculo levarão a sério a sua "definição de missão". Por que o governo americano e seus batedores deveriam se importar com isso? Porque os homens que construíram o sistema internacional do pós-guerra teriam imediatamente visto essa preocupação com bons olhos. Se os Estados Unidos não são levados a sério; se são mais obedecidos que acreditados; se compram seus amigos e intimidam seus aliados; se seus motivos são suspeitos e seus padrões morais são duplos — então, todo o poder militar avassalador, do qual Kristol e Kaplan se gabam com tanta vaidade, de nada servirá. Os Estados Unidos poderão ir em frente e vencer não apenas a Mãe de Todas as Batalhas, mas toda uma dinastia matriarcal de Tempestades do Deserto; herdarão apenas o vento — e, além disso, algo muito pior.

Então, paremos, por favor, de dar vazão às nossas ansiedades e inseguranças em alfinetadas machistas dirigidas contra a Europa. A despeito de quais sejam os seus motivos, o presidente Jacques Chirac vem expressando opiniões compartilhadas pela esmagadora maioria dos europeus e por uma respeitável minoria de americanos, para não falar do resto do mundo. Afirmar que ele e eles "ou estão conosco ou com os terroristas" — que a discordância equivale a uma traição, que a divergência é o mesmo que deslealdade — é, para dizer o mínimo, um gesto obstinadamente imprudente. Se precisamos mais dos europeus do que eles de nós é uma questão interessante, que me proponho a debater num próximo ensaio, mas os Estados Unidos têm tudo a perder se os europeus se puserem a discutir entre eles para disputar os favores americanos; nossos líderes deveriam se envergonhar por encorajar alegremente essa postura.[19] Como escreveram Aznar, Blair e seus colaboradores em sua polêmica carta aberta de 30 de janeiro de 2003, "hoje, mais do que nunca, o vínculo transatlântico é uma garantia da nossa liberdade". Isso permanece sendo verdade na mesma medida em que o era em 1947 — e vale nos dois sentidos.

Este ensaio, uma resenha de *The War over Iraq: Saddam's Hussein Tyranny and America's Mission*, de Lawrence Kaplan e William Kristol, foi publicado originalmente no *New York Review of Books* de março de 2003.

NOTAS

1 Ver, para um exemplo clássico, Dean Acheson, *Present at the Creation: My Years in the State Department* (Nova York: Norton, 1969).

2 Ao longo dos anos 1990, os britânicos bloquearam seguidamente os esforços da ONU para implementar uma intervenção militar contra Milošević, enquanto os generais franceses lotados na região simplesmente ignoravam as ordens, com o apoio velado de seu governo.

3 Anne Applebaum, "Here Comes the New Europe", *Washington Post*, 29/1/2003. Ver também Amity Schlaes, "Rumsfeld is Right about Fearful Europe", *Financial Times*, 28/1/2003, no qual a autora fustiga os alemães pela sua falta de "visão": o que os americanos fizeram pelos ingratos alemães em Berlim em 1990 eles agora estão prontos a repetir em Bagdá.

4 Ver *The Economist*, 4/1/2003.

5 Para a atitude dos checos e dos poloneses em relação à guerra com o Iraque, ver *The Economist*, 1/2/2003. Para a oposição espanhola a Aznar, ver *El País*,

3/2/2003. Os analistas espanhóis se mostram especialmente sensíveis à necessidade de uma unidade europeia, e Aznar provocou bastante ressentimento da parte de muitos na Espanha devido à sua atitude impensada ao assinar a carta ao WSJ divulgando a declaração. Muitos dos próprios partidários de Aznar julgam ofensivo que ele tenha se limitado a repetir, como tem feito, que "entre Bush e Saddam Hussein ficarei sempre do lado de Bush". Mas Aznar nutre ambições em relação à sua carreira: ele está de olho em algum importante posto internacional e para isso precisa de apoio americano e britânico.

6 Ver amostra sobre atitudes dos dois lados do Atlântico em sondagem dirigida pelo Chicago Council on Foreign Relations e pelo German Marshall Fund of the United States em www.worldviews.org. Para os gastos de defesa dos países que integram a OTAN, ver *La Repubblica*, 11/2/2003. Ver também *The New York Times*, 24/1/2003. As opiniões contra a guerra de um diplomata centro-europeu foram manifestadas em conversa privada. Como muitos políticos de países ex-comunistas da Europa, ele se mostrava reticente em manifestar publicamente suas críticas à política americana: em parte devido a genuínos afeto e gratidão em relação aos Estados Unidos, em parte por se mostrar apreensivo a respeito das consequências para o seu país.

7 Ver Christopher Caldwell, "Liberté, egalité, judéophobie", *The Weekly Standard*, 6/5/2002. Alguns comentaristas americanos aproveitaram a deixa oferecida por uma série de livros recém-publicados em Paris pretendendo demonstrar que os 500 mil judeus que vivem na França estariam diante de um segundo Holocausto nas mãos de antissemitas "antirracistas". O mais histérico desses panfletos é *La nouvelle judéophobie*, de Pierre-André Taguieff (Paris: Fayard, 2002), no qual o autor (que escreveu dezesseis outros livros sobre o mesmo assunto nos últimos treze anos) fala de uma "judeofobia planetária". O alarmismo malicioso de Taguieff foi objeto de rasgados elogios por parte de Martin Peretz em *The New Republic*, 3/2/2003. No mesmo tom, ver também Gilles William Goldnadel, *Le nouveau bréviaire de la haine: L'antisémitisme et Antisionisme* (Paris: Ramsay, 2001) e Raphaël Draï, *Sous le signe de Sion: L'antisemitisme nouveau est arrivé* (Paris: Michalon, 2001). O primeiro capítulo do livro de Draï tem como título "Israel en danger de paix? D'Oslo à Camp David II".

8 Ver "Global Anti-Semitism" em www.adl.org/anti_semitism/anti-semitism*global*incidents.asp e "ADL Audit: Anti-Semitic Incidentes Rise Slightly in US in 2000" em www.adl.org/presrele/asus_12/3776_12.asp.

9 Ver "L'image des juifs en France", em www.sofres.com/etudes/pol/120302_juifs_r.htm; "Anti-Semitism and Prejudice in America: Highlights from na ADL Survey, november 1998", em www.adl.org/anti-semitism_survey/survey_main.asp.

10 "C'est un fait, ces acts [antisémites] sont commis, pour l'essentiel, par des musulmans", em Denis Jeambar, "Silence Coupable", *L'Express*, 6/12/2001.

11 Para um gráfico esclarecedor sobre os preconceitos e lealdades da extrema esquerda e da extrema direita na Alemanha contemporânea, ver "Politik", *Die Zeit*, 9/1/2003, p. 5.

12 Adar Primor, "Le Pen ultimate", *Haaretz.com*, 18/4/2002.

13 Ver Craig Kennedy e Marshall M. Bouton, "The Real Transatlantic Gap", *Foreign Policy*, novembro-dezembro 2002, baseado na recente pesquisa do Chicago Council on Foreign Relations e do German Marshall Fund. Para mais detalhes, ver "Differences over the Aarab-Israeli Conflict" em www.worldviews.org/detailreports/compreport/html/ch3s3.html.

14 Na época da crise dos mísseis, em Cuba, De Gaulle deixou claro para JFK, da forma menos ambígua possível, que, não importava a ação que os Estados Unidos decidissem tomar, o país contaria com o apoio e a confiança inabaláveis da França.

15 Ver Thomas L. Friedman, "Vote France off the Island", *New York Times*, 9/2/2003; Steve Dunleavy, "How Dare the French Forget", *New York Post*, 10/2/2003. O que os franceses devem ter realmente esquecido é como os Estados Unidos financiaram a "guerra suja" da França no Vietnã, de 1947 a 1954. Mas, como se trata de algo que os comentaristas americanos também preferem deixar de lado, isso não tende a aparecer na lista de acusações de "coisas que a França nos deve".

16 Ao rejeitar o que classificou de "acusação do presidente [Jacques] Chirac" de que o Congresso Judaico Americano trabalha em coordenação com a liderança política em Jerusalém, o presidente do Congresso Judaico Americano, Jack Rosen, em julho de 2002, classificou as atitudes francesas de "reminiscentes dos antigos estereótipos antissemitas sobre conspirações judaicas mundiais". Ver www.ajcongress.org/pages/RELS2002/jul02_04.htm.

17 Num próximo artigo discutirei alguns livros recentes sobre o antiamericanismo francês e europeu.

18 E corresponde a uma suposição bastante difundida nos Estados Unidos de que todas as outras pessoas no mundo nada mais desejam do que ser um ame-

ricano e vir para os Estados Unidos. Isso é particularmente incorreto no caso dos europeus, que compreendem muito bem as diferenças entre as sociedades e instituições americanas e europeias. A maioria das pessoas no mundo não ocidental realmente gostaria de desfrutar nos seus próprios países da independência e da prosperidade de que os americanos dispõem nos Estados Unidos, mas essa é outra questão e acarreta outras implicações para a política externa americana.

19 É inteiramente apropriado que, ao ser perguntado o que pensava do mais recente esforço destrutivo nesse espírito por ocasião de uma recente conferência reunindo ministros de Defesa em Munique, William Kristol tenha expressado sua ilimitada admiração pela performance do secretário de Defesa dos Estados Unidos. Fox Television News, 12/2/2003.

CAPÍTULO XVII

Antiamericanos no exterior

I

SE QUISERMOS COMPREENDER COMO OS ESTADOS UNIDOS APARECEM aos olhos do mundo hoje, devemos pensar num veículo utilitário, tipo SUV. Com tamanho e peso superdimensionados, o SUV zomba de qualquer acordo negociado para limitar a poluição atmosférica. Consome quantidades extraordinárias de recursos escassos para abastecer seus habitantes privilegiados com serviços que vão muito além do necessário. Expõe os que estão fora dele a um risco mortal apenas para proporcionar uma segurança ilusória aos seus ocupantes. Num mundo superpovoado, o SUV aparece como um perigoso anacronismo. Como a política externa americana, o SUV é apresentado embrulhado em altissonantes afirmações sobre sua missão, mas debaixo disso tudo não passa de uma picape de tamanho exagerado com um motor potente demais.

O símile pode ser moderno, porém a ideia por trás dele, não. A "América" vem sendo objeto de suspeita por parte dos estrangeiros há muito mais tempo do que tem desempenhado o papel de farol e refúgio para os pobres e oprimidos do mundo. Comentaristas do século XVIII — tendo como base muito pouca observação direta — acreditavam que a flora e a fauna dos Estados Unidos eram atrofiadas e de interesse e uso limitados. O país jamais poderia ser civilizado, insistiam, e isso em grande medida era verdade também a respeito dos seus nada sofisticados cidadãos. Como observou o diplomata (e bispo) francês Talleyrand, antecipando dois séculos de comentários franceses: "*Trente-deux réligions et un seul plat*" ("32 religiões e apenas um tipo de refeição" — o qual os americanos, habitual e compreensivelmente, tendiam a comer às pressas). Do ponto de vista de um conservador europeu cosmopolita como Joseph de Maistre, escrevendo nos primeiros anos do século XIX, os Estados Unidos eram uma lamentável aberração — e tosca demais para durar muito tempo.

Charles Dickens, como Alexis de Tocqueville, ficou surpreso com o conformismo da vida pública americana. Stendhal comentou a respeito do "egoísmo" do país; Baudelaire, de modo arrogante, comparou-o à Bélgica (!) devido à sua mediocridade burguesa; todos tiveram sua atenção atraída pela imatura pomposidade patriótica dos Estados Unidos. Porém, ao longo do século seguinte, ocorreu uma perceptível mudança nos comentários europeus, com o tom passando do menosprezo para o ressentimento. Na década de 1930, a força econômica dos Estados Unidos acrescentou um toque ameaçador à sua rude imaturidade. Para uma nova geração de críticos antidemocráticos, os sintomas desestabilizadores da vida moderna — produção em massa, sociedade de massa e política de massa — podiam ser todos rastreados até sua origem na América.

A exemplo do antissemitismo, ao qual está frequentemente associado, o antiamericanismo era uma maneira indireta e conveniente de expressar insegurança cultural. Nas palavras do francês Robert Aron, escrevendo em 1935, Henry Ford, F. W. Taylor (o profeta dos ritmos de trabalho e da eficiência na manufatura) e Adolf Hitler eram, gostássemos ou não, os "guias de nossa era". A América era o "industrialismo". Ameaçava a sobrevivência da individualidade, da qualidade e da singularidade nacional. "A América vem multiplicando seu território, onde os valores do Ocidente correm o risco de encontrar o seu túmulo", escreveu Emmanuel Berl em 1929. Em virtude de sua herança, os europeus se sentiam obrigados sempre que possível a resistir à sua própria americanização, exortava George Duhamel em 1930: "Nós, ocidentais, devemos todos denunciar firmemente tudo o que é americano na sua casa, suas roupas, sua alma".[1]

A Segunda Guerra Mundial não atenuou essa irritação. O antiamericanismo de esquerda nos primeiros anos da Guerra Fria fazia eco aos sentimentos do antiamericanismo conservador de vinte anos antes. Quando Simone de Beauvoir acusava os Estados Unidos de "estarem se tornando fascistas", Jean-Paul Sartre afirmava que os Estados Unidos macarthistas "haviam enlouquecido", o romancista Roger Vailland assegurava que o refrigerador era parte de uma conspiração americana para destruir a cultura doméstica da França, e o *Le Monde* declarava que a "Coca-Cola é o Danzig da cultura europeia", estavam denunciando o mesmo "inimigo" americano que tanto havia alarmado seus adversários políticos uma geração antes.[2] O comportamento americano, dentro e fora do país, alimentava esse preconceito, mas não o havia criado. Na sua ira contra os Estados Unidos, os intelectuais europeus vinham expressando havia muitas décadas suas angústias a respeito de mudanças que se aproximavam cada vez mais da sua terra.

Os exemplos que citei são da França, mas também a ambivalência inglesa em relação aos Estados Unidos tem uma longa história; a geração alemã da década de 1960 culpava os Estados Unidos acima de tudo pelo consumismo grosseiro e pela amnésia política da República Federal do pós-guerra de seus pais, e, mesmo na "nova" Europa de Donald Rumsfeld, os Estados Unidos — o representante da tecnologia e do progresso "ocidentais" — têm sido ocasionalmente culpados pelo vácuo ético e pelo empobrecimento cultural que o capitalismo global trouxe no seu rastro.[3] Contudo, o antiamericanismo, pelo menos na Europa, sempre apresentou um claro viés francês. É em Paris que a ambivalência europeia a propósito dos Estados Unidos assume uma forma polêmica.

Philippe Roger escreveu uma magnífica história do antiamericanismo francês, elegante, fundamentada, espirituosa.* Esse exercício prazeroso, na

* Philippe Roger, *L'Ennemi américain: Genéalogie de l'antiaméricanisme français* (Paris: Seuil, 2002).

melhor tradição acadêmica francesa, merece certamente ser publicado numa tradução inglesa, em versão integral. O argumento apresentado pelo livro é demasiado sutil e intrincado para ser resumido aqui, mas o termo "genealogia", presente no título, deve ser levado a sério. Não é estritamente uma história, já que Roger trata seu material como um "bloco semiótico"; e ele não dá muita atenção ao registro das manifestações de "pró-americanismo" francês, o qual teria necessariamente de ser discutido para a apresentação de um balanço equilibrado.

Em vez disso, em quase seiscentas páginas de minuciosa exegese textual, Roger demonstra não apenas que o cerne do antiamericanismo francês é na verdade muito antigo, mas também que sempre foi caprichoso, estando apenas tenuemente ligado à realidade americana. O antiamericanismo é um *récit*, uma história (ou fábula), com certos temas, medos e esperanças recorrentes. Surgindo a partir de uma aversão estética pelo Novo Mundo, o antiamericanismo francês transferiu-se desde então da esfera cultural para a política; mas os vestígios sedimentares de versões anteriores continuam, em alguma medida, sempre visíveis.

O livro de Roger mostra mais consistência ao falar dos séculos XVIII e XIX. Sua cobertura do século XX se interrompe na geração de Sartre — o momento, ele nos lembra, em que se tornou comum os textos antiamericanos franceses começarem negando ser precisamente isso. O que parece razoável — há um número satisfatório de relatos sobre o antiamericanismo na nossa própria época, e Roger está mais interessado em rastrear as origens, não os desdobramentos.[4] E, ao deter sua narrativa pouco antes de chegar ao presente, ele pode se dar ao luxo de oferecer uma conclusão irônica e otimista:

> E se o antiamericanismo hoje não fosse mais do que uma espécie de escravidão mental que os franceses impõem a si mesmos, uma letargia masoquista, uma rotina ressentida, uma reação pavloviana desprovida de paixão? Isso ofereceria alguma base para esperanças. Há poucos vícios, mesmo intelectuais, capazes de sobreviver ao tédio que eles suscitam.

Infelizmente, um novo capítulo foi aberto nessa história. O antiamericanismo hoje é alimentado por uma nova consideração, e não se encontra mais confinado a intelectuais. A maioria dos europeus e de outros estrangeiros não se deixa perturbar hoje por produtos americanos, muitos dos quais, em todo caso, são manufaturados e embrulhados pelo marketing fora do país. Eles estão familiarizados com o "*American way of life*", pelo qual frequentemente sentem, em igual medida, inveja e aversão. A maioria deles não despreza os Estados Unidos e certamente não odeia os americanos. O que os deixa contrariados é a política externa dos Estados Unidos; e não confiam no atual presidente americano. Isso é algo novo. Mesmo durante a Guerra Fria, muitos dos adversários políticos dos Estados Unidos na verdade gostavam de seus líderes e confiavam neles. Hoje, mesmo os amigos dos Estados Unidos não gostam do presidente Bush: em parte devido à política por ele empreendida, em parte pela maneira como a empreende.

É esse o pano de fundo para a recente profusão de publicações antiamericanas em Paris. A mais bizarra delas é um livro de autoria de Thierry Meyssan, que pretende demonstrar que o ataque de Onze de Setembro ao Pentágono jamais aconteceu.* Nenhum avião de passageiros jamais se espatifou contra o prédio, ele escreve; a coisa toda é uma fraude perpetrada pelo establishment bélico americano para favorecer os próprios interesses. A abordagem adotada por Meyssan faz eco de certa forma àquela dos que negam o Holocausto. Ele começa pressupondo a não existência do acontecimento amplamente testemunhado, então nos lembra que, não importa a quantidade de evidências reunidas — *especialmente* da parte de testemunhas diretas —, pode provar o contrário. O método é bem sintetizado pelo modo como descarta um substancial conjunto de testemunhas oculares que contraria sua afirmação: "Longe de afiançar as evidências que oferecem, a qualidade desses testemunhos mostra apenas a que ponto o exército dos Estados Unidos é capaz de chegar para distorcer a verdade".[5]

O mais deprimente no livro de Meyssan é o fato de ter se tornado um best-seller. Existe um público na França para as variedades mais extremas de suspeita paranoica a propósito dos Estados Unidos, e o 11 de Setembro

* Thierry Meyssan, *11 Septembre 2001: L'Effroyable imposture* (Chatou: Carnot, 2003).

parece ter despertado esse filão. Mais típica, no entanto, é a interminável lista de reclamações em livros com títulos como *Pourquoi le monde déteste-t-il l'Amérique?*, *Le livre noir des États-Unis* e *Dangeureuse Amérique*.* Os dois primeiros são de autoria, respectivamente, de britânicos e de canadenses, ainda que tenham vendido mais em suas edições em língua francesa; o terceiro tem como coautor um destacado político francês do Partido Verde e ex-candidato presidencial.

Apresentadas tipicamente com sentimento, real ou fingido, de lástima ("Não somos antiamericanos, mas..."), essas obras vêm a ser um inventário das mais mencionadas limitações dos americanos. Os Estados Unidos são uma sociedade egoísta, individualista, devotada ao comércio, ao lucro e à espoliação do planeta. Demonstram tanta indiferença pelos seus próprios pobres e doentes como em relação ao resto da humanidade. Os Estados Unidos não hesitam em atropelar o direito internacional e seus tratados, ameaçando o futuro da humanidade em termos morais, ambientais e físicos. Os Estados Unidos são incoerentes e hipócritas em suas relações com os outros países e ostentam um poderio militar sem paralelo. São, em suma, um touro solto na loja de porcelanas global, provocando uma devastação absoluta.[6]

Grande parte de tudo isso provém de material reciclado de críticas anteriores aos Estados Unidos. As reclamações de Peter Scowen (seus títulos de capítulos incluem "Les atrocités de Hiroshima et de Nagasaki" e "Une culture vide"), como as de Ziauddin Sardar e Merryl Wyn Davies ("Os hambúrgueres americanos e outros vírus") ou de Nöel Mamère e Patrick Farbiaz ("L'Américanisation du monde", "Une croisade qui sent le pétrole" [Uma cruzada que cheira a petróleo]), combinam temas tradicionais com novas acusações. Elas formam uma mistura de aversão cultural conservadora (Os Estados Unidos são feios, sem raízes e grosseiros), retórica antiglobalização (Os Estados Unidos estão poluindo o mundo) e reducionismo neomarxista (Os Estados Unidos são governados para e pelas companhias de petróleo). Os críticos internos, americanos, acrescentam o

---

* Ziauddin Sardar e Merryl Wyn Davies, *Pourquoi le monde déteste-t-il l'Amérique?* (Paris: Fayard, 2002); Peter Scowen, *Le livre noir des États-Unis* (Paris: Mango, 2003); Nöel Mamère e Patrick Farbiaz, *Dangeureuse Amérique: Chronique d'une guerre annoncée* (Paris: Ramsay, 2003).

fator raça a essa mistura — não satisfeitos em atropelar todo mundo, os Estados Unidos se mostram opressores também na sua própria história.[7]

Parte das críticas à política e à prática americanas tem razão de ser. Outras são bobagens. Em seu catálogo de acusações contra os Estados Unidos, Sardar e Davies os culpam pela Guerra Fria, imposta a uma Europa Oriental relutante: "Tanto a França como a Itália tinham grandes partidos comunistas — e ainda têm [sic] —, mas com suas próprias histórias específicas com muito pouco em comum com a Rússia". "A Internacional Comunista", em outras palavras, foi uma invenção americana. O mito revisionista morreu já há muitos anos. Sua recuperação póstuma sugere que um antiamericanismo político mais antigo está recobrando o fôlego graças às ambições da política externa americana.[8] Uma vez Estado pária, sempre Estado pária.

De acordo com Emmanuel Todd, contudo, não há motivo para nos preocuparmos. Em seu mais recente livro, *Après l'empire* (também um best-seller), ele argumenta que o sol está se pondo para os Estados Unidos imperiais.* Estamos entrando numa era pós-americana. Os Estados Unidos continuarão a pôr em risco a estabilidade internacional. Porém os europeus (e os asiáticos) podem extrair algum consolo da consciência de que o futuro lhes pertence. O poderio militar americano é real, mas supérfluo; enquanto isso sua economia cambaleante mostra-se vulnerável devido à sua dependência do resto do mundo, e seu modelo de sociedade não exerce mais nenhuma atração. Entre 1950 e 1990 os Estados Unidos foram uma presença benévola e necessária no mundo, mas não mais. O desafio hoje é administrar sua crescente irrelevância.

Todd não é, em absoluto, o tipo convencional de "antiamericano", e parte do que tem a dizer é digno de interesse — mas leitores de língua inglesa que desejem compreender o argumento em defesa de um declínio americano fariam melhor se recorressem a Charles Kupchan.[9] Todd está certo ao afirmar que a globalização assimétrica — na qual os Estados Uni-

* Emmanuel Todd, *Après l'empire: Essai sur la décomposition du système américain* (Paris: Gallimard, 2002).

dos consomem o que outros produzem, e as desigualdades econômicas aumentam aceleradamente — está dando origem a um mundo desprovido de simpatia pela ambição americana. A Rússia pós-comunista, o Iraque pós-Saddam e outras sociedades em processo de modernização podem adotar o capitalismo ("a única organização econômica razoável") e até se tornar democráticas, mas não imitarão o "hiperindividualismo" americano e ainda compartilham preferências europeias a respeito de muitas coisas. Os Estados Unidos, na visão de Todd, se agarrarão desesperadamente aos vestígios de sua ambição e de seu poder; para manter uma influência que vem declinando, procurarão manter "certo nível de tensão internacional, um estado de guerra limitada, porém endêmica". Esse processo já teve início, e o Onze de Setembro foi o evento que o desencadeou.

O problema de Emmanuel Todd, e ele será imediatamente reconhecido por quem já tiver lido um de seus livros, reside menos em suas conclusões do que na maneira como desenvolve seu raciocínio. Há alguma coisa do *Ancient Mariner* nesse escritor. Ele tem uma história a contar, o que faz tomado por um ânimo que tem algo de maníaco, livro após livro, agarrando o leitor de modo implacável, como se dissesse: "Você não entende? Tudo isso tem a ver com fertilidade!". Todd é, por formação, um estudioso da demografia antropológica. Em 1976, publicou *La chute finale: Essai sur la décomposition de la sphère soviétique*, no qual profetizou o fim da URSS: "Um ligeiro decréscimo no índice de mortalidade infantil entre 1970 e 1974 me fez compreender que a União Soviética se encontrava em processo de decomposição já em 1976 e me permitiu prever o colapso do sistema". De acordo com ele, o declínio da taxa de natalidade soviética lhe revelou "a provável emergência de uma Rússia normal, perfeitamente capaz de promover a derrubada do comunismo".

Emmanuel Todd não foi a única pessoa que, nos anos 1970, previu um futuro nada saudável para o comunismo. Entretanto, o vínculo que ele diz ter descoberto entre a fertilidade e o colapso do regime acabou por lhe subir à cabeça. Em seu novo livro, a história mundial é reduzida a uma série de correlações unidirecionais e monocausais, vinculando taxas de natalidade, índices de alfabetização, estruturas familiares seculares e política global. As guerras iugoslavas foram resultado de "defasagens de fertilidade" entre eslavos e muçulmanos. A Guerra Civil americana pode ter suas origens rastreadas até as baixas taxas de natalidade da classe composta por colonos anglo-saxões. E se os Estados Unidos "individualistas" se veem hoje diante de uma perspectiva sombria, isso se dá porque "estruturas familiares" do resto do mundo favorecem sistemas políticos bem diferentes.

No universo paralelo de Emmanuel Todd, a política — como o comportamento econômico — está inscrita no "código genético" de uma sociedade. Os sistemas familiares igualitários da Ásia Central revelam uma "antropologia da comunidade" que tornou o comunismo mais aceitável lá (em outra obra ele atribuiu variações regionais nos padrões de votação na França, na Itália e na Finlândia a diferenças similares na vida familiar).[10] Hoje, o "temperamento russo universalista", que tem como base a de família extensa russa, oferece um modelo socioeconômico não individualista que pode vir a ser a democracia do futuro. "A priori, não existe razão para que não imaginemos uma Rússia liberal e democrática protegendo o planeta dos esforços americanos para sustentar sua postura imperial global." Daí a fúria desenfreada das tendências "diferencialistas" — americanas, israelenses e outras.

Todd vai além. Exagera absurdamente os atuais males americanos, por mais que estes sejam reais. Extrapolando o exemplo da Enron, ele conclui que todos os dados econômicos americanos são tão pouco confiáveis quanto os dos soviéticos: a condição de alto risco em que se encontra a economia americana foi ocultada. E ele oferece a sua própria variante do "choque de civilizações". O conflito iminente entre o Islã e os Estados Unidos coloca frente a frente, de um lado, uma civilização americana "efetivamente feminista" e de bases femininas e, de outro, a ética masculinizada das sociedades guerreiras árabes e da Ásia Central. Também aqui os Estados Unidos se verão isolados, pois os europeus se sentirão tão ameaçados por eles quanto seus vizinhos árabes. Mais uma vez, tudo se resume à vida familiar, só que com um matiz caracteristicamente moderno: "O status da mulher americana, ameaçador e castrador (*castratrice et menaçante*), [é] tão perturbador para os homens europeus quanto o todo-poderoso macho árabe é para a mulher europeia". O hiato que separa os dois lados do Atlântico começa no quarto. Acredite se quiser.

Deixar Emmanuel Todd para lidar com Jean-François Revel é como trocar o cientista louco por uma figura da aristocracia intelectual que não peca pela falta de autoconfiança. Revel é um augusto Immortal da Académie Française. É autor de muitos livros (31 até o momento), como o leitor desse seu mais recente ensaio é lembrado enfaticamente.* O estilo de Revel sugere um homem que não costuma duvidar de si mesmo e que não está habituado a que o contradigam. Ele tende a incorrer em vastas generalizações, estabelecidas sem bases sólidas — pela sua avaliação, a maior parte da elite política e cultural da Europa "nunca entendeu nada a respeito do comunismo" — e sua versão do antiamericanismo francês às vezes beira a caricatura. O que é uma pena, já que parte do que ele escreve faz sentido.

Assim, Revel está certo ao chamar a atenção para a contradição no cerne da maior parte das críticas francesas dirigidas aos Estados Unidos. Se os Estados Unidos representam tamanho desastre social, se são um pigmeu em termos culturais, ingênuos politicamente e se a sua implosão econômica é iminente, por que se preocupar? Por que dedicar a isso tanta atenção impregnada de ressentimento? Inversamente, se os Estados Unidos são tão poderosos e bem-sucedidos como temem muitos, será que não estariam fazendo alguma coisa certa para terem chegado até aí? Revel está certo, em grande medida, ao acusar certos intelectuais franceses de má-fé quando afirmam que nada têm contra as políticas anticomunistas americanas praticadas em outras décadas, fazendo objeção apenas aos excessos cometidos no presente. Os registros existentes sugerem o contrário.

Na condição de francês, Revel está numa situação adequada para lembrar a seus concidadãos que também a França tem seus problemas sociais — o tão elogiado sistema educacional francês nem assimila as minorias culturais e religiosas, nem apoia e nutre as diferenças culturais. A França também tem favelas, violência e delinquência. E o sucesso de Jean-Marie Le Pen nas últimas eleições presidenciais é uma permanente reprimenda a toda a classe política francesa por seu fracasso em lidar com os problemas da imigração e da raça.[11] Revel debocha — e tem legitimidade para isso — dos administradores culturais da França, que são capazes de vandalizar

---

* Jean-François Revel, *L'Obsession anti-américaine: Son fonctionnement, ses causes, ses inconséquences* (Paris: Plon, 2002).

sua própria herança nacional pelo menos tão impensadamente quanto os bárbaros americanos. Nenhum chauvinista americano poderia jamais se equiparar ao "Projet Culturel Extérieur de la France", do ministro da Cultura Jack Lang, de 1984, no qual as ambições francesas eram descritas pelo próprio Lang como "provavelmente sem igual em qualquer outro país". E o que dizer da suposta sofisticação da imprensa e da TV francesas diante do fato de terem dedicado tanta atenção crédula às elucubrações do M. Meyssan?

Poderíamos seguir em frente. Ridicularizar os franceses por suas pretensões (e seus lapsos de memória) é quase tão fácil quanto apontar as hipocrisias da política externa dos Estados Unidos. E Revel tem razão ao descrever os ativistas antiglobalização com sua retórica antimercado como uma "surpresa divina" para a esquerda europeia, uma causa caída do céu num momento pós-ideológico em que os radicais da Europa se encontravam à deriva. Porém as astutas observações de Revel quanto ao que está errado na França correm o risco de ficar desacreditadas por sua incapacidade de achar *qualquer coisa* de errado nos Estados Unidos. Seu livro inteiro consiste numa ode de elogios rasgados a um país que, lamentavelmente, não existe. Como os antiamericanos que ele menospreza, evoca seu tema americano a partir de uma matéria sem consistência alguma.

Nos Estados Unidos de Revel, o *melting pot* entre as raças funciona "*fort bien*" e não há menção a guetos. Segundo ele, os europeus se equivocam e exageram ao interpretar as estatísticas sobre crime nos Estados Unidos, quando na realidade o crime lá não é um problema. A cobertura de saúde nos Estados Unidos funciona muito bem: a maior parte dos americanos conta com seguro-saúde proporcionado por seus empregos, o restante se beneficia do Medicaid e do Medicare, sustentados por verbas públicas. De qualquer modo, as limitações do sistema não são piores do que as que existem nos serviços de saúde oferecidos pela própria França. O pobre americano tem a mesma renda per capita que o cidadão *médio* de Portugal; portanto eles não podem ser chamados de pobres. (Revel aparentemente nunca ouviu falar dos índices que levam em conta o custo de vida.) Não existe uma "classe inferior". Enquanto isso, os Estados Unidos têm desfrutado da social-democracia há mais tempo do que a Europa, e a televisão americana e sua cobertura jornalística são muito melhores do que você pensa.

E quanto à política externa americana: no país dos sonhos de Revel, os Estados Unidos têm se mantido plenamente engajados no conflito israelense-palestino, têm adotado uma postura rigorosamente isenta e sua política tem sido bem-sucedida. O programa americano de defesa antimísseis preocupa Revel muito menos do que preocupa alguns generais americanos. Ao contrário de 50% do eleitorado dos Estados Unidos, o *académicien* Revel nada viu de errado na condução das eleições presidenciais de 2000. Quanto a indícios de um crescente sentimento americano antifrancês, isso não passa de bobagem: "*pour ma part, je ne l'ai jamais constaté*" ("no que me diz respeito, nunca percebi nada disso"). Resumindo, seja o que for que os críticos franceses ou de outros países digam sobre os Estados Unidos, Jean-François Revel acredita no contrário. Voltaire não faria melhor ao satirizar os tradicionais preconceitos franceses: Pangloss no País das Maravilhas.

II

Em algum ponto equidistante entre Emmanuel Todd e Jean-François Revel existe uma perspectiva europeia interessante a respeito dos Estados Unidos de George Bush. Os dois lados do Atlântico hoje são realmente diferentes. Em primeiro lugar, os Estados Unidos são uma sociedade religiosa e crédula: desde meados dos anos 1950, os europeus abandonaram suas igrejas aos milhares, porém nos Estados Unidos não foi registrada absolutamente nenhuma queda na frequência às igrejas e sinagogas. Em 1998, uma pesquisa Harris revelou que 66% até mesmo dos americanos não cristãos acreditavam em milagres e 47% deles acreditavam no nascimento virginal de Jesus; os números para o conjunto dos americanos são 86% e 83%, respectivamente. Cerca de 45% dos americanos acreditam na existência de um demônio. Numa recente enquete da revista *Newsweek*, 79% dos americanos consultados diziam acreditar que os milagres bíblicos efetivamente aconteceram. Segundo uma pesquisa da *Newsweek* de 1999, 40% de todos os americanos (71% dos quais protestantes evangélicos) acreditam que o mundo verá seu fim numa batalha do Armagedom travada entre Jesus e o Anticristo. Um presidente americano que promove estudos bíblicos na Casa Branca e começa as reuniões de seu gabinete com uma oração parece um curioso anacronismo aos olhos de seus aliados europeus, mas ele está em sintonia com seus concidadãos.[12]

Em segundo lugar, as desigualdades e inseguranças da vida americana ainda são impensáveis do outro lado do Atlântico. Os europeus permanecem desconfiados em relação às excessivas disparidades de renda, e suas instituições e escolhas políticas refletem esse sentimento. Além disso, é a prudência, mais do que o resíduo do "socialismo", que explica a hesitação europeia a respeito da desregulamentação dos mercados e do desmantelamento do setor público e a resistência local ao "modelo" americano. Isso faz sentido — para a maioria das pessoas na Europa e em outros lugares do mundo, a competição sem nenhum tipo de restrição é, no mínimo, uma ameaça na mesma medida que uma oportunidade.

Os europeus desejam um Estado internamente mais intervencionista do que os americanos e esperam pagar por isso. Mesmo na Grã-Bretanha pós-Thatcher, 62% dos adultos consultados em dezembro de 2002 seriam a favor de mais impostos se em troca recebessem melhores serviços públicos. O número para os Estados Unidos é de menos de 1%. Isso é menos surpreendente quando se leva em conta que nos Estados Unidos (onde a disparidade entre ricos e pobres é maior do que em qualquer outro lugar do mundo desenvolvido) nada menos do que 19% da população adulta diz fazer parte do cerca de 1% mais rico da nação — e outros 20% acreditam que ainda virão a integrar esse 1% algum dia em sua vida![13]

Então, o que os europeus acham perturbador nos Estados Unidos é precisamente o que os americanos acreditam ser o ponto forte da nação: sua singular combinação de religiosidade moralista, mínima oferta de bem-estar pelos serviços públicos e máxima liberdade para o mercado — o "*American way of life*" — somados a uma política externa animada por um espírito missionário e ostensivamente voltada para a exportação desse mesmo pacote de valores e práticas. Nesse aspecto, a globalização não prestou um serviço aos Estados Unidos, já que ela destaca aos olhos dos países mais pobres do mundo o preço pago pela exposição à competição econômica e lembra aos europeus ocidentais, depois do longo sono da Guerra Fria, as verdadeiras falhas geológicas que dividem ao meio um "Ocidente" até então indiferenciado.

Essas distinções transatlânticas ganharão mais importância, não menos, nos próximos anos: antigos contrastes sociais e culturais vêm sendo destacados e reforçados por discordâncias políticas incontornáveis. O próprio cisma em torno da Guerra do Iraque já revelou algo novo. Nos primeiros anos da Guerra Fria as manifestações antiamericanas na Europa eram ditadas pelos "movimentos pela paz" financiados pelos soviéticos, mas as elites políticas e econômicas se encontravam plantadas firmemente no campo americano. Hoje não há ninguém manipulando os protestos de massa contra a guerra, e os líderes europeus ocidentais estão rompendo com os Estados Unidos em um tema crucial da cena internacional. Os Estados Unidos foram obrigados a recorrer publicamente aos subornos e às ameaças numa medida sem precedentes, com um sucesso constrangedoramente limitado (mesmo na Turquia, no momento em que escrevo, graças aos rumos imprevisíveis da democracia).

A crise do Iraque expôs três tipos de fraqueza no moderno sistema internacional. Fomos lembrados mais uma vez de quão frágil é a ONU, de quão aparentemente inadequada ela é em relação às esperanças nela depositadas. Ainda assim, a recente atitude americana diante da ONU — tratem de nos dar o que queremos ou acabaremos tomando de qualquer jeito — paradoxalmente acabou por fortalecer a avaliação da importância da instituição por parte de praticamente todos os demais. As Nações Unidas podem não possuir um exército, mas adquiriram, ao longo dos últimos cinquenta anos, uma clara legitimidade; e legitimidade é um tipo de poder. Em qualquer caso, a ONU é tudo o que temos. Os que a atacam para atender aos próprios interesses acabam por expor a um sério risco sua própria credibilidade como integrantes da comunidade internacional.

A segunda clara vítima da crise tem sido a União Europeia. Os desdobramentos concretos mostraram uma Europa amargamente dividida, graças, em igual medida, às más intenções americanas e à incompetência dos próprios líderes europeus. Crises, contudo, podem ser salutares. Assim que a Guerra do Iraque acabar, os britânicos começarão a fazer perguntas inconvenientes sobre seu compromisso junto aos americanos à luz de outro erro de cálculo cometido no passado no Oriente Médio, em Suez, em 1956. Os europeus orientais vão orar para que Bruxelas, Paris e Berlim tenham uma memória curta, assim que comece a ser preparado o orçamento da União. Políticos turcos já questionam o até então sacrossanto relacionamento com os Estados Unidos. E Jacques Chirac pode vir a ter a última e melhor chance de seu país de forjar para a Europa uma posição de independência e igualdade em relação aos Estados Unidos nos assuntos internacionais. A "hora da Europa" pode não ter soado, mas a absoluta indiferença dos Estados Unidos em relação à opinião europeia fez tocar um alarme de incêndio no meio da noite.

O terceiro tipo de fraqueza diz respeito aos próprios Estados Unidos: não apesar do seu esmagador poderio militar, mas por causa dele. De modo inacreditável, Bush e seus conselheiros conseguiram fazer com que os Estados Unidos parecessem a maior ameaça à estabilidade internacional; apenas dezoito meses depois do 11 de Setembro, os Estados Unidos podem ter desperdiçado a confiança neles depositada pelo resto do mundo. Ao reivindicar para si o monopólio em torno dos valores ocidentais e da sua defesa, os Estados Unidos levaram outros países ocidentais a refletir sobre o que os separa dos deles. Ao afirmar com entusiasmo seu direito a reconfigurar o mundo islâmico, Washington lembrou particularmente aos europeus a crescente presença islâmica em suas próprias culturas e as implicações políticas desse fato.[14] Em suma, os Estados Unidos deram a um bocado de gente uma boa ocasião para repensar suas relações com o país.

Não é preciso ser um intelectual francês para acreditar que, ao serem excessivamente musculosos, em meio a um ambiente internacional hostil, os Estados Unidos são mais fracos, não mais fortes, do que eram anteriormente. Também é mais provável que venham a ser mais beligerantes. O que não serão, no entanto, é irrelevantes. Às vezes a política internacional tem a ver com o bem e o mal, mas sempre tem a ver com poder. Os Estados Unidos detêm um poder considerável e as nações do mundo precisam que o país esteja do lado delas. Se os Estados Unidos oscilassem de modo imprevisível entre guerras preventivas unilaterais e uma indiferença narcisista, isso representaria um desastre global, sendo esse o motivo pelo qual tantos países na ONU tentam desesperadamente se acomodar aos desejos de

Washington, a despeito das restrições que, reservadamente, seus líderes possam fazer.

Enquanto isso, "moderados" em Washington insistem no fato de que todas essas preocupações acabarão por se dissolver, assim que a guerra no Iraque venha a se revelar rápida, vitoriosa e relativamente "limpa". Porém uma campanha militar não é justificada retroativamente apenas pelo seu sucesso, e, de qualquer modo, muitos danos colaterais já foram causados. O precedente de uma guerra preemptiva e preventiva contra uma ameaça hipotética; as admissões imprudentes e ocasionais de que essa guerra tinha objetivos que iam muito além do desarmamento de Bagdá; a antipatia pelos Estados Unidos despertada no exterior: tudo isso já constitui danos de guerra, não importa quão bem-sucedida venha a ser a administração da paz pelos americanos. Terá a "nação indispensável" (Madeleine Albright) cometido um erro de cálculo e superestimado sua capacidade? Quase certamente, sim. Quando o terremoto amainar, as placas tectônicas da política internacional terão mudado de lugar para sempre.

Este ensaio foi publicado pela primeira vez no *New York Review of Books* em maio de 2003, como uma resenha de *L'Ennemi américain: généalogie de l'antiaméricanisme français*, de Philippe Roger; *11 Septembre 2001: L'Éffroyable imposture*, de Thierry Meyssan; *Pourquoi le monde déteste-t-il l'Amérique?*, de Ziauddin Sardar e Merryl Wyn Davies; *Le livre noir des États-Unis*, de Peter Scowen; *Dangeureuse Amérique: Chronique d'une guerre annoncée*, de Noël Mamère e Patrick Farbiaz; *Après l'empire: essai sur la décomposition du système américain*, de Emmanuel Todd, e *L'Obsession anti-américaine: son fonctionnement, ses causes, ses inconséquences*, de Jean-François Revel.

NOTAS

1 Emmanuel Berl, *Mort de la pensée bourgeoise* (Paris: Bernard Grasset, 1929, reeditado em 1970), pp. 76-7; André Siegfried, *Les États Unis d'aujourd'hui*

(Paris: Colin, 1930), citado em Michel Winock, *Nationalisme, antisémitisme et fascisme en France* (Paris: Seuil, 1982), p. 56. Ver também Georges Duhamel, *Scènes de la vie future* (Paris: Mercure de France, 1930); Robert Aron e Arnaud Dandieu, *Le cancer américain* (Paris: Rieder, 1931); e meu *Past Imperfect: French Intellectuals, 1944-1956* (Berkeley: University of California Press, 1992), capítulo 10: "America has Gone Mad: Anti-Americanism in Historical Perspective", pp. 187-204.

2 Para Simone de Beauvoir, ver seu *L'Amérique au jour le jour* (Paris: Morihien, 1948), pp. 99-100. Sartre comentava o julgamento e a execução dos Rosenberg. As reflexões de Vailland a propósito da refrigeração, extraídas de seu artigo "Le ménage n'est pas un art de salon" (*La Tribune des Nations*, 14/3/1952) são discutidas por Philippe Roger em *L'Ennemi américain*, pp. 483-4. E ver o editorial "Morrer pela Coca-Cola", *Le Monde*, 29/3/1950.

3 Para representações alemãs do preço imposto pela americanização, ver o filme *O casamento de Maria Braum*, de Rainer Werner Fassbinder (1979); ou *Heimat: Eine deutsche Chronik* (1984), de Edgar Reitz, no qual o impacto americano exercido sobre a "Alemanha profunda" é descrito como sendo bem mais corrosivo do que a passagem pelo nazismo. E foi ninguém menos do que Václav Havel que lembrou a seus companheiros dissidentes, ainda em 1984, que o racionalismo, o cientificismo ou o fascínio pela tecnologia e pela mudança eram todos "exportações ambíguas" do Ocidente, os frutos pervertidos do sonho da modernidade. Ver Václav Havel, "Svedomí a politika", *Svedectví*, vol. 18, nº 72 (1984), pp. 621-35 (citação da p. 627).

4 Ver Philippe Mathy, *Extrême Occident: French Intellectuals and America* (Chicago: University of Chicago Press, 1993); e *L'Amérique dans les têtes: Un Siècle de fascinations et d'aversions*, Denis Lacorne, Jacques Rupnik e Marie-France Toinet, orgs. (Paris: Hachette, 1986).

5 "Loin de créditer leurs dépositions, la qualité de ces témoins ne fait que souligner l'importance des moyens déployés par l'armée des États-Unis pour travestir la vérité"; ver *11 Septembre 2001*, p. 23.

6 Ver também Clyde V. Prestowitz, *Rogue Nation: American Unilateralism and the Failure of Good Intentions* (Nova York: Basic Books, abril de 2003).

7 De acordo com Mark Hertsgaard, em *The Eagle's Shadow: Why America Fascinates and Infuriates the World* (Nova York: Farrar, Straus and Giroux, 2002), os americanos há muito insistem em negar que sua constituição tem origem

nas práticas da Liga dos Iroqueses, com a qual temos aparentemente uma dívida não reconhecida a respeito dos direitos de Estado e da separação entre os poderes. Que nos perdoem Locke, Montesquieu, a *common law* inglesa e o Iluminismo da Europa.

8 Estamos de volta a maio de 1944, quando Hubert Beuve-Méry, futuro fundador e editor do *Le Monde*, podia escrever que "os americanos constituem uma verdadeira ameaça à França [...]: Eles podem evitar que venhamos a realizar a revolução necessária, e falta a seu materialismo até mesmo a grandeza trágica do materialismo dos totalitários". Citado por Jean-François Revel em *L'Obsession anti-américaine*, p. 98.

9 Charles Kupchan, *The End of American Era* (Nova York: Knopf, 2002). Ver minha discussão do livro de Kupchan no *New York Review of Books* de 10/4/2003.

10 Emmanuel Todd, *La troisièmme planète: Structures familiales et systèmes idéologiques* (Paris: Seuil, 1983). "O sucesso do comunismo pode ser explicado principalmente pela existência [...] de estruturas familiares igualitárias e autoritárias que predispõem as pessoas a ver a ideologia comunista como natural e boa"; ver *Après l'empire*, p. 178.

11 A esse respeito ver também Philippe Manière, *La vengeance du peuple: Les Élites, Le Pen et les français* (Paris: Plon, 2002).

12 Ver www.pollingreport.com/religion.htm e www.pollingreport.com/religion2.htm.

13 "A Tale of Two Legacies", *The Economist*, 21/12/2002; *Financial Times*, 25-26/1/2003.

14 Um em cada doze habitantes da França hoje é muçulmano. Na Rússia, o número é de quase um para seis.

CAPÍTULO XVIII

A Nova Ordem Mundial

I

AQUELES ENTRE NÓS QUE DESDE O INÍCIO SE COLOCARAM CONTRA a invasão do Iraque pelos Estados Unidos não podem extrair consolo algum das suas catastróficas consequências. Ao contrário: deveríamos agora nos fazer algumas perguntas decididamente incômodas. A primeira diz respeito à justificativa que pode existir para intervenções militares "preventivas". Se a Guerra do Iraque foi errada — "a guerra errada na hora errada"[1] —, por que então foi certa a guerra liderada pelos Estados Unidos em 1999 na Sérvia? Afinal, também faltava àquela guerra o imprimátur da aprovação pelo Conselho de Segurança da ONU. Também ela era um ataque a um Estado soberano, realizado sem autorização ou sem um pedido — empreendido por razões "preventivas" —, que provocou muitas baixas civis e despertou amargos ressentimentos contra os americanos que estiveram à sua frente.

A aparente diferença — e a razão pela qual tantos de nós nos alegramos quando os Estados Unidos e seus aliados entraram em Kosovo — foi que Slobodan Milošević havia começado uma campanha contra a maioria albanesa da província sérvia de Kosovo que tinha todas as características de um prelúdio a um genocídio. De modo que não apenas os Estados Unidos estavam do lado certo, mas estavam intervindo no momento certo — suas ações poderiam efetivamente evitar um crime de grandes proporções. Com os acontecimentos vergonhosos de um passado ainda recente, na Bósnia e em Ruanda, ainda frescos na memória, as prováveis consequências da inércia pareciam óbvias e compensavam em larga medida os riscos da intervenção. Hoje, o governo Bush — na falta das "armas de destruição em massa" para justificar o açodamento em recorrer às armas — oferece a alegação de "levar a liberdade ao Iraque" quase como uma justificativa a posteriori. Porém salvar os albaneses de Kosovo foi, desde o começo, a razão de ser da guerra de 1999.

E, contudo, as coisas não são assim tão simples. Saddam Hussein (como Milošević) representava uma ameaça permanente para muitos dos que viviam sob seu domínio: não apenas nos tempos em que ele massacrava curdos e xiitas enquanto assistíamos impassíveis, mas até o seu fim. Aqueles de nós que, em princípio, se colocam a favor de intervenções humanitárias — não porque propagandeiam nossas boas intenções, mas porque promovem o bem e evitam que o mal seja feito — não poderiam manter a coerência e ao mesmo tempo lamentar ver Saddam Hussein ser derrubado. Aqueles entre nós que fazem objeção ao exercício do poder em sua forma brutal deveriam se lembrar de que há dez anos teríamos ficado felizes da vida em ver alguém — qualquer um — intervir unilateralmente para salvar os tutsis de Ruanda. E aqueles entre nós que, corretamente, na minha opinião, chamaram a atenção para as consequências perversas mesmo das mais bem-intencionadas das intervenções nos assuntos de outros países nem sempre adotaram essa visão cautelosa nos casos em que desejavam que a intervenção tivesse lugar.

David Rieff não tem nada a oferecer a título de solução para essas questões que suscitam perplexidade — em seu mais recente livro, o tom que predomina é o de um desespero despido de quaisquer ilusões.* Porém a nova coletânea reunindo seus recentes ensaios e relatos desempenha a função

---

* David Rieff, *At the Point of a Gun: Democratic Dreams and Armed Intervention* (Nova York: Simon & Schuster, 2005).

salutar de nos lembrar até que ponto esses dilemas podem ser perturbadores. Durante muitos anos Rieff foi um ardoroso defensor de intervenções humanitárias indiscriminadas — não meramente como uma espécie de band-aid aplicado sobre as feridas do mundo, mas porque, como Paul Wolfowitz, entre outros, acreditava sinceramente que era desejável e possível levar a transformação democrática a lugares onde ela se fazia necessária. Ele inclui nessa antologia alguns de seus ensaios mais antigos que, de maneira emotiva, defendiam uma intervenção ocidental: na África, nos Bálcãs e em outras partes. Agora, como admite Rieff após novas reflexões acrescentadas a esses mesmos ensaios, ele já não está mais tão seguro disso.

Certas coisas simplesmente dão errado, e não apenas no Iraque. O direito internacional — como a própria ONU — foi concebido em um mundo composto de Estados soberanos, um mundo onde guerras eram travadas entre países, em que a paz era apropriadamente celebrada entre Estados, e no qual uma das grandes preocupações do equilíbrio forjado após a Segunda Guerra era garantir a inviolabilidade das fronteiras e das soberanias. Hoje as guerras costumam acontecer *no interior* dos Estados. As distinções entre firmar a paz e manter a paz — entre intervenção, assistência e coerção — não são claras, da mesma forma que os direitos das partes em conflito e as circunstâncias em que entidades estrangeiras dispõem de autoridade para recorrer à força. Nesse confuso mundo novo, bem-intencionados diplomatas ocidentais e observadores se revelaram às vezes incapazes de distinguir entre Estados em guerra — operando sob normas diplomáticas convencionais — e tiranos criminosos, exercendo grande poder em escala local, como são os líderes do Sudão. Negociações com esses últimos muitas vezes acabam se reduzindo a colaboracionismo e mesmo cumplicidade.

Quanto à Organização das Nações Unidas (essa velha rabugenta e inofensiva, nas palavras de Rieff), ela não apenas é impotente para impedir a perpetração de crimes como, com sua obsessão em parecer "imparcial" e em proteger seu próprio pessoal, pode às vezes encorajar e facilitar o massacre de populações. Em Srebrenica, em julho de 1995, quatrocentos soldados holandeses da ONU se puseram educadamente de lado para deixar Ratko Mladić e suas tropas irregulares compostas de bósnios sérvios massacrar 7 mil muçulmanos, homens adultos e garotos, convenientemente reunidos sob a proteção da ONU numa área "segura". Isso pode parecer um caso extremo — porém é justamente nessas circunstâncias extremas que organizações internacionais de todos os tipos, não importa quão bem-intencionadas sejam, têm dificuldade em evitar se comprometer, especialmente quando as grandes potências que integram o Conselho de Segurança se recusam a autorizar um apoio armado adequado. Quando entidades beneficentes privadas e o Alto Comissariado para Refugiados da própria ONU ajudam a transportar, instalar, abrigar e alimentar populações deslocadas à força — seja no Sul dos Bálcãs, no Congo oriental ou no Oriente Médio —, estariam elas oferecendo uma ajuda desesperadamente necessária ou facilitando o projeto de outra força qualquer de promover uma limpeza étnica? Com grande frequência, a resposta é: ambas as coisas.

Rieff vai além. A maioria das organizações humanitárias, públicas ou privadas, é — por sua própria natureza — programada para lidar com emergências. Numa situação de crise, suas prioridades são providenciar ajuda imediata (e proteger suas próprias equipes); estão, por isso, pouco inclinadas a trabalhar pela solução de problemas numa perspectiva de longo prazo ou a se empenhar em cálculos de ordem política. Em consequência disso, são vulneráveis à exploração: pelas vítimas (Rieff mostra-se particularmente amargurado em relação ao ELK — Exército de Libertação de Kosovo —, o qual ele costumava admirar, mas que agora sempre lhe pareceu predisposto à violência e propenso a promover o deslocamento forçado dos sérvios que permaneceram em Kosovo — agindo, na verdade, de modo não muito diferente de seus adversários sérvios); mas acima de tudo pelas grandes potências pelas quais essas entidades são, na prática, subcontratadas e de cuja cooperação elas necessitam.

Na medida em que esses trabalhadores humanitários proporcionam cobertura para intervenções armadas legalmente ambíguas e para as suas inevitáveis consequências negativas, eles diminuem a própria reputação e sua credibilidade moral, nem sempre conseguindo alcançar seus objetivos. A ONU, em particular, de acordo com Rieff, corre o risco de se tornar "um escritório colonial do poder dos Estados Unidos", fazendo o trabalho de limpeza após as invasões americanas e sendo "usada como um pedaço de

Kleenex chique [...] como sempre", na descrição sem meias palavras de um funcionário da ONU a serviço no Iraque, a quem Rieff cita em tom de aprovação. Isso pode parecer um pouco severo. A partir de uma experiência amarga, afinal, agências humanitárias que operam em locais de risco sabem que permanecer do lado certo da força de ocupação, ou de um chefe local corrupto ou de um policial — não importa o custo de curto prazo para a credibilidade delas —, é a única maneira de permanecer no lugar e ser capaz de oferecer qualquer tipo de ajuda.

O tom desiludido de Rieff pode assim enveredar por um viés cínico — "os sonhos imperiais de neoconservadores americanos, como [Max] Boot ou [Robert] Kagan fazem mais sentido do que as vacilações da esquerda humanitária". E seus ensaios deixam transparecer um pouco da pressa com que foram escritos, tanto em sua forma original como na forma em que foram republicados mais tarde: em Kosovo, ele nos diz, "o Ocidente foi finalmente obrigado a pagar um preço pela sua suposta devoção ao imperativo categórico dos direitos humanos". Além disso, pouco do que Rieff tem a dizer sobre os efeitos perversos do envolvimento bem-intencionado nos negócios de outros povos soará como algo novo aos ouvidos de muitos leitores. Mas houve um momento em que Rieff teria aceito esses efeitos colaterais desagradáveis como uma demonstração do que o liberalismo tinha de mais valoroso: "Nossa escolha no milênio", escreveu ele há alguns anos, "parece se reduzir a uma escolha entre imperialismo e barbárie". Em vista do que aconteceu no Iraque, contudo, as coisas parecem diferentes, e ele, em tom arrependido, admite que "não tinha compreendido em que medida o imperialismo é, ou pelo menos pode sempre vir a ser, barbárie".[2]

Rieff hoje não é contra intervenções humanitárias. Porém agora acredita que devemos julgar de modo pragmático caso a caso, a partir dos seus méritos, e sem nutrir nenhum tipo de ilusão sobre em que medida podemos esperar pôr em prática uma verdadeira mudança e a que preço.[3] Ele ainda acredita que "nós" deveríamos ter intervindo antes na Bósnia e que "nós", coletivamente, fomos responsáveis por permitir um genocídio em Ruanda. Como, então, "nós" poderemos decidir no futuro quando deveremos ficar de lado e quando deveremos agir? E quem vem a ser esse "nós", que detém a responsabilidade e a capacidade de evitar tais catástrofes? A "comunidade internacional" — que na prática significa as Nações Unidas e suas várias agências dedicadas à assistência e à manutenção da paz? Rieff, um amante desiludido, mostra-se decididamente desdenhoso em relação à ONU — "é apenas no contexto africano que uma instituição negligente como as Nações Unidas, considerada por aqueles que a conhecem uma organização letárgica, poderia ser vista como um centro de poder" —, mas ele nada tem de melhor a oferecer.

"Negligente?" "Letárgica?" O desprezo manifestado por Rieff é compartilhado por muitos. Um destacado advogado militante pelos direitos humanos que trabalhou com a ONU na África culpa a organização — e seu atual secretário-geral, Kofi Annan — por ter "capitulado diante do mal" no continente.[4] Os neoconservadores há muito descartam a ONU alegando sua irrelevância: "As Nações Unidas não são fiadoras de absolutamente nada. Exceto no sentido formal, mal podemos dizer que a entidade exista".[5] O governo Bush nomeou deliberadamente como seu novo embaixador na ONU um homem que tem desprezo pela instituição. Uma recente "comissão de alto nível" escolhida pelo próprio secretário-geral da ONU reconhece os erros cometidos pela organização na administração de operações pós-conflito e seu histórico de coordenação deficiente, gastos imprevidentes e competição contraproducente entre diferentes agências suas.* O grupo descreve explicitamente a própria notória Comissão de Direitos Humanos como sofrendo de algo descrito, de forma polida, como "déficit de legitimidade".

O problema fundamental das Nações Unidas, contudo, não é nem ineficiência, nem corrupção, nem falta de "legitimidade". É fraqueza. A ONU não dispõe de poder algum para iniciar intervenções internacionais sem a aprovação unânime do Conselho de Segurança, cujos cinco integrantes permanentes detêm todos poder de veto — e, pelo menos no caso dos Estados Unidos, nunca hesitaram em exercê-lo. Durante muito tempo a ONU se viu tolhida pelo rígido impasse da Guerra Fria, confinada às solenes "resoluções". Desde 1990, contudo, a ONU e suas agências adquiriram um papel mais destacado e uma espécie de legitimidade internacional especial na condição de promotoras da paz, construtoras da paz e mantenedoras da

---

* Relatório da Comissão de Alto Nível sobre Ameaças, Desafios e Mudanças nomeada pelo secretário-geral, *A More Secure World: Our Shared Responsibility* (Nova York: Nações Unidas, 2004).

paz — a ponto (inimaginável há apenas poucas décadas) de que, para milhões de pessoas em todo o mundo, a justificação da invasão do Iraque pelos Estados Unidos dependia do sucesso ou fracasso dos americanos em obter o apoio de uma segunda resolução do Conselho de Segurança da ONU.[6]

Como observou a Comissão de Alto Nível, "o uso da força autorizado coletivamente pode não ser a regra hoje, mas não é mais uma exceção". Isso, no entanto, nos leva a uma segunda fraqueza. Num mundo em que a violação pelos governos dos direitos de seus próprios cidadãos tornou-se o principal motivo de intervenções armadas, a ênfase dada pela Carta da ONU à inviolabilidade dos Estados soberanos apresenta um dilema. Promover o equilíbrio entre os direitos dos indivíduos e as prerrogativas dos Estados está longe de ser um desafio novo (constituía, em particular, uma preocupação para Dag Hammarskjöld, o secretário-geral da ONU entre 1953 e 1961),[7] mas a ONU ainda dispõe de poucos recursos, legais ou logísticos, para atingir esse objetivo. Acima de tudo, não conta com seus próprios exército ou polícia armada. Tem preferido, por isso, evitar confrontações que exijam o uso da força, o que levou a sua própria comissão de estudos a concluir que "a maior fonte de insuficiência nas nossas instituições coletivas de segurança tem sido simplesmente uma falta de verdadeira disposição para evitar situações de violência extrema".

Essa mesma comissão, no entanto, é bastante clara a respeito do que as Nações Unidas, apesar de tudo, conseguiram realizar. Seu maior sucesso foi convencer tanto democratas quanto tiranos da necessidade de pelo menos parecerem legítimos, procurando obter ou invocar a aprovação da ONU como uma folha de parreira a cobrir suas ações. A presença hoje dos soldados das forças de paz da ONU ao redor do mundo — da Bósnia à Abkazia e ao Timor Leste — pode produzir resultados ocasionalmente perversos e paradoxais, como Rieff e outros documentaram sombriamente. Porém sua ausência, ou sua presença em número insuficiente ou com um mandado inadequado, é quase sempre catastrófica. Nos locais onde não se aplica a jurisdição da ONU — porque um poderoso Estado não liberal não admite nenhuma interferência externa em seus negócios domésticos (como na Chechênia, ou na área no Oeste da China habitada pelo povo Uighur) — coisas ruins acontecem. Levando todos os aspectos em conta, o histórico da ONU não é assim tão condenável. Como conclui a Comissão de Alto Nível:

> Descobrimos que a ONU tem sido muito mais efetiva em seus esforços para lidar com as maiores ameaças à paz e à segurança do que geralmente é reconhecido.

Os dezesseis integrantes da comissão da ONU que formularam essas reflexões não são um bando de humanitários de esquerda deslumbrados. Entre eles estão quatro primeiros-ministros, o presidente do altamente respeitado Grupo de Crises Internacionais (Gareth Evans, ex-ministro do Exterior australiano), um enviado britânico à ONU já aposentado e o general Brent Scowcroft, assessor para Segurança Nacional do primeiro presidente Bush. Para uma comissão da ONU, suas conclusões são saudavelmente realistas, adquirindo assim um peso incomum. E o que eles concluem é o seguinte: "Existe hoje uma aspiração por um sistema internacional regido pelo império da lei". Um sistema internacional como esse só pode funcionar se contar com "recursos militares passíveis de ser utilizados", e apenas os Estados-membros das Nações Unidas podem oferecer esses recursos para essa organização, suas agências e seus funcionários. Se continuarem fracassando em fazer isso, logo se tornará claro, como aconteceu em meados dos anos 1990, que "as Nações Unidas trocaram os grilhões da Guerra Fria pela camisa de força da complacência dos Estados-membros e da indiferença das grandes potências".

Ao mesmo tempo, o sistema internacional como o conhecemos hoje não pode sobreviver se esses Estados-membros optarem em vez disso por lançar mão, separadamente, de seus recursos de forma unilateral. Na prática, existe apenas um único integrante da ONU que se encontra em condições de fazer isso, sistematicamente e em escala mundial, e os integrantes da comissão deixam claro o que pensam a esse respeito:

> Num mundo cheio de perigos percebidos como potenciais ameaças,[8] o risco à ordem global e ao princípio da não intervenção no qual ela continua a se basear é simplesmente grande demais para que seja aceita a legalidade da ação preventiva unilateral em detrimento da ação avalizada coletivamente.

Em outras palavras, o "nós" da minha pergunta a respeito de futuras intervenções só pode ser a comunidade internacional de nações. Porém a Comissão de Alto Nível de Kofi Annan não tem nenhuma ilusão em relação aos fatos da vida que governam a cena internacional:

> Se é possível forjar um novo consenso a respeito da segurança, ele precisa começar pela compreensão de que os atores que ocupam a linha de frente no enfrentamento de todas as ameaças com que lidamos, novas e antigas, continuam a ser Estados soberanos individuais.

II

De modo que, após percorrermos o círculo completo, voltamos ao meu ponto de partida. Existem muitos Estados soberanos. Mas apenas um deles, os Estados Unidos da América, dispõe tanto da vontade como dos meios para sustentar uma intervenção armada internacional e para ajudar a concretizá-la. Esse fato é, já há algum tempo, óbvio. Mas, longe de ser um motivo de angústia internacional, era para muitos uma fonte de conforto. Os Estados Unidos não apenas pareciam compartilhar das propostas democráticas e humanitárias das várias agências e alianças que ajudou a pôr de pé em 1945, como eram governados por uma classe política que enxergava a vantagem de exercer certo grau de autocontenção, acreditando com Harry Truman que

> todos temos de reconhecer — não importa quão grande seja a nossa força — que precisamos negar a nós mesmos a licença para agir sempre da maneira como bem entendermos.[9]

Grandes potências, é claro, não são entidades filantrópicas. Os Estados Unidos nunca deixaram de buscar a realização de seus interesses nacionais da maneira como eram compreendidos por sucessivoss governos. Porém, durante os dez anos que se seguiram ao fim da Guerra Fria, os Estados Unidos e a "comunidade internacional" pareceram, ainda que não deliberadamente, ter um conjunto de interesses e objetivos comuns; na realidade, a preponderância militar americana alimentava toda sorte de sonhos liberais de aprimoramento global. Daí os entusiasmos e esperanças dos anos 1990 — e daí, também, a raivosa desilusão dos dias atuais. Pois o presidente dos Estados Unidos George W. Bush decididamente não compartilha dos interesses e objetivos da comunidade internacional. Muitos que integram essa comunidade diriam que isso ocorre porque os próprios Estados Unidos mudaram de uma forma sem precedentes e, em alguns aspectos, de um modo assustador. Andrew Bacevich concordaria com eles.

Bacevich formou-se pela academia militar de West Point; é um veterano do Vietnã e um católico conservador que atualmente dirige o departamento de estudos internacionais na Universidade de Boston. Detém, assim, o direito de ser ouvido mesmo nos círculos tipicamente imunes às críticas. O que ele escreve deveria fazer com que parassem para pensar. Seu argumento é complexo, apoiando-se numa avaliação minuciosa das mudanças ocorridas no poderio militar dos Estados Unidos desde o Vietnã, da militarização do pensamento político estratégico e do papel que os militares exercem na cultura americana. Sua conclusão, contudo, é clara. Os Estados Unidos, escreve ele, estão se tornando não apenas um Estado militarizado, mas uma sociedade militarizada: um país no qual o poderio armado é a medida da grandeza nacional, e a guerra, ou o planejamento para a guerra, é o projeto modelar (e único) comum.*

Por que o Departamento de Defesa dos Estados Unidos mantém atualmente 725 bases militares oficiais americanas fora do país e 969 no seu próprio território (sem falar das inúmeras bases secretas)? Por que os Estados Unidos gastam mais em "defesa" do que todo o resto do mundo somado? Afinal, não contam com inimigos do tipo que poderia ser intimidado ou derrotado pelo sistema de defesa antimísseis "Guerra nas Estrelas" ou por armas nucleares capazes de penetrar em bunkers. E, no entanto, esse país continua a se mostrar obcecado com a guerra: rumores de guerra, imagens de guerra, guerra "preemptiva", guerra "preventiva", guerra "cirúrgica", guerra "profilática", guerra "permanente". Como explicou o presi-

* Andrew J. Bacevich, *The New American Militarism: How Americans Are Seduced by War* (Nova York: Oxford University Press, 2005).

dente Bush numa conferência de imprensa em 13 de abril de 2004, "este país precisa passar à ofensiva e permanecer na ofensiva".

Entre os países democráticos, apenas nos Estados Unidos soldados e outros agentes uniformizados se mostram tão onipresentes em fotos tiradas por políticos e em filmes populares. Só nos Estados Unidos civis adquirem tão sofregamente caros veículos militares para fazer compras nos shopping centers dos subúrbios. Num país que já não domina de forma absoluta outros campos da atividade humana, a guerra e os guerreiros se tornaram os derradeiros e perenes símbolos da hegemonia americana e do modo de vida americano. "Na guerra, ao que parece", escreve Bacevich, "é que reside a verdadeira vantagem comparativa americana."

Bacevich é muito bom ao explorar as raízes intelectuais do culto terapêutico à agressão — mencionando entre outros o inimitável Norman Podhoretz (os Estados Unidos têm uma missão internacional a cumprir e não devem nunca mais "voltar para casa"). Ele também sintetiza o argumento realista em prol da guerra — fundamentado no que virá a ser a luta cada vez mais desesperada do país para controlar o suprimento de combustíveis. Os Estados Unidos consomem anualmente 25% de todo o petróleo produzido no mundo, mas detêm menos de 2% do total das reservas globais comprovadas. Bacevich chama essa luta de Quarta Guerra Mundial: a disputa pela supremacia nas regiões estratégicas, ricas em recursos energéticos como o Oriente Médio e a Ásia Central.[10] Esse processo teve início no fim dos anos 1970, muito antes do término formal da "Terceira Guerra Mundial" (ou seja, a Guerra Fria).

Nesse contexto, a atual "Guerra Global contra o Terror" é uma das batalhas, talvez nem mesmo a mais importante, entre um número potencialmente ilimitado daquelas que os Estados Unidos serão chamados (ou o próprio país irá se propor) a travar. Todas essas batalhas serão vencidas porque os Estados Unidos detêm o monopólio das armas mais avançadas — e elas podem vir a ser aceitáveis para o povo americano porque, na visão de Bacevich, esses mesmos recursos militares, em especial os relacionados à força aérea, deram novamente à guerra uma "respeitabilidade estética". Porém para a guerra em si não se pode prever nenhum fim.

Na condição de ex-soldado, Bacevich se diz bastante perturbado pela consequente militarização das relações exteriores dos Estados Unidos e pela degradação dos valores marciais americanos em guerras de conquista e ocupação. E fica claro que ele demonstra ter pouca tolerância pelas aventuras ideologicamente motivadas de Washington no exterior: os benefícios incertos proporcionados aos que recebem essa ajuda estão longe de compensar os custos morais arcados pelos próprios Estados Unidos.[11] Pois aquilo com que Bacevich mais se preocupa são as consequências internas desse processo. Numa sociedade militarizada, o espectro de opiniões aceitáveis acaba inevitavelmente por se estreitar. A oposição ao "comandante-chefe" é rapidamente vista como um ato de *lèse-majesté*; a crítica se torna o equivalente à traição. Nenhuma nação, como escreveu Madison em 1795 e Bacevich relembra em tom de aprovação, pode "preservar sua liberdade em meio a uma guerra contínua".[12] Nascida como um clichê do Pentágono, a expressão "domínio num espectro total" se transformou num projeto executivo.

Ainda que eu acredite que Bacevich esteja certo ao ver a guerra como o cerne da questão, na atual atmosfera política dos Estados Unidos há mais a ser considerado do que simplesmente o culto às armas. A veneração pouco republicana do nosso "líder" presidencial tornou particularmente difícil para os americanos enxergar o comportamento de seu país do modo como os outros o veem. O mais recente relatório da Anistia Internacional — que não diz nada que o resto do mundo já não saiba ou acredite, mas que foi negado e ridicularizado pelo presidente Bush — é um exemplo disso.* Os Estados Unidos "entregam" a outros Estados (ou seja, sequestram e passam adiante) suspeitos escolhidos para interrogatório e tortura fora do alcance da jurisdição e da imprensa americanas. Entre os países aos quais delegamos essa tarefa estão Egito, Arábia Saudita, Jordânia, Síria (!), Paquistão e Usbequistão. Nos casos em que passar o preso adiante se revela pouco prático, importamos do exterior interrogadores qualificados: em setembro de 2002, uma "delegação" chinesa foi convidada a participar do "interrogatório" de prisioneiros da etnia uighur detidos em Guantánamo.

---

* Anistia Internacional, *Guantánamo and Beyond: The Continuing Pursuit of Unchecked Executive Power* (2005).

Nos próprios centros de interrogatório e detenção americanos no Iraque, no Afeganistão e na baía de Guantánamo, pelo menos 27 "suspeitos" foram mortos enquanto se encontravam sob custódia. Esse número não inclui os "assassinatos seletivos" extrajudiciais e extraterritoriais: prática inaugurada por Benito Mussolini com o assassinato dos irmãos Rosselli, na Normandia, em 1937, continuada vigorosamente por Israel e agora adotada pelo governo Bush. O relatório da Anistia lista sessenta supostas práticas de prisão e interrogatório aplicadas rotineiramente nos centros de detenção dos Estados Unidos, em especial em Guantánamo. Entre essas incluem-se imersão em água fria para simular afogamento, raspagem forçada de pelos e cabelos do rosto e do corpo, choques elétricos em várias partes do corpo, humilhações (urinar sobre o prisioneiro), insultos sexuais, deboches à religião, suspensão pelas algemas, esforços físicos até a exaustão (carregar pedras, por exemplo) e falsas execuções.

Qualquer uma dessas práticas parecerá familiar aos que estudaram a Europa Oriental nos anos 1950 ou a América Latina nos anos 1970 e 1980 — inclusive o registro da presença de integrantes de "equipes médicas". Mas os interrogadores americanos também inovaram. Uma das técnicas inclui o ato de embrulhar os suspeitos — e seus exemplares do Alcorão — em bandeiras de Israel: uma postura generosa em relação ao nosso único aliado incondicional, mas calculada para garantir que uma nova geração de muçulmanos em todo o mundo irá identificar os dois países como uma única entidade, odiando igualmente a ambos.

Todas essas práticas — e muitas, muitas outras empregadas rotineiramente em Guantánamo, em Kandahar e Bagram, no Afeganistão, em Al-Qaim, Abu Ghraib e em outras partes no Iraque — são uma violação das Convenções de Genebra e da Convenção da ONU contra a Tortura, ambas tendo entre seus signatários os Estados Unidos (em janeiro de 2002, até mesmo o Serviço de Inteligência Britânico advertiu seu pessoal no Afeganistão para que não participasse dos "tratamentos desumanos ou degradantes" de prisioneiros que estavam sendo adotados por seus aliados americanos, de modo a não poderem ser incriminados judicialmente).[13]

As mesmas práticas também representam uma violação das leis americanas. O "buraco negro legal" onde essas coisas continuam a ser feitas é garantido pela alegação incrivelmente cínica de que, como estão sendo feitas com estrangeiros em territórios sobre os quais os Estados Unidos não detêm, em última instância, soberania (nesse sentido, estamos mais do que prontos a garantir a Cuba a soberania sobre a baía de Guantánamo), nem a legislação americana, nem os nossos tribunais exercem jurisdição alguma. Os 70 mil detidos atualmente fora dos Estados Unidos podem permanecer presos e incomunicáveis pelo tempo que durar a Guerra Global contra o Terror — o que poderia levar décadas.

O aspecto mais deprimente dessa história sombria talvez seja o absoluto desprezo com que o governo Bush reage às críticas. Isso se deve em parte ao fato de as críticas em si terem se tornado tão incomuns. Com raras exceções — com destaque para o admirável Seymour Hersh, na revista *The New Yorker* —, a imprensa americana fracassou fragorosamente em tentar compreender, sem falar em confrontar, a ameaça representada por esse governo. Intimidados a assumir uma postura de submissão, jornais e emissoras de TV dos Estados Unidos permitiram que o Poder Executivo ignorasse a lei e violasse os direitos humanos, livre de qualquer tipo de escrutínio ou desafio. Longe de desafiarem um governo todo-poderoso, jornalistas investigativos adotaram uma postura de cumplicidade ativa diante da Guerra do Iraque ao divulgar relatos a respeito de armas de destruição em massa. Personalidades e comentaristas da TV clamaram pela guerra e trataram desdenhosamente — como continuam a fazer — os críticos estrangeiros e os aliados que divergiam. A Anistia Internacional e outros grupos de promoção dos direitos humanos estão agora fazendo o trabalho que caberia à mídia americana, hoje conformada a uma postura letárgica e subserviente.

Não é de admirar, então, que o governo e os que estão a seu serviço tratem o público (inclusive os parlamentares) com tamanho desprezo. Nas audiências realizadas no Senado em janeiro de 2005, antes de sua nomeação como procurador-geral dos Estados Unidos, Alberto Gonzales se deu ao trabalho de explicar aos senadores reunidos que, como a Convenção Internacional contra a Tortura se subordina à lei interna americana, a décima quarta emenda à Constituição dos Estados Unidos se aplica apenas aos Estados, e não ao governo federal, e, como a quinta emenda não se aplica a estrangeiros detidos nos exterior, os Estados Unidos não têm, portanto, nenhuma obrigação legal concernente ao "tratamento cruel, desumano ou degradante em relação a estrangeiros no exterior". Raças inferiores sem a Lei...*

Em março de 2005, a Estratégia de Defesa Nacional afirmava abertamente que "nossa força como Estado-nação continuará a ser desafiada por aqueles que empregam a estratégia dos fracos, usando os fóruns internacionais, processos judiciais e terrorismo". Pelo menos isso deixa claro quem e o que consideramos como nossos inimigos. Contudo, a secretária de Estado Condoleezza Rice era capaz de declarar no mesmo mês, em março de 2005, que "muito poucos no mundo [...] reconhecem o valor que atribuímos às instituições internacionais e ao império da lei". De fato.

III

Historiadores e comentaristas que aderiram de armas e bagagens ao cortejo do Império Americano esqueceram um pouco rápido demais que, para que um império nasça, primeiro uma república precisa morrer. A longo prazo, nenhum país pode esperar adotar um comportamento imperial — agir de forma brutal, desdenhosa, ilegal — no exterior preservando ao mesmo tempo os valores republicanos em casa. Pois é um erro supor que apenas as instituições salvarão a república dos abusos do poder a que o império inevitavelmente conduz. Não são as instituições que constroem e destroem repúblicas, são os homens. E, nos Estados Unidos de hoje, os homens (e as mulheres) da classe política fracassaram. O Congresso parece impotente para impedir a concentração de poder na área do Executivo; na realidade, com poucas exceções, ele contribuiu ativa e até entusiasticamente para esse processo.

O Judiciário não se saiu muito melhor.[14] A "oposição leal" é leal demais. Na realidade, parece que não se pode esperar muito do Partido Democrata. Aterrorizado com a perspectiva de serem acusados de transgredir o consenso em torno de "ordem" e "segurança", seus líderes agora se esforçam

* Referência a um verso considerado racista ("*Lesser breeds without the Law*"), de um poema de Rudyard Kipling. (N. T.)

até para superar os republicanos em suas atitudes agressivas. A senadora Hillary Clinton, a mais provável candidata do partido às eleições presidenciais de 2008, foi vista pela última vez se prostrando ostensivamente diante das fileiras reunidas do Comitê de Ação Política Americano-Israelense.[15]

Nas franjas mais distantes do *imperium* dos Estados Unidos, em Bratislava ou Tíflis, o sonho dos Estados Unidos republicanos continua a se manter vivo, como a luz desbotada de uma estrela distante, moribunda. Porém, mesmo lá vêm crescendo as sombras da dúvida. A Anistia Internacional cita vários casos em que detidos "simplesmente não conseguiam acreditar que os Estados Unidos agiam daquela maneira". São exatamente as palavras que me foram ditas por um amigo albanês da Macedônia — e os albaneses da Macedônia têm boas razões para se incluírem entre os melhores amigos e admiradores incondicionais deste país. Em Madri, um diplomata espanhol muito experiente e um tanto conservador se expressou recentemente assim:

> Crescemos sob Franco sonhando com os Estados Unidos. Esse sonho nos encorajou a imaginar e mais tarde a construir uma Espanha diferente, melhor. Todos os sonhos acabam por se desfazer — mas nem todos os sonhos se transformam em pesadelos. Nós, espanhóis, sabemos alguma coisa sobre pesadelos políticos. O que está acontecendo com os Estados Unidos? Como explicar Guantánamo?[16]

Os americanos nutrem uma comovente fé na invulnerabilidade da sua república. Para a maioria deles seria impossível até mesmo contemplar a possibilidade de que o seu país venha a cair nas mãos de uma oligarquia prostituída; de que, como disse Andrew Bacevich, seu sistema se revele "fundamentalmente corrompido e funcione de um modo incompatível com o espírito da genuína democracia". Mas o século XX ensinou a maioria dos outros povos do mundo a não se mostrar tão segura a esse respeito. E quando os estrangeiros, do outro lado dos oceanos, contemplam os Estados Unidos, o que veem está longe de ser reconfortante.

Pois existe um precedente na moderna história ocidental para um país cujo líder explora a humilhação nacional e o medo com o objetivo de restringir as liberdades públicas; para um governo que faz da guerra permanente um instrumento de política de Estado e providencia para que seus inimigos políticos sejam torturados; para uma classe dominante que persegue metas socialmente divisivas sob o manto dos "valores" nacionais; para uma cultura que afirma seu destino e sua superioridade únicos e que cultua as façanhas militares; para um sistema político no qual o partido dominante manipula regras procedimentais e ameaça mudar a lei para fazer as coisas do seu jeito; no qual jornalistas são intimidados para confessar seus erros e fazer sua penitência em público. Os europeus, em particular, experimentaram um regime assim num passado recente e têm uma palavra para descrevê-lo. Essa palavra não é "democracia".

Uma das implicações proporcionadas pela sombra que atualmente vem descendo sobre a república americana é que a breve era de intervenções internacionais consensuais já está se encerrando. Isso nada tem a ver com as contradições ou os paradoxos dos empreendimentos humanitários. É consequência do descrédito vivido pelos Estados Unidos. Por mais difícil que seja para os americanos compreender isso, uma grande parte do mundo não vê mais os Estados Unidos como uma força em prol do bem. O país faz coisas erradas e tem os amigos errados. Durante a Guerra Fria, é claro, os Estados Unidos também apoiaram muitos regimes detestáveis. Mas naquela época havia certa lógica nessas escolhas. Washington sustentava ditadores anticomunistas no seu empenho numa Guerra Fria anticomunista: *raison d'état*. Hoje nos alinhamos com os tiranos mais brutais e aterrorizantes do mundo numa guerra ostensivamente contra o terror e a tirania. Estamos propagandeando um simulacro de democracia de dentro de um caminhão blindado que corre a oitenta quilômetros por hora e chamando isso de liberdade. Isso é ir longe demais. O mundo está perdendo a fé nos Estados Unidos.

Essa, como David Rieff seria o primeiro a admitir, não é uma boa notícia. Pois existe uma verdade fundamental no cerne do argumento neoconservador: o bem-estar dos Estados Unidos da América é de importância inestimável para a saúde de todo o mundo. Se os Estados Unidos se esvaziarem de seu conteúdo até se tornarem uma vasta concha militar sem uma alma democrática ou sem substância, nada de bom advirá disso. Apenas eles podem fazer o trabalho pesado humanitário (muitas vezes literalmente). Já vimos o que acontece quando Washington simplesmente arrasta os pés sem sair do lugar, como fez em Ruanda e como está fazendo hoje novamente em Darfur. Se os Estados Unidos deixarem de gozar de credibilidade como uma força a serviço do bem, o mundo seguirá em frente. Outros ainda irão protestar e realizar boas ações na esperança de que os Estados Unidos os apoiem. Porém o mundo se tornará muito mais seguro para tiranos e canalhas — dentro e fora do país.

Pois os Estados Unidos não desfrutam dessa credibilidade hoje: sua reputação e sua posição ocupam o ponto mais baixo de sua história e não irão se recuperar tão cedo. E não existe nenhum substituto à vista: os europeus não se mostrarão à altura desse desafio. Os lamentáveis resultados dos recentes referendos na França e na Holanda parecem ter eliminado a União Europeia como um protagonista efetivo na cena internacional pelos próximos anos. A Guerra Fria realmente foi deixada para trás, mas o mesmo aconteceu com o momento de esperança do período pós-Guerra Fria. A anarquia internacional tão cuidadosamente evitada por duas gerações de esclarecidos estadistas americanos pode voltar a nos engolir. O presidente Bush vê a "liberdade" em marcha. Gostaria de compartilhar do seu otimismo. Os sinais que vejo não pressagiam nada de bom.

Este ensaio foi publicado originamente no *New York Review of Books* em julho de 2005, como uma resenha de *At the Point of a Gun: Democratic Dreams and Armed Intervention*, de David Rieff; *The New American Militarism: How Americans Are Seduced by War*, de Andrew J. Bacevich; *A More Secure World: Our Shared Responsibility*, Relatório da Comissão de Alto Nível sobre Ameaças, Desafios e Mudanças; e *Guantánamo and Beyond: The Continuing Pursuit of Unchecked Executive Power*, da Anistia Internacional.

NOTAS

1 Tony Judt, "The Wrong War at the Wrong Time", *The New York Times*, 20/10/2002.

2 Para um recente balanço de nossas realizações no Iraque, ver, por exemplo, Zvi Bar'el, "Why Isn't Iraq Getting on its Feet?", *Haaretz*, 3/6/2005. O autor conclui que "a verdadeira extensão da corrupção institucionalizada sob o domínio americano, e agora sob a administração do novo governo iraquiano, talvez jamais venha a ser conhecida. Investigadores não saem em campo para levantar dados porque isso significaria colocar suas vidas em risco, e os ministros do novo governo do Iraque têm nomeado seus amigos para se certificarem de sua lealdade".

3 É essa também a mensagem de *The Dark Sides of Virtue: Reassessing International Humanitarianism* (Princeton, NJ: Princeton University Press, 2004), de David Kennedy; advogado internacional de Harvard, Kennedy acusa as entidades humanitárias internacionais — advogados, médicos, agências de ajuda, observadores eleitorais e equivalentes — de transformar num fetiche suas próprias estruturas e seus procedimentos. Sempre se mostram prontos a cair na tentação, ele sugere, de idealizar (e idolatrar) seu próprio trabalho, com o resultado de ignorar ou minimizar tanto os efeitos frequentemente perversos da própria atividade — proporcionando cobertura para ditadores e outros protagonistas com objetivos próprios — como soluções e políticas alternativas, mais radicais, que escapam à sua competência.

4 Kenneth Cain, "How Many More Must Die Before Kofi Quits?" *The Observer* (Londres), 3/4/2005. O fato de que a ONU realmente capitulou diante do mal em Ruanda é fora de dúvida — ver Roméo Dallaire, *Shake Hands with the Devil: The Failure of Humanity in Rwanda* (Nova York: Carroll and Graf, 2004), e a resenha de Guy Lawson no *The New York Review*, de 26/5/2005. Mas Kofi Annan e seus colegas da ONU não são de modo algum os únicos culpados — há muitas responsabilidades a ser cobradas em Bruxelas, Paris e Washington.

5 Charles Krauthammer: "The Unipolar Moment", *Foreign Affairs*, vol. 70, p. 25, citado em Andrew Bacevitch, *The New American Militarism*, p. 84.

6 Algo que os Estados Unidos não poderiam obter a não ser que aceitassem as recomendações dos inspetores da ONU, permitindo que continuassem seu trabalho, o que o governo Bush se recusava firmemente a fazer.

7 Ver, por exemplo, Kennedy, *The Dark Sides of Virtue*, p. 258.

8 A comissão lista seis grupos de ameaças à comunidade mundial, das quais o "terrorismo" é apenas uma. As outras cinco são ameaças sociais e econômicas (por exemplo, pobreza e degradação ambiental), conflitos interestatais; conflitos internos (inclusive genocídio e outros crimes); proliferação, perda ou uso de armas nucleares, biológicas e químicas; e o crime organizado transnacional.

9 *Public Papers of the President of the United States: Harry Truman, 1945* (U. S. Government Printing Office, 1961), p. 141.

10 Estamos no Oriente Próximo, ele sugere, exatamente pela mesma razão pela qual Winston Churchill exortou seus colegas a instalar a Grã-Bretanha na região há cem anos, quando a frota britânica trocou seus navios movidos a carvão por aqueles movidos a petróleo: "domínio". Winston S. Churchill, *The World Crisis* (1923), p. 136, citado por Bacevich, *The New American Militarism*, p. 191.

11 Talvez por essa razão Bacevich tenha sido certamente injusto em relação ao general Wesley Clark, culpando-o pela condução e pelas consequências de uma guerra (em Kosovo) sobre a qual ele detinha um controle muito restrito. Para uma perspectiva diferente, ver David Halberstam, *War in a Time of Peace: Bush, Clinton and the Generals* (Nova York: Scribner, 2001).

12 "Estruturas militares que assumam uma dimensão exagerada", como lembrou George Washington à nação em seu discurso de despedida, "não pressagiam nada de bom para a liberdade [...] e devem ser consideradas particularmente hostis à liberdade republicana".

13 Ver *Guantánamo and Beyond: The Continuing Pursuit of Unchecked Executive Power*, p. 90.

14 O relatório da Anistia Internacional registra inúmeros exemplos em que juízes nomeados desde o ano 2000 decidiram rotineiramente a favor do tratamento concedido pelo governo aos prisioneiros detidos na "guerra contra o terror".

15 Em seu discurso de 24 de maio de 2005 na AIPAC, Clinton aproveitou a ocasião para condenar a Síria, o Irã, o Hamas, o Hezbollah e as "estruturas do terror" palestinas, enquanto avalizava entusiasticamente o tema da convenção anual da organização: "Israel: um valor americano".

16 Conversa no Real Instituto Elcano, Madri, 4/10/2004.

CAPÍTULO XIX

Existe um futuro para a ONU?

A Organização das Nações Unidas é um tema curiosamente sujeito a controvérsias. Nos Estados Unidos (especialmente em Washington), uma menção à instituição provavelmente suscitará expressões como "escândalo", "desperdício", "fracasso"; associadas à imagem popular de uma dispendiosa excrescência internacional, um viveiro propício ao florescimento da inércia, de sinecuras e de carreiristas, um obstáculo à eficiência na busca e concretização do interesse nacional americano. Nesses círculos, a ONU é, na melhor das hipóteses, uma boa ideia que deu terrivelmente "errado".

Em outros lugares, contudo, também é provável que sejamos lembrados da notável abrangência alcançada pela atuação da ONU: por meio de suas várias agências nos campos da população, meio ambiente, agricultura, desenvolvimento, educação, medicina, socorro aos refugiados e muitas outras áreas, as Nações Unidas lidam com crises humanitárias e com desafios que a maior parte das pessoas no Ocidente nem sequer pode imaginar. E há ainda as missões de paz: entre os capacetes azuis, seus observadores de fronteiras, instrutores de forças policiais, monitores de eleições, inspetores de armas e muito mais, a ONU soma uma força internacional de paz não muito menor do que o conjunto do contingente militar americano no Iraque. Vista a questão sob esse prisma, o mundo seria decididamente um lugar muito pior se as Nações Unidas não existissem.[1]

O fato de as Nações Unidas se transformarem num tema tão polêmico teria deixado seus fundadores bastante surpresos — especialmente os muitos americanos que estavam entre eles. Em 1945 era grande o entusiasmo em torno do projeto, cujas justificativas e cujos propósitos pareciam evidentes por si mesmos. A própria dimensão da catástrofe que os Estados-nação do mundo tinham feito com que se abatesse sobre eles mesmos oferecia motivo para otimismo: governos e povos não precisavam ser convencidos de que não poderiam deixar que *aquilo* voltasse a acontecer. As Nações Unidas, sua carta de fundação e suas agências viriam a ser os meios escolhidos para evitar isso. As limitações da Liga das Nações seriam corrigidas, e Estados soberanos poderosos agiriam por meio da ONU, em vez de contorná-la ou investir contra ela.

Seis décadas depois, a ONU certamente enfrenta seus problemas. Um deles estava presente desde o começo. Após a derrota do nazismo, cujos líderes sobreviventes estavam sendo julgados em Nuremberg, entre outras coisas, pelo crime de "planejar, preparar, iniciar e travar uma guerra de agressão", os fundadores da ONU enfatizaram o direito dos Estados soberanos a se manterem a salvo de interferências externas — inclusive, exceto em circunstâncias muito especiais, interferência por parte da própria ONU. O artigo 2º, parte 7, afirma: "Nada que está contido na presente Carta deve autorizar as Nações Unidas a interferir em assuntos que digam respeito essencialmente à jurisdição doméstica de qualquer Estado".

Porém a Organização das Nações Unidas foi concebida para dispor de muito mais iniciativa do que a Liga das Nações em se tratando de impedir que governantes e governos cometessem abusos contra seus cidadãos e outros *dentro* de suas próprias fronteiras. Com o tempo, a organização foi se tornando mais exigente ao estabelecer expectativas em relação ao respeito aos direitos humanos e ao tratamento de minorias — cuja opressão poderia legitimamente desencadear uma intervenção internacional. Essa aparente contradição entre soberania e internacionalismo foi sendo aos poucos exacerbada pela expansão do número de Estados-membros,[2] muitos dos quais cometem abusos rotineiramente contra suas próprias populações; mas também pelo aumento no número de Estados falidos, nos quais a própria natureza da soberania deixou de ser algo claro.

Nos anos 1990, no Haiti, na Somália, na Bósnia ou em Ruanda, e hoje, no Iraque e no Sudão, com quem a ONU deveria lidar na prática? Com os chefes criminosos locais? Com o próprio regime que foi responsável pela eclosão da crise? Na era da globalização, com o aumento do número de corporações multinacionais e outros agentes econômicos que não são sequer Estados, mas que superam em muito alguns deles em termos de riqueza e influência, e quando os piores abusos cometidos são muitas vezes obra de protagonistas não estatais, a definição das funções básicas do Estado clássico se tornou mais vaga, deixando pouco claro quem deveria arcar com elas, e como.[3] Em tempos como esses, qual deve ser o papel das Nações Unidas, uma ideia e uma instituição fundadas, como sugere o seu próprio nome, na era dos Estados-nação?

Poderíamos supor que, comparados com esses dilemas prementes, os problemas que a ONU (e qualquer outra grande estrutura burocrática) enfrenta e sempre enfrentou para operar com eficiência e eliminar o tráfico de influência e a corrupção não dominariam o debate sobre o papel da organização no mundo. Porém estaríamos enganados. Desde que Joe McCarthy condenou as Nações Unidas como um agente da influência comunista, nunca faltaram comentaristas que se mostrassem felizes em denegrir a instituição. O mais recente e mais repulsivo nessa longa série de ataques foi desferido por Eric Shawn, que se autointitula "repórter".[4]

Shawn, a exemplo de tantos críticos implacáveis da ONU, finge expressar boa vontade em relação à instituição: "Venho me juntar a uma legião de muitas outras pessoas tomadas por uma profunda desilusão pelo fato de um nobre ideal ter se transformado num reduto da arrogância e, muitas vezes, de inércia".* Porém essas palavras falsamente benévolas logo dão lugar a uma palpitante "investigação" a respeito do catálogo dos crimes

* Eric Shawn, *The UN Exposed: How the United Nations Sabotages America's Security and Fails the World* (Nova York: Sentinel, 2006).

cometidos pela ONU. As Nações Unidas estão tomadas por uma "abjeta incompetência". Os embaixadores e funcionários da ONU desfrutam em Manhattan de um estilo de vida luxuoso, livres de impostos e gozando de outras vantagens. Há muita atenção lasciva dedicada a relatos sobre "soldados das forças de paz [...] violentando e tendo relações sexuais com meninas de doze anos" — resumidos na contracapa pela frase "como funcionários da ONU repetidamente transformaram crianças em suas presas sexuais" — e um tom de desprezo enojado a cada menção a Kofi Annan, o "chefe do bando do conglomerado da ONU".

Por trás desse discurso tedioso — cujos tom e preconceitos reproduzem fielmente os adotados pela Fox News, da qual o sr. Shawn é assalariado — existe, contudo, um propósito sério. O que o autor e seus companheiros desprezam nas Nações Unidas é o obstáculo que a entidade tem representado à realização dos objetivos americanos, sobretudo à invasão do Iraque. O fato de que algum país ou combinação de países tenha a temeridade de divergir da opção dos Estados Unidos por tomar o rumo da guerra é algo que enfurece o sr. Shawn. O fato de um integrante do Conselho de Segurança em particular, a França, ter vetado os esforços de Washington para impor uma decisão à comunidade internacional o deixa apoplético: a recusa da França e de outros a enviar para o Iraque mais 100 mil soldados para "ajudar o Iraque a alcançar uma estabilidade plena" é uma "contínua traição ao povo iraquiano", o "exemplo mais flagrante da irrelevância moral e política representada pela ONU".

Não são apenas os franceses, é claro. No relato de Shawn, a organização inteira das Nações Unidas está programada para extrair o dinheiro americano, enquanto ao mesmo tempo oferece apoio aos inimigos dos Estados Unidos e prejudica os seus interesses. O alto escalão da entidade é visceralmente antiamericano. As provas a esse respeito oferecidas pelo autor, referentes ao inglês Mark Malloch Brown, vice-secretário-geral, ilustram à perfeição o seu método. Em 1983, Malloch se candidatou (sem sucesso) ao Parlamento pelo Partido Social-democrata (PSD). Vinte anos depois, em 2003, o Partido Liberal Democrático — sucessor do hoje defunto PSD — votou contra a decisão de Blair de enviar tropas ao Iraque. QED. E o lugar está cheio de Malloch Browns com manchas semelhantes em seu passado:

> A ONU não deveria ser perdoada por seu papel na guerra apenas porque eleições democráticas finalmente tiveram lugar no Iraque. Os americanos merecem respostas dos que ocupam aquele edifício retangular com vista para o East River de Nova York.

O panfleto de Shawn nos chega com um verniz de respeitabilidade: foi publicado por uma subsidiária da Penguin Books e tem na contracapa um elogio de Rudolph Giuliani.[5] E o autor se orgulha de anunciar suas relações com homens como Charles Hill, um diplomata aposentado que hoje leciona em Yale e que é fonte de alguns de seus aforismos venenosos. Mas *The UN Exposed* é, na verdade, um exercício de assassinato de reputações e de amargura chauvinista travestido de jornalismo. Caso Eric Shawn tivesse se dedicado com seriedade à investigação dos problemas das Nações Unidas, o tempo que passou em New Haven teria se revelado muito mais proveitoso se houvesse conversado com Paul Kennedy.

The Parliament of Man, o mais recente livro do professor Kennedy, é uma abrangente e acessível introdução à história, às tarefas e aos dilemas das Nações Unidas.* É um ensaio instigante e sério de um estudioso que, apesar de formular uma longa lista das limitações da organização, jamais perde de vista a verdade mais ampla, sintetizada na frase com que conclui sua obra: "A ONU", ele escreve, "proporcionou grandes benefícios à nossa geração e, com disposição cívica e generosidade da parte de todos nós que podem continuar a contribuir para o seu trabalho, também trará novos benefícios às gerações de nossos filhos e netos".

A primeira impressão que nos é transmitida por Kennedy, assim como pelo excelente relato de James Traub sobre os últimos anos de Kofi Annan no cargo, é a de que a ONU é claramente bem servida pelos que ocupam seus postos de direção mais altos. Nos últimos anos tem declinado a qualidade dos altos funcionários do serviço público, assim como dos diplomatas nomeados em muitos países ocidentais, à medida que salários e oportunidades no setor privado vêm seduzindo os jovens de modo a afastá-los do serviço público. A Organização das Nações Unidas, contudo, tem

---

* Paul Kennedy, *The Parliament of Man: The Past, Present and Future of the United Nations* (Nova York: Random House, 2006).

continuado a recorrer a servidores públicos notavelmente talentosos e dedicados. Isso era verdade nos primeiros tempos, quando era dirigida por estadistas como Dag Hammarskjöld e Ralph Bunche e atraía idealistas como Brian Urquhart (o primeiro oficial britânico a entrar no campo de Bergen-Belsen) e René Cassin (o jurista francês que redigiu o esboço da Declaração Universal dos Direitos Humanos, de 1948).

Isso continua a ser verdade hoje. Os próprios secretários-gerais são políticos internacionais de calibre variado (nem Kurt Waldheim, nem Boutros Boutros-Ghali se cobriram de glória).[6] Mas qualquer governo que pudesse contar nos seus quadros com Lakhdar Brahimi (chefe da missão da ONU no Afeganistão de outubro de 2001 a janeiro de 2005), Mohamed ElBaradei (diretor-geral da Agência Internacional de Energia Atômica desde 1997), Mary Robinson (alta comissária para Direitos Humanos, 1997-2002), Louise Arbour (sua sucessora e promotora-chefe dos tribunais penais internacionais para a antiga Iugoslávia e para Ruanda), o falecido Sérgio Vieira de Mello ou Jean-Marie Guéhenno (chefe das Operações de Paz da ONU desde outubro de 2000) — ou, na verdade, com o próprio Kofi Annan, o mais admirável secretário-geral desde Hammarskjöld — poderia se considerar um governo de muita sorte.[7]

O que a ONU conseguiu realizar? Em primeiro lugar, ela sobreviveu. É muito antiga a ideia de um organismo internacional encarregado de resolver conflitos e problemas, com raízes que remontam ao sonho kantiano de uma Paz Perpétua no século XVIII. Encarnações pioneiras e parciais dessa ideia — a Cruz Vermelha Internacional (fundada em 1864), as Conferências de Paz de Haia de 1899 e 1907 e as Convenções de Genebra por elas suscitadas, a própria Liga das Nações — pecavam por falta de legitimidade e acima de tudo falta de poder efetivo num mundo de Estados-nação guerreiros. As Nações Unidas, ao contrário, tiraram partido do impasse entre as superpotências da era da Guerra Fria e da era da descolonização, já que ambos os processos transformaram e entidade numa ágora e num fórum natural para debater assuntos internacionais; e ela contou com a bênção, desde o início e até recentemente, dos Estados Unidos.

As Nações Unidas também se beneficiaram, se é que esse é o termo, do contínuo aumento de responsabilidades internacionais com as quais ninguém mais queria arcar, nas palavras de Kennedy, "órfãos abandonados depositados na porta da ONU no meio da noite": do Congo, em 1960, passando pela Somália, Camboja, Ruanda e Bósnia, nos anos 1990, até Timor Leste, Serra Leoa, Etiópia-Eritreia e o Congo (novamente) hoje. Muitas dessas missões fracassaram, todas custaram enormes somas de dinheiro. Mas elas eram uma advertência acauteladora de por que precisamos de algum tipo de organização internacional. E representam a mais visível das realizações da ONU.

Pois existem, na realidade, várias ONUs, das quais os braços político e militar (Assembleia Geral, Conselho de Segurança, Operações de Paz) são apenas os mais conhecidos. Para citar somente algumas: a Unesco (a Organização para Educação, Ciência e Cultura, fundada em 1945); o Unicef (Fundo Internacional para a Infância, 1946); OMS (Organização Mundial da Saúde, 1948); UNRWA (Agência das Nações Unidas de Assistência aos Refugiados da Palestina, 1949), UNHCR (Alto Comissariado das Nações Unidas para Refugiados, 1950); Unctad (Conferência sobre Comércio e Desenvolvimento, 1963) e ICTY (Tribunal Internacional para a Antiga Iugoslávia, 1993). Unidades transnacionais como essas não incluem programas intergovernamentais administrados sob a égide da ONU, nem abrangem as muitas agências especializadas voltadas para a solução de crises específicas. Entre essas estão a Ungomap (Missão de Bons Ofícios para o Afeganistão e o Paquistão), que supervisionou com sucesso a retirada soviética da área), a Unamsil (Missão em Serra Leoa, 1999), a Unmik (Missão em Kosovo, 1999) e muitas outras antes e depois dessas.

Grande parte do trabalho desenvolvido por essas unidades são tarefas de rotina. E as missões mais "brandas" da ONU — lidar com problemas ambientais e sanitários, dar assistência a mulheres e crianças durante crises, educar agricultores, treinar professores, oferecer pequenos empréstimos e monitorar violações de direitos — muitas vezes são igualmente bem realizadas por agências nacionais e intergovernamentais, ainda que na maioria dos casos isso só aconteça por determinação da ONU ou no rastro de alguma iniciativa patrocinada pelas Nações Unidas. Porém num mundo em que Estados vêm perdendo a iniciativa para protagonistas não estatais, como a União Europeia ou as corporações multinacionais, há muitas coisas que não aconteceriam em absoluto se não fossem empreendidas pela ONU ou por seus representantes — a Convenção sobre os Direitos da Criança promovida pelo Unicef é um exemplo.[8] E, ainda que essas organizações custem dinheiro, é preciso lembrar que o Unicef, por exemplo, dispõe de um orçamento consideravelmente menor do que muitas empresas internacionais.

As Nações Unidas funcionam melhor quando todos reconhecem a legitimidade do seu papel. Ao monitorar ou supervisionar eleições ou tréguas, por exemplo, a ONU é muitas vezes o único interlocutor externo cujas boas intenções e legítima autoridade são reconhecidas por todas as partes em conflito. Quando isso não acontece — como em Srebrenica em 1995, por exemplo —, o desastre é iminente, já que as tropas da ONU não podem nem recorrer à força para se defender, nem intervir para defender outros. A reputação da ONU em termos de isenção e boa-fé é, desse modo, sua qualidade mais preciosa a longo prazo. Sem ela, a organização se torna apenas mais uma ferramenta na mão de um ou de vários Estados poderosos e, nessa condição, se torna alvo do ressentimento geral. A recusa pelo Conselho de Segurança a autorizar a desastrosa guerra dos Estados Unidos no Iraque salvou dessa forma a ONU de sofrer um descrédito definitivo aos olhos de grande parte do resto do mundo.

Os problemas práticos enfrentados pela ONU para satisfazer as expectativas em relação à organização podem ser facilmente enumerados. Tudo o que ela faz custa dinheiro, e as Nações Unidas só dispõem de dinheiro se os Estados-membros o fornecem. O secretário-geral e sua equipe, isso deve ser enfatizado, sempre e apenas executam os desejos dos Estados-membros. A ONU não tem nenhum exército ou polícia próprios. No passado, a Holanda, a Escandinávia e o Canadá (o "Norte atento"), juntamente com um punhado de outros Estados, como a Polônia, a Itália, o Brasil e a Índia, forneceram à ONU tropas treinadas e equipadas para atender aos seus objetivos. Hoje, o contingente da ONU é formado com maior frequência a partir de contribuições de países mais pobres da África e da Ásia, ávidos pelas verbas da ONU, mas cujos soldados são inexperientes, indisciplinados e nem sempre bem-vistos por aqueles por cuja paz eles têm a missão de zelar.[9] E, é claro, um novo contingente precisa ser recrutado a cada crise.

É evidente que, para que a ONU possa exercer sua nova "responsabilidade de proteger" — que não fazia parte originalmente da sua competência e do seu projeto —, ela precisa de um exército próprio (como propôs, entre outros, Brian Urquhart).[10] Do modo como as coisas se encontram atualmente, mesmo quando o Conselho de Segurança consegue chegar a um acordo para autorizar uma missão militar, o secretário-geral precisa dar início a uma interminável rodada de negociações, implorando por contribuições na forma de dinheiro, soldados, policiais, profissionais de enfermagem, armas, caminhões e suprimentos. Sem essa assistência adicional a organização é impotente: em 1993, só os gastos com as forças de paz superavam em mais de 200% o orçamento anual inteiro da ONU. E, por esse motivo, intervenções bancadas por um único Estado (como no caso dos franceses na Costa do Marfim ou no Chade, e dos britânicos em Serra Leoa) ou por uma coalizão sub-ONU, como no ataque da OTAN à Sérvia em 1999, continuarão a ser soluções mais rápidas e mais efetivas numa crise do que a ONU.[11]

O Conselho de Segurança, o comitê executivo da ONU, vem a ser ele próprio um dos seus problemas mais espinhosos. A maioria dos membros é escolhida por um sistema rotativo, mas os cinco membros permanentes não mudaram desde 1945. Existe algum ressentimento em relação ao status especial gozado pelos Estados Unidos, pela China e pela Rússia (antes, União Soviética), mas ele não é realmente questionado. Porém muitos países expressam agora irritação com os privilégios de que continuam a desfrutar a França e a Grã-Bretanha. Por que não a Alemanha? Ou por que não estabelecer uma única vaga — rotativa — "europeia"? Não deveria haver pelo menos mais um novo membro: o Brasil, digamos, ou a Índia, ou a Nigéria, para refletir as mudanças ocorridas no mundo desde 1945? Os franceses conquistaram para si, por enquanto, uma dose adicional de boa vontade, graças à sua atitude internacionalmente popular contra a guerra no Iraque, mas essas reclamações não desaparecerão.

Como é difícil chegar a algum acordo em torno da reforma do Conselho de Segurança — ninguém quer abrir mão do seu poder de veto, e acrescentar a ele novos membros munidos do mesmo direito de veto só tornaria as coisas piores —, certos problemas são endêmicos. Enquanto a China (e às vezes a Rússia) optar por proteger os direitos "soberanos" de regimes criminosos, como o do Sudão, com os quais tem negócios, a ONU será incapaz de intervir para evitar um genocídio em Darfur. Enquanto os

Estados Unidos exercerem seu direito de veto em relação às resoluções do Conselho de Segurança que expressem críticas a Israel, a ONU se manterá impotente no Oriente Médio. Mesmo quando o Conselho de Segurança vota efetivamente de forma unânime — como fez em agosto passado ao pedir um cessar-fogo no Líbano —, a recusa de um único membro poderoso (nesse caso, os Estados Unidos) em obrigar seu aliado a aquiescer é suficiente para fazer malograr a vontade de toda a comunidade internacional.

Muitos críticos reagiriam afirmando que isso ocorre porque não existe uma comunidade internacional. Os mecanismos que regem tanto o Conselho de Segurança como a Assembleia Geral (o parlamento da ONU) são, nas palavras do geralmente simpático James Traub, "paralíticos".* Representantes de Estados do mundo inteiro vêm até Nova York para se pronunciar e desempenhar suas missões, mas dificilmente diríamos que formam uma "comunidade" em torno de interesses e propósitos comuns; e, mesmo que formassem, as Nações Unidas seriam incapazes de concretizá-las. Daí o coro cada vez maior clamando por uma "reforma". Mas o que isso significa? A ONU precisa de muitas coisas. Certamente precisa adquirir capacidade própria para reunir dados de inteligência, para poder se antecipar e analisar melhor as crises. Precisa se tornar mais eficiente ao tomar e implementar decisões; poderia enxugar suas comissões que tivessem competências redundantes, racionalizar seus regulamentos, sua legislação, suas conferências e seus gastos. E tem de se tornar muito mais alerta do que foi até agora no que diz respeito à corrupção e à incompetência. Como admitiu o próprio Kofi Annan, a administração da ONU é "um problema [...] que exige uma reforma".

Porém reformar as práticas da ONU significaria reformar o comportamento dos Estados-membros. Todos, dos Estados Unidos ao mais ínfimo Estado subsaariano, têm seus objetivos específicos e seus interesses velados, e poucos sacrificariam suas próprias vantagens em prol de metas mais elevadas da comunidade em geral. Por essa razão, na hora de escolher os integrantes de comissões, a antiga ênfase na "distribuição geográfica equitativa" (em vez de adotar o critério da competência) tem o seu mérito: ajuda a

* James Traub, *The Best Intentions: Kofi Annan and the UN in the Era of American World Power* (Nova York: Farrar, Straus and Giroux, 2006).

proteger Estados menores, periféricos, evitando que venham a ser atropelados por potências mais ricas e por coalizões de potências. Mas essa fórmula também levou a uma Comissão de Direitos Humanos que contava com o Sudão como membro votante e levou à infame declaração da Unesco de 1978 clamando por restrições à liberdade de imprensa. O próprio Kofi Annan recentemente advertiu que o novo Conselho de Direitos Humanos (entre cujos membros atuais se incluem Azerbaijão, Cuba e Arábia Saudita) perderá logo sua credibilidade ao se concentrar exageradamente nas violações de direitos humanos praticadas por Israel e ignorar "as graves violações também cometidas por outros Estados". Os entraves, contudo, persistem.[12]

Lamentavelmente, o maior entrave de todos é o mais poderoso Estado-membro da ONU e seu maior financiador, os Estados Unidos. Muita atenção foi dada no ano passado ao notoriamente antipático embaixador americano na ONU, John Bolton. E Bolton é — ou era (depois que o presidente Bush com alguma relutância desistiu da tentativa de estender sua nomeação provisória para o cargo) — um obstáculo significativo a um perfeito funcionamento da ONU em muitos de seus níveis. Como mostra James Traub, esforços genuínos no sentido de promover reformas institucionais e procedimentais ao longo dos últimos dois anos foram sistematicamente torpedeados por Bolton e sua equipe, que pediam uma "profunda reforma administrativa", porém bloqueavam qualquer solução de compromisso que pudesse efetivamente concretizá-la.

Na realidade, Bolton formou, na prática, uma coalizão com países como Zimbábue, Bielorrússia e outros que têm seus próprios motivos para manter a ONU ineficaz e fora dos seus assuntos internos. E como os Estados Unidos se recusaram a ceder um centímetro que fosse nas recentes negociações sobre a reforma no Conselho de Direitos Humanos, sobre a definição de missões de paz ou sobre um novo regime internacional para o desarmamento, países que de outro modo se sentiriam forçados a ceder terreno (em particular o Irã e o Paquistão) não tiveram pruridos em rejeitar regras mais estritas sobre, por exemplo, não proliferação. Os Estados-membros (em sua maioria europeus) que buscam maneiras de compensar a limitação de soberania nacional pela criação de um regime legal internacional mais efetivo ou por um conjunto de regras viáveis para ditar a ação coletiva se viram instalados numa permanente minoria.

Bolton não apenas se opôs a uma reforma efetiva da ONU como não perdeu uma oportunidade de se referir desdenhosamente à própria instituição, descrevendo-a ora como "incapaz", ora como "irrelevante".[13] Ao fazer isso, colocou seu país inegavelmente em má companhia. Depois de os Estados Unidos vetarem, em dezembro de 2006, uma moção do Conselho de Segurança condenando Israel pela morte de dezenove civis palestinos em Beit Hanoun, a Assembleia Geral da ONU (na qual não há poder de veto) aprovou um texto expressando meramente seu "pesar" pelas mortes. Mas os Estados Unidos se opuseram até mesmo a essa moção, cerrando fileiras com seus aliados habituais — Israel, Palau e as Ilhas Marshall — e, nesse momento, a Austrália. Noutra ocasião, ainda nesse ano, quando as propostas para a instituição de um novo e reformado Conselho de Direitos Humanos chegaram finalmente ao plenário da Assembleia Geral, 188 países votaram a favor de implementá-las. Quatro votos contrários foram anunciados: Israel, as Ilhas Marshall, os Estados Unidos e a Bielorrússia.

O estilo pessoal de Bolton pode ser característico, mas seus votos foram declarados a mando de seus chefes em Washington. Por algum tempo foi ventilado o rumor de que a extrema aversão de Bolton pelas Nações Unidas na verdade não representaria a posição oficial americana; de que Condoleezza Rice havia "estacionado" Bolton no East River em Nova York para evitar que ele fizesse mais estragos em Washington. Porém, mesmo que seja verdade, isso simplesmente demonstra que a secretária de Estado e seus colegas têm ainda menos respeito pela ONU do que supúnhamos; nomear Bolton para o cargo foi interpretado nos mais amplos círculos como uma calculada demonstração de desdém.[14]

E, realmente, Bolton não era o problema, apenas o sintoma. Sua "beligerância preventiva", sua descrição da ONU como sendo uma "outra dimensão", seu hábito de chamar tratados de "obrigações políticas" em vez de legais, por exemplo, podem parecer nada mais do que provocações retóricas de um leão de chácara; mas na verdade refletem um abalo sísmico nas relações dos Estados Unidos com o resto do mundo. Presidentes americanos, de Truman a Clinton, geralmente avaliaram que os Estados Unidos poderiam obter muita coisa das Nações Unidas — apoio político, aquiescência internacional, cobertura legal — em troca de um volume bastante modesto de verbas e concessões. Agora nos declaramos contrários a qualquer tipo de concessão. Isso é algo novo. Na época da Guerra Fria era Khruschóv que batia com seu sapato na mesa da ONU; era Moscou que apresentava restrições a qualquer iniciativa da ONU e que se opunha veementemente a qualquer limitação a seus "direitos" soberanos. Agora é Washington que desempenha esse papel — uma indicação reveladora não de força, mas (como no caso soviético) de fraqueza.[15]

Quando os Estados Unidos assumem uma posição de petulância, esperando que a ONU se apresse a seguir seus passos obedientemente e realize milagres internacionais, ao mesmo tempo que se opõem a dotá-la dos meios para conseguir fazer isso, além de se esforçarem para minar sua credibilidade a cada oportunidade, o país passa a representar um obstáculo insuperável e um fator crucial justamente para as limitações que os comentaristas americanos agora deploram. Os embaraçosos escândalos da ONU num passado recente — principalmente o esquema fraudulento do "petróleo por comida" — são sem maior consequência; com certeza provocaram menos mal (e geraram muito menos ganhos ilícitos) do que qualquer dos recentes escândalos de grandes empresas nos Estados Unidos, na Austrália e em outros lugares; sem falar no montante ainda não calculado desviado por corrupção e roubo na e depois da Guerra do Iraque. Mas os maiores escândalos — a inépcia da ONU ao lidar com a catástrofe na Bósnia, sua incompetência em Ruanda e sua inércia com relação a Darfur — podem todos ser diretamente atribuídos à reticência (ou coisa pior) por parte das grandes potências, inclusive os Estados Unidos.[16]

Está a ONU condenada, então, a ter o mesmo fim da injustamente denegrida Liga das Nações? Provavelmente não. Porém o fim da Liga serve de advertência diante da contínua relutância dos Estados Unidos em aceitar as lições dos últimos cem anos de história. Afinal de contas, o século XX acabou bem para os Estados Unidos, e o hábito de supor que aquilo que funcionou no passado continuará a dar certo no futuro está profundamente enraizado no pensamento americano. Inversamente, não por acaso, nossos aliados europeus — para os quais o século XX representou, em última análise, uma catástrofe — mostram-se predispostos a aceitar que a cooperação, não o combate, seja a condição necessária à sobrevivência — mesmo à custa de uma parte da autonomia soberana formal. Só as baixas britânicas na batalha de Passchendaele, em 1917, superaram todas as perdas americanas na Primeira e na Segunda Guerra somadas. O exército francês perdeu o dobro do total de baixas americanas no Vietnã ao longo de apenas seis semanas de luta em 1940. Países como Itália, Polônia, Alemanha e Rússia perderam todos mais soldados e civis na Primeira Guerra — e novamente na Segunda Guerra — do que os Estados Unidos perderam em todas as suas guerras travadas no exterior somadas (no caso russo, numa proporção de um para dez em ambas as ocasiões). Esses contrastes fazem uma diferença e tanto no modo como vemos o mundo.

Assim, atualmente, apenas um diplomata americano poderia ser surpreendido afirmando, ou pensando, como formulou a sra. Rice, que "o mundo é uma bagunça e alguém precisa limpar isso".[17] O consenso internacional concebido em bases mais amplas entende, ao contrário, que, justamente *porque* "o mundo é uma bagunça" — e graças a experiências terríveis com "limpadores" autonomeados —, quanto mais redes de segurança e quanto menos novas vassouras usarmos, maiores serão nossas chances de sobrevivência. Essa também já foi a visão de uma elite diplomática americana — a geração de George Kennan, Dean Acheson e Charles Bohlen — muito mais bem informada sobre as realidades da situação internacional e as perspectivas no exterior do que os homens e mulheres que determinam a política externa americana hoje.

Kennan e seus contemporâneos compreendiam algo que escapou aos seus sucessores. Num mundo em que a maior parte dos Estados e povos, na maior parte do tempo, vê um benefício em respeitar as leis e os tratados internacionais, os que desdenham ou violam as normas podem desfrutar de uma vantagem passageira — eles podem fazer coisas que os outros não podem. Mas sofrem uma perda a longo prazo: ou se transformam em párias ou — como é o caso dos Estados Unidos — passam a ser objeto de intensa antipatia e desconfiança, mesmo que sua presença seja tida como inevitável. Desse modo, sua influência, seja no interior das instituições internacionais que eles fingem ignorar, seja fora delas, só pode diminuir, deixando-os com nada mais do que a força como um recurso para persuadir seus críticos.

Se os Estados Unidos vierem a ser convencidos de que devem mudar de atitude — se, como disse Kofi Annan num discurso de despedida na Biblioteca Truman, em Missouri, os Estados Unidos da América se dispuserem a retomar a liderança perdida à frente da comunidade mundial —, precisarão começar por reconhecer, nas palavras de Eisenhower, que "com todos os defeitos, com todos os fracassos que lhe podemos atribuir, a ONU ainda representa a esperança mais bem organizada de o homem de vir a substituir o campo de batalha pela mesa de conferências". Na Europa, a compreensão desse fato só criou raízes depois de os europeus passarem trinta anos torturando e matando dezenas de milhares de outros europeus; enquanto tinham estado torturando e matando os meramente nativos "coloniais", as atitudes pouco mudaram.

Aqui nos Estados Unidos, no momento em que escrevo este texto, a morte de mais de 3 mil soldados americanos no Iraque foi registrada pelo público, mas o fato de centenas de milhares de iraquianos terem sido mortos mal foi sentido. Na verdade, o mais recente clichê em curso em Washington, concebido para nos isentar de qualquer responsabilidade, é que a catástrofe que se abateu sobre o Iraque é culpa dos próprios iraquianos: demos o melhor de nós, mas eles nos decepcionaram. E enquanto os Estados Unidos continuarem (com o apoio total do Congresso) a "entregar" e torturar suspeitos na "guerra ao terror", é pouco provável que venhamos a mudar de opinião sobre as virtudes do Tribunal Penal Internacional ou sobre o primado do direito internacional.

Dito tudo isso, então, parece pouco provável que mesmo a humilhante derrota na guerra do Iraque vá fazer com que muitos americanos venham a mudar de opinião a respeito das virtudes da cooperação internacional. No entanto, outra coisa pode levar a isso. Pois existe no século XXI uma experiência comum internacional que cidadãos e políticos americanos não podem deixar de compartilhar com o resto do planeta, por menos que saibam sobre o mundo exterior e por mais que sejam entranhados os seus preconceitos em relação a ele. No período do tempo de vida de muitos dos leitores deste ensaio, o mundo estará resvalando numa velocidade cada vez maior rumo a uma catástrofe ambiental.

Não é coincidência o fato de que os dois países que arcam com a maior responsabilidade por essa perspectiva — a China e os Estados Unidos da América — são também os dois integrantes do Conselho de Segurança menos receptivos a algum tipo de ação coletiva a esse respeito; nem surpreende que o homem por eles escolhido para suceder Kofi Annan no posto de secretário-geral da ONU seja Ban Ki-moon, da Coreia do Sul, alguém até o momento não conhecido por fazer pressão em prol de objetivos inconvenientes ou por se manifestar na hora errada. Seus pronunciamentos iniciais, sobretudo o modo equívoco como se expressou a respeito da propriedade de se executar Saddam Hussein, não foram nada reconfortantes. Nas próximas décadas, contudo, enfrentaremos desastres "naturais", secas, fomes, inundações, guerras por recursos, deslocamentos de populações, crises econômicas e pandemias regionais numa escala até então desconhecida.

Estados individuais não contarão nem com os meios, nem — graças à globalização — com a autoridade prática para limitar os danos ou reparar as perdas. Atores subestatais, como a Cruz Vermelha e a organização Médicos sem Fronteiras, poderão, na melhor das hipóteses, aplicar band-aids. "Agir com os outros" — o mantra pós-Bush que está começando a vir à tona — será inteiramente insuficiente: meras coalizões dos dispostos (ou dos subservientes) serão impotentes. Seremos forçados a reconhecer a autoridade e a capacidade de guiar daqueles que sabem o que deve ser feito. Em síntese, teremos de ser capazes de agir *por meio* dos outros: em colaboração, em cooperação e com poucas referências aos interesses nacionais separados ou a fronteiras, as quais, em todo caso, perderão muito do seu sentido. Graças às Nações Unidas e às suas várias agências, como a OMS, escreve Paul Kennedy, já temos "um sistema internacional estabelecido de mecanismos para advertências prévias, avaliação, reação e coordenação para os casos em que Estados começam a se desintegrar ou entrar em colapso". Teremos de aprender a pôr em prática esses mecanismos em circunstâncias nas quais não Estados, mas sociedades inteiras estejam sob o risco de colapso ou falência, e em que mesmo os americanos não contarão com a opção reconfortante de lutar com "eles" "lá" para não precisar lutar com eles "aqui".

A Organização das Nações Unidas, "única e insubstituível", é tudo o que conseguimos criar em termos de uma capacidade coletiva para reagir a uma crise desse tipo — se é que finalmente nos daremos conta desse fato. Se já não contássemos com uma entidade como essa, provavelmente não saberíamos hoje como inventá-la. Mas contamos com ela, e nos próximos anos vamos nos considerar afortunados por termos herdado as decisões de seus fundadores, se não o seu otimismo. Assim, a boa notícia é que, a longo prazo, o argumento em favor das Nações Unidas acabará por se consolidar — na verdade, a realidade acabará por se impor, nem que seja no dia em que a sede da ONU (para grande alívio de Eric Shawn e de seus amigos) for obrigada a abandonar as margens do East River, em Manhattan, à medida que as águas em torno de Nova York forem subindo inexoravelmente. A má notícia, é claro, é que — como Keynes nos lembrou — a longo prazo estaremos todos mortos.

Este ensaio foi publicado originalmente no *New York Review of Books* em fevereiro de 2007, como uma resenha de *The UN Exposed: How the United Nations Sabotages America's Security and Fails the World*, de Eric Shawn; *The Parliament of Man: The Past, Present and Future of the United Nations*, de Paul Kennedy; e *The Best Intentions: Kofi Annan and the UN in the Era of American World Power*, de James Traub.

NOTAS

1 Ver, para uma avaliação geral, Michael W. Doyle e Nicholas Sambanis, *Making War and Building Peace: United Nations Peace Operations* (Princeton, NJ: Princeton University Press, 2006).

2 Eram cinquenta os Estados fundadores de 1945; hoje são 191.

3 Para algumas implicações da perda de controle pelo Estado moderno das suas funções básicas, ver Arjun Appadurai, *Fear of Small Numbers: An Essay on the Geography of Anger* (Durham, NC: Duke University Press, 2006).

4 O site dedicado à autopromoção de Shawn pode ser acessado em www.ericshawnnewsman.com.

5 As outras citações elogiosas são assinadas por Ann Couter, Jesse Helms e Christopher Hitchens ("As Nações Unidas se transformaram em algo seme-

lhante a uma dessas repúblicas bananeiras que dominam tantas das sessões de suas comissões").

6 Kennedy, excessivamente generoso, é indulgente demais com Boutros-Ghali, que falhou claramente em reconhecer a gravidade da crise na Bósnia, e cujo representante lá — Yasushi Akashi — mostrou-se inteiramente inadequado para cumprir a tarefa.

7 A respeito de Annan e vindo se somar ao livro de Traub resenhado aqui, ver a nova biografia de Stanley Meisler, *Kofi Annan: A Man of Peace in a World of War* (Hoboken, NJ: Wiley, 2007). Num discurso dirigido ao Conselho de Segurança da ONU em 12 de dezembro, Annan argumentou com eloquência a favor de um esforço urgente para a solução da crise entre Israel e os palestinos. Sua capacidade de articulação e sua lógica desapaixonada seriam motivos para deixar envergonhados os outros "líderes" do mundo de hoje, pelos seus clichês (ou, pior, por seu silêncio). Um trecho de seu discurso pode ser lido na página 48 da edição de 15/2/2007 do *New York Review of Books*.

8 Apenas dois Estados-membros da ONU se recusaram a ratificar a convenção: Somália... e os Estados Unidos.

9 O fracasso das tropas da União Africana em dar alguma contribuição significativa em Darfur é um exemplo disso — ainda que tenha sido o governo sudanês local que insistiu em contar com um contingente não europeu, tendo pleno conhecimento (e desejo) de que essas tropas se revelariam ineficazes para interromper os massacres.

10 Entre 1945 e 1988 a ONU promoveu apenas treze operações de paz. Entre 1988 e 1995, promoveu outras dezenove, principalmente nos Bálcãs, na África e no Oriente Médio, com muitas outras a caminho. Sobre o surgimento e as implicações dessa função não prevista da ONU, ver James Dobbins e outros, *The UN's Role in Nation-Building: From the Congo to Iraq* (Santa Monica, CA: Rand, 2005).

11 Contudo, a questão do orçamento das forças de paz deve ser mantida nas devidas proporções. Em 2006, o custo das operações de paz da ONU em todo o mundo somadas foi de 5 bilhões de dólares. A aventura americana no Iraque é estimada pelo comitê de orçamento do Congresso numa quantia vastamente maior — 6 bilhões de dólares por mês.

12 Ver "Annan Calls for Anti-Terror Strategy Built on Human Rights", *Financial Times*, 9-10/12/2006.

13 Já em 2001, na condição de subsecretário de Estado para controle de armas e segurança, Bolton teve sucesso ao implodir uma conferência da ONU sobre Tráfico de Armas Leves, e até compareceu ao encontro acompanhado por membros da Associação Nacional de Proprietários de Rifles.

14 Só resta esperar para saber se a nomeação do embaixador Zalmay Khalilzad para substituir Bolton é um indício de mudança de opinião ou meramente de tom.

15 Em sua era pioneira, as atividades do Conselho de Segurança eram obstruídas na maioria das vezes pelos vetos soviéticos. Nos últimos anos, contudo, são os Estados Unidos que têm assumido o papel do vilão principal. Desde 1972 o país vetou mais de trinta resoluções do Conselho de Segurança contendo críticas a Israel, e dezenas de outras relativas a temas que iam da África do Sul ao direito internacional.

16 Para uma avaliação decididamente severa sobre o fracasso do secretariado da ONU em fazer frente aos que a financiam quando isso realmente era necessário, ver Adam LeBor, *"Complicity with Evil": The United Nations in the Age of Modern Genocide* (New Haven: Yale University Press, 2006).

17 Condoleezza Rice, então assessora para segurança nacional, no outono de 2002. Ver Jeffrey Goldberg, "Breaking Ranks: What Turned Brent Scowcroft Against the Bush Administration?"; *The New Yorker*, 2/11/2005.

CAPÍTULO XX

O que aprendemos, se é que aprendemos alguma coisa?

MAL DEIXAMOS PARA TRÁS O SÉCULO XX, MAS SUAS CONTROVÉRSIAS e suas realizações, seus ideais e seus medos já começam a deslizar para a área cinzenta marcada pelas distorções da memória. No Ocidente, apressamo-nos a nos livrar, sempre que possível, da bagagem econômica, intelectual e institucional do século XX e estimulamos outros a fazer o mesmo. No rastro dos acontecimentos de 1989, tomados por uma confiança ilimitada e por não muita reflexão, largamos o século XX para trás e subimos ousadamente a bordo do seu sucessor, animados por meias verdades convenientes: o triunfo do Ocidente, o fim da história, o momento unipolar americano, a marcha inexorável rumo à globalização e ao livre mercado.

A crença de que as coisas eram daquele jeito, mas agora são assim é agora abraçada com uma determinação ainda maior do que a que existiu em torno dos dogmas e das instituições do comunismo da era da Guerra Fria, hoje defuntos. Durante a década de 1990, e novamente na sequência do Onze de Setembro de 2001, mais de uma vez me chamou a atenção uma perversa insistência contemporânea em não compreender o contexto de nossos atuais dilemas, no nosso país e lá fora; em não ouvir com maior atenção algumas das cabeças mais ponderadas das décadas anteriores; em se esforçar ativamente para esquecer e não para lembrar; em negar a continuidade e proclamar o novo em todas as oportunidades possíveis. Passamos a insistir de forma estridente em afirmar que o passado tem pouco a nos ensinar. O nosso mundo é algo novo; seus riscos e oportunidades não têm precedentes.

Talvez isso não seja assim tão surpreendente. O passado recente é o mais difícil de conhecer e compreender. Além disso, o mundo realmente passou por uma notável transformação desde 1989, e transformações como essas são sempre perturbadoras para os que se lembram de como as coisas eram. Nas décadas que se seguiram à Revolução Francesa, a *douceur de vivre* do ancien régime desaparecido foi lembrada de maneira saudosa por comentaristas mais velhos. Um século mais tarde, evocações e memórias da Europa pré-Primeira Guerra Mundial costumavam descrever (e ainda descrevem) uma civilização perdida, um mundo cujas ilusões tinham sido literalmente explodidas: "Nunca mais tal inocência".[1]

Mas há uma diferença. Os contemporâneos podem ter lamentado o desaparecimento do mundo de antes da Revolução Francesa. Porém eles não a esqueceram. Durante boa parte do século XIX os europeus permaneceram obcecados pelas causas e pelo significado das convulsões que tiveram início em 1789. Os debates políticos e filosóficos do Iluminismo não foram consumidos nas chamas da Revolução. Ao contrário, a Revolução e suas consequências foram amplamente atribuídas a esse mesmo Iluminismo que então emergiu — tanto para seus partidários como para seus adversários — como a fonte reconhecida dos dogmas políticos e dos programas sociais do século seguinte.

De modo semelhante, ainda que todos depois de 1918 concordassem que as coisas jamais seriam as mesmas, a forma em particular que um mundo do pós-guerra deveria assumir foi concebida e contestada por toda parte sob a longa sombra da experiência e do pensamento do século XIX. A economia neoclássica, o liberalismo, o marxismo (e sua cria, o comunismo), "a revolução", a burguesia e o proletariado, o imperialismo e o "industrialismo" — as pedras fundamentais do mundo político do século XX — eram todos produtos do século XIX. Mesmo aqueles que, juntamente com Virginia Woolf, acreditavam que "em dezembro de 1910 ou por volta dessa data, a personalidade humana mudou" — que as convulsões culturais do *fin de siècle* europeu tinham transformado inteiramente os termos das trocas de ideias —, dedicavam, contudo, uma surpreendente quantidade de energia a um jogo de golpes e esquivas num embate com seus antecessores.[2] O passado pairava de forma inequívoca sobre o presente.

Hoje, ao contrário, a presença do século passado se faz sentir de forma bem mais leve. É certo que nós o memorializamos por toda parte: relicários, inscrições, "lugares do patrimônio" e mesmo parques temáticos históricos, todos são advertências públicas a respeito do "passado". Porém o século XX que optamos por comemorar parece curiosamente fora de foco. A esmagadora maioria dos lugares da memória oficial do século XX são ou confessadamente nostálgico-triunfalistas — louvando homens famosos e celebrando vitórias famosas — ou são, cada vez mais, oportunidades para relembrar um sofrimento seletivo.

O século XX está, desse modo, caminhando para se tornar um palácio da memória moral: uma Câmara de Horrores Históricos pedagogicamente útil cujas estações estão rotuladas como "Munique" ou "Pearl Harbor", "Auschwitz" ou "Gulag", "Armênia" ou "Bósnia" ou "Ruanda"; com "11/9" como uma espécie de fecho extra, um sangrento post scriptum endereçado aos que possam ter esquecido as lições do século ou que não conseguiram aprendê-las. O problema dessa representação lapidar do século passado como uma época singularmente terrível da qual agora conseguimos, felizmente, nos libertar não é sua descrição — essa foi, em muitos aspectos, uma era verdadeiramente terrível, uma era de brutalidade e de sofrimento em massa talvez sem paralelo na história. O problema é a mensagem: a afirmação de que tudo isso agora foi deixado para trás, de que o seu significado é claro e de que agora podemos avançar — sem o estorvo representado pelos erros do passado — rumo a uma era diferente e melhor.

Essa celebração oficial, contudo, não aprofunda nossa avaliação e nossa consciência em relação ao passado. Ela serve como um substituto, um passado sobressalente. Em vez de ensinarmos história, levamos as crianças para visitar museus e monumentos. Pior ainda, nós as encorajamos a ver o passado — e suas lições — a partir do sofrimento de seus ascendentes. Atualmente, a interpretação "comum" do passado recente é composta de fragmentos variados de passados separados, cada um deles (judeu, polonês, sérvio, armênio, alemão, americano-asiático, palestino, irlandês, homossexual...) marcado por sua própria condição de vítima, de modo a enfatizar sua singularidade.

O mosaico resultante não nos vincula a um passado comum, mas, ao contrário, nos separa dele. Quaisquer que sejam as limitações das narrativas nacionais ensinadas antigamente nas escolas, por mais seletivo que fosse seu foco e por mais instrumentalizada a sua mensagem, tinham pelo menos a vantagem de proporcionar a uma nação referências passadas para a experiência presente. A história tradicional, como a ensinada a gerações de crianças do primário e do ensino médio, conferia um significado ao presente por meio da referência ao passado: os nomes, os lugares, as inscrições, as ideias e as alusões de hoje podiam ser encaixados numa narrativa memorizada a respeito do ontem. Na nossa época, contudo, esse processo passou a funcionar no sentido inverso. O passado agora só adquire significado por meio de referências às nossas — muitas e às vezes contraditórias — preocupações atuais.

Esse caráter desconcertantemente estrangeiro do passado em parte se deve, sem dúvida, à pura velocidade com que aconteceram as mudanças contemporâneas. A "globalização" realmente representou um aumento da quantidade, em detrimento da qualidade, na vida das pessoas num grau que seria inimaginável para seus pais e avós. Muito do que, durante décadas, mesmo séculos, parecia familiar e permanente está agora caminhando a passos largos para o esquecimento. O passado, ao que parece, é realmente outro país: lá, eles faziam as coisas de um jeito diferente.

A expansão das comunicações oferece um exemplo disso. Até as últimas décadas do século XX, a maior parte das pessoas do planeta dispunha de acesso limitado à informação; mas — graças à educação nacional, ao rádio e as emissoras de TV controladas pelo Estado, e a uma cultura comum transmitida por imprensa e livros — no interior de qualquer Estado, nação ou comunidade, era grande a probabilidade de as pessoas virem a saber muitas das mesmas coisas. Hoje é o contrário que acontece. A maioria das pessoas fora da África subsaariana tem acesso a uma quase infinidade de dados. Porém na ausência de qualquer cultura comum para além do círculo formado por uma pequena elite, e muitas vezes nem mesmo ali, as ideias e informações fragmentadas que as pessoas selecionam ou encontram são determinadas por uma multiplicidade de gostos, afinidades e interesses. À medida que os anos passam, cada um de nós tem menos em comum com os mundos em rápida multiplicação dos nossos contemporâneos, sem falar no mundo dos nossos antepassados.

Tudo isso é certamente verdade — e apresenta implicações perturbadoras para o futuro das práticas democráticas de governo. No entanto, mudanças que tenham um caráter de ruptura, mesmo transformações globais, não são por si só algo sem precedentes. A globalização "econômica" do fim do século XIX não foi menos turbulenta, exceto pelo fato de suas implicações terem sido inicialmente sentidas e compreendidas por um número muito menor de pessoas. O que há de significativo na nossa atual era de transformações é a despreocupação com que abandonamos não apenas as práticas do passado como a sua própria memória. Um mundo apenas recentemente perdido já é um mundo quase esquecido.

O que, então, há de equivocado na pressa com que deixamos o século XX para trás? Pelo menos nos Estados Unidos, esquecemos o significado da guerra. Existe um motivo para isso. Em grande parte da Europa continental, da Ásia e da África, o século XX foi vivido como um ciclo de guerras. No século passado, a guerra significava invasão, ocupação, deslocamento de populações, privações, destruição e assassinatos em massa. Países que perderam uma guerra perderam muitas vezes população, territórios, recursos, segurança e independência. Porém mesmo aqueles países que emergiram formalmente vitoriosos possuíam experiências comparáveis e em geral se lembravam da guerra de uma forma muito semelhante a como os perdedores o faziam. A Itália depois da Primeira Guerra, a China após a Segunda Guerra e a França depois das duas poderiam servir de exemplo: todas foram "vencedoras" e todas foram devastadas. E há ainda aqueles países que ganharam uma guerra mas "perderam a paz", desperdiçando as oportunidades que lhes foram concedidas pela vitória. Os aliados ocidentais em Versalhes e Israel, nas décadas que se seguiram à sua vitória em junho de 1967, continuam a ser os exemplos mais reveladores.

Além disso, guerra no século xx frequentemente significava guerra civil: muitas vezes sob o disfarce de ocupação ou "libertação". A guerra civil exerceu um papel significativo na muito frequente "limpeza étnica" e nos deslocamentos forçados de populações do século xx, da Índia e da Turquia à Espanha e à Iugoslávia. A exemplo da ocupação estrangeira, a guerra civil é uma das terríveis memórias "compartilhadas" dos últimos cem anos. Em muitos países, "deixar o passado para trás" — ou seja, concordar em superar ou esquecer (ou negar) uma memória recente de conflito interno e de violência intercomunal — tem sido um objetivo prioritário por parte dos governos do pós-guerra: um objetivo às vezes alcançado, outras vezes alcançado até demais.

A guerra não era apenas uma catástrofe por si mesma; trazia outros horrores em seu rastro. A Primeira Guerra conduziu a uma militarização sem precedentes da sociedade, ao culto da violência e a um culto da morte, que haveria de sobreviver por muito tempo à própria guerra e preparar o terreno para os desastres políticos que se seguiriam. Os Estados e sociedades tomados durante e após a Segunda Guerra por Hitler ou Stálin (ou por ambos, um depois do outro) vivenciaram não apenas a ocupação e a exploração, mas também a degradação e a corrosão das leis e normas da sociedade civil. As próprias estruturas da vida civilizada — regulamentos, leis, professores, policiais, juízes — desapareceram ou assumiram um novo e sinistro significado: longe de garantir a segurança, o próprio Estado tornou-se a principal fonte de insegurança. O sentido de reciprocidade e a confiança, seja entre vizinhos, colegas, comunidade ou líderes, desmoronaram. Comportamentos que, em circunstâncias convencionais, seriam tidos como aberrantes — roubo, desonestidade, dissimulação, indiferença pela desgraça dos outros, e a exploração oportunista do seu sofrimento — tornaram-se não apenas normais, mas às vezes a única maneira de salvar sua família e a si mesmo. Dissidência e oposição eram sufocadas pelo medo universal.

A guerra, em resumo, levava a comportamentos que julgaríamos impensáveis e disfuncionais em tempo de paz. É a guerra, não o racismo ou o antagonismo étnico ou o fervor religioso, que leva a atrocidades. A guerra — guerra total — foi a condição antecedente crucial para a criminalidade em massa da era moderna. Os primeiros campos de concentração primitivos foram instalados pelos britânicos durante a Guerra dos Bôeres, de 1899 a 1902. Sem a Primeira Guerra Mundial não teria ocorrido o genocídio armênio, e é altamente improvável que tanto o comunismo como o fascismo viessem a se apossar de Estados modernos. Sem a Segunda Guerra Mundial não teria acontecido nenhum Holocausto. Sem o envolvimento forçado do Camboja na Guerra do Vietnã, jamais teríamos ouvido falar em Pol Pot. Quanto aos efeitos embrutecedores da guerra sobre os próprios soldados comuns, esse aspecto, é claro, já foi fartamente documentado.[3]

Os Estados Unidos conseguiram evitar passar por quase tudo isso. Os americanos, talvez numa situação única no mundo, vivenciaram o século XX sob uma ótica bem mais positiva. Os Estados Unidos não foram invadidos. Não perderam enormes quantidades de seus cidadãos, ou grandes áreas de seu território, como resultado de sua ocupação ou de seu desmembramento. Ainda que humilhados em distantes guerras neocoloniais (como no Vietnã e, agora, no Iraque), os Estados Unidos jamais sofreram as consequências plenas de uma derrota.[4] A despeito de sua ambivalência em relação aos recentes conflitos, a maior parte dos americanos ainda sente que as guerras travadas por seu país foram, em sua essência, "guerras boas". Os Estados Unidos se beneficiaram amplamente do papel que desempenharam nas duas guerras mundiais e dos seus desfechos, diferentemente do que ocorreu com a Grã-Bretanha, o único outro grande país a emergir de modo inequivocamente vitorioso desses conflitos, mas ao custo de sua quase falência e da perda de seu império. E, comparados a outros grandes países que combateram no século XX, os Estados Unidos perderam relativamente poucos soldados em batalha e quase não sofreram baixas entre seus civis.

Esse contraste merece ser enfatizado estatisticamente. Na Primeira Guerra Mundial, os Estados Unidos sofreram pouco menos de 120 mil mortes em combate. Para o Reino Unido, a França e a Alemanha, os números são, respectivamente, 885 mil, 1,4 milhão e cerca de 2 milhões. Na Segunda Guerra, na qual os Estados Unidos perderam 420 mil homens em combate, o Japão perdeu 2,1 milhões, a China, 3,8 milhões, a Alemanha, 5,5 milhões, e a União Soviética um número estimado em 10,7 milhões. O Memorial dos Veteranos do Vietnã, em Washington, D.C., registra a morte de 58 195 americanos ao longo de uma guerra que durou quinze anos: mas o Exército francês perdeu o dobro disso nas seis semanas de luta entre maio e junho de 1940. No embate que mais custou vidas aos americanos no século XX — a ofensiva nas Ardenas, de dezembro de 1944 a janeiro de 1945 (a "Batalha do Bulge") — 19 300 soldados americanos foram mortos. Nas primeiras 24 horas da Batalha do Somme (1º de julho de 1916), o Exército britânico teve mais de 20 mil mortos. Na Batalha de Stalingrado, o Exército Vermelho perdeu 750 mil homens e a Wehrmacht, um número quase igual.

Exceto a geração de homens que lutaram na Segunda Guerra Mundial, os Estados Unidos não têm uma moderna memória de combate ou perda remotamente comparável às das forças armadas dos outros países. Porém são as baixas civis que deixam a marca mais indelével na memória nacional, e nesse aspecto o contraste é efetivamente gritante. Só na Segunda Guerra, os britânicos sofreram 67 mil mortes entre os seus civis. Na Europa continental, a França perdeu 270 mil civis. A Iugoslávia registrou meio milhão de civis mortos, a Alemanha, 1,8 milhão, a Polônia, 5,5 milhões, e a União Soviética, um número estimado em 11,4 milhões. Esses números incluem cerca de 5,8 milhões de judeus mortos. Mais além, na China, o número de mortos excedeu 16 milhões. As perdas civis americanas (excluída a marinha mercante) nas duas guerras mundiais foram de menos de 2 mil mortos.

Em consequência disso, os Estados Unidos são hoje a única democracia avançada na qual figuras públicas glorificam e exaltam os militares, um sentimento familiar à Europa de antes de 1945 mas bastante desconhecido atualmente. Políticos americanos se cercam de símbolos e adornos associados a proezas guerreiras; e mesmo em 2008 comentaristas americanos fustigavam aliados por hesitarem em se engajar num conflito armado. Acredito que seja essa memória contraditória a respeito da guerra e de seu impacto, mais do que diferenças estruturais entre os Estados Unidos e demais países sob outros aspectos comparáveis a eles, que explica as reações tão díspares aos desafios internacionais de hoje. E, realmente, a alegação complacente por parte dos neoconservadores de que a guerra e o conflito são coisas que os americanos compreendem — em contraste com os ingênuos europeus com suas fantasias pacifistas — me parece totalmente errada: são os europeus (juntamente com os asiáticos e os africanos) que compreendem muito bem a guerra. A maioria dos americanos teve sorte bastante para viver numa feliz ignorância a respeito do seu real significado.

Essa mesma discrepância pode explicar a qualidade peculiar de muita coisa escrita nos Estados Unidos a propósito da Guerra Fria e de seu desfecho. Nos relatos europeus sobre a queda do comunismo, vista a partir dos dois lados da antiga Cortina de Ferro, o sentimento predominante é de alívio pelo encerramento de um capítulo longe e triste. Aqui nos Estados Unidos, contudo, a história costuma ser registrada num tom triunfalista.[5] E por que não? Para muitos comentaristas e formuladores de política externa dos Estados Unidos, a mensagem do século XX é que as guerras funcionam. Daí o entusiasmo geral pela nossa guerra no Iraque em 2003 (a despeito da forte oposição em outros países). Para Washington, a guerra continua sendo uma opção — nessa ocasião, a primeira opção. Para o resto do mundo desenvolvido, ela se tornou um último recurso.[6]

A ignorância a respeito da história do século XX não apenas contribui para um lamentável entusiasmo por conflitos armados. Também leva a erros na identificação do inimigo. Temos bons motivos para nos ocuparmos justamente agora com o terrorismo e o desafio por ele representado. Porém, antes de nos lançarmos numa guerra de cem anos para erradicar o terrorismo da face da Terra, consideremos o seguinte. Terroristas não constituem um fenômeno novo. Mesmo que excluamos assassinatos e tentativas de assassinato de presidentes e monarcas e nos limitemos a homens e mulheres que matam aleatoriamente civis desarmados visando atingir algum objetivo político, terroristas têm estado conosco por mais de um século.

Existiram terroristas anarquistas, terroristas russos, terroristas indianos, terroristas bascos, terroristas malaios, terroristas tâmiles e, além desses, dúzias de outros. Existiram e ainda existem terroristas cristãos, terroristas judeus e terroristas muçulmanos. Houve terroristas iugoslavos ("*partisans*") ajustando contas durante a Segunda Guerra; terroristas sionistas explodindo mercados árabes na Palestina antes de 1948; terroristas irlandeses financiados por americanos na Londres de Margareth Thatcher; terroristas mujahidins armados pelos Estados Unidos nos anos 1980 no Afeganistão e assim por diante.

Ninguém que tenha vivido na Espanha, Itália, Alemanha, Turquia, Japão, Reino Unido ou França, para não falar de países habitualmente mais violentos, poderia deixar de ter percebido a onipresença de terroristas — usando armas, bombas, produtos químicos, carros, trens, aviões e muito mais — ao longo do século XX e depois. A única coisa que mudou nos últimos anos foi o advento, em setembro de 2001, do terrorismo homicida no interior dos Estados Unidos. E mesmo isso não era algo totalmente inédito: os meios eram novos e a carnificina, sem precedentes, mas terrorismo em solo americano é algo que está longe de ser desconhecido no decorrer do século XX.

Porém o que dizer do argumento de que o terrorismo hoje é diferente por expressar um "choque de culturas", imbuído de uma combinação tóxica de religião e política autoritária: "islamofascismo"? Também essa é uma interpretação que, em grande medida, se baseia numa leitura equivocada da história do século XX. Há aqui uma tríplice confusão. A primeira consiste em amontoar uma ampla variedade de fascismos nacionais da Europa do período entreguerras com os muito diferentes ressentimentos, exigências e estratégias dos (igualmente heterogêneos) movimentos e grupos insurgentes islâmicos da nossa própria época — e associar a credibilidade moral das lutas antifascistas do passado às nossas próprias aventuras militares de motivação muito mais dúbia.

Uma segunda confusão vem da opção por fundir um punhado de assassinos, desligados de qualquer Estado e movidos pela religiosidade, com a ameaça representada no século XX pelos ricos e modernos Estados dominados por partidos totalitários comprometidos com a agressão a outros países e com o extermínio em massa. O nazismo era uma ameaça à nossa própria existência e a União Soviética ocupava metade da Europa. Mas a Al-Qaeda? A comparação é um insulto à inteligência — e também à memória dos que lutaram contra esses ditadores. Mesmo os que anunciam essas semelhanças não parecem acreditar nelas. Afinal, se Osama bin Laden fosse verdadeiramente comparável a Hitler ou Stálin, teríamos realmente reagido ao 11 de Setembro invadindo... Bagdá?

Porém o mais sério erro consiste em tomar a forma pelo conteúdo: definir todos os vários terroristas e terrorismos do nosso tempo, com seus objetivos contrastantes e às vezes conflitantes, tomando como critério apenas as suas ações. Seria como amontoar todos juntos as Brigadas Vermelhas italianas, o Grupo Baader-Meinhof alemão, o IRA Provisório, o ETA do País

Basco, os separatistas da região do Jura, na Suíça, e a Frente de Libertação Nacional da Córsega, desprezar suas diferenças como insignificantes, e, diante desse amálgama formado por pessoas que atiram nos joelhos de suas vítimas por motivos ideológicos, arremessam bombas e cometem assassinatos políticos, reuni-los todos sob o rótulo de "Extremismo Europeu" (ou talvez "Cristo-Fascismo"?)... e então declarar contra eles uma guerra armada total, sem concessões e até a vitória final.

Abstrair inimigos e ameaças de seu contexto — a leviandade com que nos convencemos de que estamos em guerra com os "islamofascistas", "extremistas" originários de uma cultura estranha, que habita um distante "Islamistão", que nos odeiam pelo que somos e que procuram destruir "nosso modo de vida" — é um indício seguro de que esquecemos *a* lição do século XX: a leviandade com que o medo e o dogma podem nos levar a demonizar outros, a negar a eles o sentido comum de humanidade ou a proteção das nossas leis, e a fazer com eles coisas inomináveis.

De que outro modo podemos explicar nossa atual indulgência em relação à prática da tortura? Pois indulgentes certamente somos. O século XX teve início com as Convenções de Haia sobre as leis de guerra. Em 2008, o século XXI tem entre as suas realizações o campo de detenção da baía de Guantánamo. Ali e em outras prisões secretas dos Estados Unidos, terroristas e suspeitos de terrorismo são torturados rotineiramente. Existe, é claro, um grande número de precedentes no século XX para isso, e não apenas em ditaduras. Os britânicos torturaram terroristas nas colônias do Leste da África até os anos 1950. Os franceses torturaram terroristas argelinos na "guerra suja" para conservar a Argélia.[7]

No auge da guerra na Argélia, Raymond Aron publicou dois eloquentes ensaios exortando a França a deixar a Argélia e conceder-lhe a independência: essa, insistia ele, é uma guerra sem sentido, a qual a França não poderia vencer. Alguns anos mais tarde, Raymond Aron foi questionado por que razão, ao se opor ao domínio da França na Argélia, ele não havia somado sua voz aos que se manifestavam contra o uso da tortura na Argélia. "Mas o que eu teria conseguido proclamando minha oposição à tortura?", ele retrucou. "Nunca encontrei ninguém que fosse a favor da tortura."[8]

Bem, os tempos mudaram. Nos Estados Unidos hoje há muitas pessoas respeitáveis e ponderadas que defendem a tortura — em circunstâncias apropriadas e quando aplicada a quem a merece. O professor Alan Dershowitz, da Harvard Law School, escreve que "a análise da mera relação custo-benefício sobre o emprego de tortura não letal [para extrair de presos informações urgentes] parece ser irrefutável". O professor Jean Bethke Elshtain, da School of Divinity da Universidade de Chicago, reconhece que a tortura permanece sendo um horror e que é "em geral [sic] proibida". Mas, ao interrogar "prisioneiros no contexto de uma guerra mortífera e perigosa contra inimigos que não respeitam limite algum [...], há momentos em que essa regra pode ser ignorada".[9]

Essas afirmações arrepiantes encontram eco nas palavras do senador por Nova York Charles Schumer (do Partido Democrata), que numa audiência no Senado em 2004 afirmou que "provavelmente há muito poucas pessoas nesta sala ou nos Estados Unidos que diriam que a tortura jamais deve ser usada". Certamente não o juiz da Suprema Corte Antonin Scalia, que informou à Radio Four, da BBC, em fevereiro de 2008, que seria absurdo dizer que não se pode torturar. Nas palavras de Scalia:

> Uma vez que reconheçamos isso, a questão passa a ser outra. Quão grave deve ser a ameaça? Quão severa deve ser a dor infligida? Não acho que existam questões fáceis, de modo algum [...]. Mas certamente sei que não podemos assumir um ar de indignação afetada e de modo complacente dizermos, "Ah, é tortura, portanto é errado".[10]

Mas era exatamente essa alegação, a de que "é tortura, então é errado", que até bem recentemente distinguia as democracias das ditaduras. Nós nos vangloriamos de ter derrotado o "império do mal" dos soviéticos. Realmente, é verdade. Mas talvez devêssemos ler de novo as memórias dos que sofreram nas mãos daquele império — as memórias de Eugen Loebl, Artur London, Jo Langer, Lena Constante e inúmeros outros — e então comparar os abusos degradantes que sofreram com o tratamento aprovado e autorizado pelo presidente Bush e pelo Congresso dos Estados Unidos. Eles são assim tão diferentes?[11]

A tortura certamente "funciona". Como sugere a história dos estados policiais do século XX, sob formas extremas de tortura a maioria das pessoas será capaz de dizer qualquer coisa (inclusive, às vezes, a verdade). Mas com que objetivo? Graças às informações extraídas de terroristas submetidos a tortura, o exército francês venceu a Batalha de Argel. Apenas quatro anos depois, a guerra tinha acabado, a Argélia era independente e os "terroristas" tinham vencido. Mas a França ainda carrega a mancha e a memória dos crimes cometidos em seu nome. A tortura, na realidade, nada tem de positivo, especialmente para as repúblicas. E, como Aron observou há algumas décadas, "torturas — e mentiras — [são] os complementos naturais da guerra [...]. O que era preciso fazer era acabar com a guerra".[12]

Estamos deslizando ladeira abaixo. As distinções baseadas em sofismas que estabelecemos hoje em nossa guerra ao terror — entre o império da lei e circunstâncias "excepcionais", entre cidadãos (que dispõem de direitos e de proteções legais) e não cidadãos contra os quais tudo pode ser feito, entre pessoas normais e "terroristas", entre "nós" e "eles" — não são novas. O século XX já viu ser invocados todos esses argumentos antes. São as mesmíssimas distinções que tornaram possíveis os piores horrores do passado recente: campos de internamento, deportação, tortura e assassinato — exatamente os crimes que nos levaram a murmurar "que isso jamais deveria voltar a acontecer". Então, o que pensamos ter aprendido exatamente com o passado? De que pode servir nosso culto altruísta à memória e aos memoriais, se os Estados Unidos podem construir seu próprio campo de internamento e torturar as pessoas lá?

Longe de fugirmos do século XX, precisamos, acredito, olhar para trás e examiná-lo novamente com um pouco mais de atenção. Precisamos aprender de novo — ou quem sabe pela primeira vez — como a guerra embrutece e degrada tanto os vencedores como os perdedores, e o que acontece conosco quando, depois de termos travado impensadamente uma guerra sem dispor de um bom motivo, somos encorajados a exagerar e demonizar nossos inimigos para justificar a continuação da guerra por tempo indefinido. E, talvez, nesta temporada eleitoral estendida, pudéssemos fazer uma pergunta aos nossos aspirantes a líderes: Papai (ou, como é possível, Mamãe) o que você fez para evitar a guerra?

Este ensaio foi publicado originalmente no *New York Review of Books* em maio de 2008.

NOTAS

1 Nunca mais tal inocência,/ Nunca antes ou depois,/ Ao se transformar em passado/ Sem dizer uma palavra — os homens deixando os jardins impecáveis,/ Os milhares de casamentos/ Durando um pouco mais:/ Nunca mais tal inocência — Philip Larkin, MCMXIV.

2 Ver, por exemplo, Lytton Strachey, *Eminent Victorians*, publicado originalmente em 1918.

3 Ver *Vernichtungskriege: Verbrechen der Wehrmacht 1941-1944*, Hannes Heer e Klaus Naumann, eds. (Hamburgo, Alemanha: Hamburger Edition, 1995). Muitos soldados alemães na frente oriental e na Iugoslávia deixaram seus piores crimes registrados para deleite da família e de amigos. Os guardas americanos da prisão de Abu Ghraib são seus descendentes em linhagem direta.

4 Contudo, o Sul, derrotado, realmente experimentou consequências como essas depois da Guerra Civil. E sua subsequente humilhação, seu ressentimento e seu atraso são a exceção americana que confirma a regra.

5 Ver minha minha discussão de *The Cold War: A New History* (Nova York: Penguin, 2005), de John Lewis Gaddis, no *New York Review of Books* de 23 de março de 2006.

6 Deve ser observado, contudo, que uma geração mais jovem de líderes políticos no Reino Unido — a começar por Tony Blair — tem se revelado quase tão indiferente em relação às lições do século XX como seus contemporâneos americanos.

7 Ver Caroline Elkins, *Imperial Reckoning: The Untold Story of Britain's Gulag in Kenia* (Nova York: Henry Holt, 2005); Marnia Lazreg, *Torture and the Twilight of Empire: From Algiers to Baghdad* (Princeton, NJ: Princeton University Press, 2008); e Darius Rejali, *Torture and Democracy* (Princeton, NJ: Princeton University Press, 2007).

8 Raymond Aron, *La tragédie algérienne* (Paris: Plon, 1957), *L'Algérie et la République* (Paris: Plon, 1958) e *Le spectateur engagé* (Paris: Julliard, 1981), p. 210. Para um relato em primeira mão sobre a tortura, ver Henri Alleg, *The Question* (Lincoln, NE: Brison, 2006; originalmente publicado em 1958 com o título de *La question*). *La torture dans la République*, do falecido Pierre Vidal-Naquet, é um relato pungente de como a tortura corrói o sistema político que a autoriza. Publicado pela primeira vez em inglês em 1963, esse livro há

muito está fora de circulação. Deveria ser retraduzido e tornado leitura obrigatória para todo parlamentar e candidato presidencial nos Estados Unidos.

9 Alan Dershowitz, *Why Terrorism Works: Understanding the Threat, Responding to the Challenge* (New Haven: Yale University Press, 2002), p. 144; Jean Bethke Elshtain, "Reflections on the Problem of 'Dirty Hands'", em *Torture: A Collection*, Stanford Levinson, org. (Nova York: Oxford University Press, 2004), pp. 80-3.

10 O senador Schumer foi citado pelo *Wall Street Journal* em 2 de novembro de 2007.

11 Lena Constante, *The Silent Escape: Three Thousand Days in Romanian Prisons* (Berkeley: University of California Press, 1995); Jo Langer, *Une saison à Bratislava* (Paris: Seuil, 1981); Eugen Loebl, *My Mind on Trial* (Nova York: Harcourt Brace Jovanovitch, 1976); Artur Gerard London, *L'aveu, dans l'engrenage du procès de Prague* (Paris: Gallimard, 1971).

12 Aron, *Le spectateur engagé*, pp. 210-11.

PARTE QUATRO

O MODO COMO VIVEMOS AGORA

CAPÍTULO XXI

A era de ouro das ferrovias

MAIS DO QUE QUALQUER OUTRO CONCEITO TÉCNICO OU INSTITUIção social, a ferrovia representa a modernidade. Nenhuma outra forma de transporte concorrente, nenhuma inovação tecnológica subsequente, nenhuma outra indústria gerou ou estimulou mudanças na escala proporcionada pela invenção e adoção da ferrovia. Peter Laslett se referiu certa vez ao "mundo que nós perdemos" — o aspecto inimaginavelmente diferente que as coisas assumiam no passado. Tente pensar num mundo como ele existia antes das estradas de ferro e no significado da distância, assim como nos obstáculos que ela impunha quando o tempo necessário para viajar, digamos, de Paris a Roma e os meios empregados para isso mal tinham mudado no curso de dois milênios. Pense nos limites impostos às atividades econômicas e às oportunidades de vida humana pela impossibilidade de deslocar comida, bens e pessoas em grande quantidade ou a uma velocidade maior do que dezesseis quilômetros por hora; ou na persistente natureza *local* de todo conhecimento, seja cultural, social ou político, e nas consequências dessa compartimentalização.

Acima de tudo, pense em quão diferente o mundo parecia para homens e mulheres antes do advento das ferrovias. Isso se devia em parte a uma restrição na percepção. Até 1830, poucas pessoas sabiam que aparência tinham paisagens pouco familiares, cidades distantes ou terras estrangeiras porque não tinham nenhuma oportunidade ou motivo para visitar esses lugares. Porém o mundo de antes das ferrovias parecia tão diferente do que veio a ser mais tarde também em parte porque as ferrovias fizeram mais do que apenas facilitar as viagens, mudando a maneira como o mundo era visto e descrito. Elas transformaram a própria paisagem.

As estradas de ferro nasceram na Revolução Industrial — o motor a vapor em si já existia havia sessenta anos quando adquiriu rodas, em 1825, e sem o carvão que ele ajudava a trazer à superfície o motor a vapor não poderia funcionar. Mas foram as ferrovias que deram vida e ímpeto a essa mesma Revolução Industrial: eram elas as maiores consumidoras exatamente desses bens cujo transporte facilitavam. Além disso, a maior parte dos desafios técnicos da modernidade industrial — comunicação telegráfica a longa distância, a captação de água, gás e eletricidade para uso doméstico e industrial, a drenagem de áreas urbanas e rurais, a construção de enormes edifícios, a aglutinação e o transporte de seres humanos em grande número — foi enfrentada e vencida pela primeira vez pelas companhias ferroviárias.

Os trens — ou, antes, as estradas de ferro por onde eles corriam — representaram uma conquista de espaço. Canais e estradas podem ser considerados empreendimentos técnicos importantes; mas tinham sido quase sempre uma extensão, por meio de esforço físico ou aperfeiçoamento técnico, de um recurso antigo ou propiciado pela natureza: um rio, um vale, uma trilha ou uma passagem. Até mesmo Telford e McAdam pouco fizeram para pavimentar as estradas existentes. As estradas de ferro reinventaram a paisagem. Cortaram caminho através de colinas, escavaram por baixo de estradas e canais, foram levadas através de vales, vilarejos e estuários. O caminho permanente podia ser estendido sobre traves de metal, cavaletes em madeira, pontes de tijolos, aterros feitos com pedras ou musgo compactado; importar ou remover esses materiais poderia transformar inteiramente tanto a cidade como o campo. À medida que os trens foram ficando mais pesados, essas fundações foram se tornando cada vez mais invasivas: mais grossas, fortes e profundas.

Estradas de ferro eram construídas com um propósito exclusivo: nada mais poderia correr sobre elas. E como só podiam ser escavadas e construídas em declives até certa inclinação, em curvas limitadas e desimpedidas de obstáculos, como florestas, rochedos, lavouras e vacas, as ferrovias exigiam — e lhes eram concedidos por toda parte — poderes e autoridade, tanto sobre os homens como sobre a natureza: direitos de passagem, de propriedade, de posse e de destruição que eram (e permanecem) sem precedentes em tempos de paz. Comunidades que se ajustavam às ferrovias costumavam prosperar. Cidades e povoados que manifestavam algum tipo de oposição ou perdiam a disputa ou, no caso de conseguirem impedir ou adiar a construção de uma linha, de uma ponte ou de uma estação na sua área, eram deixadas para trás: gastos, viajantes, bens e mercados, tudo acabava contornando-os e indo parar em outro lugar.

A conquista do espaço levou de forma inexorável à reorganização do tempo. Mesmo as modestas velocidades dos primeiros trens — entre trinta e 55 quilômetros por hora — estavam muito além da mais ousada imaginação de todas as pessoas, com exceção de um punhado de engenheiros. A maioria dos viajantes e observadores supunha de forma bastante razoável não apenas que a ferrovia tinha revolucionado as relações espaciais e as possibilidades de comunicação, mas também que — movendo-se a uma velocidade sem precedentes e sem nenhum obstáculo que impedisse seu avanço — trens eram extraordinariamente perigosos. Como efetivamente eram. Sinalização, comunicação e sistemas de freios estavam sempre um passo atrás em relação ao aumento constante em potência e velocidade por parte das máquinas: mesmo bem depois do advento do século XX os trens continuavam mostrando ser melhores em se mover do que em parar. Sendo assim, era vital mantê-los a uma distância segura uns dos outros e saber onde se encontravam o tempo todo. Desse modo — a partir de considerações técnicas e por razões tanto de segurança como de comércio, conveniência ou publicidade — nasceu a tabela de horários dos trens.

É difícil transmitir hoje o significado e as implicações da tabela de horários, que apareceu pela primeira vez no início da década de 1840: antes de mais nada, é claro, para a organização das próprias estradas de ferro, mas também para a vida diária de todas as outras pessoas. O mundo pré-moderno era limitado em termos de espaço; o seu sucessor moderno era limitado em termos de tempo. A transição se deu nas décadas de meados do século XIX e com uma notável velocidade, acompanhada pelo onipresente relógio de estação ferroviária: exibido num lugar de destaque, em torres especialmente construídas para abrigá-lo em todas as maiores estações, no interior do saguão das bilheterias de cada estação, em plataformas, e (em sua versão de bolso) nas mãos dos funcionários das companhias ferroviárias. Tudo o que veio depois — o estabelecimento de zonas horárias internacionalmente acordadas; relógios de ponto; o onipresente relógio de pulso; quadros de horários para ônibus, embarcações e aviões, para programas de rádio e televisão, para aulas nas escolas; e muito mais — foram meras aplicações do mesmo princípio. As estradas de ferro se orgulhavam do lugar inconteste dos trens na organização e no controle do tempo — lembre-se aqui a obra de Gabriel Ferrer (1899) pintada no teto do salão de jantar da Gare (hoje Musée) d'Orsay: uma *Alegoria sobre o tempo*, lembrando aos comensais que seus trens não esperariam pela sobremesa.

Até a inauguração da Liverpool and Manchester Railway, em 1830, as pessoas não viajavam juntas em grandes grupos. Uma diligência típica abrigava quatro pessoas no interior e dez do lado de fora. Mas não era muito utilizada, e certamente não por aqueles que dispunham de outra opção. Os mais prósperos e propensos a aventuras viajavam sozinhos ou *en famille* — a cavalo, numa carruagem de posta ou num coche particular — e mais ninguém podia viajar para longe ou com frequência. Mas as ferrovias propiciaram transporte em massa desde o seu advento — mesmo os primeiros trens já carregavam centenas de pessoas —, sendo, portanto, importante criar e oferecer distinções: por preço, conforto, serviço e, acima de tudo, pela companhia de que o viajante iria desfrutar. De outro modo, os viajantes de classes privilegiadas não viriam e os de camadas mais pobres não conseguiriam pagar.

Assim, as companhias ferroviárias instituíram "classes" de viagem: habitualmente três, mas chegando até cinco no Império Russo e na Índia. Essas classes, que deram origem às modernas expressões "primeira classe", "segunda classe" etc., para fins tanto práticos como metafóricos, foram reproduzidas não apenas em vagões de trem e suas instalações, mas também em salas de espera, banheiros públicos, bilheterias, restaurantes e todos os outros serviços oferecidos nas estações. No devido tempo, as instalações à disposição dos viajantes de *primeira classe* — vagões-restaurante, vagões-clube, vagões para fumantes, vagões-dormitório, vagões Pullman — reproduziram e acabaram por definir (na literatura, na arte e no design) a vida burguesa em sua condição mais sólida, respeitável e próspera. Na sua forma mais exuberante — em geral no trem de longa distância ou de percursos internacionais, o 20th Century Limited, o Golden Arrow ou o Orient Express —, essas instalações exclusivas definiam a viagem moderna como uma forma particularmente invejável de ostentação cultural, de um estilo sofisticado ao alcance de uma minoria privilegiada.

Depois de certo tempo, as ferrovias simplificaram sua estratificação social em apenas duas classes. Nisso elas refletiam as mudanças ocorridas após a Primeira Guerra Mundial em grande parte do Ocidente, ainda que isso nem sempre tenha acontecido em outras regiões. Isso se deu em parte como uma reação à competição. A partir dos anos 1930, o automóvel começou a desafiar os trens como o método preferido para viagens de pequeno e mesmo médio percurso. Como o carro — a exemplo dos seus falecidos predecessores puxados a cavalo, a carruagem de posta e o coche — era, por excelência, um veículo *privado*, ele ameaçava não apenas a viagem de *trem,* mas também a própria noção de transporte público como um meio respeitável e desejável de viajar. O que acontecera até 1830 voltou a se repetir depois da década de 1950: aqueles que podiam se dar esse luxo optaram cada vez mais pela privacidade. Não havia mais nem a necessidade nem o desejo de regulamentar o transporte público com uma atenção dirigida às camadas sociais privilegiadas.

Trens têm a ver com movimentar pessoas. Porém sua mais visível encarnação, seu maior monumento público, era estática: a estação ferroviária. Estações ferroviárias — especialmente as grandes estações terminais — têm sido estudadas pelos seus fins práticos e por seu significado: como organizadoras de espaço, como um meio inovador de acumular e despachar quantidades sem precedentes de pessoas. E, realmente, as enormes novas estações em Londres, Paris, Berlim, Nova York, Moscou, Mumbai e outros lugares propiciaram uma revolução na organização social do espaço público. Mas são também de importância vital na história da arquitetura e do design urbano, do planejamento das cidades e da vida pública.

Trazer uma linha férrea para o interior de uma grande cidade era um desafio monumental. Além das questões técnicas e sociais — a derrubada e remoção de bairros inteiros (em geral os mais pobres: cerca de duzentas lojas, oficinas e igrejas, juntamente com milhares de casas de cômodos foram postas abaixo para abrir espaço para a Grand Central Station), a construção de pontes e túneis através de obstáculos urbanos e naturais —, havia as implicações decorrentes do ato de colocar no centro de uma cidade antiga uma nova tecnologia, uma construção de grande porte e um fluxo diário constante, com o ir e vir de dezenas de milhares de pessoas. Onde as estações deveriam ser instaladas? Como deveriam ser integradas à malha urbana já existente? Que *aparência* deveriam ter?

As soluções para essas questões estão na origem da moderna vida urbana. Da década de 1850 (com a construção da Gare de l'Est, em Paris) à de 1930 (com a conclusão da descomunal Stazione Centrale de Milão), estações terminais, de Budapeste a St. Louis, serviram de âncora para a cidade contemporânea. Seus projetos variavam do gótico ao "Tudorbetano", do *revival* grego ao barroco, do Beaux Arts ao neoclássico. Algumas, principalmente nos Estados Unidos do início do século XX, seguiam cuidadosamente modelos da Roma antiga: as dimensões da Penn Station, em Nova York, tiveram como referência as das Termas de Caracalla (217 d.C.), enquanto o teto da Union Station, de Washington, com seu vão curvo, foi tomado de empréstimo diretamente dos transeptos da abóbada nas Termas de Diocleciano (306 d.C.).

As construções imponentes — que às vezes ofereciam um indício de sua função prosaica, mas em anos posteriores tenderiam a camuflar sua função, fazendo alusão a outras estruturas urbanas, em vez da linha férrea que existia por trás delas — eram fonte de enorme orgulho para a cidade e com frequência serviam de pretexto para reformar, de fato ou apenas formalmente, grande parte do resto da cidade. Grandes cidades europeias — Berlim, Bruxelas, Paris, Londres — foram remodeladas em torno das suas estações terminais, com amplas avenidas conduzindo até elas, metrôs subterrâneos e redes de trens de superfície projetados para se conectar com as linhas ferroviárias que chegavam à cidade (geralmente, como em Londres, numa vaga forma circular com raios concêntricos) e projetos de renovação urbana voltados para o esperado crescimento da demanda por novas casas gerada pelas ferrovias.

A estação ferroviária se tornou um novo e imponente espaço urbano: o terminal de uma grande cidade costumava envolver mais de mil empregos diretos; no auge de seu movimento, a Penn Station, em Nova York, empregava 3 mil pessoas, sendo 355 porteiros ou carregadores de malas. O hotel construído em cima ou ao lado da estação e que era de propriedade da companhia ferroviária empregava outras centenas. No interior dos seus saguões e sob as suas arcadas, que sustentavam as linhas férreas, a ferrovia oferecia farto espaço comercial adicional. Da década de 1860 até a de 1950, as pessoas entravam na cidade ou a deixavam através dos seus terminais ferroviários, cujos tamanho e esplendor — fossem vistos de perto ou à distância, ao fim de uma nova avenida aberta para enfatizar seu significado (o novo Boulevard de Strasbourg, que termina na Gare du l'Est, por exemplo) — expressavam diretamente as ambições comerciais e cívicas da imagem que a moderna metrópole fazia de si mesma.

Como o projeto da estação tornava bastante explícito, ferrovias nunca foram apenas funcionais. Elas tinham a ver com as viagens como fonte de prazer, a viagem como aventura, a viagem como o arquétipo da experiência moderna. Não se esperava que patrões e clientes simplesmente comprassem um bilhete e partissem; a ideia era que ficassem por ali algum tempo, imaginando e sonhando (razão pela qual foram criados os "bilhetes de plataforma", que eram bastante usados). É por esse motivo que as estações eram projetadas, muitas vezes intencionalmente, tendo como modelo as catedrais, com seus espaços e instalações divididos em naves, absides, capelas laterais e ofícios e rituais suplementares. Como o *locus classicus* dessas referências e alusões ao monumentalismo neoclássico, tome-se a St. Pancras Station (1868), em Londres. Estações dispunham de restaurantes, lojas, serviços de natureza pessoal. Durante muitas décadas foram elas as sedes preferidas das agências centrais de correio e de serviços telegráficos das cidades. E, acima de tudo, eram o lugar ideal para as ferrovias fazerem propaganda de si mesmas.

O cartaz ferroviário, as propagandas das companhias ferroviárias, os folhetos — anunciando linhas férreas, viagens, excursões, lugares exóticos e possibilidades — surgiram notavelmente cedo na história das viagens de trem. Estava perfeitamente claro, mesmo para a primeira geração de administradores de trens, que estavam criando necessidades que só eles poderiam atender; e que, quanto mais necessidades gerassem, melhores negócios fariam. Dentro de certos limites, as próprias companhias ferroviárias se encarregavam da tarefa de propagandear seus artigos — de forma que ficou especialmente famosa, por meio dos cartazes magnificamente desenhados em estilo art déco ou expressionista, que dominaram as paredes das estações e os anúncios em jornais de cerca de 1910 até a década de 1940. Mas, ainda que possuíssem hotéis e até mesmo navios a vapor, as ferrovias não estavam equipadas para administrar o espectro vertical de serviços que haviam inaugurado, e esse negócio acabou indo parar nas mãos de uma nova linhagem, a dos agentes de viagem, dos quais o mais importante foi, de longe, Thomas Cook, de Derbyshire.

Cook (1808-92) é um exemplo tanto das energias comerciais liberadas pelas possibilidades da viagem por ferrovia como do amplo leque de experiências às quais ela conduzia. Começando com uma pequena empresa familiar que organizava excursões ferroviárias dominicais para clubes puritanos locais, Cook acumulou conhecimento a respeito de trens, ônibus e barcos, juntamente com contatos em hotéis e lugares de interesse: primeiro na Grã-Bretanha, em seguida na Europa continental e, por fim, através das Américas. Cook e seus sucessores e imitadores organizavam a viagem em si; de fato, e em colaboração com as ferrovias, Cook e seus sucessores inventaram os "resorts" para onde as pessoas podiam agora viajar: podendo ser reservados por Cook e alcançados por trens, fossem nas montanhas, à beira-mar ou em "lugares aprazíveis", recém-identificados para esse propósito.

Porém, acima de tudo, os organizadores de viagens abasteciam as pessoas com informações *sobre* viagens. Tornaram possível que os viajantes imaginassem e antevissem suas viagens (e pagassem por elas) antes de fazê-las, estimulando assim a ansiedade pela sua antecipação enquanto minimizavam seus riscos. Os prospectos, folhetos e guias de Cook — aconselhando os viajantes sobre aonde ir, o que esperar, o que vestir, o que dizer e como dizer — eram vendidos e anunciados, sobretudo, nos quiosques abertos por vendedores de jornais e livros nas novas estações ferroviárias. Em 1914, Cook tinha dado o passo seguinte lógico, abrindo escritórios no interior ou nas proximidades de estações ferroviárias e hotéis, publicando quadros de horários dos trens e até fazendo os seguros de vagões de trem e dos serviços proporcionados ao longo do caminho.

As ilustrações nos quadros para cartazes das ferrovias, ou na colorida literatura distribuída por guias e agentes de viagem, captam algo mais a respeito das estradas de ferro: seu lugar na arte moderna, sua versátil utilidade como ícone do contemporâneo e do novo. Os próprios artistas nunca tiveram muitas dúvidas a esse respeito. Desde *Chuva, vapor e velocidade* (1844), de Turner, passando por *Gare St. Lazare*, de Monet (1877), *Estação* (1908), de Edward Hopper, *Grand Central Station* (1909), de Campbell Cooper, e, mais tarde, até os designs clássicos para os cartazes do metrô de Londres (sem esquecer do clássico mapa concebido por Harry Beck em 1932, objeto de imitação e mesmo emulação por todos os mapas feitos desde então para ferrovias ou linhas de metrô em todo o mundo), estações e trens forneceram o tema ou o pano de fundo para quatro gerações de modernos artistas plásticos.

Foi, contudo, na mais moderna das modernas artes visuais que a estrada de ferro veio a ser valorizada e explorada mais plenamente. O ápice do cinema e o das ferrovias se deram em sequência — dos anos 1920 até os 1950 — e são historicamente inseparáveis. Um dos primeiros filmes feitos na história foi sobre um trem — *L'arrivée d'un train à la Ciotat* (irmãos Lumière, 1895). Trens representam uma experiência sensual: visual e (especialmente na era do vapor) aural. Eram, por essa razão, um tema "natural" para os diretores de cinema. Estações são anônimas, cheias de sombras, movimento e espaço. A atração que exercem sobre os cineastas nada tem de misterioso. Mas continua sendo notável o enorme espectro de tipos de filme que exploram estações, trens e a memória da viagem de trem. Nenhuma outra forma de viajar se presta ao seu uso pelo cinema dessa forma: ao cavalo e ao automóvel falta a versatilidade do trem. Westerns e *road movies* tendem a ficar datados rapidamente, e ainda que contem com um mercado internacional, só foram produzidos nos Estados Unidos.

Seria desnecessário listar os filmes a respeito das ferrovias ou que as exploram como tema, indo desde *A general* (1927) a *Assassinato no Expresso Oriente* (1974). Mas talvez valha a pena refletir sobre o mais conhecido de todos eles, *Desencanto* [*Brief encounter*] (1945), de David Lean, um filme no qual a estação e o trem, juntamente com seus destinos, fornecem mais do que apenas os acessórios e as ocasiões para as emoções e oportunidades. A especificidade mesmo do detalhe (a autoridade transcendente do quadro de horários na cidade e na comunidade, a experiência física e o significado do vapor e das cinzas para a trama da história) faz deles muito mais do que um cenário. As cenas na Carnforth Station, justapostas à tranquilidade da vida doméstica que elas ameaçam, representam o risco, a oportunidade, a incerteza, a novidade e a mudança: a própria vida.

Esta é a primeira parte de um ensaio escrito por Tony Judt em 2007 como um esboço para um livro que receberia o título de *Locomotion*. Devido à sua doença e sua morte prematura, o livro nunca chegou a ser escrito. Este ensaio foi publicado postumamente no *New York Review of Books* em dezembro de 2010.

CAPÍTULO XXII

Tragam os trilhos de volta!

O MODO COMO VIVEMOS HOJE

AS FERROVIAS VÊM VIVENDO UM DECLÍNIO DESDE OS ANOS 1950. Nunca tinha deixado de existir competição pelo viajante (e, ainda que menos intensa, pela carga). A partir de 1890, bondes e ônibus puxados por cavalos, seguidos, uma geração depois, por suas variantes elétricas, a diesel ou a gasolina, provaram ser mais baratos, em termos de produção e manutenção, do que os trens. Caminhões — os sucessores dos cavalos e da carroça — sempre se mostraram competitivos em trajetos curtos. Munidos de motores a diesel, eles podiam agora cobrir longas distâncias. E havia agora também aviões e, acima de tudo, existiam os carros: esses últimos se tornavam a cada ano mais baratos, mais rápidos, mais seguros e mais confiáveis.

Mesmo em grandes distâncias, para as quais foi originalmente concebida, a ferrovia estava em desvantagem: seus custos de implantação e de manutenção — o levantamento topográfico, os túneis, a colocação dos dormentes e dos trilhos, a construção das estações, as provisões, a adaptação para o diesel, a eletrificação — eram maiores do que o de seus competidores e nunca tinham sucesso em reaver o que havia sido investido. Automóveis produzidos em massa, ao contrário, eram de fabricação barata, e as estradas por onde eles rodavam tinham sua construção subsidiada pelos contribuintes. É claro que elas implicavam um alto custo social, principalmente em relação ao meio ambiente, mas isso só viria a ser pago num futuro distante. Acima de tudo, carros representavam novamente a possibilidade de uma viagem *privada*. Viagens de trem, naqueles que eram cada vez mais trens sem camarotes, com espaços internos abertos, que precisavam ser lotados com passageiros para não dar prejuízo, eram decididamente transporte *público*.

A ferrovia, que já enfrentava obstáculos como esses, viu-se após a Segunda Guerra diante de um novo desafio. A cidade moderna havia nascido a partir do transporte sobre trilhos. A própria possibilidade de alojar milhões de pessoas perto umas das outras, ou transportando-as por distâncias consideráveis, de casa para o trabalho e de volta para casa, foi a grande realização das ferrovias. Mas, ao tirar as pessoas do campo e jogá-las na cidade, ao drenar a área rural de comunidades, povoados e trabalhadores, o trem tinha começado a destruir sua própria razão de ser: o movimento das pessoas entre as cidades e de distantes distritos rurais para centros urbanos. O grande propiciador da urbanização acabou sendo uma vítima desse mesmo processo. Agora que a maioria esmagadora das viagens obrigatórias era ou muito longa ou muito curta, fazia mais sentido para as pessoas realizá-las de avião ou de carro. Havia ainda lugar para o trem suburbano que cobrisse pequenos trajetos, com paradas frequentes e, pelo menos na Europa, para os expressos de distância média. Mas isso era tudo. Mesmo o transporte de cargas estava sendo ameaçado pelo baixo custo do serviço oferecido pelos caminhões, apoiado pelo Estado na forma de autoestradas financiadas por verbas públicas. Tudo que escapasse a essa lógica estava em desvantagem.

E então as ferrovias entraram em decadência. Empresas privadas, onde elas existiam, acabaram por falir. Em muitos casos foram assumidas por recém-formadas empresas públicas bancadas pelo Estado. Os governos tratavam as ferrovias como um lamentável, se bem que inevitável, fardo pesando sobre o erário, e reagiam restringindo seus investimentos e fechando linhas "antieconômicas".

* * *

Em que medida esse processo tinha de ser "inexorável" era algo que variava de um lugar para outro. As "forças do mercado" se mostravam em sua disposição mais implacável — e mais ameaçadora, em se tratando das ferrovias — nos Estados Unidos, onde as companhias ferroviárias reduziram sua oferta de serviço ao mínimo nos anos seguintes a 1960, e na Grã-Bretanha, onde, em 1964, uma comissão nacional sob a direção do dr. Richard Beeching cortou um extraordinário número de linhas auxiliares e rurais, além de serviços, para manter a "viabilidade" econômica da British Railways. Em ambos os países o resultado foi lamentável: falidas, as companhias ferroviárias americanas foram "nacionalizadas" nos anos 1970. Vinte anos depois, as ferrovias britânicas, sob a responsabilidade do Estado desde 1948, foram vendidas sem maiores pruridos a empresas privadas dispostas a dar lances por suas linhas e serviços mais lucrativos.

Na Europa continental, apesar de alguns fechamentos e reduções de serviços, a cultura do serviço público e uma taxa mais lenta de aumento do número de automóveis preservaram grande parte da infraestrutura ferroviária. Na maior parte do resto do mundo, a pobreza e o atraso ajudaram a preservar o trem como a única forma exequível de transporte de massa. Por todo lugar, contudo, as ferrovias — as precursoras e os emblemas de uma era de investimento e de orgulho cívico — foram vítimas de uma dupla falta de fé: nos benefícios proporcionados pelos serviços públicos, que agora dão lugar a considerações sobre lucratividade e competição; e na representação física do esforço coletivo por meio do planejamento urbano, do espaço público e da confiança arquitetônica.

As implicações dessas mudanças podiam ser vistas, de maneira mais flagrante, no destino reservado às estações. Entre 1955 e 1975, um misto de modismo anti-histórico e egoísmo corporativo levou à destruição de um notável número de estações terminais — exatamente aqueles edifícios e espaços que, de modo mais ostensivo, afirmavam a posição central das viagens de trem no mundo moderno. Em alguns casos — Euston (Londres), Gare du Midi (Bruxelas), Penn Station (Nova York) — o edifício demolido teve de ser substituído, de uma forma ou de outra, porque a sua função básica, transportar pessoas, continuou a ser importante. Em outros casos — a Anhalter Bahnhof, em Berlim, por exemplo — uma estrutura clássica foi simplesmente removida e nada foi planejado para ser posto em seu lugar. Em muitas dessas mudanças, a estação propriamente dita acabou sendo removida para o subsolo, enquanto o edifício visível — do qual já não se esperava que servisse a nenhum propósito cívico elevado — foi demolido e substituído por um centro comercial anônimo, um edifício de escritórios ou um centro recreativo, ou todos os três. A Penn Station — ou sua quase contemporânea, a monstruosamente anônima Gare Montparnasse, em Paris — talvez seja o exemplo mais notório.[1]

O vandalismo urbano dessa era não se limitava às estações ferroviárias, é claro, mas elas (com os serviços que costumavam proporcionar, como hotéis, restaurantes ou cinemas) foram, de longe, sua vítima mais proeminente. E também uma vítima simbolicamente apropriada: uma relíquia subaproveitada, avessa aos modernos valores associados ao mercado. Deve ser observado, contudo, que as viagens de trem em si não entraram em declínio, pelo menos em quantidade: ao mesmo tempo que as estações ferroviárias perdiam em charme e em status público simbólico, o número de pessoas que efetivamente as usavam continuava a subir. Era esse o caso especialmente nos países pobres e superpovoados, onde inexistiam alternativas realistas — sendo a Índia o melhor exemplo disso, mas de modo algum o único.

Realmente, a despeito da falta de investimentos e de certo grau de promiscuidade social entre as castas que as torna pouco atraentes para os novos profissionais do país, as estradas de ferro da Índia, como as de grande parte do mundo não ocidental (por exemplo, China, Malásia ou mesmo a Rússia europeia), provavelmente têm um futuro mais seguro. Países que não se beneficiaram da ascensão do motor de combustão interna na era do combustível barato de meados do século XX considerariam proibitivamente caro reproduzir a experiência americana ou britânica no século XXI.

O futuro das ferrovias, até muito recentemente um tema morbidamente sombrio, merece mais que uma atenção passageira. É também bastante promissor. As inseguranças estéticas das primeiras décadas após a Segunda Guerra — o "novo brutalismo" que favoreceu e apressou a destruição de tantas das maiores realizações da arquitetura pública e do planejamento urbano do século XIX — já desapareceram. Não nos sentimos mais constrangidos pelos excessos do rococó, do neogótico ou do estilo Beaux Arts representados pelas grandes estações ferroviárias da era industrial e podemos ver esses edifícios, ao contrário, da mesma forma que seus arquitetos e contemporâneos: como catedrais da sua era, a ser preservadas por causa deles e por nossa causa. A Gare du Nord e a Gare d'Orsay em Paris, a Grand Central Station em Nova York, a Union Station em St. Louis, a St. Pancras em Londres, a Keleti Station em Budapeste e dezenas de outras foram todas preservadas e mesmo revalorizadas: algumas na sua função original, outras desempenhando um papel misto como centros de viagem e de compras, outras, ainda, como monumentos cívicos e marcos culturais.

Estações como essas são, em muitos casos, mais animadas e importantes hoje para as suas comunidades do que foram em qualquer outra época desde os anos 1930. É verdade que talvez nunca mais venham a ser apreciadas plenamente no papel para o qual foram projetadas — como dramáticas portas de entrada para cidades modernas —, até pelo simples fato de que a maioria das pessoas as utiliza para fazer a conexão do metrô para o trem, do ponto de táxi subterrâneo para o elevador que leva à plataforma, sem jamais ver o edifício a partir de fora ou à distância, como foram concebidas para ser vistas. Mas milhões de pessoas efetivamente as utilizam. A cidade moderna é hoje tão grande, tão extensa — e tão povoada e cara — que mesmo os mais endinheirados estão novamente recorrendo ao transporte público, nem que seja para fazer a comutação entre dois meios de transporte. Mais do que em qualquer outro momento desde o fim dos anos 1940, nossas cidades contam com os trens para a sua sobrevivência.

O custo do petróleo — efetivamente estagnado dos anos 1950 até a década de 1990 (exceto por flutuações motivadas por crises) — vem agora subindo constantemente, sendo improvável que vá algum dia cair ao nível que permita que viagens de automóvel sem maiores restrições se tornem mais uma vez economicamente viáveis. A lógica da vida nos subúrbios, inquestionável enquanto o galão de gasolina custava um dólar, está sendo agora posta em questão. A viagem aérea, inevitável para longos percursos, tornou-se hoje inconveniente e cara para percursos médios: e tanto na Europa Ocidental como no Japão, o trem é uma alternativa não apenas mais agradável como mais *rápida*. As vantagens ambientais do trem moderno são hoje bastante consideráveis, em termos tanto técnicos como políticos. Um sistema sobre trilhos movido a eletricidade, como ocorre com os veículos leves sobre trilhos ou bondes no interior das cidades, pode funcionar com fonte de combustível conversível, seja inovadora, seja convencional, da energia nuclear à energia solar. Para o futuro próximo, isso oferece uma vantagem singular sobre qualquer outra forma de transporte motorizado.

Não por acaso, os investimentos em infraestruturas *públicas* de transporte sobre trilhos vêm crescendo amplamente na Europa Ocidental e em grande parte da Ásia e da América Latina (entre as exceções estão a África, onde esses investimentos, de qualquer modo, ainda são ínfimos, e os Estados Unidos, onde o conceito de financiamento público de qualquer tipo continua sendo lamentavelmente subestimado). Mais recentemente, os edifícios associados às ferrovias deixaram de ser enterrados em sombrios vãos subterrâneos, sua função e sua identidade escondidas vergonhosamente sob um alqueire repleto de edifícios de escritórios. Financiadas pelo poder público, as novas estações em Lyon, Sevilha, Chur (Suíça), Kowloon ou Londres, com a Waterloo International, afirmam e celebram sua restaurada proeminência, tanto cívica como arquitetural, e são obras cada vez mais assinadas por importantes arquitetos inovadores, como Santiago Calatrava ou Rem Koolhaas.

Qual o motivo desse inesperado renascimento? A explicação pode ser proposta na forma de uma contra-afirmação: é possível (e em muitos lugares hoje isto vem sendo intensamente discutido) imaginar uma política pública que determine uma crescente redução no uso desnecessário de automóveis privados e de caminhões. É possível, por mais difícil que seja visualizar isto, que as viagens aéreas venham a se tornar tão caras e/ou pouco atraentes que passem a ser cada vez menos interessantes para aqueles que precisam fazer viagens não obrigatórias. Mas simplesmente não é possível imaginar nenhuma moderna economia urbana sem seus metrôs, veículos leves sobre trilhos, bondes e ferrovias de comutação com os subúrbios, com suas conexões ferroviárias e suas ligações entre cidades.

Não vemos mais o mundo moderno pela imagem do trem, mas continuamos a viver no mundo feito pelos trens. Para qualquer trajeto de menos de dezesseis quilômetros ou entre 240 e oitocentos quilômetros em qualquer país que conte com uma rede ferroviária ativa, o trem é a maneira mais rápida de viajar, assim como, levando em conta todos os custos, a mais barata e a menos destrutiva. O que pensávamos ser o ápice da modernidade — o mundo pós-ferrovias dos carros e aviões — acabou se revelando, como tantas outras coisas das décadas 1950-90, apenas um hiato: provocado, nesse caso, pela ilusão de um combustível eternamente barato e pelo concomitante culto à privatização. As vantagens de um retorno ao cálculo "social" estão se tornando tão claras para os planejadores modernos quanto foram no passado, por razões bem diferentes, para nossos predecessores vitorianos. O que pareceu, por um momento, ultrapassado tornou-se novamente moderno.

A ferrovia e a vida moderna

Desde a invenção dos trens, e por causa dela, a viagem tem sido o símbolo e o sintoma da modernidade: trens — juntamente com bicicletas, ônibus, carros, motocicletas e aviões — foram explorados na arte e no comércio como o sinal e a prova da presença da sociedade na linha de frente da mudança e da inovação. Na maioria dos casos, contudo, a invocação de um meio de transporte específico como o emblema da novidade e da contemporaneidade revelou ter um valor efêmero. Bicicletas foram "novas" apenas uma vez, nos anos 1890. Motocicletas eram "novas" nos anos 1920, para fascistas e para os jovens da alta sociedade da época (desde então se tornaram a evocação de algo "retrô"). Automóveis (como os aviões) foram "novos" na década eduardina e de novo, por um breve período, nos anos 1950; desde então e em outros momentos têm realmente simbolizado muitas qualidades — confiança, prosperidade, consumo desenfreado, liberdade —, mas não a modernidade em si.

Trens são diferentes. Já nos anos 1840 eram a encarnação da vida moderna — daí seu apelo junto a pintores "modernistas". Continuaram a desempenhar esse papel na era dos grandes trens expressos, que atravessavam o país na década de 1890. Nada era mais ultramoderno do que os novos e aerodinâmicos trens que enfeitavam os cartazes neoexpressionistas da década de 1930. Os trens elétricos do metrô foram os ídolos dos poetas modernistas a partir de 1900, do mesmo modo que o Shinkansen japonês e o TGV francês são hoje os perfeitos ícones das proezas tecnológicas e do máximo conforto a trezentos quilômetros por hora. Trens, ao que parece, são eternamente modernos — mesmo que de vez em quando sumam de vista. O mesmo pode ser dito em relação às estações ferroviárias. Os postos de gasolina das estradas por onde circulavam os primeiros caminhões, ao ser relembrados e descritos hoje, são objeto de afetuosa nostalgia, porém têm sido regularmente substituídos por variantes adaptadas e modernizadas, sua forma original sobrevivendo apenas como uma evocação nostálgica. Aeroportos costumam (o que é um tanto irritante) sobreviver bem, mesmo depois de obsoletos, estética e funcionalmente; mas ninguém gostaria de preservá-los pelo seu valor intrínseco, muito menos de supor que um aeroporto construído nos anos 1930 ou 1960 pudesse ser de alguma utilidade ou interesse atualmente.

Porém estações de trem construídas há um século ou mesmo há um século e meio — a Gare de l'Est, de Paris (1852); a Paddington Station, de Londres (1854); a Victoria Station, de Mumbai (1887); a Hauptbahnhof (1893), de Zurique — não apenas são esteticamente atraentes, tornando-se cada vez mais objetos de afeição e admiração: elas *funcionam*. E, o que é mais importante, funcionam de maneira fundamentalmente idêntica à da época em que foram construídas. Isso atesta a qualidade dos seus projetos e técnicas de construção, é claro; mas também é uma prova da sua perene contemporaneidade. Elas não ficam "datadas". Não são um apêndice à vida moderna, ou parte dela, ou subproduto dela. Estações, como as ferrovias que elas pontuam, são parte integrante da própria vida moderna.

Frequentemente nos vemos afirmando ou supondo que *o* traço distintivo da modernidade é o indivíduo: o sujeito irredutível, a pessoa em seu caráter autônomo, o indômito eu, o cidadão que não tem contas a prestar a ninguém. Esse indivíduo moderno é, às vezes, contrastado favoravelmente com o sujeito dependente, atencioso, não livre, do mundo pré-moderno. Há algo válido, é claro, nessa versão das coisas; do mesmo modo que há algo válido na ideia análoga de que a modernidade é também uma história do Estado moderno, com suas qualidades, suas capacidades e suas ambições. Mas, levando tudo em consideração, essa visão é um equívoco — e um equívoco perigoso. O *verdadeiro* traço característico da vida moderna — aquele do qual não podemos nos dar ao luxo de abrir mão — não é nem o indivíduo isolado, nem o Estado descontrolado. É aquilo que está entre os dois: a *sociedade*. Mais precisamente, a sociedade civil — ou (como a classificava o século XIX) a sociedade burguesa.

As ferrovias eram e continuam a ser o acompanhamento necessário e natural da emergência da sociedade civil. Elas são um projeto coletivo em benefício do indivíduo. Não podem existir sem um acordo comum (e, em tempos recentes, sem um gasto comum), e, pelo seu próprio conceito, oferecem um benefício prático tanto ao indivíduo como à coletividade. Isso é algo que o mercado não pode realizar — exceto, segundo sua própria admissão, por um feliz acaso. Nem sempre as ferrovias se mostraram sensíveis ao meio ambiente — ainda que, em se tratando de custos gerais em termos de poluição, não esteja claro que a locomotiva a vapor tenha sido mais prejudicial do que seu rival, o motor a combustão interna —, mas elas eram e tiveram de ser mais socialmente sensíveis. Esse é um dos motivos pelos quais as ferrovias não eram rentáveis.

Se perdermos as ferrovias, não teremos apenas perdido um recurso de grande utilidade prática, cuja substituição ou recuperação seria intoleravelmente dispendiosa. Isso equivaleria à admissão de que esquecemos como viver coletivamente. Se jogarmos fora as estações ferroviárias e as linhas que conduzem até elas — como começamos a fazer nas décadas de 1950 e 1960 —, estaremos jogando fora nossa memória sobre como vivermos uma pujante vida cívica. Não é por acaso que Margareth Thatcher — que afirmou numa frase famosa que "não existe Sociedade. Existem homens e mulheres individuais, e existem famílias" — fazia questão de jamais viajar de trem. Se não pudermos gastar nossos recursos coletivos com trens e com o objetivo de tornar satisfatória a viagem a bordo deles, isso não terá acontecido porque aderimos aos condomínios murados e só precisamos de carros privados para nos deslocar entre eles. Terá sido porque nos tornamos *indivíduos* murados, que não sabem como compartilhar espaços públicos em benefício de todos. As implicações dessa perda transcenderiam em muito o descarte de um meio de transporte entre outros. Significaria termos desistido da vida moderna.

Esta é a segunda parte do ensaio sobre locomoção. Foi publicada postumamente no *New York Review of Books* em janeiro de 2011.

Nota

1 A Central Penn Station deixou de funcionar em 1972, apenas oito anos depois de optar pelo lucro em detrimento do prestígio e demolir a Manhattan Penn Station para dar lugar ao Madison Square Garden.

CAPÍTULO XXIII

Inovação como demolição

Supercapitalism é o balanço feito por Robert Reich da era em que vivemos hoje.* A história que relata é familiar, o diagnóstico, superficial. Há, porém, duas razões pelas quais o livro merece nossa atenção. O autor foi o primeiro secretário do Trabalho do governo Clinton. Reich enfatiza esse vínculo, acrescentando que "o governo Clinton — do qual tenho orgulho de ter participado — foi um dos governos mais pró-negócios da história americana". Efetivamente, esse é um livro decididamente "clintoniano", e suas limitações servem como uma espécie de aperitivo do que esperar (e não esperar) de outro mandato de Clinton. E o tema de Reich — a vida econômica nas avançadas economias capitalistas de nossos dias e o preço que estamos pagando por elas em termos da saúde política e cívica das democracias — é importante, e mesmo premente, ainda que os "consertos" por ele propostos não sejam convincentes.

O tema, da forma apresentada por Reich, se desenvolve da seguinte maneira: durante o que ele chama de "Era não tão Dourada" do capitalis-

* Robert B. Reich, *Supercapitalism: The Transformation of Business, Democracy and Everyday Life* (Nova York: Knopf, 2007).

mo americano, do fim da Segunda Guerra Mundial aos anos 1970, a vida econômica do país se manteve estável e num confortável equilíbrio. Um número limitado de empresas gigantes — como a General Motors — dominava seus mercados previsíveis e seguros; trabalhadores qualificados dispunham de empregos regulares e (relativamente) seguros. Apesar de toda a apologia feita (da boca para fora) à competição e ao livre mercado, a economia americana (nesse aspecto, comparável às da Europa Ocidental) dependia em grande medida da proteção em relação aos competidores estrangeiros, assim como de estandardização, regulamentação, subsídios, apoio do Estado ao preço mínimo e garantias governamentais. As iniquidades naturais do capitalismo eram amenizadas pela certeza do bem-estar de então e da futura prosperidade, assim como por um sentimento amplamente disseminado, ainda que ilusório, de um interesse comum. "Enquanto os europeus estabeleciam cartéis e se entretinham com a ideia de um socialismo democrático, os Estados Unidos foram diretamente ao centro da questão — criando o capitalismo democrático como uma economia planificada, administrada pelo mundo dos negócios."[1]

No entanto, desde meados dos anos 1970, e com crescente ferocidade nos últimos anos, os ventos da mudança — o "supercapitalismo" — sopraram tudo isso para longe. Graças a tecnologias inicialmente apoiadas por ou desmembradas de projetos de pesquisa associados à Guerra Fria — como computadores, fibras óticas, satélites e a internet —, commodities, comunicações e informações viajam agora num ritmo infinitamente mais acelerado. Estruturas regulatórias instituídas há um século ou mais se viram superadas ou foram desmanteladas em alguns poucos anos. Em seu lugar passou a existir uma competição cada vez maior por mercados globais e por uma enxurrada de fundos internacionais em busca de investimentos lucrativos. Salários e preços se viram puxados para baixo; os lucros, para cima. Competição e inovação geraram novas oportunidades para alguns e vastos bolsões de riqueza para alguns poucos; enquanto isso, empregos eram destruídos, firmas eram levadas à falência e comunidades eram empobrecidas.

Refletindo as prioridades da nova economia, a política é dominada por firmas e financistas ("Walmart e Wall Street", na síntese de Reich), que fazem lobby de modo a obter vantagens para seus setores: "O supercapitalismo transbordou para a política e acabou por engolir a democracia". Na condição de investidores — e, acima de tudo, de consumidores —, os americanos, em particular, se beneficiaram desse processo de maneiras que seus pais jamais teriam imaginado. Contudo, ninguém está mais prestando atenção ao interesse público mais amplo. Os valores associados ao mundo dos investimentos dispararam, mas "as instituições que costumavam agregar valores associados à *cidadania* declinaram". Nos Estados Unidos de hoje, os debates a respeito de políticas públicas, observa Reich, "quando examinados mais atentamente, são questões de vantagem competitiva em seu sentido mundano em busca de lucro empresarial". A noção de "bem comum" desapareceu. Os americanos perderam o controle sobre a sua democracia.

Reich mostra ter um bom olho para pinçar exemplos instrutivos. O hiato entre ricos e pobres nos Estados Unidos é hoje o maior desde 1929: em 2005, 21,2% da renda nacional dos Estados Unidos coube a apenas 1% dos recipientes. Em 1968, o CEO da General Motors levava para casa, entre salários e benefícios, uma quantia equivalente a cerca de 66 vezes o montante pago a um típico trabalhador da GM; em 2005, o CEO da Walmart embolsava o equivalente a novecentas vezes o salário médio de seus funcionários. E, de fato, a fortuna da família do fundador da Walmart naquele ano era estimada numa quantia equivalente (90 bilhões de dólares) àquela detida pelos 40% mais pobres da população americana: 120 milhões de pessoas. Se a economia como um todo cresceu de forma "exuberante", mas "a renda de uma família média não cresceu nas últimas três décadas [...], para onde terá ido toda essa riqueza? Em sua maior parte para os que estão bem no topo da pirâmide". Quanto à ousadia intrépida da mais recente geração de "criadores de riqueza": Reich enumera as isenções de impostos, aposentadorias garantidas, redes de segurança, "superfundos" e socorros a instituições oferecidos nos últimos anos nas áreas de poupança e empréstimos, fundos de hedge, bancos e outros "tomadores de risco", antes de concluir laconicamente que as providências que "conferem toda espécie de benefício aos investidores privados e empurram a maior parte dos riscos para o público estão fadadas a estimular grandes façanhas no campo da ousadia empresarial".

Tudo isso é dito com bastante propriedade. Mas o que fazer a respeito? Nesse aspecto, o que Reich tem a propor não é de grande ajuda. Os fatos reunidos por ele *parecem* sugerir um início de colapso dos valores e instituições da república. Leis propostas no Congresso são redigidas de modo a favorecer interesses privados; os que contribuem para fundos de campanha determinam as políticas dos candidatos presidenciais; cidadãos e eleitores individuais foram sendo gradualmente empurrados para fora da esfera pública. Nos inúmeros exemplos mencionados por Reich, são a moderna corporação internacional, seus executivos com salários inflados e seus acionistas "obcecados por valores" que parecem encarnar a ruína dos valores cívicos. O leitor seria levado a concluir que a estreiteza de visão dessas empresas, com a atenção exageradamente focada no crescimento, no lucro e no curto prazo, acabou por obscurecer e afastar os objetivos coletivos mais abrangentes e os interesses comuns que, no passado, nos mantinham unidos.

Mas essa não é a conclusão à qual Robert Reich deseja nos fazer chegar. Na sua versão dos dilemas que enfrentamos hoje, ninguém merece ser culpado por coisa alguma. "Como cidadãos, podemos sentir que a desigualdade em tal escala pode não ser benéfica para uma democracia. [...] Mas a culpa não é dos super-ricos." "Será que os altos executivos se tornaram mais gananciosos?" Não. "Será que os conselhos de administração das empresas se tornaram menos responsáveis?" Não. "Será que os investidores se tornaram mais dóceis?" "Não há indícios que comprovem essas teorias." As corporações não têm se comportado de maneira socialmente responsável, como Reich documenta. Mas essa não é a função delas. Não deveríamos esperar que investidores, consumidores ou companhias atendessem ao bem comum. Todos eles estão apenas procurando fazer o melhor negócio possível. Economia não tem a ver com ética. Como observou certa vez o primeiro-ministro Harold Macmillan, "se as pessoas querem moralidade, que procurem isso nos seus arcebispos".

Na avaliação de Reich, não existem "malfeitores multimilionários".[2] Na verdade, ele descarta desdenhosamente qualquer explicação que atribua o problema à escolha humana ou ao interesse de classe ou mesmo às ideias econômicas. Todas essas explicações, em suas palavras, "caem por terra diante dos fatos". As mudanças registradas em seu livro aparentemente apenas "aconteceram", numa demonstração, desprovida de qualquer sujeito, da destruição criativa inerente à dinâmica capitalista: Schumpeter leve. Na falta de outro adjetivo, Reich poderia ser classificado como determinista tecnológico. Novas "tecnologias conferiram aos consumidores e investidores o poder de fazer negócios cada vez melhores". Esses negócios acabaram por "sugar [...] os valores sociais [...] do sistema. [...] A história, pelas evidências que temos, não tem nem heróis nem vilões".

Há aqui em ação uma triangulação que nos parece familiar. O autor se empenha em demonstrar indignação em relação às limitações do capitalismo moderno, sem jamais precisar atribuir responsabilidade a quem quer que seja ("podemos *sentir*" etc.) ou oferecer algum juízo próprio. As corporações apenas fazem o que fazem. É claro que, se não gostamos do que isso significa para nós como sociedade, Reich gostaria que assumíssemos nosso papel de cidadãos e mudássemos a situação. Mas isso na verdade não se coaduna bem com a insistência do livro em enfatizar a lógica férrea da tecnologia e do interesse próprio. E assim, de modo não muito surpreendente, as soluções propostas por Reich para esses extraordinários riscos e transformações são curiosamente triviais: algumas mudanças menores na tributação, acordos comerciais com cláusulas que garantam um piso salarial mínimo, algumas mudanças na legislação quanto à prática do lobby.

Porém, mesmo essas correções mínimas das práticas atuais não são condizentes com a suposição assumida por Reich: a de que nossos interesses como "investidores" e "consumidores" triunfaram sobre a nossa capacidade como "cidadãos". Se for correta essa avaliação do funcionamento da moderna vida econômica — se, como ele diz, "sob o supercapitalismo, o 'longo prazo' é o valor atual dos ganhos futuros" —, então remendar a legislação sobre financiamento de campanhas é ou irrelevante (porque não mudaria nada) ou impossível, porque enfrentaria a oposição desses mesmos "interesses econômicos antagônicos" que causaram originalmente a distorção. Em todo caso, por que nossos representantes no Congresso deveriam de repente optar por, nos termos de Reich, agir como "cidadãos" isentos e não como "consumidores" ou "investidores" guiados pelos próprios interesses nos quais todos nos tornamos? Qual seria — para qualquer cidadão individual — o incentivo? Em prol de quem repentinamente iríamos optar pela nossa identidade "cívica" em detrimento da nossa identidade "econômica"?

O modo como Reich cataloga o comportamento humano — como se nossas afinidades e preferências ("consumidor", "investidor", "cidadão") pudessem ser divididas e acomodadas em diferentes nichos estanques —

não é convincente. Gera algumas boas frases — "Como cidadãos, estamos sinceramente preocupados com o aquecimento global; como consumidores e investidores, estamos constantemente fazendo aumentar o calor". Mas não é capaz de explicar por que os cidadãos *americanos* estão aprisionados nesse paradoxo, enquanto cidadãos de outros lugares começaram a enfrentá-lo. O problema é que as categorias estabelecidas por Reich refletem com fidelidade sua visão epistemologicamente rala da sociedade: com "cidadão" ele quer dizer apenas homem econômico + interesse próprio esclarecido. Está faltando alguma coisa aqui. Não apenas inexistem "heróis" e "vilões" ou alguém a quem "culpar". Não há também política alguma.

Vivemos numa era econômica. Durante os dois séculos que se seguiram à Revolução Francesa, a vida política do Ocidente foi dominada pelo embate que opunha a esquerda à direita: "progressistas" — sejam liberais ou socialistas — contra seus adversários conservadores. Até recentemente esses quadros de referência ideológica permaneciam ainda mais vivos do que nunca e determinavam a retórica, para não falar da realidade, das escolhas públicas. Mas, ao longo do período vivido pela última geração, os termos do diálogo político foram transformados a ponto de terem se tornado irreconhecíveis. O que restou do fatalismo reconfortante da velha narrativa da esquerda — a convicção inspiradora de que a "História" estava do seu lado — foi enterrado depois de 1989, juntamente com o "Socialismo real". A direita política tradicional teve um destino semelhante. De 1830 até a década de 1970, ser de direita significava opor-se à visão da esquerda de uma mudança e de um progresso inexoráveis: "conservadores" e "reacionários" reagiam. Eles eram "contrarrevolucionários". Revigorada desde então pela rejeição das agora defuntas convicções progressistas, a direita política de hoje também se mostra desorientada.

A nova narrativa dominante — o modo como pensamos o mundo — trocou o social pelo econômico. Ela pressupõe um "sistema integrado do capitalismo global", crescimento econômico e produtividade em vez de lutas de classes, revoluções e progresso. Como suas predecessoras do século XIX, também essa história combina a existência de um aprimoramento ("crescimento é bom") com a suposição de uma inevitabilidade: globalização — ou, para Robert Reich, "supercapitalismo" — é um processo *natural*, não o produto de decisões humanas arbitrárias. Enquanto os teóricos da revolução do passado apoiavam sua visão de mundo na inevitabilidade de uma convulsão social radical, os apóstolos atuais do crescimento invocam uma inelutável dinâmica da competição econômica global. Comum a ambas é a maneira confiante com que identificam a *necessidade* no curso atual dos acontecimentos. Estamos cercados, por assim dizer, pelas muralhas de uma inconteste "sociedade de comércio universal", nas palavras de Emma Rothschild.[3] Ou, como resumiu certa vez Margareth Thatcher: Não Há Alternativa.

Como seus antecessores políticos, os economistas contemporâneos tendem geralmente a ser taxativos: "A longo prazo", escrevem três respeitados economistas, "apenas uma única estatística realmente importa: o *crescimento da produtividade*."[4] E o dogma de hoje — como antigos dogmas de um passado recente — mostra-se indiferente aos aspectos da existência humana não prontamente incorporados aos seus próprios termos de referência: da mesma forma que a ênfase da velha maneira de pensar recaía em comportamentos e opiniões que poderiam ser categorizados como produtos de "classes sociais", o debate contemporâneo põe em primeiro plano interesses e preferências que possam ser apresentados em termos econômicos. Estamos inclinados a olhar para trás, para o século XX, como uma era de extremos e de ilusões da qual conseguimos, finalmente, emergir. Mas não estamos, também nós, sendo vítimas de uma ilusão?

No nosso recém-descoberto culto à produtividade e ao mercado, não invertemos a fé de uma geração anterior? Afinal, nada é mais ideológico do que a proposição de que todos os temas e políticas, privados e públicos, precisam ser examinados à luz da economia globalizada, das suas inevitáveis leis e de suas demandas insaciáveis. Juntamente com a promessa de uma revolução e do seu sonho de transformação social, esse culto à necessidade econômica era também a premissa básica do marxismo. Ao transitarmos do século XX para o XXI, será que não abandonamos um sistema de crenças do século XIX apenas para instalar outro em seu lugar?

A exemplo da antiga narrativa predominante, também a nova é de pouca ajuda quando precisamos fazer escolhas políticas difíceis. Para tomar um exemplo simples: o verdadeiro motivo pelo qual o "cidadão" de Robert Reich pode vir a se mostrar confuso a respeito do aquecimento global não é o fato de ele ser também, parcialmente, um investidor e um consumidor. Isso acontece porque o aquecimento global é a um só tempo uma consequência do crescimento econômico e um estímulo para esse mesmo crescimento. Sendo esse o caso, se o "crescimento" é bom e o aquecimento global é ruim, como vamos escolher? Mas *é* o crescimento algo tão obviamente positivo? Saber se a criação contemporânea de riqueza e o aumento de produtividade que induz à eficiência realmente proporcionam os benefícios que proclamam — oportunidade, possibilidade de ascensão social, felicidade, bem-estar, prosperidade, segurança — é talvez uma questão mais discutível do que estamos dispostos a admitir. E se o crescimento aumentasse os ressentimentos sociais em vez de atenuá-los?[5] Deveríamos levar em consideração as implicações não econômicas de nossas escolhas em relação a políticas públicas.

Tomemos, por exemplo, o caso do sistema de assistência social — no qual o próprio Reich foi bastante atuante, tanto como secretário do Trabalho de Bill Clinton como na condição de autor, há muitos anos, de uma proposta para substituir a assistência pública pela concessão de subvenções ao setor privado, que se encarregaria então de contratar os desempregados.[6] Em 1996, o governo Clinton efetivamente eliminou a maior parte dos direitos à assistência social garantidos pelo governo federal. Revertendo a lógica adotada no meio século anterior, o Congresso suprimiu benefícios universais e condicionou a concessão de assistência à manifestação de uma disposição para procurar e aceitar trabalho. Esse passo mostrava afinidade com as mudanças ocorridas em outros países: a guinada da simples concessão de medidas de "bem-estar social" para um foco voltado para a força de trabalho caracterizou as reformas na Grã-Bretanha, na Holanda e mesmo na Escandinávia (em 1991, por exemplo, a Lei de Assistência Social da Noruega determinou que as autoridades locais impusessem a disposição para trabalhar como condição aos candidatos a receber ajuda por parte do Estado). Direitos universais e a oferta de provisões foram substituídos por um sistema de incentivos e recompensas para "capacitar ao trabalho": o objetivo proclamado de "tirar" as pessoas da assistência social vinha acompanhado da crença de que o resultado seria, a um só tempo, exemplar do ponto de vista moral e economicamente eficiente.

Porém, o que parece sensato em termos de política econômica carrega, implicitamente, um custo em termos cívicos. Um dos objetivos fundamentais do Estado do bem-estar social do século XX era transformar todas as pessoas em cidadãos plenos: não apenas cidadãos eleitores no sentido modesto adotado por Robert Reich, mas cidadãos providos de direitos, inclusive o direito incondicional à atenção e ao apoio da coletividade. O resultado seria uma sociedade mais coesa, que não excluísse nenhuma categoria de pessoa, nem determinasse os "não merecedores". A nova abordagem "discricionária", contudo, torna a reivindicação de um indivíduo em relação à coletividade mais uma vez dependente de uma boa conduta. Ela reintroduz uma *condicionalidade* à cidadania social: apenas aqueles com um emprego são membros plenos da comunidade. Outros podem vir a receber a ajuda necessária para uma participação plena, mas não até que passem por certos testes e demonstrem o comportamento apropriado.

Despida de qualquer refinamento retórico, a moderna reforma da assistência social marca um retorno, assim, ao espírito da Nova Lei dos Pobres da Inglaterra, de 1834, que introduziu o princípio de menor elegibilidade, pelo qual a ajuda aos desempregados e indigentes deveria ser inferior, em qualidade e quantidade, aos menores salários e às piores condições de emprego disponíveis. E, acima de tudo, a reforma da assistência social reabre a distinção entre cidadãos ativos (ou "merecedores") e os outros: aqueles que, por qualquer razão, estão excluídos da força de trabalho ativa. É claro que o antigo sistema universal de assistência social não era "amigável" em relação ao mercado. Mas essa era exatamente a questão: esperava-se que a assistência social, nas palavras de T. H. Marshall, "complementasse o mercado ao retirar dele bens e serviços, ou de algum modo viesse a controlar e modificar suas operações de forma a produzir um resultado que ele, por si só, não teria produzido".[7]

A otimização pela ótica do mercado — o ato de rever avaliações sociais ou políticas de programas públicos, passando a aferir essas medidas principalmente por sua eficiência econômica — também é a justificativa alegada para o frenesi de privatizações promovidas nos últimos anos. Porém aqui, como na reforma da assistência social, o que se propõe a representar o futuro começou, na realidade, a se parecer com o passado, desintegrando as agências públicas e coletivas da era moderna em bens fragmentados e privados, num movimento reminiscente de uma época bem anterior. Com o advento do Estado moderno (especialmente no decurso do século passado), transporte, hospitais, escolas, correios, exércitos, prisões, forças policiais e o acesso à cultura a baixo custo — serviços essenciais que obviamente não eram supridos de forma satisfatória quando motivados exclusivamente pelo lucro — foram acolhidos sob regulamentação ou controle públicos. Estão sendo agora devolvidos a empreendedores privados (ou, no caso de muitos orçamentos culturais europeus, ao cuidado errático de ilusões e fragilidades individuais na figura de loterias nacionais semiprivadas).

Em alguns casos — especialmente transporte e correios — esses serviços não prometem um retorno econômico (nas situações, por exemplo, em que precisam ser oferecidos em locais remotos), e os contribuintes têm de cobrir ou garantir a margem de lucro do setor privado para que o Estado encontre compradores. Isso não passa do velho subsídio sob outro nome e (como admite Robert Reich) uma fonte perene de risco moral, um convite à irresponsabilidade e muitas vezes à corrupção. Em outros casos, empresas privadas assumem uma responsabilidade até então pública — fornecimento de prisões ou vagões de trem ou planos de saúde — tirando-a das mãos do Estado, pagando às vezes uma taxa pelo privilégio e recuperando esse desembolso ao cobrar dos cidadãos e das comunidades pelo uso do serviço em questão. Geralmente o erário público recolhe um ganho único e se vê aliviado de um fardo administrativo, porém ao custo de abrir mão de uma renda futura e de perder o controle sobre a qualidade do serviço que terceirizou. Hoje na Grã-Bretanha isso é chamado de PPP: "Parceria Público-Privada". No ancien régime da França era chamado de "*tax farming*", sistema pelo qual a coleta de impostos era terceirizada.[8]

O verdadeiro impacto da privatização, como acontece com a reforma da assistência social, com a desregulamentação, com a revolução tecnológica e, na verdade, com a própria globalização, tem sido reduzir o papel do Estado nos assuntos dos cidadãos: tirar o Estado "das nossas costas" e "da nossa vida" — um objetivo comum dos partidários das "reformas" por toda parte — e tornar as políticas públicas mais "amigáveis" em relação aos negócios, como disse, em tom de aprovação, Robert Reich. O Estado do século XX, em seu modelo de "engenheiro de almas", certamente deixou um sabor amargo. Era com frequência ineficiente, às vezes repressivo, ocasionalmente genocida. Porém, ao reduzirmos (e implicitamente, desacreditarmos) o Estado, ao abandonarmos o interesse público à vantagem privada onde quer que fosse possível, também acabamos por desvalorizar aqueles bens e serviços que representam a coletividade e seus propósitos compartilhados, "reduzindo inexoravelmente o incentivo para que pessoas competentes e ambiciosas ingressem e permaneçam no serviço público".[9] E isso implica um risco considerável.

Para se manter coeso, para garantir a própria estabilidade política de que o capitalismo necessita para prosperar, o mercado exige normas, hábitos e "sentimentos" que não são próprios dele. O mercado, contudo, também tende a corroer essas mesmas práticas e sentimentos. Isso é algo que há muito ficou claro.[10] A benevolente "mão invisível" — o livre mercado livre de regulamentações — pode ter sido uma condição favorável para a formação das sociedades comerciais. Porém não pode reproduzir as instituições e as relações não comerciais — de coesão, confiança, costume, comedimento, obrigação, moralidade, autoridade — por ele herdadas e as quais, na busca da satisfação de seus interesses econômicos individuais, tende não a reforçar, mas a solapar.[11] Por razões similares, a relação entre capitalismo e democracia (ou capitalismo e liberdade política) não deveria ser tomada como líquida e certa: vejam-se a China, a Rússia e talvez até mesmo a Cingapura de hoje. Eficiência, crescimento e lucro podem não ser sempre tanto um requisito ou mesmo uma consequência da democracia, como um substituto para ela.

Se as modernas democracias pretendem sobreviver ao choque do "supercapitalismo" de Reich, elas precisam ser destinadas a algo mais do que a busca da vantagem econômica privada, especialmente quando os frutos dessa última revertem para um número cada vez menor de beneficiários: a ideia de uma sociedade que seja mantida coesa apenas por interesses pecuniários é, nas palavras de Mill, "essencialmente repulsiva". Uma sociedade civilizada requer mais do que o interesse individual, seja iludido ou esclarecido, para compor uma narrativa em torno de um propósito comum. "O maior patrimônio da ação *pública* é sua capacidade de satisfazer necessidades vagamente sentidas de alcançar propósitos elevados na vida de homens e mulheres."[12]

O perigo hoje é que, tendo desvalorizado a ação pública, não temos mais claro o que nos mantém *realmente* coesos. O falecido Bernard Williams, depois de descrever a "teleologia objetiva da natureza humana" no pensamento ético grego — a crença de que existem fatos a respeito do lugar ocupado pelo homem no mundo que o destinam a levar uma vida baseada na cooperação —, concluiu que

> desde então uma versão dessa crença tem sido sustentada pelos pontos de vista mais éticos; talvez estejamos mais conscientes agora de termos de passar sem ela do que já aconteceu a quaisquer outros, desde que alguns sofistas no século V duvidaram dela pela primeira vez.

E, nesse caso, quem, hoje, assumirá a responsabilidade pelo que Jan Patočka chamou de a "Alma da Cidade"?[13]

Há duas razões sobrepostas para nos preocuparmos com a alma da cidade e para temermos que ela possa não vir a ser substituída por uma história de crescimento econômico indefinido, ou mesmo pela destruição criativa promovida pelas máquinas de demolição da inovação capitalista. A primeira razão é que essa história não é muito cativante. Exclui muitas pessoas, tanto no nosso país como fora dele; leva a uma destruição descontrolada do meio ambiente; e suas consequências são pouco atraentes e nada inspiradoras. A abundância (como Daniel Bell observou certa vez) pode vir a ser o substituto americano para o socialismo; mas, em relação a objetivos sociais compartilhados, o consumismo deixa muito a desejar. Nos anos iniciais da Revolução Francesa, o marquês de Condorcet ficou horrorizado com a perspectiva que se abria diante dele de uma sociedade comercial (da mesma forma que está se colocando diante de nós): a ideia de que "a liberdade nada mais será, aos olhos de uma nação ávida, do que uma condição necessária para a segurança das operações financeiras".[14] Precisamos partilhar dessa repulsa.

A segunda fonte de ansiedade reside no fato de que a história sem fim pode vir a não durar. Mesmo economias têm histórias. A última vez em que o mundo capitalista passou por um período de expansão sem precedentes e de grande criação de riqueza, durante a "globalização" *avant le mot* da economia mundial das décadas imperiais que precederam a Primeira Guerra Mundial, houve na Grã-Bretanha uma crença amplamente disseminada — da mesma forma que existe nos Estados Unidos e na Europa Ocidental hoje — de que esse era o limiar de uma era sem precedente de paz e prosperidade ilimitadas. Quem quer que deseje ter uma noção dessa confiança — e de que fim ela teve — não deve deixar de ler a obra de Keynes *As consequências econômicas da paz*, um sumário das ilusões de um mundo à beira da catástrofe, escrita logo após a guerra que haveria de pôr um fim em todas essas fantasias idílicas pelos cinquenta anos seguintes.[15]

Também foi Keynes que antecipou e ajudou a preparar a "ânsia por segurança" que os europeus sentiriam depois das três décadas de guerra e colapso econômico que se seguiram ao fim da Era Dourada. Graças, em grande medida, aos serviços públicos e às redes de segurança proporcionados pelo Estado e incorporados aos sistemas de governo do pós-guerra, os cidadãos dos países avançados perderam a sensação de insegurança e medo que havia dominado e polarizado a vida política de 1914 até o início dos anos 1950 e que fora a grande responsável pela ascensão tanto do fascismo como do comunismo naqueles anos.

Temos, porém, boas razões para acreditar que isso esteja prestes a mudar. O medo é um ingrediente que vem ressurgindo na vida política das democracias modernas. Medo do terrorismo, é claro; mas também, e talvez mais insidiosamente, medo da velocidade incontrolável das mudanças, medo do desemprego, medo de perder espaço para outros numa disputa em meio a uma distribuição cada vez mais desigual de recursos, medo de que cada um perca o controle das circunstâncias e rotinas de sua vida diária. E, talvez, acima de tudo, medo não apenas de que sejamos nós a perder o controle, mas de que aqueles que detêm a autoridade também tenham perdido o controle para forças que se encontram fora do seu alcance.

Meio século de segurança e prosperidade acabou por apagar, em grande medida, a memória da última vez em que uma "era econômica" veio abaixo ao se transformar numa era de medo. Nós nos tornamos estridentemente insistentes — em nossos cálculos econômicos, nossas práticas políticas, nossas estratégias internacionais, mesmo em nossas prioridades educacionais — no fato de que o passado tem pouca coisa de relevante a nos ensinar. O nosso mundo é novo, insistimos; seus riscos e oportunidades não têm precedentes. Nossos pais e avós, contudo, que viveram as consequências do desmoronamento de uma era econômica anterior, possuíam uma visão bem mais aguda do que pode acontecer a uma sociedade quando interesses privados e setoriais acabam por atropelar os objetivos públicos e por turvar a visão do bem comum.

Precisamos recuperar parte desse sentido. É provável até que venhamos a redescobrir o Estado graças à própria globalização. Populações que sentem crescente insegurança econômica e física acabarão por recuar e se recolher junto aos símbolos políticos, recursos legais e barreiras físicas que só um Estado territorial pode proporcionar. Isso já está acontecendo em muitos países: observe-se a crescente atração exercida pelo protecionismo na política americana, o apelo dos partidos "anti-imigrantes" através da Europa Ocidental, o clamor por "muros", "barreiras" e "testes" por toda parte. Os que acreditam num "mundo plano" podem vir a ter surpresas. Além disso, ainda que seja verdade que a globalização e o "supercapitalismo" reduzem diferenças *entre* países, eles costumam ampliar a desigualdade no *interior* deles — na China, por exemplo, ou nos Estados Unidos —, com implicações políticas desagregadoras.

Se vamos efetivamente viver uma volta ao Estado, uma maior necessidade de recursos e segurança que só um Estado pode proporcionar, então deveríamos estar prestando mais atenção às coisas que o Estado pode fazer. Hoje falamos desdenhosamente a respeito do Estado: não como o benfeitor natural a quem podemos recorrer primeiro, mas como uma fonte de ineficiência econômica e de intrusão social que deveria, sempre que possível, ser excluída da vida do cidadão. O próprio sucesso do Estado de bem-estar social, com sua economia mista — sucesso em propiciar a estabilidade social e a desmobilização ideológica que tornaram possível a prosperidade do último meio século — levou uma geração mais jovem a considerar essa mesma estabilidade e essa inatividade ideológica como um fato dado, que sempre tivesse existido, e a pedir agora a eliminação dos "empecilhos" representados pelos impostos, pela regulamentação e, de um modo geral, pela interferência do Estado. Esse descarte do setor público se tornou um requisito do discurso político em grande parte do mundo desenvolvido.

Contudo, se estou certo e se as nossas atuais circunstâncias não estiverem destinadas a durar indefinidamente, faríamos bem em reavaliar com maior atenção como nossos predecessores no século XX responderam aos desafios políticos da incerteza econômica. Podemos vir a descobrir, como eles fizeram, que a provisão universal de serviços sociais e algumas restrições a desigualdades de renda e riqueza são importantes variáveis econômicas por si mesmas, proporcionando a coesão pública e a confiança política necessárias para uma prosperidade duradoura — e que apenas o Estado dispõe dos recursos e da autoridade para proporcionar esses serviços e fazer vigorar essas restrições em nosso nome coletivo.

Podemos vir a descobrir que uma democracia saudável, longe de ser ameaçada por um Estado regulador, na verdade depende dele: que num mundo cada vez mais polarizado entre indivíduos inseguros e forças globais desregulamentadas, a autoridade legítima do Estado democrático pode ser o melhor tipo de instituição intermediária que podemos conceber. Qual é, afinal, a alternativa? Nosso culto contemporâneo à liberdade econômica desimpedida, combinado com uma sensação agravada de medo e insegurança, está levando a uma provisão social mínima e a uma regulamentação econômica mínima; mas essas vêm sendo acompanhadas por uma vigilância governamental cada vez mais extensa sobre comunicação, movimento e opinião. Algo como o capitalismo "chinês" ao estilo ocidental. É isso que queremos?

Este ensaio, uma resenha do livro *Supercapitalism: The Transformation of Business, Democracy and Everyday Life*, de Robert B. Reich, foi publicado originalmente no *New York Review of Books* em dezembro de 2007.

NOTAS

1 Isso, é claro, está longe de ser uma alegação original. Como observou há alguns anos o Prêmio Nobel de Economia James Tobin, "foi a visão de alguns

poucos planejadores — Truman, Churchill, Keynes, Marshall, Acheson, Monnet, Schuman, MacArthur no Japão — que tornou possível o próspero mundo do pós-guerra". *World Finance and Economic Stability: Selected Essays of James Tobin* (Northampton, MA: Edward Elgar, 2003), p. 210.

2 Nem há aqui alusão alguma a uma "face inaceitável do capitalismo", como Edward Heath descreveu uma geração anterior de homens de negócios internacionais super-ricos. É instrutivo que tanto um presidente republicano, Theodore Roosevelt, como um primeiro-ministro conservador se mostravam mais inclinados a condenar os excessos do capitalismo do que o ex-secretário do Trabalho do governo Clinton.

3 Emma Rothschild, *Economic Sentiments; Adam Smith, Condorcet and the Enlightenment* (Cambridge, MA: Harvard University Press, 2002), p. 250. Como observa Rothschild, "a retórica a respeito do caráter infinito do comércio permanece mais inquestionada [hoje] [...] do que em qualquer época nos séculos XIX e XX" (p. 6).

4 William J. Baumol, Robert E. Litan e Carl J. Schramm, *Good Capitalism, Bad Capitalism and the Economics of Growth and Prosperity* (New Haven, CT: Yale University Press, 2007), p. 230.

5 Entre as recentes contribuições a essa antiga discussão, ver, em especial, Avner Offer, *The Challenge of Affluence* (Nova York: Oxford University Press, 2006), resenhado no *New York Review of Books* em 11/10/2007, e Benjamin Friedman, *The Moral Consequences of Economic Growth* (Nova York: Knopf, 2005), resenhado no *New York Review of Books* em 12/1/2006; e também Fred Hirsch, *Social Limits to Growth* (Cambridge, MA: Harvard University Press, 1976), e, de modo clássico, John Kenneth Galbraith, *The Affluent Society* (Boston: Houghton Mifflin, 1958). Como observa Hirsh (p. 66, nota 19), a questão, por exemplo, de saber se a redistribuição "destrói a riqueza" não pode ser respondida por critérios apenas econômicos. Depende do que constitui "riqueza", ou seja, daquilo a que atribuímos valor.

6 Ver Robert Reich, *The Next American Frontier: A Provocative Program for Economic Renewal* (Nova York: Viking, 1984).

7 T. H. Marshall, "Value Problems of Welfare Capitalism", *Journal of Social Policy*, vol. 1, nº 1 (1972), pp. 19-20, citado em Neil Gilbert, *Transformation of the Welfare State: The Silent Surrender of Public Responsabilitiy* (Nova York: Oxford University Press, 2002), p. 135. Como conclui Gilbert, "políticas in-

teiramente dedicadas a cultivar a independência e a responsabilidade privadas deixam pouco espaço para uma vida de honrada dependência para aqueles que podem ser incapazes de trabalhar".

8 Para os efeitos da privatização, no país que mais esteve exposto às suas depredações, ver Christian Wolmar, *On the Wrong Line: How Ideology and Incompetence Wrecked Britain's Railways* (Londres: Aurum, 2005), e Allyson Pollock, *NHS plc: The Privatisation of Our Health Care* (Brooklyn, NY: Verso, 2004). Gordon Brown, o novo primeiro-ministro britânico, convidou recentemente algumas das empresas americanas da área de saúde mais ávidas por lucros — Aetna e United Healthcare, entre outras — para fazer ofertas pela operação de hospitais britânicos. Mesmo a ultraliberal *The Economist* admite a falácia da "privatização": ao comentar a falência da Metronet, uma das firmas que administram hoje o metrô de Londres, a revista observou que, desde que o governo "premiou a Metronet com centenas de milhões de libras para fazer o seu trabalho [...] é aos contribuintes que caberá pagar a conta". Ver *The Economist*, 21/7/2007.

9 Ver Victor Perez-Diaz, "Political Symbolisms in Liberal Democracies" (trabalho inédito, janeiro de 2007), p. 16.

10 Ver, por exemplo, Adam Smith, *The Theory of Moral Sentiments* (1759). Ver também Daniel Bell, *The Cultural Contradictions of Capitalism* (Nova York: Basic Books, 1976).

11 "Se não pudermos moderar os casos extremos de enriquecimento gerados pelo mercado e perpetuadas pelas heranças, pode ser que a base consensual da economia de mercado não venha a sobreviver." Tobin, *World Finance and Economic Stability*, p. 209. Para as "condições favoráveis iniciais" ver Hirsch, *Social Limits to Growth*, p. 11. O papel crucial das instituições públicas de coordenação para propiciar as precondições para mercados estáveis e crescimento econômico também é destacado no recente estudo de Barry Eichengreen sobre o capitalismo da Europa do pós-guerra, *The European Economy Since 1945: Coordinated Capitalism and Beyond* (Princeton, NJ: Princeton University Press, 2006).

12 Albert O. Hirschman, *Shifting Involvement: Private Interest and Public Action* (Princeton, NJ: Princeton University Press, 1982, 2002), p. 126 (itálicos acrescentados).

13 Bernard Williams, *The Sense of the Past: Essays in the History of Philosophy* (Princeton, NJ: Princeton University Press, 2006), pp. 44-5. Com relação à

pergunta de Patočka, gostaria de agradecer ao professor dr. Jacques Rupnik por seu trabalho inédito "The Legacy of Charter 77 and the Emergence of a European Public Space".

14 "Esquisse d'un tableau historique des progrès de l'esprit humain" (*Oeuvres de Condorcet*, VI, 191), citado em Rothschild, *Economic Sentiments*, p. 201.

15 John Maynard Keynes, *The Economic Consequences of the Peace* (Nova York: Harcourt Brace Jovanovich, 1920), capítulo 2: "Europe Before the War". Miragens econômicas não estão confinadas às capitais imperiais. Eis aqui como Ivo Andric descreveu as ilusões de seus compatriotas bósnios nesses mesmos termos fantasiosos: "Essas três décadas foram de tal forma marcadas pela relativa prosperidade e aparente paz [...] quando muitos [...] pensavam que havia alguma fórmula infalível para a realização de um sonho secular de pleno e feliz desenvolvimento da individualidade em meio à liberdade e ao progresso, quando o [...] século espalhou diante dos olhos de milhões de homens sua prosperidade multifacetada e enganosa e criou sua *fata morgana* de conforto, segurança e felicidade para todos a preços razoáveis e mesmo boas condições de crédito". Ivo Andric, *The Bridge on the Drina* (Chicago: University of Chicago Press, 1977), p. 173.

CAPÍTULO XXIV

O que está vivo e o que está morto na social-democracia?

Os americanos gostariam que as coisas fossem melhores. Segundo sondagens de opinião pública realizadas nos últimos anos, todos gostariam que seus filhos tivessem maiores chances de sobreviver ao nascer. Gostariam que suas mulheres e suas filhas tivessem a mesma probabilidade de sobreviver ao parto que há em outros países avançados. Gostariam de contar com uma boa cobertura de planos médicos a baixo custo; gostariam de ter maior expectativa de vida, melhores serviços públicos e menos crimes.

Quando lhes dizem que essas coisas estão disponíveis na Áustria, na Escandinávia ou na Holanda, mas que elas implicam impostos mais altos e um Estado mais "intervencionista", muitos desses mesmos americanos reagem: "Mas isso é socialismo! Não queremos ver o Estado interferindo em nossos assuntos. E, acima de tudo, não queremos pagar mais impostos".

Essa curiosa dissonância cognitiva é uma velha história. Há um século o sociólogo alemão Werner Sombart perguntou numa frase famosa: *Por que não há socialismo nos Estados Unidos?* Há muitas respostas para essa pergunta. Algumas têm a ver simplesmente com o tamanho do país: objetivos compartilhados são difíceis de organizar e sustentar numa escala imperial. Há, é claro, fatores culturais, inclusive a característica suspeita dos americanos em relação a governos centrais.

E, realmente, não é por acaso que a social-democracia e os Estados de bem-estar social funcionaram melhor em países pequenos e homogêneos, nos quais questões como desconfiança e suspeitas mútuas não vêm à tona de modo tão intenso. Uma disposição para pagar pelos serviços e benefícios de outras pessoas se baseia no entendimento de que elas, em troca, farão o mesmo por você e pelos seus filhos: porque elas são como você e veem o mundo como você.

Inversamente, nos lugares em que a imigração e minorias visíveis alteraram a demografia do país, costumamos perceber uma crescente suspeita em relação aos outros e uma perda de entusiasmo pelas instituições que proporcionam o bem-estar social. Finalmente, é inegável que a social-democracia e o Estado de bem-estar social enfrentam sérios desafios hoje. Sua sobrevivência não está em questão, mas eles não se mostram tão confiantes agora quanto aparentavam ser no passado.

Minha preocupação esta noite é a seguinte: por que aqui nos Estados Unidos temos tanta dificuldade em até mesmo *imaginar* um tipo de sociedade diferente da nossa, cujas disfunções e desigualdades tanto nos deixam consternados? Parecemos ter perdido a capacidade de questionar o presente e mais ainda de oferecer alternativas para ele. Por que é tão difícil para nós conceber um conjunto diferente de disposições que revertam para o nosso bem comum?

Nossa limitação — perdoem o jargão acadêmico — é *discursiva*. Simplesmente não sabemos como falar sobre essas coisas. Para compreender por que isso deveria acontecer, é necessário recorrer um pouco à história: como observou certa vez Keynes, "um estudo da história da opinião é um requisito necessário à emancipação da mente". Em prol da emancipação da mente esta noite, proponho que dediquemos um minuto ao estudo da história de um preconceito: o recurso universal contemporâneo ao "economicismo", a invocação da economia em todas as discussões dos assuntos públicos.

Durante os últimos trinta anos, em grande parte do mundo de língua inglesa (ainda que em menor medida na Europa continental e em outros lugares), ao nos perguntarmos se apoiamos uma proposta ou iniciativa, não perguntamos: ela é boa ou ruim? Em vez disso perguntamos: É eficiente? É produtiva? Isso vai beneficiar o Produto Interno Bruto? Vai contribuir para o crescimento? Essa propensão a evitar considerações morais, a nos limitarmos a questões relativas a lucros e perdas — questões econômicas no sentido mais estrito — não é uma condição humana instintiva. É um gosto adquirido.

Já estivemos aqui antes. Em 1905, o jovem William Beveridge — cujo relatório de 1942 estabeleceria as bases do Estado de bem-estar social britânico — fez uma palestra em Oxford na qual perguntou por que a filosofia política acabara por ser deixada em segundo plano nos debates públicos sobre a economia clássica. A pergunta feita por Beveridge se aplica com igual força hoje. Observem, contudo, que esse eclipse do pensamento político não tem nenhuma relação com os escritos dos grandes economistas clássicos. No século XVIII, o que Adam Smith chamou de "sentimentos morais" ocupava um lugar de destaque nas conversas sobre economia.

E, realmente, o pensamento de que deveríamos restringir considerações públicas a meros cálculos econômicos já era uma fonte de preocupação. O marquês de Condorcet, um dos escritores mais perceptivos a tratar do capitalismo comercial em sua fase pioneira, vislumbrou com repulsa um futuro no qual "a liberdade nada mais seria, aos olhos de uma nação ávida, do que a condição necessária para a segurança das operações financeiras". As revoluções da época corriam o risco de promover uma confusão entre a liberdade de ganhar dinheiro… e a liberdade em si. Porém como nós, em nossa época, viemos a pensar em termos exclusivamente econômicos? O fascínio por um vocabulário econômico debilitado não surgiu do nada.

Ao contrário, vivemos sob a longa sombra de um debate com o qual a maioria das pessoas não está nem de longe familiarizada. Se perguntarmos quem exerceu a maior influência sobre o pensamento econômico contemporâneo de língua inglesa, cinco pensadores estrangeiros nos vêm à cabeça: Ludwig von Mises, Friedrich Hayek, Joseph Schumpeter, Karl Popper e Peter Drucker. Os dois primeiros foram os notórios "pais fundadores" da Escola de Chicago da macroeconomia sob a ótica do livre mercado. Schumpeter é mais conhecido por sua entusiástica descrição da "destruição criativa" das forças do capitalismo; Popper, pela sua defesa da "sociedade aberta" e por sua teoria do totalitarismo. Quanto a Drucker, suas obras a respeito de administração exerceram enorme influência sobre a teoria e a prática das empresas nas décadas prósperas do boom ocorrido no pós-guerra.

Três desses homens nasceram em Viena, um quarto (Mises) em Lemberg, na Áustria (hoje Lvov); o quinto (Schumpeter) na Morávia, a algumas dezenas de quilômetros ao norte da capital do império. Todos foram profundamente abalados pela catástrofe que se abateu sobre a sua Áustria natal no período entreguerras. Após o cataclismo da Primeira Guerra Mundial e de um breve período de experiência socialista municipal em Viena, o país sofreu um golpe reacionário em 1934 e então, quatro anos depois, a invasão e ocupação nazista.

Todos foram forçados a se exilar devido a esses acontecimentos e todos — Hayek em particular — iriam formular seus escritos e ensinamentos à sombra da grande pergunta da sua vida: por que a sociedade liberal entrou em colapso e deu lugar — pelo menos no caso austríaco — ao fascismo? Sua resposta: as tentativas malsucedidas da esquerda (marxista) de introduzir na Áustria dos anos pós-1918 o planejamento estatal, os serviços controlados pela autoridade municipal e a atividade econômica coletivizada tinham não apenas se revelado uma ilusão, mas conduzido diretamente a uma contrarreação.

A tragédia europeia havia desse modo sido provocada pelo fracasso da *esquerda*: primeiramente em alcançar seus objetivos e em seguida em se defender — a ela e à sua herança liberal. Cada um deles, ainda que com enfoques contrastantes, extraiu a mesma conclusão: a melhor maneira de defender o liberalismo, a melhor defesa de uma sociedade aberta e das liberdades dela decorrentes, era manter o governo bem longe da vida econômica. Se o Estado fosse mantido a uma distância segura, se os políticos — por mais bem-intencionados que fossem — ficassem impedidos de planejar, manipular ou dirigir os negócios de seus cidadãos, então os extremistas, tanto da direita como da esquerda, seriam mantidos à distância.

O mesmo desafio — como compreender o que tinha acontecido entre as duas guerras e evitar que se repetisse — foi enfrentado por John Maynard Keynes. O grande economista inglês, nascido em 1883 (o mesmo ano em que nasceu Schumpeter), cresceu numa Grã-Bretanha estável, confiante, próspera e poderosa. E então, do seu alto posto no Tesouro e na condição de participante das negociações de paz de Versalhes, viu o mundo entrar em colapso, levando com ele todas as certezas reconfortantes de sua cultura e de sua classe. Também Keynes viria a se fazer a pergunta apresentada por Hayek e seus colegas austríacos. Mas ele ofereceu uma resposta bem diferente.

Sim, admitiu Keynes, a desintegração da velha Europa vitoriana foi o processo que definiu sua experiência de vida. Na realidade, a essência das suas contribuições à teoria econômica residia na sua insistência na *incerteza*: contrastando com os confiantes remédios duvidosos da economia clássica e neoclássica, Keynes insistiria no caráter essencialmente imprevisível dos assuntos humanos. Se havia alguma lição a ser extraída da depressão, do fascismo, da guerra, era isso: a incerteza — elevada ao nível da insegurança e do medo coletivos — era a força corrosiva que havia ameaçado e que poderia ainda ameaçar o mundo liberal.

Assim, Keynes argumentou em favor de um papel maior para a segurança social proporcionada pelo Estado, incluindo a intervenção econômica anticíclica, mas não se limitando a ela. Hayek propôs o contrário. Em seu clássico de 1944, *O caminho para a servidão*, ele escreveu:

> Nenhuma descrição em termos gerais pode dar uma ideia adequada da semelhança de grande parte da literatura política inglesa atual com as obras que destruíram a crença na civilização ocidental na Alemanha e criaram o estado de espírito no qual o nazismo pôde obter sucesso.

Em outras palavras, Hayek antevia explicitamente uma vitória fascista caso os trabalhistas chegassem ao poder na Inglaterra. E, na verdade, os trabalhistas venceram a eleição. Porém puseram em prática políticas que, muitas delas, eram identificadas diretamente com Keynes. Pelas três décadas seguintes, a Grã-Bretanha (como grande parte do mundo ocidental) foi governada à luz das preocupações de Keynes.

Desde então, como sabemos, os austríacos obtiveram sua vingança. Exatamente por que isso aconteceu — e onde aconteceu — é uma questão interessante a ser tratada em outra ocasião. Mas, não importa qual tenha sido a razão, vivemos hoje sob o eco distante — como a luz de uma estrela que está morrendo — de um debate concluído há setenta anos por homens que, em sua maioria, nasceram no século XIX. É claro que os termos econômicos com que somos encorajados a pensar não são os convencionalmente associados com essas divergências políticas remotas. No entanto, se não as entendermos, seria como falar uma língua que não compreendemos plenamente.

O Estado de bem-estar social tinha notáveis realizações a seu favor. Em alguns países ele era social-democrata, fundamentado num ambicioso programa de legislação socialista; em outros — Grã-Bretanha, por exemplo — se resumia a uma série de políticas programáticas destinadas a atenuar desvantagens e reduzir manifestações extremas de riqueza e de indigência. O tema comum e a realização universal dos governos neokeynesianos da era do pós-guerra foi seu notável sucesso em frear a desigualdade. Se compararmos a distância a separar ricos e pobres, seja por renda, seja por patrimônio, em toda a Europa continental e incluindo a Grã-Bretanha e os Estados Unidos, veremos que ela diminui drasticamente na geração que se seguiu a 1945.

A maior igualdade foi acompanhada de outros benefícios. Com o passar do tempo, o medo de uma volta à política extremista — a política do desespero, da inveja, da insegurança — foi diminuindo. O Ocidente industrializado entrou numa era de idílica segurança propiciada pela prosperidade: uma bolha, talvez, mas uma bolha confortável na qual a maioria das pessoas realmente se sentia melhor do que jamais havia esperado no passado e tinha bons motivos para prever um futuro com confiança.

O paradoxo do bem-estar social, e na realidade de todos os Estados social-democratas (e democratas cristãos) da Europa era simplesmente o fato de que o seu sucesso viria, com o tempo, a solapar a atração que exerciam. A geração que se lembrava dos anos 1930 era, de modo compreensível, a mais comprometida com a preservação das instituições e dos sistemas de impostos, serviço social e oferta de benefícios públicos, vistos por eles como uma garantia contra a volta aos horrores do passado. Mas seus sucessores — mesmo na Suécia — começaram a esquecer por que tinham ansiado por segurança em primeiro lugar.

Foi a social-democracia que associou as classes médias às instituições liberais após a Segunda Guerra (uso aqui o termo "classe média" no sentido europeu). Elas receberam em muitos casos os mesmos serviços e benefícios que os pobres: educação gratuita, tratamento médico barato ou gratuito, pensões públicas e outros itens afins. Em consequência, a classe média europeia se viu, nos anos 1960, dispondo de uma quantidade de recursos maior do que jamais tinha experimentado, com tantas das necessidades da vida já previamente garantidas graças aos impostos pagos. Assim, justamente a classe que havia sido tão exposta ao medo e à insegurança nos anos do período entreguerras estava sendo agora estreitamente associada ao consenso democrático do pós-guerra.

No fim dos anos 1970, contudo, essas considerações passaram a ser cada vez mais negligenciadas. A começar pelas reformas envolvendo impostos e emprego dos anos Thatcher-Reagan, logo seguidas pela desregulamentação do setor financeiro, a desigualdade começou a se tornar uma questão relevante na sociedade ocidental. Depois de uma notável diminuição, ocorrida dos anos 1910 até os 1960, o índice de desigualdade tem crescido constantemente ao longo das últimas três décadas.

Hoje nos Estados Unidos, o "coeficiente de Gini" — uma medida que afere a distância entre pobres e ricos — é comparável ao da China.[1] Quando consideramos que a China é um país em desenvolvimento no qual vão se abrir inevitavelmente grandes defasagens entre os poucos muito ricos e um grande número de pessoas empobrecidas, o fato de termos aqui nos Estados Unidos um coeficiente de desigualdade similar revela muito em que medida abrimos mão das nossas aspirações anteriores.

Considerem a Lei de Responsabilidade Pessoal e Oportunidade de Trabalho de 1996 (seria impossível conceber um nome mais orwelliano), a legislação da era Clinton que procurou acabar de mutilar a oferta de amparo social aqui nos Estados Unidos. Os termos dessa lei deveriam nos trazer à mente outra lei, aprovada na Inglaterra há quase dois séculos e com a qual estamos familiarizados graças à descrição de seu funcionamento feita por Charles Dickens em *Oliver Twist*. Quando, num trecho famoso, Noah Claypole desdenha do pequeno Oliver, chamando-o de um garoto das "oficinas", ele está transmitindo, em 1838, precisamente o mesmo sentido do que expressamos hoje ao falarmos em tom de desprezo das "rainhas do seguro-desemprego".

A Nova Lei dos Pobres era um ultraje, ao forçar o indigente e o desempregado a escolher entre um trabalho por qualquer salário, por mais baixo que fosse, e a humilhação das oficinas de trabalho. Aqui, como na maior parte das formas de assistência pública proporcionadas no século XIX (ainda pensadas e descritas como "caridade"), o nível de ajuda e apoio era calibrado de modo a ser menos atraente do que a pior alternativa disponível. Esse sistema se baseava em teorias econômicas clássicas que negavam mesmo a possibilidade de existência de desemprego num mercado de trabalho eficiente: se os salários caíssem a um nível suficientemente baixo e não existisse nenhuma alternativa atraente de trabalho, todos encontrariam algum emprego.

Nos 150 anos seguintes, os que defendiam reformas se esforçaram para mudar práticas tão humilhantes. No devido tempo, a Nova Lei dos Pobres e suas equivalentes de outros países deram lugar à oferta de assistência pública como um direito que cabia à população. Cidadãos desempregados não eram mais considerados menos dignos de ajuda por causa de sua situação; não eram penalizados por sua condição, nem seu status de membros da sociedade era implicitamente difamado. Mais do que qualquer outra coisa, os Estados baseados no bem-estar social em meados do século XX demonstraram quão profundamente impróprio era definir o status cívico em função da participação econômica.

Nos Estados Unidos dos nossos dias, numa época de desemprego crescente, um homem ou uma mulher desempregados não são membros da comunidade no seu sentido pleno. Para poderem receber mesmo os exíguos pagamentos do seguro-desemprego disponíveis, precisam primeiramente ter procurado e, quando for esse o caso, aceito qualquer emprego que esteja sendo oferecido, por mais baixo que seja o salário e por mais repulsivo que seja o trabalho. Só então passam a ter direito à consideração e à ajuda de seus concidadãos.

Por que tão poucos de nós condenamos "reformas" como essas — postas em prática por um presidente do Partido Democrata? Por que nos mostramos tão pouco sensíveis ao estigma associado às suas vítimas? Longe de questionarmos esse retrocesso às práticas de um capitalismo industrial primitivo, nos adaptamos muito bem a elas e num silêncio consensual — num gritante contraste com uma geração anterior. Mas, como nos lembra Tolstói, não existem "condições na vida às quais o homem não consiga se acostumar, especialmente se ele as vê serem aceitas por *todos* à sua volta".

Essa "disposição para admirar, e quase cultuar, os ricos e os poderosos, e a desprezar, ou, pelo menos, negligenciar pessoas pobres e de condição mais humilde [...] é [...] a maior e mais universal causa da corrupção de nossos sentimentos morais". Essas palavras não são minhas. Foram escritas por Adam Smith, que considerava a possibilidade de virmos a admirar a riqueza e desprezar a pobreza, admirar o sucesso e escarnecer do fracasso, como o maior risco enfrentado pela sociedade comercial, cujo advento ele previa. Isso agora está acontecendo conosco.

O exemplo mais revelador do tipo de problema que enfrentamos chega até nós numa forma que pode nos parecer mera tecnicalidade: o processo de privatização. Nos últimos trinta anos, um culto da privatização mesmerizou os governos ocidentais. Por quê? A resposta mais curta é que, numa era de restrições orçamentárias, a privatização parece proporcionar uma economia de dinheiro. Se o Estado detém um programa público ineficiente ou um serviço público dispendioso — uma usina hidráulica, uma fábrica de automóveis, uma estrada de ferro —, procura transferir seu peso para compradores privados.

A venda proporciona, sim, algum dinheiro para o Estado. Enquanto isso, ao passar para o serviço público, o serviço ou operação em questão se torna mais eficiente graças à motivação proporcionada pelo lucro. Todos se beneficiam: o serviço melhora, o Estado se livra de uma responsabilidade imprópria e mal administrada, os investidores lucram e o setor público desfruta de uma entrada — num único pagamento — de recursos obtidos com a venda.

Tudo bem quanto à teoria. A prática é muito diferente. O que temos visto nessas últimas décadas é uma inexorável transferência da responsabilidade pública para o setor privado sem que se verifique nenhuma vantagem coletiva perceptível. Em primeiro lugar, a privatização é ineficiente. A maior parte das coisas que os governos consideraram aptas para ser passadas ao setor privado vinha operando com prejuízo: fossem companhias ferroviárias, minas de carvão, serviços de correio ou instalações do setor energético, esses negócios custam mais para ser criados e conservados do que a renda que poderiam algum dia proporcionar.

Por essa única e exclusiva razão, bens públicos como esses são, por natureza, pouco atrativos para compradores do setor privado, a menos que sejam oferecidos com desconto. Mas quando o Estado vende a um preço barato, o público perde. Foi calculado que, no decurso das privatizações da era Thatcher, no Reino Unido, o preço deliberadamente baixo com que os antigos patrimônios públicos foram postos no mercado para o setor privado resultou numa transferência direta de 14 bilhões de libras dos contribuintes para os acionistas e outros investidores.

A essa perda deveriam ser acrescentados mais 3 bilhões de libras em comissões para os bancos que intermediaram as privatizações. Desse modo, o Estado efetivamente pagou ao setor privado cerca de 17 bilhões de libras (30 bilhões de dólares) para facilitar a venda de operações e serviços que de outro modo não teriam encontrado interessados. Há somas significativas envolvidas — aproximadamente equivalentes às verbas destinadas à Universidade Harvard, por exemplo, ou ao Produto Interno Bruto do Paraguai ou da Bósnia-Herzegóvina.[2] Isso não pode ser interpretado como uma utilização eficiente dos recursos públicos.

Em segundo lugar, isso suscita a questão do risco moral. O único motivo pelo qual investidores privados se dispõem a comprar bens públicos aparentemente ineficientes é que o Estado elimina ou reduz a exposição desses investidores ao risco. No caso do metrô de Londres, por exemplo, as companhias que fizeram a aquisição foram asseguradas de que, não importava o que acontecesse, elas estariam protegidas contra qualquer perda séria — eliminando-se assim a razão de ser do argumento econômico clássico para a privatização: que o lucro estimula a eficiência. O "risco" em questão é o de que o setor privado, em condições tão privilegiadas, acabará por se revelar no mínimo tão ineficiente quanto sua contrapartida pública — e ainda por cima obtendo lucros como esses e empurrando as perdas para o Estado.

O terceiro argumento, talvez o mais revelador contra as privatizações, é o seguinte. Não há dúvida de que muitos dos bens e serviços dos quais o Estado procura se livrar foram mal administrados: gerenciados de modo incompetente, usufruindo de poucos investimentos etc. Contudo, por mais mal administrados que tenham sido, serviços de correio, redes ferroviárias, asilos para aposentados, prisões e outros serviços que geralmente são alvo de programas de privatização dos governos permanecem sob a responsabilidade das autoridades públicas. Mesmo depois de serem vendidos, não podem ser entregues inteiramente aos acasos do mercado. São, por natureza, o tipo de atividade que *alguém* precisa regulamentar.

A disposição semiprivada, semipública de responsabilidades essencialmente coletivas nos traz de volta uma história efetivamente bem antiga. Se sua prestação de contas para o imposto de renda for auditada nos Estados Unidos hoje, ainda que seja o governo que tenha decidido investigá-lo, é bem provável que a investigação em si seja conduzida por uma empresa privada. Essa última foi contratada para realizar o serviço em nome do Estado, de uma maneira muito parecida com aquela como agentes privados assinaram contratos com Washington para oferecer segurança, transporte e know-how técnico (em troca do lucro) no Iraque e em outros lugares. De modo semelhante, o governo britânico contrata hoje empresas privadas para oferecer serviços de *home care* nas residências dos idosos — uma responsabilidade controlada no passado pelo Estado.

Em síntese, os governos delegam suas responsabilidades a empresas privadas que alegam administrar esses serviços de modo mais barato e melhor do que o próprio Estado é capaz de fazer. No século XVIII isso era chamado de *tax farming* [terceirização da coleta de impostos]. No passado, os governos não dispunham de meios para coletar os impostos e, por isso, recebiam lances da parte de indivíduos interessados em realizar a tarefa. Quem desse o lance mais alto ficava com o posto e ficava livre — assim que tivesse pago a soma combinada — para coletar o que pudesse e reter os lucros. O governo, portanto, aceitava arcar com um desconto na sua renda esperada dos tributos, em troca do dinheiro adiantado.

Depois da queda da monarquia na França, foi amplamente reconhecido que esse sistema de coleta de impostos era grotescamente ineficiente. Em primeiro lugar, ele desacredita o Estado, representado na mente popular por um particular ávido por lucros. Em segundo lugar, gera consideravelmente menos renda do que um sistema de coleta de impostos eficientemente administrado pelo governo, até porque não existiria a margem de lucro que caberia ao coletor privado. E em terceiro lugar, resulta em contribuintes insatisfeitos.

Nos Estados Unidos de hoje, temos um Estado desacreditado e recursos públicos inadequados. Curiosamente, não temos contribuintes insatisfeitos — ou pelo menos eles se mostram descontentes pelos motivos errados. Entretanto, o problema que criamos para nós mesmos é essencialmente comparável àquele vivido pelo ancien régime.

Como no século XVIII, é isso que ocorre hoje: ao amesquinharmos as responsabilidades e capacidades do Estado, acabamos por diminuir sua reputação pública. O resultado são as "comunidades muradas", em todos os sentidos da palavra: subseções da sociedade que acreditam piamente funcionar de modo independente da coletividade e de seus servidores públicos. Se lidamos única ou prioritariamente com agências privadas, então, com o tempo, acabamos por diluir nossa relação com um setor público para o qual, aparentemente, não vemos nenhuma utilidade. Não importa tanto se o setor privado faz as mesmas coisas melhor ou pior, a um custo mais alto ou mais baixo. Em qualquer caso, diminuímos nossa lealdade para com o Estado e perdemos algo vital que deveríamos compartilhar — e em muitos casos costumávamos compartilhar — com nossos concidadãos.

Esse processo foi bem descrito por um de seus maiores praticantes da era moderna: Margaret Thatcher supostamente teria dito que "não existe sociedade. Há apenas indivíduos, homens e mulheres e suas famílias". Mas, se não existe sociedade, apenas indivíduos e o Estado como "vigia noturno" — acompanhando de longe atividades nas quais não exerce papel algum —, o que nos unirá? Já aceitamos a existência de forças policiais privadas, correios privados, agências privadas que atendem aos governos nas guerras e muito mais. "Privatizamos" precisamente aquelas responsabilidades que o Estado moderno, com tanto esforço, chamou para si ao longo do século XIX e no início do XX.

O que, então, servirá de amortecedor entre os cidadãos e o Estado? Certamente não a "sociedade", pressionada para tentar sobreviver à mutilação da esfera pública. Pois o Estado não está prestes a se desfazer. Mesmo que o dispamos de todas as atribuições de prestador de serviços, ele ainda estará entre nós — nem que seja apenas como uma força de controle e de repressão. Entre Estado e indivíduos não existiriam instituições nem lealdades intermediárias: nada restaria da teia de aranha formada por obrigações e serviços recíprocos que vincula os cidadãos uns aos outros através do espaço público que eles ocupam coletivamente. Tudo o que restaria seriam pessoas e corporações privadas competindo entre si para sequestrar o Estado com o objetivo de extrair suas próprias vantagens.

As consequências não são mais atraentes hoje do que eram antes da emergência do Estado moderno. Realmente, o ímpeto para a construção do Estado da forma como o conhecemos deriva de modo bastante explícito da compreensão de que nenhum grupo de indivíduos pode sobreviver por muito tempo sem objetivos compartilhados e instituições comuns. A própria noção de que a vantagem privada poderia ser multiplicada em benefício público já pareceria palpavelmente absurda aos olhos dos críticos liberais do capitalismo industrial nascente. Nas palavras de John Stuart Mill, "é essencialmente repulsiva a ideia de que uma sociedade seja mantida unida apenas pelas relações e pelos sentimentos suscitados pelos interesses pecuniários".

O que, então, podemos fazer? Temos de começar pelo Estado: como encarnação dos interesses coletivos, propósitos coletivos e bens coletivos. Se não pudermos aprender a "pensar o Estado" de novo, não iremos muito longe. O que exatamente deveria fazer o Estado? No mínimo, não deveria duplicar sua ação desnecessariamente: como observou Keynes, "o importante para o governo é não fazer coisas que os indivíduos já estejam fazendo, e fazê-las um pouco melhor ou um pouco pior; mas fazer as coisas que no momento não estão sendo feitas em absoluto". E sabemos a partir da experiência amarga do século passado que existem algumas coisas que os Estados certamente *não* deveriam fazer.

A narrativa do Estado progressista no século XX repousava de modo precário sobre o conceito de que "nós" — reformistas, socialistas, radicais — tínhamos a História do nosso lado: de que nossos projetos, nas palavras do falecido Bernard Williams, "estavam sendo saudados pelo universo".[3] Não dispomos hoje dessa história reconfortante para contar. Acabamos de sobreviver a um século de doutrinas que pretendiam, com uma assustadora confiança, dizer o que o Estado deveria fazer e lembrar aos indivíduos — pela força, se necessário — que ele sabe o que é bom para eles. Não podemos voltar a tudo isso. Então, se pretendemos "pensar o Estado" novamente, é melhor começar com uma noção dos seus limites.

Por razões parecidas, seria fútil ressuscitar a retórica da social-democracia do início do século XX. Naqueles anos, a esquerda democrática emergia como uma alternativa às variedades mais inflexíveis do socialismo revolucionário marxista e — em anos posteriores — aos seus sucessores comunistas. Uma curiosa esquizofrenia era, então, inerente à social-democracia. Ainda que marchando de modo confiante rumo a um futuro melhor, permanecia olhando, nervosamente, por cima do ombro esquerdo. *Nós*, parecia dizer, não somos autoritários. *Nós* somos pela liberdade, não pela repressão. *Nós* somos democratas que também acreditam em justiça social, em mercados regulados e assim por diante.

Enquanto o objetivo dos social-democratas foi convencer os eleitores de que eram uma opção respeitável dentro do espaço político liberal, essa atitude defensiva fez sentido. Porém hoje essa retórica é incoerente. Não é por acaso que uma democrata cristã como Angela Merkel pode vencer uma eleição na Alemanha contra seus adversários social-democratas — mesmo no auge de uma crise financeira — com um conjunto de políticas que, de um modo geral, parece em seus aspectos essenciais com o próprio programa deles.

A social-democracia, de uma forma ou de outra, é a prosa da política europeia contemporânea. Há poucos políticos europeus, e certamente um número menor ainda em posições de influência, que discordariam do cerne das proposições social-democratas a respeito dos deveres do Estado, por mais que discordem quanto ao seu alcance. Consequentemente, os social-democratas da Europa de hoje nada têm de diferente a oferecer: na França, por exemplo, mesmo sua disposição instintiva para favorecer a propriedade do Estado mal os distingue dos instintos colbertianos da direita gaullista. A social-democracia precisa repensar seus objetivos.

O problema reside não nas políticas social-democratas, mas na linguagem com que elas são apresentadas. Como o desafio autoritário representado pela esquerda desapareceu, a ênfase na "democracia" é, em grande medida, redundante. Somos todos democratas hoje. Mas "social" ainda significa alguma coisa — pode-se até argumentar que significa mais agora do que há algumas décadas, quando o papel do setor público era aceito de modo consensual por todas as partes. O que há, então, de característico a respeito do "social" na abordagem social-democrata da política?

Imagine, se puder, uma estação ferroviária. Uma estação ferroviária de verdade, não a Pennsylvania Station, de Nova York, um arremedo fracassado de um shopping dos anos 1960 plantado em cima de um porão para guardar carvão. Estou falando de algo como a Waterloo Station, em Londres, da Gare de l'Est, em Paris, da impressionante Victoria Terminus, em Mumbai, ou da magnífica e nova Hauptbahnhof, em Berlim. Nessas notáveis catedrais da vida moderna, o setor privado funciona perfeitamente no seu devido lugar: afinal, não há motivo algum para que bancas de jornal e cafés sejam administrados pelo Estado. Todos que se lembram dos sanduíches ressecados, embrulhados em plástico, servidos pelos bares da British Railways admitirão que a concorrência nessa área deve ser estimulada.

Porém não é possível administrar uma companhia de trens em bases competitivas. Estradas de ferro — como a agricultura ou os correios — são, a um só tempo, atividades econômicas e um bem público essencial. Além disso, não se pode tornar um sistema ferroviário mais eficiente colocando dois trens nos trilhos e esperando para ver qual obtém o melhor desempenho: as ferrovias são um monopólio natural. De modo implausível, os ingleses na verdade instituíram com as empresas de ônibus um tipo de competição parecida. Mas o paradoxo do transporte público, é claro, consiste no fato de que quanto melhor ele presta seu serviço, menos "eficiente" pode ser.

Um ônibus que oferece um serviço expresso para os que podem arcar com seu custo e evita vilarejos remotos, onde só recolheria ocasionalmente algum aposentado, acabará por render mais dinheiro para o seu proprietário. Porém alguém — o Estado ou a municipalidade local — precisa ainda proporcionar o serviço ineficiente, que não é lucrativo. Na sua ausência, os benefícios econômicos de curto prazo obtidos com o corte do serviço serão superados pelos prejuízos que a medida causará, a longo prazo, à comunidade como um todo. De modo previsível, portanto, as consequências dos ônibus "competitivos" — exceto em Londres, onde existe demanda suficiente para manter a circulação — consistiram num crescimento dos custos empurrados para o setor público, num aumento significativo dos preços das tarifas até um nível que o mercado possa suportar, e em lucros atraentes para as companhias com ônibus expressos.

Trens, como os ônibus, são acima de tudo um serviço *social*. Qualquer um poderia manter funcionando uma linha de trem lucrativa se tudo o que precisasse fazer fosse enviar trens expressos de um lado para outro, de Londres para Edimburgo, de Paris para Marselha, de Boston para Washington. Mas e as linhas entre lugares onde só ocasionalmente as pessoas pegam trens? Nenhum indivíduo isoladamente vai poupar o suficiente para arcar com o preço de uma passagem que cubra o custo de manter um serviço só utilizado nas poucas ocasiões em que ele o usa. Só a coletividade — o Estado, o governo, as autoridades locais — podem fazer isso. O subsídio necessário sempre parecerá ineficiente aos olhos de certo tipo de economista: com certeza não seria mais barato arrancar os trilhos e deixar que todo mundo usasse seu carro?

Em 1996, o último ano antes de a British Railways ser privatizada, a companhia exibia o menor subsídio concedido a uma empresa ferroviária na Europa. Naquele ano os franceses estavam planejando para as suas ferrovias um investimento numa proporção de 21 libras por habitante do país; os italianos, 33 libras; os britânicos, apenas nove libras.[4] Essas diferenças se refletiam de modo preciso na qualidade do serviço oferecido pelo respectivo serviço nacional ferroviário. Elas também explicam por que a rede ferroviária britânica só pôde ser privatizada a um custo tão baixo, de tal forma era inadequada a sua infraestrutura.

Porém a diferença entre os investimentos serve para ilustrar meu argumento. Os franceses e os italianos há muito tratavam suas ferrovias como um serviço de sentido social. Manter um trem circulando numa região remota, por menor que seja a relação custo-benefício, representa um importante apoio às comunidades locais. Reduz os danos causados ao meio ambiente ao proporcionar uma alternativa ao transporte rodoviário. A estação ferroviária e os serviços que ela oferece são, dessa forma, um sintoma e um símbolo da sociedade como uma aspiração compartilhada.

Sugeri que a oferta de serviços ferroviários a distritos afastados faz sentido em termos sociais, ainda que economicamente possa ser "ineficiente". Mas isso, é claro, suscita uma questão importante. Social-democratas não irão muito longe propondo louváveis objetivos sociais que eles mesmos admitem custar mais do que as alternativas. Acabaríamos por reconhecer as virtudes do serviço de cunho social, ainda que condenando os seus custos e... não fazendo nada. Precisamos repensar os expedientes que usamos para aferir todos os custos: tanto os sociais como os econômicos.

Vou dar um exemplo. É mais barato oferecer donativos benevolentes aos pobres do que lhes garantir, como um direito, um amplo espectro de serviços de natureza social. Com "benevolente" me refiro à caridade de cunho religioso, de iniciativa privada ou independente, na forma de cupons de alimentação, dinheiro destinado a despesas com moradia ou roupas e assim por diante. Contudo, é algo notoriamente humilhante estar na posição de receptor em relação a esse tipo de ajuda. O "teste de necessidade" ao qual as autoridades britânicas submeteram as vítimas da depressão dos anos 1930 ainda é lembrado com repulsa, e mesmo raiva, por uma geração mais antiga.[5]

De modo inverso, nada há de humilhante na posição de alguém que recebe o que lhe cabe como um direito. Se você tem direito a um pagamento de um seguro-desemprego, uma pensão, pensão por incapacidade, um auxílio-moradia municipal ou qualquer outra assistência pública proporcionada como um direito — sem que ninguém saia investigando para saber se você está suficientemente "na pior" para "merecer" ajuda —, então não se mostrará constrangido ao aceitá-la. Contudo, direitos universais como esses são um recurso caro.

Mas e se tratássemos a própria humilhação como um custo, um encargo para a sociedade? E se decidíssemos "quantificar" o dano causado quando as pessoas se envergonham diante de seus concidadãos antes de receber o que é meramente necessário para sobreviver? Em outras palavras, e se incluíssemos em nossa estimativa de produtividade, de eficiência ou de bem-estar a diferença entre uma esmola humilhante e um benefício usufruído como um direito? Poderíamos vir a concluir que a oferta de serviços sociais universais, de um seguro-saúde público ou do transporte público subsidiado era na verdade uma maneira eficiente, em termos de custo-benefício, de atingir nossos objetivos comuns. Um exercício como esse é, por natureza, algo sujeito a controvérsia: como quantificar "humilhação"? Como medir o custo de privarmos cidadãos isolados do acesso aos recursos típicos de uma metrópole? Até que ponto estamos dispostos a pagar para ter uma boa sociedade? Não há uma resposta clara. Mas a menos que façamos perguntas como essa, como podemos esperar obter respostas?[6]

O que queremos dizer ao falarmos de uma "boa sociedade"? A partir de uma perspectiva normativa, poderíamos começar por uma "narrativa" moral na qual situaríamos nossas escolhas coletivas. Uma narrativa como essa ocuparia então o lugar daquela, compreendida em termos estritamente econômicos, que costuma limitar a abrangência das nossas conversas atuais. Porém, definir dessa maneira nossos propósitos gerais está longe de ser uma tarefa simples.

No passado, a social-democracia se ocupou, isso é incontestável, de questões relativas ao que é certo e errado: até porque herdou um vocabulário ético pré-marxista imbuído da aversão cristã a manifestações extremas de riqueza e ao culto do materialismo. Essas considerações, contudo, frequentemente eram prejudicadas por interrogações de ordem ideológica. Estava o capitalismo fadado a desaparecer? Se fosse esse o caso, determinada política serviria para apressar esse desfecho ou para adiá-lo? Se o capitalismo não estava condenado, então as escolhas políticas deveriam ser concebidas a partir de uma perspectiva diferente. Em qualquer dos casos, a questão relevante costumava levar em conta as perspectivas do "sistema" em vez das virtudes ou defeitos inerentes a determinada iniciativa. Questões como essas não mais nos preocupam. Somos, assim, mais diretamente confrontados com as implicações éticas de nossas escolhas.

O que consideramos precisamente abominável no capitalismo financeiro ou na "sociedade comercial", como se dizia no século XVIII? O que instintivamente achamos despropositado nas nossas atuais condições e o que podemos fazer a respeito? O que achamos injusto? O que ofende nossa noção do que é ou não correto ao vermos a prática desenfreada do lobby por parte dos ricos à custa dos interesses de todos os demais? O que perdemos?

As respostas para questões como essas deveriam assumir a forma de uma crítica moral ao que há de impróprio num mercado livre de todo tipo de restrição ou num Estado irresponsável. Precisamos compreender *por que* eles agridem nosso sentido de justiça e de igualdade. Precisamos, em resumo, voltar ao domínio dos fins. Aqui a social-democracia é de pouca ajuda, pois sua própria reação aos dilemas do capitalismo foi meramente uma expressão adiada do discurso moral do Iluminismo aplicado à "questão social". Nossos problemas são de ordem bem diferente.

Estamos ingressando, acredito, numa nova era da insegurança. A última era desse tipo, analisada de forma memorável por Keynes em sua obra *As consequências econômicas da paz* (1919), teve lugar depois de décadas de prosperidade e progresso e após uma drástica internacionalização da vida: "globalização", em tudo igual, ainda que sem esse nome. Como descreveu Keynes, a economia comercial havia se espalhado ao redor do mundo. O comércio e a comunicação vinham se acelerando num ritmo sem precedentes. Antes de 1914, era amplamente difundida a crença de que a lógica pacífica das trocas econômicas acabaria por triunfar sobre os egoísmos nacionais. Ninguém esperava que tudo isso chegasse ao fim abruptamente. Mas foi o que aconteceu.

Nós também vivemos numa era de estabilidade, certeza e sob a ilusão de um contínuo progresso econômico. Mas tudo isso agora ficou para trás. Ao longo do futuro próximo, estaremos provavelmente tão inseguros quanto à economia quanto estamos dominados pela incerteza no plano cultural. Estamos hoje nitidamente menos confiantes a respeito de nossos propósitos coletivos, nosso bem-estar ambiental ou nossa segurança pessoal do que jamais estivemos desde a Segunda Guerra Mundial. Não fazemos ideia de que tipo de mundo nossos filhos herdarão, mas não podemos mais nos iludir supondo que se parecerá com o nosso em seus aspectos mais reconfortantes.

Precisamos reexaminar o modo como a geração de nossos avós reagiu a desafios e ameaças comparáveis a esses. A social-democracia na Europa, o New Deal e a Grande Sociedade nos Estados Unidos foram respostas explícitas às inseguranças e iniquidades da época. Poucos no Ocidente têm idade suficiente para saber o que significa ver nosso mundo desmoronar.[7] Achamos difícil conceber uma ruína completa das instituições liberais, uma total desintegração do consenso democrático. Porém foi justamente um colapso como esse que desencadeou o debate Keynes-Hayek, do qual nasceram o consenso keynesiano e o compromisso social-democrata: o consenso e o compromisso no qual crescemos e cuja atração acabou por ser ofuscada pelo seu próprio sucesso.

Se a social-democracia tem um futuro, será como uma social-democracia do medo.[8] Em vez de procurar restaurar uma linguagem baseada na visão otimista de progresso, deveríamos começar por nos familiarizar novamente com o passado recente. A primeira tarefa dos dissidentes radicais de hoje é lembrar para a sua plateia as realizações do século XX, juntamente com as consequências prováveis de nosso açodamento insensato em desmontá-las.

A esquerda, para falar de modo bem direto, tem o que preservar. É a direita que herdou a ambiciosa ânsia modernista de destruir e inovar em nome de um projeto universal. Os social-democratas, tipicamente modestos em estilo e ambição, precisam falar de modo mais confiante a respeito dos ganhos obtidos no passado. A ascensão dos serviços públicos proporcionados pelo Estado, a construção de um setor público ao longo de um século cujos bens e serviços ilustram e promovem nossa identidade coletiva e nossos propósitos comuns, a instituição do bem-estar social como uma questão de direito e a sua garantia como um dever social: essas não são realizações menores.

O fato de essas realizações serem apenas parciais não deveria nos perturbar. Se aprendemos alguma coisa com o século XX, deveríamos ter no mínimo compreendido que quanto mais perfeita for a resposta, mais aterrorizantes serão suas consequências. Melhorias imperfeitas em condições insatisfatórias são o que de melhor podemos esperar e provavelmente o que deveríamos buscar. Outros passaram a maior parte das últimas três décadas sistematicamente desmontando e desestabilizando essas mesmas melhorias: isso deveria nos deixar mais revoltados do que estamos. Também deveria nos preocupar, nem que fosse apenas por prudência. Por que nos apressamos em desmontar os diques erguidos com tanto esforço por nossos predecessores? Estamos tão seguros de que não há inundações por vir?

Uma social-democracia do medo é algo por que vale a pena lutar. Abandonar os frutos obtidos ao longo de um século é trair aqueles que vieram antes de nós, assim como as gerações que ainda estão por vir. Seria agradável — porém enganador — afirmar que a social-democracia representa o futuro que pintaríamos para nós mesmos num mundo ideal. Não representa nem mesmo um passado ideal. Mas, entre as opções disponíveis para nós no presente, é melhor do que qualquer outra coisa à mão. Nas palavras de Orwell, refletindo em *Homenagem à Catalunha* sobre suas recentes experiências na Barcelona revolucionária:

> Havia muito nela que eu não compreendia, e de que em alguns aspectos eu nem sequer gostava, mas reconhecia imediatamente naquilo um estado de coisas pelo qual valia a pena lutar.

Acredito que isso seja verdade, numa mesma medida, a respeito de qualquer coisa que possamos recuperar da memória da social-democracia no século XX.

Este ensaio foi adaptado da última palestra feita por Tony Judt, realizada na Universidade de Nova York em 19 de outubro de 2009. Um vídeo dessa conferência pode ser acessado pelo site do Instituto Remarque: remarque.as.nyu.edu/object/io_1256242927496.html.

Notas

1 Ver "High Gini is Loosed Upon Asia", *The Economist*, 11/8/2007.

2 Ver Massimo Florio, *The Great Divestiture: Evaluating the Welfare Impact of the British Privatizations, 1979-1997* (Cambridge, MA: MIT Press, 2004), p. 163. Para Harvard, ver "Harvard Endowment Posts Solid Positive Return", *Harvard Gazette*, 12/9/2008. Para o PIB do Paraguai ou da Bósnia-Herzegóvina, ver www.cia.gov/library/publications/the-world-factbook/geos/xx.html.

3 Bernard Williams, *Philosophy as a Humanistic Discipline* (Princeton, NJ: Princeton University Press, 2006), p. 144.

4 Para essas cifras, ver meu ensaio "Twas a Famous Victory", *The New York Review of Books*, 19/7/2001.

5 Para recordações comparáveis a respeito de esmolas humilhantes, ver *The Autobiography of Malcolm X* (Nova York: Ballantine, 1987). Sou grato a Casey Selwyn por chamar minha atenção para esse exemplo.

6 A Comissão Internacional para Aferir o Desempenho Econômico e o Progresso Social, presidida por Joseph Stiglitz e assessorada por Amartya Sen, recomendou recentemente uma abordagem diferente para medir o bem-estar coletivo. Contudo, apesar da admirável originalidade da sua proposta, nem Stiglitz nem Sen foram muito além de sugerir melhores maneiras de aferir a performance econômica; as questões não econômicas não ocupam um lugar de destaque no seu relatório. Ver www.stiglitz-sem-fitoussi.fr/en/index.htm.

7 A exceção, é claro, é a Bósnia, cujos cidadãos sabem muito bem o que um colapso desse tipo acarreta.

8 Por uma analogia com “The Liberalism of Fear”, o perspicaz ensaio de Judith Shklar sobre desigualdade política e poder.

CAPÍTULO XXV

Comparando gerações

com Daniel Judt

DANIEL: SE EM NOVEMBRO DE 2008 EU TIVESSE DEZOITO ANOS, teria votado em Barack Obama. Porém, como tinha catorze, me contentei em expressar meu apoio a ele e a manifestar minha alegria pela sua eleição. Acreditava, ingenuamente, que o seu governo iria demonstrar firmeza, que daria um jeito na crise ambiental que seus predecessores tinham deixado se aprofundar sem dar ao problema maior atenção. Senti que o sr. Obama sabia como fazer a coisa certa moralmente, ainda que isso significasse ir contra a "coisa certa" politicamente.

Menos de dois anos depois, tornei-me imensamente pessimista a respeito da determinação moral do nosso governo e do nosso mundo corporativo. O caso Deepwater Horizon foi o momento crítico.* Eu já estava cético: um aumento da exploração em alto-mar, a atitude passiva de nosso governo em Copenhague e a ausência de qualquer nova legislação ambiental tinham despertado em mim esse sentimento.

---

* Nome da plataforma de exploração de petróleo em águas muito profundas que explodiu em abril de 2010, provocando um dos maiores vazamentos de petróleo ocorrido nos Estados Unidos. (N. T.)

Mas o episódio da BP [British Petroleum] fez com que eu me desse conta de que a geração no poder simplesmente não consegue entender. Eles encaram a crise ambiental sob a mesma luz em que veem derrotas políticas e fiascos econômicos. A política segue adiante e a economia acaba se recuperando, mas o meio ambiente, não. É essa sensação de "vamos dar um jeito nisso depois que resolvermos todo o resto" que me deixa com tanta raiva. O mundo não é um recurso descartável; consertar o dano que vocês causaram será a grande questão para a minha geração. É simples assim.

Tony: Bem, tenho 62 anos e votei, sim, em Barack Obama. Não nutria grandes esperanças. Estava claro desde o começo que se tratava de alguém mais apto a fazer concessões do que a confrontar — e esse é um ponto desfavorável num político, para não dizer num homem. Vimos as consequências: nem no Oriente Médio, nem na regulamentação econômica, nem na questão dos detentos, nem na reforma da imigração o sr. Obama foi em frente. *A audácia da esperança?*

Quanto às corporações, nós da geração de *baby boomers* tínhamos razão em ser cínicos. A exemplo do Goldman Sachs, as companhias de petróleo não são agentes econômicos benignos, servindo a uma necessidade e experimentando uma ou outra possibilidade. Elas são, nas palavras de Theodore Roosevelt, "malfeitores munidos de grandes fortunas". Porém nosso cinismo embotou nossa reação diante de um comportamento realmente criminoso: "Bem, é o que se esperava que fizessem, não é?". Uma coisa é ficar parado olhando enquanto o Goldman Sachs promove a pilhagem da nossa economia; outra, bem diferente, é ser convidado a ficar de lado enquanto a British Petroleum violenta a costa do Golfo. Sim, deveríamos ter ficado com muito mais raiva do que ficamos.

Estamos olhando para o nosso futuro e ele não funciona. A sujeira que não para de jorrar serve para nos lembrar que abrimos mão de nossa independência em favor de uma tecnologia que não podemos dominar. Nossas energias são desviadas equivocadamente para guerras dispendiosas no exterior, cujos propósitos se tornam cada vez mais obscuros. Ficamos nos enfrentando uns aos outros em confrontos "culturais" irrelevantes quando comparados aos nossos verdadeiros problemas.

Enquanto isso, a precisão mecânica de nossa constituição clássica travou, levando a uma pane — dependendo, como depende, de um consenso que não mais existe. Numa perspectiva de longo prazo, é dessa forma que morrem as repúblicas. "Alguém" obviamente precisa fazer "alguma coisa". O que você propõe?

DANIEL: Da mesma forma que você se revela condescendente demais com o comportamento das corporações, talvez esteja se mostrando resignado demais politicamente. Para promover efetivamente uma mudança, você precisa passar a pensar que uma mudança real é possível. Minha geração via as coisas dessa forma; foi por esse motivo que tantos jovens apoiaram o sr. Obama. Talvez mais do que o eleitorado de qualquer outro período nos Estados Unidos, acreditávamos que o nosso engajamento acabaria por fazer com que as coisas acontecessem. Mas, quanto mais nos dizem que é de esperar que ocorram crises e que elas não podem ser evitadas pelos que estão no poder — que devemos depositar nossa fé em Deus, como o presidente aconselhou na terça-feira —, mais se esvai a nossa fé no governo.

Políticos dependem do público: em vista de um consenso forte o bastante, eles acabarão por agir. É isso que eu queria que vocês tivessem feito — e é o que temos de fazer agora: construir um consenso e agir. Sua geração falou muito sobre engajamento. Então se engajem. Usem o poder da opinião pública para garantir a aprovação de uma legislação severa.

Ao aquiescermos, depois da BP, a "voltar ao normal", teremos perdido uma oportunidade vital. Precisamos de uma nova noção de "normal". E precisamos nos fazer novas perguntas: a questão não é saber se podemos nos dar ao luxo de investir numa nova forma de viver — energia solar, transporte de massa, a gradual independência em relação ao petróleo —, mas saber por quanto tempo mais podemos nos dar ao luxo de não fazê-lo. Vocês nos devem isso.

TONY: Toda essa conversa a respeito de gerações me deixa um pouco enjoado. Afinal, tenho a mesma idade de Bill Clinton e de George W. Bush, mas não assumo responsabilidade pelo que fizeram. Na verdade, ainda que concorde com a necessidade de construirmos um consenso nacional, não acho que o desafio esteja em convencer os americanos a respeito da poluição ou mesmo da mudança no clima. Nem se trata de convencê-los mais uma vez a fazer sacrifícios em prol do futuro. O desafio é convencê-los mais uma vez de quanto poderiam realizar se eles se unissem.

Mas isso requer liderança — e não posso deixar de notar que você deixou que o presidente escapasse das suas recriminações. Afinal, se você e seus contemporâneos perderam a fé no homem e no "sistema", isso é, em parte, culpa dele. Mas vocês também têm uma responsabilidade.

O fato de vocês se unirem para eleger alguém não é o bastante, se em seguida se limitam a voltar a trocar textos nas redes sociais e no Twitter. Precisam continuar juntos, saber o que querem e lutar por isso. Não vai funcionar da primeira vez e não vai funcionar direito, mas vocês não podem desistir. Isso também é política.

Você se engana ao pensar que perdi a fé no governo. O governo "grande" construiu este país. Sem ele não teria existido nenhuma ferrovia transcontinental. As universidades que recebem subvenções públicas — orgulho da educação americana — foram resultados das Leis Morrill, de 1862 e 1890. A nação investiu somas substanciais de dinheiro em prol do bem público: lembre-se do Plano Marshall, da lei que ofereceu cursos universitários aos soldados que voltavam da Segunda Guerra e das rodovias interestaduais, sem os quais nossa economia jamais poderia ter vivido o boom que experimentou. E não esqueça a Lei dos Direitos Civis: uma revolução moral altamente controvertida e que exigiu grande coragem política.

Não perdi a fé no governo — mas me pergunto se os políticos de hoje estão à altura desse desafio.

DANIEL: Você tem razão — aliviei um pouco a culpa do presidente. Mas conseguir fazer com que muitos jovens ajudassem a eleger um governo depois de tantos anos de ceticismo está longe de ser um feito irrelevante. Quase sozinho, ele incutiu um vigor político naqueles entre nós que só tinham do que se envergonhar em relação ao antigo governo. Sem essa onda de esperança e essa ânsia por ação é bem possível que a maior parte das pessoas da minha geração tivesse abandonado a política, enojada, mesmo antes de começar alguma coisa. Por essa mobilização devemos agradecer ao sr. Obama.

É claro que ele merece ser criticado. Mas o que não devemos fazer — tanto como geração quanto como nação — é deixar que nossa desilusão se transforme em pessimismo e preguiça. O que enfrentamos agora é um desafio moral do qual não podemos recuar.

Eu temia que, em seu ceticismo, você tivesse perdido toda a fé e desistido de tudo — tem de admitir que o radicalismo da sua geração nunca se desenvolveu à altura de seu potencial. Você sempre diz que a política é a "arte do possível": mas, se pudéssemos transformar nossa raiva numa ação positiva, então com certeza o que é possível se tornaria bem mais provável. Será que a raiva é uma boa conselheira para a ação? Admito que, se usada para as causas erradas ou da maneira errada, ela pode ser desastrosa. Mas não é melhor do que se sentar e ficar contemplando enquanto somos conduzidos para a beira do abismo?

TONY: Sim, não é algo que esteja além do nosso alcance fazer sacrifícios no presente em nome de um avanço de longo prazo, deixar de buscar o crescimento econômico do próximo trimestre como se fosse o supremo objetivo da política pública. Oferecemos a nós mesmos escolhas fáceis — altos impostos ou livres mercados — e então nos surpreendemos ao saber que não atendem às nossas necessidades. Procedimentos tecnológicos são a manifestação máxima de arrogância de nossa época. Mas, como os caras da BP demonstraram de modo tão prestativo, existe um limite para quantas tampas é possível colocar num vazamento; às vezes é preciso começar tudo de novo.

Os desafios vão além de vazamentos de petróleo e de repulsa moral. Numa visão de longo prazo, o negócio do petróleo não tem muito futuro: cedo ou tarde aqueles desprezíveis emirados que brotaram de uma poça de cobiça em estado líquido vão voltar a afundar no deserto. Mas por que deveriam a BP e os emires antecipar-se ao fim desse jogo? Nada que é feito pelo homem é inevitável: o capitalismo chinês — a busca do lucro sem nenhuma regulamentação, acompanhada de uma catástrofe ambiental — não é o único futuro possível.

Terça-feira o presidente falou em fazer pressão para que a nova legislação seja aprovada pelo Congresso. Mas, no momento, isso se resume a pouco mais do que uma política de incentivos econômicos para promover a redução na emissão de poluentes: um esquema a ser facilmente fraudado pelas corporações, algo que foi tentado na Europa e que já se revelou insatisfatório.

O que precisamos é de um Plano Marshall para os cinquenta estados. Verba federal levantada a partir de reservas destinadas à defesa e, sim, impostos — um empréstimo que faremos aos nossos sucessores — deveriam estar disponíveis sob a condição de serem gastos em infraestrutura pública, transporte de massa, energia renovável e educação. Qualquer coisa menor que isso não está à altura da crise desencadeada por esse vazamento de 60 mil barris por dia. Vocês estão prontos para enfrentar isso? Se quiserem mudar o mundo, melhor arrumar disposição para lutar durante um longo tempo. E haverá sacrifícios. Vocês realmente se importam o suficiente com isso ou estão apenas consternados por algumas fotografias mostrando imagens desagradáveis?

DANIEL: Não temos escolha a não ser nos importarmos o bastante. Os sacrifícios que você prevê não são nada comparados àqueles que seremos forçados a fazer se ficarmos parados, esperando. Mais importante, não podemos nos dar ao luxo de lutar por muito tempo.

Veja, somos impotentes e continuaremos a sê-lo ainda por algum tempo. Na verdade, estamos na pior situação possível: somos velhos o bastante para compreender melhor do que vocês o que precisa ser feito, mas jovens demais para fazê-lo. Tudo o que podemos fazer é dizer isso.

Este diálogo foi publicado originalmente no *New York Times* em junho de 2010.

PARTE CINCO

A LONGO PRAZO, TODOS ESTAREMOS MORTOS

CAPÍTULO XXVI

François Furet (1927-1997)

François Furet, que morreu em 12 de julho deste ano, aos setenta anos, foi um dos homens mais influentes da França contemporânea. Isso pode parecer uma observação estranha a ser feita a respeito de alguém que passou boa parte da vida ensinando em universidades e cujos escritos consistiram em sua maioria numa série de estudos eruditos sobre a Revolução Francesa. O fato de a influência exercida por ele ter sido tão grande é um tributo a Furet e um exemplo do lugar perene ocupado pelos intelectuais na cultura moderna da França.

Mas François Furet não era um intelectual ou um historiador qualquer. Em seus dias de juventude, como tantos dos intelectuais e escritores franceses de sua geração, ele foi membro do Partido Comunista Francês. Deixou o partido em 1956, renunciando em protesto contra a invasão da Hungria; como ele reconheceria mais tarde, "foi a coisa mais inteligente que fiz". A experiência vivida por Furet no Partido Comunista Francês moldou suas preocupações pessoais e acadêmicas pelo resto da vida. Depois de se formar na Sorbonne, Furet dedicou seu trabalho como acadêmico ao estudo da Revolução de 1789, publicando, em 1965, *A Revolução Francesa*, um estudo geral, em dois volumes, sobre aquela era que foi amplamente resenhado, tendo sido escrito em parceria com Denis Richet. Nesse livro, Furet abordou a história da França revolucionária pelo viés então em moda, adotado pela escola dos Annales, enfatizando as continuidades com o passado francês, especialmente no que diz respeito aos processos econômicos e sociais de longo prazo.

Esse novo estudo da era revolucionária já representava uma ruptura radical em relação à interpretação contemporânea então aceita. Na tradição de Marc Bloch, Lucien Febvre e Fernand Braudel, a abordagem dos Annales, ao lidar com estruturas de longa duração subjacentes à realidade e ao conceder pouca atenção às convulsões políticas, vinha exercendo um impacto importante sobre a historiografia da França medieval e do início da era moderna. A interpretação dos acontecimentos do período 1789-99, contudo, era bastante influenciada pelos marxistas que dominavam o estudo do passado revolucionário nacional depois da Segunda Guerra. Porém, nas duas décadas seguintes, Furet seguiria em frente publicando uma série de ensaios inteiramente originais, bem diferentes de qualquer coisa que ele ou outros haviam publicado até então e que acabaram por transformar nossa compreensão do passado revolucionário da França. Numa notável série de livros, começando por *Penser la Révolution Française* (1978) e culminando com *La révolution 1770-1880* (1988), Furet destruiu o que ele próprio chamou de "catecismo revolucionário": o relato marxista e neomarxista sobre a revolução da França como um modelo precursor das revoluções burguesas ocorridas por toda parte, baseado numa interpretação dos anos 1789-94 como o exemplo clássico do conflito de classe.[1]

A contribuição fundamental de Furet à interpretação da Revolução Francesa consistiu no seguinte: ele removeu do centro de nossas preocupações históricas a antiga insistência nas categorias sociais e nos conflitos, e substituiu-a pela ênfase nos debates políticos e intelectuais e nas consequências do passado revolucionário francês, lembrando a seus leitores que a Revolução tinha sido, sobretudo, uma mudança radical no equilíbrio de poder filosófico e político, não de interesses econômicos de classe. Como Alexis de Tocqueville, Furet valorizava o fato de que os homens daquela era, especialmente os teóricos e porta-vozes da primeira revolução, a de 1789 a

1791 — Antoine Barnave, Emmanuel Joseph Sieyès, Jean-Joseph Mounier — estavam engajados em algo drasticamente novo. Como precisavam justificar e legitimar não apenas a derrubada de uma autoridade estabelecida como também a própria pretensão de substituí-la, eram obrigados a imaginar e explorar uma nova versão do passado francês, do Estado francês e do povo francês, imbuindo cada uma dessas entidades com características apropriadas às ambições de uma nova classe política que havia tomado o poder na França. Em resumo, precisavam inventar a política moderna.

Nas mãos de Furet, então, a Revolução Francesa se tornou novamente o que fora nos escritos de Mignet, Thiers, Guizot e outros grandes historiadores liberais do início do século XIX: uma luta entre afirmativas filosóficas e argumentos políticos que competiam entre si e às vezes se mostravam incompatíveis. Nessa luta, o fracasso francês de 1792 em assegurar e chegar a um acordo sobre uma nova forma de legitimidade institucional deu origem não apenas ao radicalismo instável e autodestrutivo dos anos dos jacobinos, mas também a um ciclo de ditadura, contrarrevolução, autoritarismo, restauração, revolução e reação que viria a caracterizar a história da França no século XIX e manter a nação dividida por quase dois séculos.

Furet, como Marx, Tocqueville e outros estudiosos do passado da França, os quais ele tanto admirava, tinha certa reverência pelos revolucionários franceses, encarados por todos eles como os pais fundadores da política moderna; recusava-se a acreditar, contudo, que eles, ou seus seguidores, estivessem meramente engajados na versão local de um conflito de classes, ou interesses, ou sexos, cuja história e cujo significado mais abrangentes estavam de alguma forma inscritos na História. Como observou num dos últimos ensaios que publicou:

> A grandiosidade da sua aventura e o segredo da duração de suas reverberações vêm da sua luta — no próprio palco da história — com a clássica questão filosófica do seu século: como instituir e assegurar a existência do contrato social.[2]

Essa é uma observação que teria parecido óbvia para François Guizot e outros historiadores liberais da Revolução, cuja reputação Furet tanto fez para salvar de um injusto esquecimento; é bastante revelador a respeito da historiografia de uma era posterior o fato de essa afirmação e as preocupações de Furet terem parecido tão subversivas.

Na França, o surgimento da obra de Furet coincidiu com o declínio do marxismo como tendência dominante nos círculos intelectuais e acadêmicos do país, e ajudou a completar esse processo. Além disso, ao desmontar os clichês há muito aceitos a respeito das origens social-revolucionárias da França moderna, Furet ajudou seus contemporâneos a aprender a pensar sobre a própria política, e sobre as maneiras como a França é governada agora e poderá vir a ser governada nos anos a seguir. Não estava inscrito no código genético da história francesa, argumentava ele, que a nação precisa ficar indefinidamente dividida entre uma esquerda ideologicamente míope e uma direita intransigentemente ressentida. A divisão não descrevia mais nada real na França: a Revolução Francesa já tinha acabado. A reavaliação do nosso entendimento da Revolução Francesa promovida por Furet foi em si mesma um fator importante para ajudar a deslocar dos debates políticos franceses a até então onipresente herança revolucionária. Como resultado, é novamente possível na França discutir política, filosofia política e o lugar do Estado na sociedade sem o recurso constante a antigas categorias: a burguesia, o proletariado, conflito de classes, o "processo histórico", revolução versus reforma e assim por diante.

Dessas observações não deveria ser inferido que François Furet fosse algum tipo de reacionário político, exercendo uma vingança sobre o legado revolucionário francês e seus avatares acadêmicos. Ao contrário do que aconteceu com tantos ex-comunistas, ele se tornou e se manteve resolutamente um liberal no sentido clássico. Como os homens de 1791, acreditava que um Estado limitado, direitos de propriedade e liberdade firmemente assegurados e um entendimento entre os cidadãos a respeito da própria natureza e do lugar das instituições de governo não eram apenas fins desejáveis, mas o melhor que poderíamos, com prudência, esperar. E, ao contrário de tantos franceses das gerações seguintes, ele compreendia os danos causados ao seu país e à vida pública deste pela ausência desses acordos e dessas instituições. Para Furet, o "catecismo revolucionário" era sustentado pelo sonho de uma derradeira revolução, uma revolução que havia sido deixada inacabada pelos infelizes acontecimentos de 1794, o Terror e a reação termidoriana. Essa concepção, ele pensava, era não apenas um equívoco do ponto de vista acadêmico, mas uma desvantagem do ponto de vista cívico, e ele se esforçou para fazer seu país superá-la.

Não importa o que agora aconteça em termos do nosso entendimento sobre o passado francês ou, aliás, no próprio presente da França, a realização de François Furet é inquestionável. Nada jamais será como era antes de ele aparecer. Se tivesse simplesmente se detido nesse ponto, Furet já teria dado uma grande contribuição ao estudo do passado europeu e à cultura política do seu próprio país.[3] Mas ele não parou por aí. Por oito anos, de 1977 a 1985, foi presidente da L'École des Hautes Études en Sciences Sociales. Sob sua presidência a escola passou por um processo de renovação intelectual, com muitos estudiosos e escritores criativos tomando seus lugares no centro da vida acadêmica e cultural francesa. Furet também desempenhou papel importante na criação do Instituto Raymond Aron. Esse instituto, dedicado à memória do maior teórico social contemporâneo do país, um homem que foi muito negligenciado pelos seus pares enquanto vivo, tornou-se o ponto focal do renascimento do pensamento liberal francês hoje.

Nos últimos anos, os interesses de Furet se voltaram ainda mais para o presente, e em 1995 ele publicou *Le passé d'une ilusion*, um ensaio ocupando um livro inteiro a respeito do século xx na forma de uma história do mito do comunismo.[4] Esse polêmico tour de force provocou uma tempestade na França. Como um retrato da miragem comunista no nosso século, o livro de Furet não era particularmente original: ele próprio reconheceu que Boris Souvarine, Hannah Arendt e a escola composta por brilhantes refugiados alemães como Franz Borkenau e Franz Neumann tinham dito antes dele muitas das mesmas coisas. Porém o gênio de Furet reside na combinação de um levantamento erudito de passados contestados com uma discussão ponderada e polêmica voltada para o presente. O leninismo, argumentou ele, transferiu para o nosso século a fábula de uma renovação e uma transcendência revolucionárias que o mito da Grande Revolução havia legado à França. Era uma distorção patológica das aspirações universalistas ocidentais; e a servidão intelectual voluntária de seus admiradores no Ocidente acarretou um profundo e duradouro dano às suas próprias sociedades numa medida não menor que a do mal causado àquelas que se encontravam mais a leste, nas quais por tanto tempo floresceu.

Furet era um estilista de recursos econômicos e eficazes, e parte da atração exercida pelo livro está na sua habilidosa demolição dos chavões do pensamento progressista de nossa era. A respeito do entusiasmo intelectual pela Iugoslávia de Tito (tema explorado na maior parte das histórias do comunismo), Furet observou: "Ali estava a terra exótica indispensável para a indulgência imaginativa — depois da Rússia da revolução de outubro, agora era a vez de os infelizes Bálcãs serem rebatizados como a vanguarda da sociedade europeia". Da antiga propaganda do início da Guerra Fria, que procurava mobilizar contra De Gaulle, Adenauer e sucessivos presidentes americanos o sentimento antifascista ao insinuar as inclinações "protofascistas" daqueles, Furet observou pesaroso que "jamais a um regime desonrado foram atribuídas tantas encarnações póstumas na imaginação de seus conquistadores".

O livro foi um grande sucesso. Um best-seller na França e amplamente lido através da Europa, é visto por muitos comentaristas como tendo batido o último prego na tampa do caixão do leninismo (numa cultura política em que seu cadáver ainda estava morno) ao eviscerar a ilusão utópica intimamente ligada à ideia mais amplamente disseminada de uma revolução no Ocidente nos últimos dois séculos. A reiterada insistência de Furet na relação entre o mito da Revolução Francesa e o crédito equivocadamente atribuído à sua sucessora russa ofendeu alguns de seus críticos, para os quais ele teria exagerado na sua argumentação. Mas não tinha. Foi a impecavelmente francesa e inegavelmente republicana Ligue des Droits de L'Homme que estabeleceu, em 1936, uma comissão para investigar os grandes julgamentos de Moscou daquele ano. A conclusão do seu relatório ilustra perfeitamente o argumento exposto em *Le passé d'une illusion*, assim como o caso mais abrangente que ele vinha sustentando havia duas décadas: "Seria uma *negação* [os itálicos são meus] da Revolução Francesa [...] recusar ao povo [russo] o direito de abater os fomentadores da guerra civil ou os conspiradores mancomunados com estrangeiros".

A triste notícia da morte de François Furet chegou pouco depois de sua eleição para a Académie Française, consagrando-o como uma das glórias "imortais" do país. Muitos dos integrantes da academia, antigos e atuais, contribuíram bem menos para a glória do país do que essa augusta instituição concordaria em reconhecer, e Furet teria sido o primeiro a se divertir com a ironia da sua elevação a essa condição.[5] Mas, na medida em que reconhecia a distinção de suas realizações e o duradouro impacto por ele exercido sobre o seu país, foi uma honra plenamente merecida. Mesmo assim, nada em François Furet depunha a favor da imagem convencional do acadêmico pomposo e vaidoso. Ele permaneceu, aos setenta anos, o que tinha sido ao longo da sua carreira: um erudito acessível, engajado e altamente motivado, sentindo-se tão à vontade num seminário de graduação na Universidade de Chicago quanto explicando suas opiniões para a audiência de massa da televisão nacional francesa.

Furet não tinha muita tolerância com mediocridade ou pretensão e tinha horror a perder tempo; as dificuldades experimentadas no início de sua vida o haviam transformado num "melancólico", como sua colega Mona Ozouf o descreveu no discurso em sua homenagem proferido em seu funeral, e sua personalidade revelava certo cansaço em relação ao passar do tempo e o pressentimento do mal que poderia existir mais à frente. Se chegava a pensar no futuro era com a intenção de trabalhar com mais empenho hoje. Tinha uma assombrosa capacidade de trabalho e era notavelmente rápido em seus estudos, como atestam seus livros. Mas encontrava tempo para ser um defensor corajoso e sincero dos seus pontos de vista, oferecendo firme apoio a estudantes, colegas e causas, da independência da Argélia às liberdades civis, mesmo quando (como na ocasião das celebrações do bicentenário da Revolução Francesa) isso fazia com que ganhasse inimigos entre estudiosos e outros saudosos de um passado simplista do qual ele os havia privado.[6]

François Furet não nos legou nenhuma teoria da revolução, nenhum manual sobre métodos históricos, nenhuma escola da historiografia francesa.[7] Seus interesses eram amplos demais para isso. Em qualquer caso, ele próprio era um entusiástico membro de uma escola mais antiga de investigação social e histórica, a de Alexis de Tocqueville. Alguns pensavam que Furet, no seu íntimo, aspirava fazer pela sua época o que Tocqueville fizera pela dele, e os dois com certeza tinham em comum a intuição de que a história passada e a política do presente estavam intimamente ligadas e que só poderiam ser compreendidas, explicadas (e exorcizadas) uma em relação com a outra. Contudo, como disse certa vez André Maurois sobre a ambição semirreconhecida de Raymond Aron de ser o Montesquieu de sua época, ele poderia ter se aproximado muito mais de seu objetivo caso tivesse se mantido um pouco mais distante dos acontecimentos do seu tempo. Furet, como Aron e para crédito seu, era incapaz de permanecer afastado da política contemporânea, e a unidade da sua *oeuvre* talvez tenha sofrido um pouco por isso. Mas como ele certa vez escreveu nas páginas dessa publicação a propósito de Tocqueville, sua "realização [...] não reside numa única doutrina qualquer, mas nas maneiras penetrantes e às vezes ambivalentes com que enfrentou as questões da igualdade, da democracia e da tirania que surgiram em seu tempo e que continuam por ser resolvidas no nosso".[8]

Este ensaio foi publicado originalmente no *New York Review of Books* em novembro de 1997.

NOTAS

1 *Penser la Révolution Française* (Paris: Gallimard, 1978), traduzido como *Interpreting the French Revolution* (Nova York: Cambridge University Press, 1981); *Marx et la Révolution Française* (Paris: Flammarion, 1986), traduzido como *Marx and the French Revolution* (Chicago: University of Chicago Press, 1988); *La Gauche et la Révolution Française au milieu du* XIX *siècle* (Paris: Hachette, 1986); *Dictionnaire critique de la Révolution Française* (Paris: Flammarion, 1988), editado com Mona Ozouf e traduzido como *A Critical History of the French Revolution* (Cambridge, MA: Belknap Press/Harvard University Press, 1989); *La Révolution: De Turgot à Jules Ferry, 1770-1880* (Paris: Hachette, 1988), traduzido como *Revolutionary France 1770-1880* (Oxford, UK: Blackwell, 1992).

2 "L'idée française de la révolution", publicado postumamente em *Le Débat*, 96 (setembro-outubro de 1996), pp. 13-33.

3 O impacto de Furet na comunidade acadêmica americana, ao contrário, foi bastante discreto. Na realidade, ele foi e é objeto de ressentimento por parte

de muitos especialistas na Revolução Francesa. Em parte isso se dá pela mesma razão pela qual foi visto inicialmente com suspeita entre alguns na França: sua rejeição da versão marxizante do passado francês, com sua ênfase nas forças e nos processos sociais, privou os antigos praticantes da "velha" história social da sua muleta interpretativa original. Nos últimos anos, porém, muitos partidários da "nova" história cultural também o têm acusado pela atenção que ele concede a ideias e argumentos políticos — e eles ficaram bastante ofendidos pela cáustica rejeição de seus esforços para "desconstruir" a revolução numa série de "representações". Às vezes acontece de um profeta ser honrado no seu próprio país.

4 *Le passé d'une ilusion: Essai sur l'idée comuniste au XX e siècle* (Paris: Robert Laffont; Calmann-Lévy, 1995).

5 Sua eleição para a Académie enfrentou a oposição enérgica de seus integrantes remanescentes da era de Vichy, assim como de gaullistas e de outros que ainda se lembravam do engajamento de Furet em favor da independência argelina no final dos anos 1950.

6 Foi por ocasião do bicentenário de 1989 que certos historiadores dos Estados Unidos do início da França moderna, irritados pela extraordinária influência que ele exercia sobre a compreensão coletiva da França em relação ao seu passado, se distinguiram por ataques *ad hominem* a Furet.

7 Tendo sido certa vez descrito por um jornal francês como um americano da "escola de Furet", suponho que devo declarar aqui um interesse pessoal. Contudo, por mais lisonjeira que seja, a descrição é enganadora: a escola não existe.

8 "The Passions of Tocqueville", *The New York Review of Books*, 27/6/1985.

CAPÍTULO XXVII

Amos Elon (1926-2009)

Encontrei Amos Elon pela primeira vez na Alemanha nos anos 1990. Estávamos participando de uma série de encontros generosamente promovidos pela Fundação Bertelsmann, na qual alemães, israelenses e judeus se reuniram para trocar banalidades. A maioria dos presentes procurava fazer proselitismo e assumir poses (no caso dos israelenses e judeus) ou tentava não ofender ninguém (no caso dos alemães). Amos, de modo singular, não fez nenhuma das duas coisas. Lá, como em todas as vezes em que o ouvi falar, conseguiu ser a um só tempo franco e, de um modo natural, sensível — ele dominava a conversação pela força da razão. Era espirituoso e mordaz, e às vezes rolava os olhos ao descartar alguma coisa da qual discordava; desprezava os tolos e os pedantes; sorria raramente, mas, quando o fazia, era de verdade. Ele produziu em mim uma impressão duradoura.

O cenário alemão era bastante apropriado. Amos, que nascera em Viena e era autor de uma influente biografia de Theodor Herzl, jamais perdeu sua ligação com a cultura e a história alemãs, tema sobre o qual escreveu frequentemente, com empatia e de modo penetrante. *The Pity of it All* [A pena de tudo isso], seu estudo de 2002 sobre a presença judaica na Alemanha, do Iluminismo a Hitler, demonstrou uma fina sensibilidade à tragédia dos judeus alemães. Para o bem e para o mal, eles permaneceram profundamente apegados à sua pátria cultural, muito depois de terem sido forçados a trocá-la por Israel, pelos Estados Unidos ou qualquer outro lugar: mais do que os judeus de qualquer outro país da Europa, eles sentiriam a sua perda.[1]

Mas é por seus escritos sobre o sionismo e Israel, e pelo engajamento de uma vida inteira com o país e seus dilemas, que Amos Elon será mais lembrado. Em *The Israelis: Founders and Sons* [Os israelenses: fundadores e filhos] (1971) ele ofereceu uma história crítica do sionismo, seus praticantes, seus herdeiros; um relato que encara, de forma direta, as limitações do projeto sionista e de suas consequências. Hoje esses relatos críticos são corriqueiros nos debates em Israel; naqueles dias eram realmente raros. O compromisso de Amos Elon com Israel, o país onde viveu e trabalhou na maior parte de sua vida, nunca esteve em questão. Mas, justamente por essa razão, sua atitude pouco confortável, lidando de modo implacável com as mazelas do país, fez com que se destacasse. Sua corajosa recusa a avalizar os clichês com os quais os defensores de Israel reagem a todas as críticas contrasta não apenas com a atitude defensiva dos comentaristas de esquerda de hoje em Israel, mas também, e especialmente, com os apologistas pusilânimes que compõem a claque americana de Israel.

Desse modo, Amos, ao contrário de tantos comentaristas compatriotas seus, obcecados com a questão da terra, foi o primeiro a reconhecer que os assentamentos em territórios ocupados por Israel desde 1967 eram uma catástrofe autoimposta: "Os assentamentos [...] deixaram Israel de mãos atadas em qualquer negociação para alcançar uma paz duradoura. [...] [Eles] só serviram para deixar o país menos seguro".[2] Parece realmente estranho que um país que dispõe da força militar mais poderosa da região, e contando com uma sequência ininterrupta de vitórias pelas armas, seja tão obcecado pelos riscos de segurança provocados pelo ato de abrir mão de alguns quilômetros quadrados de terra. Mas isso ilustra bem as mudanças ocorridas na terra de Elon nas últimas décadas.

Como ele previu em 2003, a insistência israelense em governar a população árabe que acabará por se tornar a maioria da população no interior das fronteiras do país só pode levar à criação de um Estado único abrangendo duas nações mutuamente hostis: uma dominante, outra subserviente. Com que resultado? "Se Israel persistir em sua atual política relativa aos assentamentos [...] o resultado final tem mais chance de se parecer com o Zimbábue do que com a África do Sul pós-apartheid."[3] Desde então muitos chegaram a essa conclusão deprimente; acredito que Amos tenha sido o primeiro a expor o argumento.

Amos escrevia movido mais pela dor do que pela raiva. Há muitos anos, quando poucos não especialistas não estavam sequer prestando atenção, ele escreveu num tom desesperançado sobre as "energias humanas gastas por mais de uma geração em programas de assentamento baseados numa visão de curto prazo. [...] Pensem no que poderia ter sido realizado se os bilhões atirados nas areias inconstantes do Sinai, das colinas de Golan e da Cisjordânia tivessem sido usados para fins mais úteis".[4] Esses esforços mal dirigidos ele atribuía ao que considerava a "espantosa mediocridade dos políticos israelenses". Isso foi escrito em 2002. A incompetência e a covardia política da geração de estadistas trabalhistas israelenses, da santificada Golda Meir ao egrégio Shimon Peres, já eram manifestas. Mas algo pior ainda estava por vir: Amos Elon viveria para ver na ressurreição de Benjamin Netanyahu e na obscena elevação de Avigdor Lieberman ao cargo de ministro do Exterior a triste confirmação de sua avaliação.

Amos tinha perfeita consciência de que o atual imbróglio do Oriente Médio era produto de todas as partes. Sua simpatia pelos "palestinos dispersos, despossuídos e desprovidos de um Estado" não o cegava para a inépcia de seus líderes.[5] Tinha conhecido um número suficiente de políticos árabes e palestinos para saber quão inadequados eles eram para fazer face à tragédia dos seus povos e às tarefas diante deles. Em todos os seus escritos, principalmente num influente ensaio de 1996 publicado no *New York Review of Books* intitulado "Israel and the End of Zionism" ["Israel e o fim do sionismo"], ele foi claramente equilibrado ao reconhecer os erros de ambos os lados. Porém os erros históricos dos palestinos tinham se dado prioritariamente antes de 1948, enquanto Israel tinha arcado com a maior parte da responsabilidade pelas decisões desastrosas em seguida à sua vitória de 1967.

O sionismo, como Amos veio a concluir, tinha sobrevivido à sua utilidade. "Como uma medida de [...] 'ação afirmativa', o sionismo foi útil durante os anos formativos. Hoje se tornou supérfluo."[6] O que fora antes uma ideologia nacionalista de um povo sem Estado havia passado por uma trágica transição. Para um número crescente de israelenses, havia se corrompido até se tornar um inflexível pacto etnorreligioso em torno da posse de terra e bancado por um Deus partidário, um pacto que justifica toda e qualquer ação contra ameaças reais ou imaginárias, contra críticos e inimigos. O projeto sionista, uma doutrina datada da época dos nacionalismos que animaram a construção dos Estados no fim do século XIX, há muito perdeu o rumo. Pode significar pouco — ainda que possa fazer bastante mal — num Estado democrático estabelecido com aspirações à normalidade. Em qualquer caso, ele foi sequestrado por ultrarradicais. O sonho de Herzl de um país judeu "normal" se tornou um pesadelo sectário exclusivista, um desdobramento que Amos ilustrava com uma citação de Keats ligeiramente modificada: "Fanáticos têm um sonho pelo qual eles tecem um paraíso para uma seita".[7]

Durante grande parte de sua vida ativa, Amos Elon foi jornalista, a serviço do diário liberal *Haaretz*. Durante as décadas de 1950 e 1960 trabalhou com frequência como correspondente estrangeiro, lotado em lugares que iam da Europa Oriental comunista a Washington, D.C. Parece ter entrevistado simplesmente todo mundo, de John F. Kennedy (com quem participou de festas muito loucas no auge dos anos Camelot) a Yasser Arafat. Costumava contar uma história reveladora. Numa entrevista feita no início dos anos 1960, em Washington, com um importante diplomata israelense que estava prestes a abandonar seu posto e voltar para casa, ele questionou numa conversa íntima seu compatriota israelense. "O que você acredita ter conseguido realizar durante seu tempo de serviço nos Estados Unidos"?, perguntou Elon. "Ah, essa é fácil", retrucou o diplomata. "Acredito que tive sucesso em convencer os americanos de que antissionismo é antissemitismo." Naqueles anos, Amos me contou, considerou a afirmativa do diplomata simplesmente bizarra; na época mal podia ter imaginado que aquela cínica equação política viria a ser aceita como uma verdade inconteste entre seus compatriotas e os que os apoiam.

A crescente incapacidade — nos Estados Unidos, sobretudo, mas também em Israel — de distinguir entre judeus e Israel, Israel e sionismo, sionismo e um exclusivismo teológico fanático, ajuda a explicar por que um israelense como Amos Elon viria a passar seus últimos anos na Toscana (onde morreu em 25 de maio). Muitos israelenses, especialmente os homens e mulheres mais jovens e mais bem-educados, vivem hoje fora de seu país, atraídos por cidades cosmopolitas da Europa e dos Estados Unidos. Alguns poucos deles preferiram o exílio a ter de servir no exército de ocupação. Mas, para um homem da geração de Elon, que já era adulto quando seu país nasceu e inteiramente comprometido com a necessidade e o sucesso do sionismo, a decisão de vender sua casa em Jerusalém e estabelecer-se permanentemente no exterior foi bem mais dolorosa e carrega implicações profundas. Um exilado moral em seu próprio país, Amos — em tantos sentidos, o israelense consumado — se via mais uma vez sem raízes; ou, de qualquer modo, enraizado apenas na atitude desafiadora de seu cosmopolitismo.

Uma lamentável consequência desse autoexílio de um dos maiores jornalistas de seu país é que muitos israelenses não estão familiarizados com seus textos. É claro que seus livros estão disponíveis em hebraico. E seus frequentes ensaios no *New York Review of Books* e em outras publicações eram lidos com atenção por seus admiradores. Mas o público em Israel para o tipo de texto que Elon escrevia vem declinando cada vez mais ao longo das décadas. Isso em nada diminui o significado de sua morte. Muito pelo contrário. O fato de que a maior parte dos israelenses de hoje não está pranteando sua morte simplesmente demonstra e enfatiza a perda deles — e a nossa.

Este ensaio foi publicado originalmente no *New York Review of Books* em julho de 2009.

NOTAS

1 *The Pity of it All: A History of the Jews in Germany, 1743-1933* (Nova York: Metropolitan Books, 2002). Outros livros de Amos Elon são: *The Israelis: Founders and Sons* (Nova York: Holt, Rinehart and Winston, 1971); *Herzl* (Nova York: Holt, Rinehart and Winston, 1975); *Journey Through a Haunted Land: The New Germany* (Nova York: Holt, Rinehart and Winston, 1967); e

A Blood-Dimmed Tide: Dispatches from the Middle East (Nova York: Columbia University Press, 1997).

2 Amos Elon, "No Exit", *The New York Review of Books*, 23/5/2002.

3 Omer Bartov, Amos Elon et al., "An Alternative Future: An Exchange", *The New York Review of Books*, 4/12/2003.

4 Amos Elon, "Israel and the End of Zionism", *The New York Review of Books*, 19/12/1996.

5 Amos Elon, "Exile's Return: A Response to Justus Reid Wiener", *The New York Review of Books*, 24/2/2000.

6 Elon, "Israel and the End of Zionism".

7 Elon, "Exiles's Return". O trecho original do poema de Keats *The Fall of Hyperion* diz: "Fanáticos têm seus sonhos, com os quais tecem/ Um paraíso para uma seita".

CAPÍTULO XXVIII

Leszek Kołakowski (1927-2009)

OUVI LESZEK KOŁAKOWSKI FAZER UMA CONFERÊNCIA UMA ÚNICA vez. Foi em Harvard, em 1987, e ele era palestrante convidado no seminário sobre teoria política organizado pela falecida Judith Shklar. *Principais correntes do marxismo* tinha acabado de ser publicado em inglês e Kołakowski vivia o auge de seu prestígio. Era tão grande o número de estudantes que queriam ouvi-lo falar que a palestra teve de ser transferida para um auditório maior e foi permitida a entrada de convidados. Como me encontrava por acaso em Chicago para uma reunião, fui à palestra na companhia de alguns amigos.

O título sedutoramente sugestivo da conferência de Kołakowski era "O demônio na história". Durante algum tempo fez-se silêncio enquanto estudantes, professores da faculdade e visitantes ouviam atentamente. Os escritos de Kołakowski eram conhecidos de muitos dos ali presentes, familiarizados com sua queda pela ironia e com sua cuidadosa argumentação. Porém, mesmo assim, a plateia estava experimentando uma dificuldade em acompanhar sua linha de raciocínio. Por mais que as pessoas tentassem, não conseguiam decodificar a metáfora. Uma sensação de confusa perplexidade começou a pairar sobre o auditório. E então, quando já havia decorrido cerca de um terço da conferência, meu vizinho — Timothy Garton Ash — se inclinou na minha direção. "Já entendi", ele sussurrou. "Ele realmente *está* falando do demônio." E estava mesmo.

Uma característica definidora da trajetória intelectual de Leszek Kołakowski era o fato de ele levar o mal extremamente a sério. Na sua visão, entre as premissas equivocadas de Marx estava a ideia de que todas as limitações humanas tinham suas raízes nas circunstâncias sociais. Marx havia "negligenciado totalmente a possibilidade de que algumas fontes de conflito e de agressão pudessem ser inerentes às características permanentes da espécie".[1] Ou, como se expressou em sua palestra de Harvard: "O mal [...] não é contingente [...] mas um fato obstinado e incontornável". Para Leszek Kołakowski, que viveu na Polônia ocupada pelos nazistas e, em seguida, no período em que os soviéticos chegaram ao país, "o demônio é parte da nossa experiência. Nossa geração viu o suficiente dele para levar extremamente a sério a sua mensagem".[2]

A maioria dos obituários publicados por ocasião da recente morte de Kołakowski, com a idade de 81 anos, deixou completamente de lado essa faceta do homem. Não é de surpreender. A despeito do fato de que grande parte do mundo ainda acredita num Deus e pratica a religião, intelectuais ocidentais e comentaristas públicos dos dias de hoje não se sentem à vontade com a ideia de uma fé revelada. A discussão pública do tema se coloca de forma desconfortável entre uma negação excessivamente autoconfiante ("Deus" com certeza não existe e, de qualquer maneira, é tudo culpa Dele) e lealdade cega. Que um intelectual e erudito do calibre de Kołakowski tivesse levado a sério não apenas a religião e as ideias religiosas, mas o próprio demônio, é um mistério para muitos dos leitores que, apesar disso, o admiravam, sendo algo que preferiam ignorar.

O ponto de vista assumido por Kołakowski é complicado ainda mais pela distância cética que ele mantém em relação aos acríticos remédios milagrosos das religiões oficiais (a começar pela sua própria religião, o catolicismo) e pela sua atitude singular na condição de único estudioso do marxismo de reputação internacional a reivindicar para si uma posição igualmente proeminente como estudioso da história do pensamento religioso.[3] O conhecimento de Kołakowski a respeito de seitas cristãs e de textos por elas produzidos acrescenta profundidade e uma pitada de ironia à sua influente produção sobre o marxismo como cânone religioso, com escrituras de maior ou menor importância, estruturas hierárquicas de autoridade textual e dissidentes heréticos. Leszek Kołakowski compartilhava com seu colega de Oxford e, como ele, egresso da Europa Central Isaiah Berlin uma aberta desconfiança em relação a todas as certezas dogmáticas e uma pesarosa insistência na admissão do preço acarretado por toda escolha política ou ética: há boas razões pelas quais a liberdade da atividade econômica deveria ser limitada em prol da segurança e pelas quais o dinheiro não deveria automaticamente produzir mais dinheiro. Mas limitações da liberdade deveriam ser consideradas exatamente assim e não deveriam ser chamadas de uma forma mais elevada de liberdade.[4]

Ele demonstrava ter pouca paciência com os que supunham, em face da história do século XX, que o aperfeiçoamento político radical poderia ser assegurado a um pequeno custo humano e moral — ou que os custos, caso fossem significativos, poderiam ser compensados por futuros benefícios. Por um lado, ele se mostrava coerentemente avesso a aceitar todos os teoremas simplistas que tivessem a pretensão de captar verdades humanas imemoriais. Por outro, considerava certas características evidentes da condição humana como sendo óbvias demais para ser ignoradas, por mais inconvenientes que fossem:

> Nada há de surpreendente no fato de que resistimos energicamente às implicações de muitas verdades banais; isso acontece em todos os campos do conhecimento simplesmente porque a maioria dos truísmos a propósito da vida humana é desagradável.[5]

Porém as considerações acima não precisam — e não precisavam, segundo Kołakowski — sugerir uma reação reacionária ou quietista. O marxismo poderia ser um erro categórico histórico em escala mundial. Mas disso não decorria que o socialismo tinha sido um desastre absoluto; nem precisamos concluir que não podemos ou não devemos trabalhar para aperfeiçoar as condições de vida da humanidade:

> O que quer que tenha sido feito na Europa Ocidental para proporcionar mais justiça, mais segurança, mais oportunidades de educação, mais direitos

> sociais e maior responsabilidade do Estado em relação aos pobres e indefesos, não poderia jamais ter sido feito sem a pressão das ideologias socialistas e dos movimentos socialistas, a despeito de todas as suas ingenuidades e ilusões. [...] A experiência passada depõe em parte a favor da ideia socialista e em parte contra ela.

Essa avaliação cuidadosamente equilibrada das complexidades da realidade social — a ideia de que "a fraternidade humana é desastrosa como um programa político, mas indispensável como um signo que nos sirva de guia" — já coloca Kołakowski numa tangente em relação à maior parte dos intelectuais de sua geração. Tanto no Leste como no Ocidente, a tendência mais comum é oscilar entre uma excessiva confiança nas infinitas possibilidades para o desenvolvimento humano e a negação insensível de toda noção de progresso. Kołakowski se colocava numa posição intermediária em relação a esse cisma característico do século XX. A fraternidade humana, no seu pensamento, permaneceu "uma ideia de ordem mais reguladora do que constitutiva".[6]

A implicação aqui é o tipo de compromisso prático que associamos com a social-democracia — ou, na Europa Ocidental continental, com sua colega, a democracia cristã. Exceto, é claro, pelo fato de que a social-democracia hoje — carregando o fardo desconfortável das conotações associadas ao "socialismo" e seu passado no século XX — frequentemente é como o amor que não ousa dizer seu nome. Leszek Kołakowski não era social-democrata. Mas foi criticamente ativo na história política real do seu tempo, e em mais de uma ocasião. Nos primeiros anos do Estado comunista, Kołakowski (ainda que não tivesse completado trinta anos) era o principal filósofo marxista na Polônia. Depois de 1956, ele moldou e articulou o pensamento dissidente numa região na qual qualquer opinião crítica estava fadada, cedo ou tarde, a ser excluída. Como professor de história da filosofia na Universidade de Varsóvia, proferiu uma famosa palestra pública em 1966 denunciando violentamente o Partido Comunista por trair o povo — um ato de coragem política que lhe custou sua carteira do partido. Dois anos mais tarde foi devidamente exilado no Ocidente. Desde então Kołakowski serviu como referência e guia para os jovens dissidentes no interior do país que viriam a formar o núcleo da oposição política polonesa em meados dos anos 1970 e que propiciou a energia intelectual por trás do movimento Solidariedade, chegando efetivamente ao poder em 1989. Leszek Kołakowski foi, assim, um intelectual inteiramente engajado, a despeito de seu desprezo pelas pretensões e vaidades associadas à noção de "engajamento". Engajamento e "responsabilidade" intelectuais, muito debatidos e idealizados no pensamento da Europa continental na geração que se seguiu à Segunda Guerra, pareciam a Kołakowski conceitos fundamentalmente vazios:

> Por que deveriam os intelectuais ser particularmente responsáveis, e responsáveis de um modo diferente do de outras pessoas, e pelo quê? [...] Um mero sentimento de responsabilidade é uma virtude formal que, por si só, não resulta numa obrigação específica: é possível sentir-se responsável tanto por uma boa causa como por uma causa ruim.

Essa simples observação parece raramente ter ocorrido a uma geração de existencialistas franceses e seus admiradores anglo-americanos. Pode ser que fosse preciso ter tido uma experiência direta da atração exercida por objetivos que conduzissem ao mal (tanto da esquerda como da direita) junto a intelectuais que não deixavam de ser responsáveis para compreender plenamente todos os custos assim como os benefícios do compromisso ideológico e do unilateralismo moral.

Como sugerem as palavras acima, Leszek Kołakowski não era um "filósofo continental" convencional, no sentido geralmente atribuído à expressão nos meios acadêmicos contemporâneos e em especial em referência a Heidegger, Sartre e seus epígonos. Mas ele também não tinha muito em comum com o pensamento anglo-americano na forma que veio a predominar nas universidades do mundo de língua inglesa após a Segunda Guerra — o que, sem dúvida, explica seu isolamento e o fato de ter sido negligenciado durante as décadas que passou em Oxford.[7] As fontes da perspectiva adotada por Kołakowski, além do diálogo que manteve durante a vida inteira com a teologia católica, provavelmente são encontradas mais facilmente na experiência do que na epistemologia. Como ele mesmo observou na sua obra magna, "todos os tipos de circunstância contribuem para a formação da visão de mundo, e [...] todos os fenômenos se devem a uma inesgotável multiplicidade de causas".[8]

No caso do próprio Kołakowski, a multiplicidade das causas inclui não apenas uma infância traumática durante a Segunda Guerra Mundial e a catastrófica história do comunismo nos anos que se seguiram como também o cenário bastante característico constituído pela Polônia no decorrer dessas décadas cataclísmicas. Pois, ainda que nem sempre seja claro para onde o pensamento de Kołakowski em particular está nos levando, fica perfeitamente claro que ele jamais veio de "lugar nenhum".

O mais cosmopolita dos modernos filósofos europeus — à vontade nas cinco línguas mais importantes e em suas respectivas culturas — e vivendo no exílio por mais de vinte anos, Kołakowski nunca se sentiu "sem raízes". Em contraste, por exemplo, com Edward Said, ele questionava até mesmo se seria possível, de boa-fé, abrir mão de todas as formas de lealdade comunal. Sem estar plenamente localizado, nem completamente deslocado, Kołakowski foi a vida toda um crítico do sentimento nativista; e ainda assim ele era adulado na sua Polônia natal, e com razão. Europeu até os ossos, nunca deixou de questionar, levado por um frio ceticismo, as ingênuas ilusões dos pan-europeístas, cujas aspirações homogeneizadoras lhe lembravam os sombrios dogmas utópicos de uma outra era. Diversidade, contanto que não fosse transformada num ídolo e num objetivo em si mesmo, lhe parecia a mais prudente aspiração, e uma aspiração que só poderia ser garantida pela preservação de identidades nacionais distintas.[9] Seria fácil concluir que Leszek Kołakowski era um personagem único. Sua singular combinação de ironia e seriedade moral, sensibilidade religiosa e ceticismo epistemológico, engajamento social e dúvida política era efetivamente rara (também deve ser dito que ele era extremamente carismático — exercendo muito do mesmo magnetismo em qualquer reunião, da mesma forma que o falecido Bernard Williams e pelas mesmas razões).[10] Porém, não parece pouco razoável lembrar que justamente por essas razões — inclusive o carisma — ele se colocava de modo muito firme numa linhagem particular. A mera abrangência alcançada por sua cultura e suas referências; sua ironia fina e carregada de alusões; a aceitação resignada do provincianismo acadêmico nas afortunadas plagas ocidentais nas quais encontrou refúgio; a experiência e a memória da Polônia do século XX estavam impressas como que nas suas próprias feições maliciosamente expressivas: todos esses traços identificavam o falecido Leszek Kołakowski como um autêntico intelectual da Europa

Central — talvez o último deles. Para duas gerações de homens e mulheres, nascidos entre 1880 e 1930, a experiência da Europa Central no que tinha de mais característico consistia numa educação multilinguística e numa região centrada numa sofisticada civilização europeia urbana, afiada, rematada e obscurecida pela experiência de ditadura, guerra, ocupação, devastação e genocídio nessa mesmíssima região.

Nenhuma pessoa em sã consciência repetiria tal experiência apenas para replicar a qualidade de pensamento e dos pensadores engendrada por essa educação sentimental. Há algo mais que simplesmente repugnante em manifestações de nostalgia pelo mundo intelectual perdido da Europa Oriental comunista, aproximando-se desconfortavelmente de um lamento pela perda da repressão imposta a outras pessoas. Mas, como o próprio Leszek Kołakowski seria o primeiro a observar, apesar de tudo existiu efetivamente uma relação entre a história do século XX na Europa Central e sua espantosa riqueza intelectual; não é algo que possa ser negado.

O que esse fenômeno produziu foi o que Judith Shklar, em outro contexto, descreveu certa vez como um "liberalismo do medo": a defesa inarredável da razão e da moderação nascidas da experiência direta das consequências dos excessos ideológicos, a sempre presente consciência da possibilidade da catástrofe, em seu pior aspecto quando interpretada erradamente como uma possibilidade de renovação, e as tentações de um pensamento totalizador em toda a sua variedade mutável. No rastro da história do século XX, *essa* foi a lição proporcionada pela Europa Central. Se tivermos muita sorte, não precisaremos reaprendê-la por algum tempo no futuro; quando viermos a precisar, só podemos esperar que haja alguém por perto para ensiná-la. Até lá faríamos bem em reler Leszek Kołakowski.

Este ensaio foi publicado originalmente no *New York Review of Books* em setembro de 2009.

NOTAS

1 "The Myth of Human Self-Identity", *The Socialist Idea: A Reappraisal*, Leszek Kołakowski e Stuart Hampshire, eds. (Nova York: Basic Books, 1974), p. 32.

2 Leszek Kołakowski, "The Devil in History", em *My Correct Views on Everything* (South Bend, IN: St. Augustine Press, 2005).

3 Para um exemplo representativo da abordagem adotada por Kołakowski diante da história do pensamento religioso, ver, por exemplo, *God Owes Us Nothing: A Brief Remark on Pascal's Religion and on the Spirit of Jansenism* (Chicago: University of Chicago Press, 1995). Não seria demais afirmar que Kołakowski era um pascaliano do século XX, decidido a apostar cautelosamente suas esperanças na razão, em vez de na fé.

4 Leszek Kołakowski, *Modernity on Endless Trial* (Chicago: Univsersity of Chicago Press, 1990), pp. 226-7.

5 Kołakowski e Hampshire, *The Socialist Idea*, p. 17.

6 Kołakowski, *Modernity on Endless Trial*, p. 114.

7 Em outros lugares, suas realizações foram extensamente reconhecidas. Em 1983 ele recebeu o Prêmio Erasmus. Em 2004 foi o primeiro a receber o Prêmio Kluge da Biblioteca do Congresso, onde tinha feito palestras nas Conferências Jefferson vinte anos antes. Três anos mais tarde recebeu o Prêmio Jerusalém.

8 Leszek Kołakowski, *Main Currents of Marxism, Volume III: The Breakdown* (Nova York: Clarendon Press/Oxford University Press, 1978), p. 339. Sou grato a Leon Wieseltier por me chamar a atenção para essa referência.

9 Kołakowski, *Modernity on Endless Trial*, p. 59. Para Edward Said, ver *Out of Place: A Memoir* (Nova York: Vintage, 2000).

10 Numa festa em sua homenagem após a palestra em Cambridge, me lembro de como, com admiração, espanto e não pouca inveja, vi que absolutamente todas as jovens na sala tinham migrado para o canto onde o filósofo de sessenta anos, já robusto e apoiado numa bengala, lhes fazia a corte diante de seus olhos cheios de adoração. Nunca se deve subestimar a atração magnética exercida pela pura e simples inteligência.

Relação cronológica dos ensaios e resenhas publicados por Tony Judt

"The Development of Socialism in France: The Example of the Var", *Historical Journal* 18, nº 1 (1975).

"The Origins of Rural Socialism in Europe: Economic Change and the Provençal Peasantry", *Social History* 1, nº 1 (1976).

"Introduction to 'Socialists and Socialism in the Twentieth Century'", *Journal of Contemporary History* 11, nºs 2-3 (1976).

"The French Socialists and the Cartel des Gauches of 1924", *Journal of Contemporary History* 11, nºs 2-3 (1976).

"Minerva's Owl and Other Birds of Prey: Reflections on the Condition of Labor History in Europe", *International Labor and Working Class History* (outono de 1979).

"A Clown in Regal Purple: Social History and the Historians", *History Workshop Journal* 7 (1979).

"On the Syntax of the History of Socialism", *Historical Journal* 22, nº 3 (1979).

"The Rules of the Game", *Historical Journal* 23, nº 3 (1980).

"Une historiographie pas comme les autres: The French Communists and Their History", *European Studies Review* (outubro de 1982).

"Class Composition and Social Structure of Socialist Parties After the First World War, the Case of France", *Annali della Fondazione Giangiocomo Feltrinelli* (1983-84).

"The Spreading Notion of the Town: Some Recent Writings on French and Italian Communism", *Historical Journal* 28, nº 4 (1985).

"Revolutionary Ends", *Times Literary Supplement*, 26 de setembro de 1986.

"Wojna sie skonczyla? O wojne hiszpanskiej po 50 latach" (La Guerre est finie? The Spanish Civil War after 50 years), *Zeszyty Literackie* 19 (1987).

"The Dilemmas of Dissidence: The Politics of Opposition in East-Central Europe", *Eastern European Politics and Societies* 2, nº 2 (primavera de 1988).

"Moving Pictures: Reflections on Shoah, Heimat, and Le Chagrin et la Pitié", *Radical History Review* 41 (primavera de 1988).

"The Mitterrand Transition", *Dissent* (outono de 1988).

"The Rediscovery of Central Europe", *Daedelus* (janeiro de 1990).

"A Nation-Builder and His Successors: Tomas Masaryk and Czechoslovak History", *Times Literary Supplement*, 26 de janeiro-1º de fevereiro de 1990.

"The Unmastered Future: Notes on the Present Condition of Central Europe", *Tikkun* (março de 1990).

"Whose Common Culture?" *Times Literary Supplement*, 14-20 de setembro de 1990.

"The War Between the French", *Times Literary Supplement*, 28 de setembro-5 de outubro de 1990.

"La Rivoluzione francese e l'idea socialista", em *La Rivoluzione francese e l'Europa*, François Furet, org. (Bari: Laterza, 1989 [Nova York: Hachette, 1990]).

"Radical Politics in a New Key", em *Critique and Construction: A Symposium on Robert Unger's Politics*, Robin Lovin e Michael Perry, orgs. (Nova York: Cambridge University Press, 1990).

"Justice as Theatre", *Times Literary Supplement*, 18-24 de janeiro de 1991.

"A Stepson to the Republic", *New York Times*, 24 de fevereiro de 1991.

"The Judgements of Paris: French Intellectuals Since the Dreyfus Affair", *Times Literary Supplement*, 28 de junho de 1991.

"To Live in Truth: Václav Havel and the Privatizing of the Intellectuals", *Times Literary Supplement*, 11 de outubro de 1991.

"Chronicle of a Death Foretold: Modern European History and the 'Death of Marxism'", *History Today* (outubro de 1991).

"Bewitched, Bothered, and Bewildered", *Washington Post*, 17 de novembro de 1991.

"Here Be Monsters: The Training Ground of Vichy's National Elite", *Times Literary Supplement*, 17 de abril de 1992.

"Die Linke links liegen lassen?", *Transit* (primavera de 1992).

"Misjudgement of Paris: French Illusions and the Eastern Europe that Never Was", *Times Literary Supplement*, 15 de maio de 1992.

"One Bloody Family Feud", *New York Times*, 26 de junho de 1992.

"A bal sorsa", *2000 Irodalmi és társadalmi havi lap* (Budapeste, outubro de 1992).

"Intellectual Follies", *Washington Post*, 8 de novembro de 1992.

"Unvollendete Demontage: Die versäumte Selbstaufklärung der Linken", *Frankfurter Allgemeine Zeitung*, 10 de novembro de 1992.

"The Past Is Another Country: Myth and Memory in Post-War Europe", *Daedelus* 121, nº 4 (outono de 1992).

"We Have Discovered History: Defeat, Resistance, and Intellectuals in France", *Journal of Modern History* 64 (dezembro de 1992).

"Ex Oriente Lux? Post-Celebratory Speculations on the 'Lessons' of '89", em *Towards Greater Europe*, Colin Crouch e David Marquand, orgs. (Oxford, Reino Unido: Blackwell, 1992).

"Metamorphosis: The Democratic Revolution in Czechoslovakia", em *Eastern Europe in Revolution*, Ivo Banac, org. (Ithaca, NY: Cornell University Press, 1992).

"His Mother Done It", *New York Times*, 23 de maio de 1993.

"Rights in France: Reflections on the Etiolation of a Political Language", *Tocqueville Review* (primavera de 1993).

"Chauvin and His Heirs: The problems of Adjusting to a Multiracial France", *Times Literary Supplement*, 9 de julho de 1993.

"Betrayal in France: The Holocaust, the French and the Jews", *New York Review of Books*, 12 de agosto de 1993.

"Their Favorite Thief", *New York Review of Books*, 21 de outubro de 1993.

"How the East Was Won", *New York Review of Books*, 16 de dezembro de 1993.

"Politische Mythen im Nachkriegseuropa", *Transit* 6 (1993).

"Die unvollendete Demontage: Zur gegenwärtigen Krise der Linken", em *What's Left? Prognosen zer Linken* (Hamburgo, Alemanha: Rotbuch Verlag, 1993).

"The Inheritors: The New Europe's New Right", *Times Literary Supplement*, 11 de fevereiro de 1994.

"The Paris Strangler", *New Republic*, 7 de março de 1994.
"The New Old Nationalism", *New York Review of Books*, 26 de maio de 1994.
"1989: The End of Which European Era?", *Daedelus* (verão 1994).
"Vichy: Entre le tabou et l'obsession", *Le Monde*, 21 de setembro de 1994.
"How Much is Really Left of the Left?", *Times Literary Supplement*, 23 de setembro de 1994.
"The Lost World of Albert Camus", *New York Review of Books*, 6 de outubro de 1994.
"Truth and Consequences", *New York Review of Books*, 3 de novembro de 1994.
"Low Marx", *New Republic*, 3 de abril de 1995.
"At Home in This Century", *New York Review of Books*, 6 de abril de 1995.
"Downhill All the Way", *New York Review of Books*, 25 de maio de 1995.
"French War Stories", *New York Times*, 19 de julho de 1995.
"What are American Interests?", *New York Review of Books*, 5 de outubro de 1995.
"Two Dissenters", *Times Literary Supplement*, janeiro de 1996.
"Das Ende der Illusionen", *Focus Magazin*, 8 de janeiro de 1996.
"Austria and the Ghost of the New Empire", *New York Review of Books*, 15 de fevereiro de 1996.
"A Hero of his Times: The Twentieth-Century Saga of Manés Sperber", *New Republic*, 1º de abril de 1996.
"France Without Glory", *New York Review of Books*, 23 de maio de 1996.
"Europe: The Grand Illusion", *New York Review of Books*, 11 de julho de 1996.
"Holy Warrior", *New York Review of Books*, 31 de outubro de 1996.
"The First Casualties of Capitalism", *Times Literary Supplement*, 8 de novembro de 1996.
"The Dualist", *New Republic*, 14 de abril de 1997.
"New Germany, old NATO", *New York Review of Books*, 29 de maio de 1997.
"Continental Rift", *New York Times*, 5 de junho de 1997.
"Crimes and Misdemeanors", *New Republic*, 22 de setembro de 1997.
"The Social Question Redivivus", *Foreign Affairs*, setembro/outubro de 1997.
"Why the Cold War Worked", *New York Review of Books*, 9 de outubro de 1997.
"François Furet", *New York Review of Books*, 6 de novembro de 1997.
"The Longest Road to Hell", *New York Times*, 22 de dezembro de 1997.
"On the Brink", *New York Review of Books*, 15 de janeiro de 1998.
"The Stranger", *New Republic*, 16 de fevereiro de 1998.

"On European Identity", *Time*, 1º abril de 1998.
"Counsels on Foreign Relations", *New York Review of Books*, 13 de agosto de 1998.
"Freedom and Freedonia", *New Republic*, 7 de setembro de 1998.
"The 'Third Way' is No Route to Paradise", *New York Times*, 27 de setembro de 1998.
"À la Recherche du temps perdu", *New York Review of Books*, 3 de dezembro de 1998.
"Tyrannized by Weaklings", *New York Times*, 5 de abril de 1999.
"A New World Disorder", *Los Angeles Times*, 11 de abril de 1999.
"The Reason Why", *New York Review of Books*, 20 de maio de 1999.
"The Courage of the Elementary", *New York Review of Books*, 20 de maio de 1999.
"Europe, Without America to Lean On", *New York Times*, 20 de junho de 1999.
"To the End of the World", *New York Times*, 27 de junho de 1999.
"A Superpower Flaunts Its Ignorance", *New York Times*, 17 de outubro de 1999.
"Is There a Belgium?", *New York Review of Books*, 2 de dezembro de 1999.
"The Deadliest Century Is Done", *Newsweek*, 27 de dezembro de 1999.
"Extremism, Without the Virtue", *New York Times*, 30 de janeiro de 2000.
"Arthur Koestler: The Homeless Mind", *New Republic*, fevereiro de 2000.
"Austrian Conundrums", *London Evening Standard*, 5 de fevereiro de 2000.
"The Farce Version of History", *Newsweek*, 14 de fevereiro de 2000.
"Austrian Politics and the Far Right in Europe", *Newsweek*, 28 de fevereiro de 2000.
"Tale from the Vienna Woods", *New York Review of Books*, 1º de março de 2000.
"Writing History, Facts Optional", *New York Times*, 13 de abril de 2000.
"The Story of Everything", *New York Review of Books*, 1º de setembro de 2000.
"The New Old Foreign Policy", *New York Review of Books*, 1º de novembro de 2000.
"Alice in Euro-Land", *Die Zeit*, 7 de novembro de 2000.
"The White House and the World", *New York Review of Books*, 21 de dezembro de 2000.
"Europe is One, until Disaster Strikes", *New York Times*, 6 de fevereiro de 2001.
"Could the French Have Won?", *New York Review of Books*, 22 de fevereiro de 2001.

"The French Difference", *New York Review of Books*, 12 de abril de 2001.
"The End of History", *New Republic*, 14 de maio de 2001.
"Twas a Famous Victory", *New York Review of Books*, 19 de julho de 2001.
"On September 11th", *Evening Standard*, 1º de outubro de 2001.
"Romania: Bottom of the Heap", *New York Review of Books*, 1º de novembro de 2001.
"America and the War", *New York Review of Books*, 15 de novembro de 2001.
"On *The Plague*", *New York Review of Books*, 29 de novembro de 2001.
"The War on Terror", *New York Review of Books*, 20 de dezembro de 2001.
Introdução de *The Marshall Plan: Fifty Years After*, de Martin A. Schain (Nova York: Palgrave Macmillan, 2001).
Introdução de *Selected Writings*, de Raymond Aron (Nova York: Basic Books, 2001).
Introdução de *The Plague*, de Albert Camus (Nova York: Penguin, 2001).
"America's Restive Partners", *New York Times*, 28 de abril de 2002.
"The Road to Nowhere", *New York Review of Books*, 9 de maio de 2002.
"After Victory", *New Republic*, 29 de julho de 2002.
"Its Own Worst Enemy", *New York Review of Books*, 15 de agosto de 2002.
"The Wrong War at the Wrong Time", *New York Times*, 20 de outubro de 2002.
"We'll Always Have Paris", *New York Times*, 1º de dezembro de 2002.
"The Way We Live Now", *New York Review of Books*, 27 de março de 2003.
"America and the World", *New York Review of Books*, 10 de abril de 2003.
"The Nation: Fortunes of War, Europe Finds no Counterweight to US Power", *New York Times*, 20 de abril de 2003.
"Anti-Americans Abroad", *New York Review of Books*, 1º de maio de 2003.
"Two Visions", *Newsweek International*, 6 de outubro de 2003.
"Jewish State Has Become an Anachronism", *Los Angeles Times*, 10 de outubro de 2003.
"Israel: The Alternative", *New York Review of Books*, 20 de outubro de 2003.
"The Last Romantic", *New York Review of Books*, 20 de novembro de 2003.
"Taking Another Look at Spain", *Newsweek*, 29 de março de 2004.
"The Artlessness of the Apology", *Washington Post*, 9 de maio de 2004.
"The World We Have Lost", *Newsweek*, 31 de maio de 2004.
"The Rootless Cosmopolitan", *The Nation*, 19 de julho de 2004.
"A Matter of Public Trust", *Newsweek International*, 26 de julho de 2004.

"On Tony Blair", *Newsweek*, 31 de outubro de 2004.

"Dreams of Empire", *New York Review of Books*, 4 de novembro de 2004.

"The Eastern Front, 2004", *New York Times*, 5 de dezembro de 2004.

"Goodbye to All That?", *The Nation*, 3 de janeiro de 2005.

"Europe vs. America", *New York Review of Books*, 10 de fevereiro de 2005.

"The New World Order", *New York Review of Books*, 14 de julho de 2005.

"From the House of the Dead: On Modern European Memory", *New York Review of Books*, 6 de outubro de 2005.

Introdução de *From Oslo to Iraq*, de Edward Said (Nova York: Pantheon, 2005).

"Marxisme", em *Dictionnaire Historique de la vie politique française au XXe siècle*, Jean-Françoise Sirinielli, org. (Paris: Presses Universitaires de France, 2005).

"A Story Still to Be Told", *New York Review of Books*, 23 de março de 2006.

"A Lobby, Not a Conspiracy", *New York Times*, 19 de abril de 2006.

"The Country that Wouldn't Grow Up", *Haaretz*, 2 de maio de 2006.

"Goodbye to All That?", *New York Review of Books*, 21 de setembro de 2006.

"Bush's Useful Idiots: The Strange Death of Liberal America", *London Review of Books*, 21 de setembro de 2006.

"Is the UN doomed?", *New York Review of Books*, 15 de fevereiro de 2007.

"Defender of the Faith", *New York Times*, 11 de março de 2007.

"France Looks Ahead and It Doesn't Look Good", *New York Times*, 22 de abril de 2007.

"From Military Disaster to Moral High Ground", *New York Times*, 7 de outubro de 2007.

"The Wrecking Ball of Innovation", *New York Review of Books*, 6 de dezembro de 2007.

"The 'Problem of Evil' in Postwar Europe", *New York Review of Books*, 14 de fevereiro de 2008.

"What Have We Learned, if Anything?", *New York Review of Books*, 1º de maio de 2008.

"Fictions on the Ground", *New York Times*, 22 de junho de 2009.

"Amos Elon (1926-2009)", *New York Review of Books*, 2 de julho de 2009.

"Leszek Kołakowski (1927-2009)", *New York Review of Books*, 24 de setembro de 2009.

"Food", *New York Review of Books* (blog), 25 de novembro de 2009.

"Israel Must Unpick Its Ethnic Myth", *Financial Times*, 7 de dezembro de 2009.

"What Is Living and What Is Dead in Social Democracy?", *New York Review of Books*, 17 de dezembro de 2009.
"Night", *New York Review of Books*, 14 de janeiro de 2010.
"Kibbutz", *New York Review of Books* (blog), 18 de janeiro de 2010.
"Revolutionaries", *New York Review of Books* (blog), 10 de fevereiro de 2010.
"Bedder", *New York Review of Books*, 11 de fevereiro de 2010.
"Joe", *New York Review of Books*, 11 de fevereiro de 2010.
"Edge People", *New York Review of Books* (blog), 23 fevereiro de 2010.
"The Green Line", *New York Review of Books*, 25 de fevereiro de 2010.
"Girls! Girls! Girls!", *New York Review of Books* (blog), 11 de março de 2010.
"In Love with Trains", *New York Review of Books*, 11 de março de 2010.
"Paris Was Yesterday", *New York Review of Books*, 11 de março de 2010.
"Saved by Czech", *New York Review of Books*, 11 de março de 2010.
"Interview", *London Review of Books*, 25 de março de 2010.
"Lord Warden", *New York Review of Books*, 25 de março de 2010.
"Work", *New York Review of Books*, 8 de abril de 2010.
"The Diary", *Financial Times*, 10 de abril de 2010.
"Toni", *New York Review of Books* (blog), 19 de abril de 2010.
"Austerity", *New York Review of Books*, 13 de maio de 2010.
"America: My New-Found Land", *New York Review of Books*, 27 de maio de 2010.
"Magic Mountains", *New York Review of Books*, 27 de maio de 2010.
"Israel Without Clichés", *New York Times*, 10 de junho de 2010.
"Generations in the Balance", *New York Times*, 20 de junho de 2010.
"Captive Minds", *New York Review of Books* (blog), 13 de julho de 2010.
"Words", *New York Review of Books*, 15 de julho de 2010.
"My London", *The Guardian*, 13 de agosto de 2010.
"Meritocrats", *New York Review of Books*, 19 de agosto de 2010.
"The Glory of the Rails", *New York Review of Books*, 23 de dezembro de 2010.
"Bring Back the Rails!", *New York Review of Books*, 13 de janeiro de 2011.

ÍNDICE REMISSIVO

ESTA OBRA FOI COMPOSTA PELA ABREU'S SYSTEM EM ADOBE GARAMOND
E IMPRESSA EM OFSETE PELA PROL EDITORA GRÁFICA SOBRE PAPEL PÓLEN SOFT DA
SUZANO PAPEL E CELULOSE PARA A EDITORA SCHWARCZ EM MARÇO DE 2016